Bernd Heidenreich/Ewald Grothe (Hrsg.)

Die Grimms – Kultur und Politik

2. überarbeitete Auflage

SOCIETÄTSVERLAG

Titelbild: Doppelporträt der Brüder Grimm, Ölgemälde von Elisabeth Jerichau-Baumann, 1855
(Bildarchiv Preußischer Kulturbesitz)

Bildredaktion und -bearbeitung: Bernhard Lauer

Satz: Nicole Proba, Societäts-Verlag
Druck und Verarbeitung: freiburger graphische betriebe
Schutzumschlaggestaltung: Nicole Proba, Societäts-Verlag
Printed in Germany
ISBN 978-3-7973-1072-9

Inhalt

IV. Herman Grimm

V. Anhang

Zum Geleit

Von Aloys Lenz

Hessen ist nicht arm an Persönlichkeiten, die Kultur und Geistesgeschichte der Deutschen geprägt haben: Goethe und Büchner zählen wohl zu den bekanntesten. Sie werden mit Frankfurt und Darmstadt, jedoch kaum mit dem heutigen Bundesland Hessen, in dessen Grenzen sie geboren sind, in Verbindung gebracht. Anders verhält es sich mit den Brüdern Grimm. Jacob und Wilhelm Grimm gehören zu den bedeutendsten Personen der deutschen und europäischen Kulturgeschichte und haben mit ihren Kinder- und Hausmärchen Weltruhm erlangt. Sie haben nicht nur mit ihren bahnbrechenden Forschungen die neue Wissenschaft der Germanistik begründet, sondern auch in der Verantwortung ihres politischen Denkens und Handelns ein wichtiges Vorbild gegeben.

Sie stehen nicht selten im Mittelpunkt, wenn sich Hessen in Deutschland und die Bundesrepublik im Ausland präsentiert und genießen in ihrer hessischen Heimat nicht nur als Sammler von Märchen und Sagen große Popularität. Das mag daran liegen, daß der Lebensweg der Grimms mit zahlreichen hessischen Städten eng verbunden bleibt. Hanau als Geburtsstadt der Grimms, das mit dem schönen Denkmal auf dem Marktplatz, den jährlichen Märchenfestspielen am Rande des Schloßparks Philippsruhe und der Verleihung des Brüder-Grimm-Preises den beiden ihre Referenz erweist, steht dabei an erster Stelle. Aber auch Steinau an der Straße, Marburg und Kassel erinnern mit ihren Gedenkstätten und Museen an Kindheit, Jugend und Studienjahre der Brüder, deren Märchenwelt in Hessen ihre reichsten Quellen und tiefsten Wurzeln hat. Daneben ist es wohl die Breite ihrer wissenschaftlichen, künstlerischen, literarischen und politischen Wirkungsfelder, die die Popularität der Grimms begründet und sie zu Botschaftern unseres Bundeslandes, unserer Kultur und unserer demokratischen Traditionen macht.

Als Vorsitzender des Kuratoriums begrüße ich es daher außerordentlich, daß die Hessische Landeszentrale für politische Bildung eine Publikation vorlegt, die die Vielfalt dieser kulturellen, wissenschaftlichen und politischen Leistung mit Beiträgen ausgewiesener Autoren würdigt und über das bekannte Brüderpaar Jacob und Wilhelm Grimm hinaus auch den weniger populären „Malerbruder" Ludwig Emil und den als Literatur- und Kunstwissenschaftler hoch geschätzten Nachfahren Herman Grimm nicht vergessen hat.

Die Landeszentrale pflegt damit die Traditionen unseres Bundeslandes, vermittelt Bürgerinnen und Bürgern Geschichtsbewußtsein und historisch-politische Orientierung und leistet so einen wichtigen Beitrag zur politischen Kultur und zur demokratischen Identität unseres Bundeslandes.

Ich wünsche der vorliegenden Publikation zahlreiche Leserinnen und Leser, vor allem unter jungen Menschen, die sich für die Geschichte sowie die geistigen und politischen Wurzeln unseres Bundeslandes interessieren.

Die Grimms und ihre Bedeutung für Kultur und Politik der Deutschen

Von Bernd Heidenreich

Auf der Weltausstellung in Hannover präsentierte sich die Bundesrepublik Deutschland als Heimat der Brüder Grimm. Das war eine kluge Wahl der Veranstalter. Denn die Brüder Grimm haben nicht nur im 19. Jahrhundert die kulturelle Identität unserer Nation in einzigartiger Weise geprägt, sie repräsentieren mit ihrem Werk und ihrem Wirken bis heute die Kultur der Deutschen im In- und Ausland. Das gilt natürlich in erster Linie für ihre Kinder- und Hausmärchen (1812–1815), deren Phantasie- und Märchenwelt Kindheit nicht nur in Deutschland seit Generationen geprägt und bereichert hat. Die Sammlung, Bearbeitung und Herausgabe dieser Märchen haben Jacob und Wilhelm Grimm über die deutschen und europäischen Grenzen hinaus berühmt gemacht.

Es ist jedoch nicht diese bahnbrechende literarische Leistung allein, die den Rang der Grimmbrüder in der deutschen Geistesgeschichte bestimmt. Es ist vielmehr die Summe ihrer schöpferischen wissenschaftlichen Leistungen, Entdeckungen und Wiederentdeckungen, Anstöße und Initiativen, die ihr Werk noch immer zu einem in vielen Zonen unbekannten Kontinent macht – ein Kontinent, auf dem Philologie und Sprachwissenschaft, Literatur und Rechtsgeschichte, Mythologie und Volkskunde, Kunst und Politik gleichermaßen eine Heimat haben. Dabei verbanden sich bei den Brüdern Grimm Akribie und Gelehrtenfleiß mit dem vielfach erfolgreichen Bemühen, die Früchte ihrer Arbeit auch in die Scheuer zu fahren. Das erklärt die gewaltige Rezeptions- und Wirkungsgeschichte der Grimms,

Daguerreotypie der Brüder Jacob und Wilhelm Grimm von Hermann Biow, 1847 (als Stahlstich von 1854 oft seitenverkehrt wiedergegeben)

die bis in unsere Tage anhält.

Die Brüder Grimm haben nicht nur für die Volkskunde, soweit sie sich mit der literarischen Überlieferung (Märchen, Sagen, Volkslieder) beschäftigt, Bahnbrechendes geleistet. Sie wurden zu den eigentlichen Begründern der Germanistik als moderner Sprach- und Literaturwissenschaft. Jacobs „Deutsche Grammatik" (1819–1837) mit der Formulierung des Gesetzes über die germanische und hochdeutsche Lautverschiebung, Wilhelms Buch über „Die deutsche Heldensage" (1829), das die Quellen und den Sagenstoff der verschiedenen Heldendichtungen verzeichnet, und das als Gemeinschaftswerk der Brüder begonnene, erst vor wenigen Jahrzehnten (1961) abgeschlossene „Deutsche Wörterbuch" (1854 ff.), mit dem der neuhochdeutsche Wortschatz von Luther bis Goethe erfaßt werden sollte, haben die Fundamente für die Germanistik gelegt. Auch zur deutschen Rechtsgeschichte hat Jacob Grimm mit der Herausgabe der „Deutschen Rechtsalterthümer" (1828) und der „Weisthümer" (1840–1878) wichtige Beiträge geliefert. Schließlich verdanken ihnen auch die europäischen Philologien, vor allem die Romanistik, Slawistik und Keltistik („Irische Elfenmärchen", 1826), zahlreiche Impulse.

Jacob und Wilhelm Grimm entsprachen dabei keineswegs dem Typus des Stubengelehrten, der sich hinter seinen aus Büchern und wissenschaftlichen Projekten errichteten Bastionen verschanzt und vor der Welt abschließt. In ihnen verband sich vielmehr ihre liberalkonservative Gesinnung mit einem patriotischen Pflichtgefühl, das zum politischen Engagement geradezu herausforderte. Diese Verbindung erreichte ihren Höhepunkt im Protest der „Göttinger Sieben" gegen die Aufhebung der Verfassung durch den König von Hannover (1837) und in der Wahl Jacobs zum Abgeordneten der ersten deutschen Nationalversammlung (1848) in der Frankfurter Paulskirche. Dort formulierte Jacob Grimm – die eigentlich politische Begabung der Brüder – in seinem berühmten, nur mit knapper Mehrheit abgelehnten Antrag zu den Grundrechten die Idee einer auf die Freiheit verpflichteten Nation der Deutschen: „Das deutsche Volk ist ein Volk von Freien und deutscher Boden duldet keine Knechtschaft. Fremde Unfreie, die auf ihm verweilen, macht er frei."[1]

Trotz ihres Engagements für ein geistig und politisch geeintes Deutschland sind die Grimms jedoch Hessen geblieben und haben sich vor allem auch immer als solche empfunden. Hessische Heimat und deutsches Vaterland waren für sie niemals ein Gegensatz. Aus alter hessischer Familie wurden Jacob und Wilhelm Grimm 1785/86 in Hanau geboren und verlebten ihre Kindheit in dem idyllischen Residenzstädtchen Steinau a. d. Straße. Nach dem Studium der Rechte in Marburg bei Friedrich Carl von Savigny legten sie als Landesbibliothekare in Kassel die Fundamente ihres literarischen und wissenschaftlichen Werkes. Obgleich sie ihr Weg über Göttingen bis

[1] Jacob Grimm: Antrag zur Beratung über die Grundrechte des deutschen Volkes in der Nationalversammlung zu Frankfurt am Main 1848. Hrsg. von Ludwig Denecke. Kassel 1964.

ins preußische Berlin führte, haben sie diese hessischen Wurzeln immer gespürt und sich zu ihnen bekannt: „Hier (in Hessen) haben unsere Schritte und Tritte festen Halt, die auf fremder Erde leichter ausgleiten, unsere Phantasie ist von Kindesbeinen an mit vaterländischer Sage und Geschichte genährt worden, unsere unauslöschlichsten Erinnerungen heften daran, selbst die Gräber ermuntern uns, den Tugenden der Vorfahren nachzueifern“, beschrieb Jacob Grimm sein Verhältnis zu Hessen in seiner Göttinger Antrittsrede „De desiderio patriae“[2]. Sein Bruder Wilhelm schrieb der Kurfürstin Auguste am 2. November 1829 beim Abschied aus Kassel: „Mit dem tiefsten Schmerz verlassen wir Hessen, dem unsere Familie seit Jahrhunderten mit unbefleckter Ehre gedient hat“[3]. Dieser Schmerz scheint allerdings eher einseitig gewesen zu sein – äußerte doch der Kurfürst: „Die Herrn Grimms gehen weg! Großer Verlust! Sie haben nie etwas für mich getan.“[4]

Mit dem Hinweis auf seine Familie gibt Wilhelm jedoch das Stichwort, das über das berühmte Brüderpaar hinausweist. Denn nicht nur Jacob und Wilhelm haben in der deutschen Kultur- und Geistesgeschichte Spuren hinterlassen. Erst mit dem jüngeren Bruder Ludwig Emil (1790–1863), der als Maler, Zeichner und Radierer der Romantik ein Gesicht gab, und Wilhelms Sohn Herman, der Maßgebliches für die Literatur- und Kunstgeschichte geleistet hat, rundet sich das Bild dieser bedeutenden hessischen Familie. Ludwig Emil Grimms Werk ist dabei lange unterschätzt worden. Vor allem mit seinen Por-

[2] Jacob Grimm: De desiderio patriae. Hrsg. von Wilhelm Ebel. Kassel 1967.

[3] E.[dmund] Stengel: Private und amtliche Beziehungen der Brüder Grimm zu Hessen. Eine Sammlung von Briefen und Actenstücken als Festschrift zum 100. Geburtstag Wilhelm Grimms den 24. Februar 1886. 3 Bde. 2. Auflage Marburg 1895/1910, hier Bd. 2, S. 403 ff. (2. 11. 1829), bes. S. 404.

[4] Zit. nach Hermann Gerstner (Hrsg.): Die Brüder Grimm. Ihr Leben und Werk in Selbstzeugnissen, Briefen und Aufzeichnungen. Ebenhausen bei München 1952, S. 156 f.

trätzeichnungen aus den Familien Grimm, Brentano, Arnim und Savigny – die ja immer auch Interpretationen sind – und seinen Skizzen aus der Lebens- und Alltagswelt dieser Epoche der deutschen Literatur hat er eine ganze Generation anschaulich gemacht und unser Bild von den Romantikern geprägt. Seine Lebenserinnerungen sind über ihren Quellenwert für die Biographien der Brüder Grimm, ihre Jugend in Steinau, den Kreis der Romantiker und die regionale Geschichte Hessens hinaus nicht ohne literarischen Wert und nehmen einen festen Platz in der Memoirenliteratur des 19. Jahrhunderts ein.

Herman Grimm (1828–1901) hat durch seine literaturwissenschaftlichen Arbeiten, seine Verdienste um die Entdekkung Marianne von Willemers als Mitdichterin des „Diwan" und seine Mitarbeit an der Weimarer Goethe-Ausgabe entscheidend dazu beigetragen, die noch junge Germanistik als Wissenschaft zu etablieren. Durch seine Biographien über Michelangelo (1860 – 1863) und Raffael (1872) hat er das Kunstverständnis des Wilhelminischen Zeitalters mitbestimmt.

Briefmarke der Deutschen Bundespost zum hundertjährigen Jubiläum 1985 mit dem Doppelporträt von 1854 und dem Wortkomplex „Freiheit" des Manuskripts Jacob Grimms zum „Deutschen Wörterbuch"

Die Hessische Landeszentrale für politische Bildung hat der Familie Grimm und ihren führenden Repräsentanten Jacob, Wilhelm, Ludwig Emil und Herman eine eigene Tagung gewidmet, aus der der vorliegende Sammelband hervorgegangen ist. Allen Autoren, die daran mitgewirkt haben, sei dafür herzlich gedankt. Der Leser wird bei der Lektüre nicht nur den Brüdern Grimm, er wird vor allem seiner eigenen Geschichte begegnen. Denn Hessen, Deutschland und Europa markieren nicht nur die geistige Heimat der Brüder Grimm, sie bleiben auch für uns die Koordinaten, die unsere geschichtliche und kulturelle Identität am Beginn des 21. Jahrhunderts bestimmen.

I. Herkunft und Heimat

Die hessische Familie Grimm – Herkunft und Heimat

Von Bernhard Lauer

I. Einleitung

Die Brüder Jacob und Wilhelm Grimm wurden am 4. Januar 1785 bzw. am 24. Februar 1786 zu Hanau geboren. Heimat und Vaterland war ihnen zunächst die Grafschaft Hanau, die seit 1736 zu Hessen-Kassel gehörte, später Kurhessen, das erst seit 1813/15 durch die Einverleibung des Bistums Fulda über eine bleibende direkte Landverbindung zwischen seinen nördlichen (Althessen) und südlichen Territorien (Hanau) verfügte. Die längste und wichtigste Zeit ihres Lebens verbrachten die Märchensammler und Sprachforscher in Hessen: 1785/86 – 1790 in Hanau, 1791–1798 in Steinau an der Straße, 1798 – 1802/03 in Kassel, 1802/03 –1805/06 in Marburg, 1806 –1829 und wieder 1837/38 –1841 in Kassel. Auch von ihren „ausländischen" Wohn- und Wirkungsorten (1830 –1837/38 Göttingen im Königreich Hannover und 1841–1859/63 Berlin im Königreich Preußen) zeigten sie zu ihrer hessischen Heimat stets eine enge landsmannschaftliche Verbundenheit.

In seiner 1830 verfaßten „Selbstbiographie" heißt es bei Jacob Grimm: „Liebe zum Vaterland war uns, ich weiß nicht wie, tief eingeprägt [...]; wir hielten unseren Fürsten für den besten den es geben könnte, unser Land für das gesegneteste unter allen; es fällt mir ein, daß mein vierter bruder [Ferdinand Grimm, B.L.], der von uns hernach am frühsten und längsten im Ausland leben mußte, als Kind auf der hessischen Land-Carte alle Städte größer und alle Flüsse dicker mahlte. Mit einer Art von Geringschätzung sahen wir z.B. auf Darmstädter herab."[1]

Auch wenn die Brüder Grimm mit zunehmendem Alter und mit den Erkenntnissen ihrer kritischen historischen Forschungen ihre Liebe zu Heimat und Vaterland – Jacob Grimms Göttinger Antrittsvorlesung aus dem Jahr 1830 trägt bezeichnenderweise den Titel „De desiderio patriae"[2] – auf das durch Sprache, Geschichte und Recht einig gewünschte Deutschland übertrugen, haben sie sich zeitlebens immer als Hessen gefühlt und die Geschicke ihrer Heimat auch von Göttingen oder Berlin aus mit großem Interesse verfolgt.

II. Vorfahren

Die Vorfahren der Brüder Grimm sind alle Hessen (im weitesten Sinne) gewesen und lassen sich bis in das 16. Jahrhundert zurückverfolgen.[3] Die Familie des Vaters Philipp Wilhelm Grimm (1751 Steinau – 1796 Steinau) entstammte – nach heutigen geographisch-politischen Bezeichnungen – aus Südhessen, die Familie der Mutter Dorothea Grimm, geb. Zimmer (1755 Kassel –1808 Kassel), aus Nordhessen.

Bei den Vorfahren väterlicherseits läßt sich als bisher ältester Träger des Namens Grimm in den Kirchenbüchern ein

---

[1] Jacob Grimm: Selbstbiographie. Brüder Grimm-Museum (BGM) Kassel, Autogr. 288; zit. nach Ingeborg Schnack (Hrsg.): Die Selbstbiographien von Jacob und Wilhelm Grimm aus dem Juli und September 1830. Kassel 1958, S. 15.

[2] Jacob Grimm: De desiderio patriae. Faksimile-Ausgabe mit einer deutschen Übersetzung und einem Nachwort. Hrsg. von Wilhelm Ebel. Kassel 1967.

[3] Vgl. die ausführl. Stammtafeln der Familien Grimm und Zimmer (bearb. von L. Suschke), die im letzten Band der Ausstellungskataloge 200 Jahre Brüder Grimm am Ende eingeheftet sind: Hans-Bernd Harder/Dieter Hennig/Bernhard Lauer: Die Brüder Grimm in ihrer amtlichen und politischen Tätigkeit. Tl. 2. Marburg 1989 (200 Jahre Brüder Grimm, 3/2); von der älteren Literatur immer noch unverzichtbar sind: H. Bott: Die Vorfahren der Brüder Grimm im Hanauer Land. In: Brüder Grimm Gedenken 1 (1963), S. 23–47; Wilhelm Praesent: Im Hintergrund Steinau. Kl. Beiträge zur Familiengeschichte der Brüder Grimm. In: ebenda, S. 49–66.

Friedrich Grimm (1672–1748), Urgroßvater der Brüder Grimm väterlicherseits, Ölgemälde, 1741

gewisser Peter Grimm (auch Grym) aus Friedberg nachweisen, der 1508 in Frankfurt am Main das Bürgerrecht erhielt. Seine Nachfahren sind zumeist in der Hanauer Gegend ansässig, wobei bei den Geburts- und Sterbeorten Bergen (nördlich von Frankfurt), Hanau und Steinau an der Straße am häufigsten vorkommen. Nebenlinien der Familie Grimm führen auch nach Gelnhausen, Birstein und Niederrodenbach (heute zu Büchertal). Beruflich hatten die männlichen Vorfahren der Grimms neben wirtschaftlichen Funktionen (z.B. Bäcker, Weinhändler oder Gastwirt) oft geistliche oder staatliche Ämter (z.B. Prediger, Pfarrer oder Bürgermeister) inne.

Von nicht geringer Bedeutung war der Urgroßvater Friedrich Grimm (1672 Hanau – 1748 Hanau). Er erhielt seine Ausbildung in Hanau und Bremen und wurde 1798 zunächst dritter Pfarrer an der reformierten Hauptkirche (Marienkirche) zu Hanau. Ein Jahr später wurde er zum Hofprediger des Grafen Karl August zu Ysenburg und Büdingen in Marienborn sowie zum Pfarrer in Eckartshausen bestellt. 1701 erhielt er die zweite Pfarrerstelle in Hanau und wurde schließlich 1706

Philipp Wilhelm Grimm (1751–1796), Vater der Brüder Grimm, Ölgemälde von Georg Carl Urlaub, 1788

erster Pfarrer und Inspektor der reformierten Kirchen der Grafschaft Hanau-Münzenberg, 1738 auch noch Konsistorialrat. Er war in erster Ehe verheiratet mit der Hanauer Wirtstochter und Barbierswitwe Maria Magdalena Jean-Jean (1665 Hanau – 1700 Marienborn), die jedoch bei der Geburt ihres ersten und einzigen Sohnes Johannes Grimm verstarb. 1701 ehelichte er darauf die Pfarrerstochter Kunigunde Juliana Hake (auch Hack oder Hackenius; 1676 Rotenburg an der Fulda – 1726 Hanau), die ihm drei Töchter und drei Söhne gebar. Das dritte Kind aus dieser Ehe war der nach ihm selbst benannte Friedrich Grimm (1707 Hanau – 1777 Steinau)[4], der ebenfalls die geistliche Laufbahn einschlug, seit 1726 in Heidelberg und seit 1728 in Bremen studierte, schließlich von 1730 an fast fünfzig Jahre lang als Pfarrer der reformierten Gemeinde zu Steinau an der Straße wirkte. Er war seit 1734 mit Christiane Elisabeth Heilmann (1715 Birstein –

[4] Sein Grabstein, früher auf dem Friedhof außerhalb der Stadt befindlich, wurde im Dezember 1997 in die Katharinenkirche überführt; eine Zeichnung dieses Grabsteines von Ludwig Emil Grimm im BGM Kassel, Hz. 38 (ausgestellt im Brüder Grimm-Haus Steinau).

1754 Steinau), der ältesten Tochter des Hanauischen Hofgerichtsrats und Amtmanns in Büchertal verheiratet, die ihm insgesamt elf Kinder, darunter den Vater der Brüder Grimm, Philipp Wilhelm Grimm, schenkte.

Bei den Vorfahren mütterlicherseits läßt sich als bisher ältester Namensträger ein gewisser Ludwig Zimmer aus Ottrau in der hessischen Schwalm nachweisen, der dort 1643 Erwähnung findet. Seine Nachfahren sind zumeist in Ober- und Niederhessen ansässig, wobei bei den Geburts- und Sterbeorten Ottrau, Weissenborn und Hanau am häufigsten genannt werden.

Als erster bedeutenderer Vertreter der Familie Zimmer ist der Urgroßvater mütterlicherseits, ADAM HENRICH ZIMMER (1680 Weissenborn – 1719 Weissenborn) zu nennen, der in der hessischen Garde du Corps diente. Aus seiner Ehe mit Margarete Frank (1691 Immichenhain – 1752 Weissenborn) stammte der Großvater der Grimms, der spätere Kanzleirat Johann Hermann Zimmer (1709 Weissenborn – 1798 Hanau). Er war seit 1740 mit Anna Elisabeth Boppo (1718 Kassel – 1792 Hanau) verheiratet und hatte mir ihr neun Kinder, dessen jüngstes, Dorothea Zimmer, die Mutter der Brüder Grimm war.

III. Die Eltern

Der Vater PHILIPP WILHELM GRIMM (1751 Steinau – 1796 Steinau) wuchs in seiner Geburtsstadt Steinau auf. Er studierte seit 1771 die Rechte in Hanau, Herborn und Marburg und wurde 1778 Hofgerichtsadvokat in Hanau, 1782 Stadt- und Landschreiber für die Altstadt Hanau und das Amt Büchertal (seit 1787 mit dem Titel eines „Stadtsecretarius“), schließlich 1791 als Amtmann für die Ämter Steinau und Schlüchtern nach Steinau an der Straße versetzt.

In seiner „Selbstbiographie“ beschreibt Jacob Grimm den Vater: „er war ein höchst arbeitsamer, ordentlicher, liebevoller

Mann; seine Stube, sein Schreibtisch und vor allem seine Schränke mit ihren sauber gehaltenen Büchern [...] sind mir leibhaft vor Augen".[5]

1783 hatte Philipp Wilhelm Grimm die Tochter DOROTHEA ZIMMER (1755 Kassel – 1808 Kassel) des Kasseler Kanzleirates Johann Hermann Zimmer geheiratet, der in Hanau seinen Ruhestand verlebte; dieser übte in seinen letzten Lebensjahren noch einen nachhaltigen Einfluß auf die Erziehung der Grimm-Brüder aus.

Dorothea Grimm, geb. Zimmer (1755 –1808), Mutter der Brüder Grimm, Ölgemälde von Georg Carl Urlaub, 1788

Zwischen 1783 und 1794 wurden der Familie Grimm in Hanau und Steinau insgesamt neun Kinder geboren, von denen jedoch drei (Friedrich Hermann Georg {1783 Hanau – 1784 Hanau}, Friedrich {1791 Steinau –1794 Steinau} und Georg Eduard {1794 Steinau – 1795 Steinau}) schon zwischen dem ersten und dritten Lebensjahr verstarben. Nach dem frühen Tod des Vaters im Jahr 1796 bildeten die übrigen sechs Geschwister in Steinau und später in Kassel einen sehr engen familiären Kreis, in dem Jacob Grimm schon bald symbolisch und nach dem Tod der Mutter im Jahr 1808 auch faktisch die

[5] I. Schnack: Selbstbiographien (wie Anm. 1), S. 14.

Rolle des Familienoberhauptes übernahm. Nach Jacob und Wilhelm Grimm, die ihr ganzes Leben in einer beispiellosen brüderlichen Lebens- und Arbeitsgemeinschaft zubrachten, sind folgende Geschwister zu nennen:

Carl Friedrich Grimm (1787 Hanau – 1852 Kassel), der sich als Kaufmann und Weinhändler (u.a. in Hamburg, Bremen und Bordeaux) versuchte, eine Anleitung zur Buchhaltung verfaßte[6] und als Sprachlehrer unvermählt in Kassel starb;

Ferdinand Philipp Grimm (1788 Hanau – 1845 Wolfenbüttel), der sich als Verlagsbuchhändler versuchte, unter verschiedenen Pseudonymen Märchen- und Sagentexte herausgab[7] und unvermählt und vereinsamt in Wolfenbüttel starb;

Ludwig Emil Grimm (1790 Hanau – 1863 Kassel), der sich als Zeichner, Maler und Radierer in der Kunst der Romantik einen Namen machte, 1832 die Kasseler Malertochter Marie Böttner (1803 Kassel – 1842 Kassel) und 1845 Friederike Ernst (1806 Kassel – 1894 Kassel), die Tochter des Kasseler Superintendenten Christoph Friedrich Wilhelm Ernst, heiratete[8];

und schließlich Charlotte Amalie (gen. Lotte) Grimm (1793 Steinau – 1835 Kassel), die den fünf Grimm-Brüdern in Kassel bis zu ihrer Verheiratung mit dem späteren kurhessi-

---

[6] Carl Grimm: Anleitung zur doppelten italienischen Buchhaltung. Kassel 1828.

[7] Volkssagen und Mährchen der Deutschen und Ausländer. Hrsg. von Lothar. Leipzig 1820; Philipp von Steinau (Hrsg.): Volkssagen der Deutschen. Zeitz 1838; Fr. Grimm: Burg- und Bergmärchen. 2 Bde. Wolfenbüttel 1846.

[8] Seine Werke besitzt zu mehr als zwei Dritteln das Brüder Grimm-Museum Kassel; auch für die Biographie der Brüder Jacob und Wilhelm Grimm sehr aufschlußreich ist Ludwig Emil Grimm: Erinnerungen aus meinem Leben. Hrsg. von Adolf Stoll. 2. Aufl. Leipzig 1913 [Nachdruck Bern 1972]; vgl. auch die Ausgabe desselben Titels: Hrsg. von Wilhelm Praesent. Kassel / Basel 1950 (Neuausgabe hrsg. von Egbert Koolman in Vorbereitung für die Reihe Quellen zur Brüder Grimm-Forschung). Zu den Orten seiner Kindheit und Jugend an Main und Kinzig hielt Ludwig Emil Grimm besonders lange Beziehungen, wobei sein kurzes „Abenteuer“ in Birstein (1820) sowie seine Hochzeitsreise 1850 besonders interessant erscheinen. Vgl. dazu Klaus Peter Decker: Ein märchenhaftes Leben? Ludwig Emil Grimm und die Gräfin Auguste Caroline von Ysenburg-Wächtersbach. In: Jahrbuch der Brüder Grimm-Gesellschaft 8 (1998), S. 89 – 99 sowie Ludwig Emil Grimm: Reisetagebuch in Bildern. Bildrolle aus 34 Blättern mit Feder gezeichnet. BGM Kassel, Hz. 753.

schen Staatsminister Ludwig Hassenpflug (1794 Hanau – 1862 Marburg) von 1808 bis 1822 den Haushalt führte.

Das Leben der Geschwister Grimm war bis zuletzt von einem bemerkenswerten familiären Zusammenhalt geprägt, dem Jacob Grimm u. a. in seinem „Hausbüchel für unser Lebenlang“[9], einem speziell gedruckten Grimmschen Familienkalender, Ausdruck gab. Später hatten auch die Kinder von Wilhelm Grimm, Ludwig Emil Grimm und ihrer Schwester Lotte ihren Anteil an diesen Beziehungen. Dies zeigen anschaulich auch die beiden Radierungen Ludwig Emil Grimms, in denen er die drei Kinder Wilhelms (Herman, Rudolf und Auguste) sowie die vier lebenden Kinder der Lotte (Carl, Friedrich, Ludwig und Dorothea) mit seiner eigenen Tochter Friederike (gen. Ideke) porträtierte.[10]

Charlotte, gen. Lotte Hassenpflug, geb. Grimm (1793–1833), Ölgemälde von Ludwig Emil Grimm, um 1832/33

IV. Erziehung und Religion

Der Sinnspruch „Tute si, recte vixeris“ (deutsch etwa: „Rechtschaffenheit sei deines Lebens Sicherheit“) ziert das Grimmsche Familienwappen und auch das Exlibris des Vaters Philipp Wilhelm Grimm[11]. Er verdeutlicht den von religiöser Frömmigkeit, Rechts- und Kontinuitätsdenken gepräg-

---

[9] Jacob Grimm: Hausbüchel für unser Lebenlang. Mit der Lotte Bildniß. Cassel 1820.
[10] BGM Kassel, Graph 47 u. Graph 48.
[11] BGM Kassel, Autogr. 522.

ten Geist in der Grimmschen Familientradition und war zugleich ein Leitbild für die sorgfältige Erziehung der Grimm-Kinder.

„Wir Geschwister wurden alle, ohne daß viel davon die Rede war, aber durch That und Beispiel streng reformiert erzogen, Lutheraner, die in dem kleinen Landstädtchen mitten unter uns, obgleich in geringerer Zahl, wohnten, pflegte ich wie fremde Menschen, mit denen ich nicht recht vertraut umgehen dürfte, anzusehen, und von Catholiken, die aus dem eine Stunde weit entfernten Salmünster oft durchreisten, gemeinlich aber schon an ihrer bunteren Tracht zu erkennen waren, machte ich wohl mir scheue, seltsame Begriffe“, heißt es in der „Selbstbiographie“ Jacob Grimms.[12]

Daß die Tradition von Familie und Herkunft auch in späteren Jahren noch sehr gepflegt wurde, das zeigen beispielhaft die Berliner Arbeitszimmer von Jacob und Wilhelm Grimm, die der Maler Moritz Hoffmann auf mehreren Aquarellen festgehalten hat. Bei Jacob Grimm stehen oben auf seinen Bücherregalen sämtliche Familienporträts, und auch bei Wilhelm Grimm finden sich zahlreiche hessische Reminiszenzen.[13]

V. Hanau – Steinau – Kassel – Marburg

Obwohl Jacob und Wilhelm Grimm im Alter von fünf bzw. vier Jahren im Dezember 1790 von Hanau nach Steinau übersiedelten, wohin der Vater als Amtmann für die Ämter Steinau und Schlüchtern berufen worden war, findet sich über die Hanauer Zeit in den in Langres und Dijon 1814 niederge-

[12] I. Schnack: Selbstbiographien (wie Anm. 1), S. 14 f.

[13] Abbildungen bei Bernhard Lauer: Von Hessen nach Deutschland. Wissenschaft und Politik im Leben und Werk der Brüder Grimm. Ausstellungskatalog. Bonn 1989, S. 170 – 173; dort sind auch die Porträts des Urgroßvaters Friedrich Grimm und seiner Frau sowie die Porträts aller Großeltern und der Eltern farbig abgebildet. Ebenda, S. 97 – 103.

schriebenen „Besinnungen aus meinem Leben“ von Jacob Grimm eine bemerkenswert ausführliche Schilderung dieses frühen Lebensabschnittes der Brüder Grimm[14]. In Hanau bewohnte die Familie Grimm zunächst das an der Südseite des Paradeplatzes gelegene Haus der Familie Rößler, bevor man wohl 1787 in ein Gebäude in der Langgasse hinter dem Neustädter Rathaus umzog. Nach dem verheerenden alliierten Bombenangriff auf Hanau am 19. März 1945 erinnern heute nur noch zwei Tafeln an diese Orte. Jacob Grimm beschreibt seinen zweiten Hanauer Wohnort recht genau: „Ich weiß mir das Haus, wo die Eltern in der langen Gasse zu Hanau lebten, noch ziemlich vorzustellen. Es war hellroth angestrichen [...]. In unserm Haus wohnten wir (zur Miete) ganz allein, unten war ein Besuchszimmer [...]. Die Haus und Hofthüre war gelbbraun angestrichen [...]. Wenn man die Treppe hinaufkam ging es links neben der Bodentreppe vorbei in die Wohnstube, wo die Mutter war [...]. Dem Vater seine Stube muß entweder rechts, oder hinter der Wohnstube gewesen seyn [...]. Die Kinderstube war hinten auf dem Hof.“[15]

Und er kann sich an zahlreiche weitere Ereignisse und Vorkommnisse aus seiner Hanauer Kindheit erinnern, an das nähere Umfeld und die Nachbarn, an Dienstleute und Gäste, an die Besuche bei der in der Nähe wohnenden Schwester des Vaters sowie bei den Großeltern mütterlicherseits, die den Grimm-Kindern den ersten Unterricht erteilten, und sogar an einen französischen Sprachlehrer, aber auch an täglich oder wöchentlich sich wiederholende Tätigkeiten im Haushalt der Familie Grimm.

---

[14] Jacob Grimm: Besinnungen aus meinem Leben. SBPK Berlin, Nachlaß Grimm 633; zit. nach: Hans Daffis (Hrsg.): Inventar der Grimm-Schränke in der Preussischen Staatsbibliothek. Leipzig 1923 (Mitteilungen aus der Preussischen Staatsbibliothek, 5), S. 98 – 110.

[15] Ebenda, S. 98.

Mehr als die hessische Nebenresidenz Hanau prägte jedoch das kleine Landstädtchen Steinau an der Straße – gemeint ist die alte Handelsstraße zwischen Frankfurt a. M. und Leipzig – die Kindheit und frühe Jugend der Brüder Grimm. Wilhelm Grimm erinnert sich: „Die Gegend von Steinau hat etwas angenehmes. Oft sind wir zusammen in den Wiesenthälern und auf den Anhöhen umher gegangen; der Sinn für die Natur mag uns, wie vielen angeboren seyn, aber er ist doch auch auf diese Art genährt und begünstigt worden. Noch ietzt weiß ich nichts, was so sicher die friedliche Stimmung der Seele, in welcher alles Glück beruht, hervorrufe als ein einsamer Spaziergang, wo kein Gespräch und Unterhaltung uns an die Bemühungen des Lebens erinnert, und wir die Natur frei auf unsere Gedanken wirken lassen; ungesucht und unerwartet ist mir hier oft das beste eingefallen. Darum gewöhne ich mich auch am letzten an eine neue Gegend“.[16]

Blick auf Steinau von Westen, Lavierte Bleistiftzeichnung von Ludwig Emil Grimm (?), undatiert

[16] Wilhelm Grimm: Selbstbiographie. BGM Kassel, Autogr. 289; I. Schnack: Selbstbiographien (wie Anm. 1), S. 39.

Mit dem Umzug nach Steinau begann ein Leben in überschaubaren geregelten Bahnen und in einem in sich geschlossenen gesellschaftlichen Kreis, in dem der Vater als Amtmann (d.i. etwa Landrat und Richter) die höchste Autorität darstellte. Mittelpunkt dieser Kindheits- und frühen Jugendjahre der Grimms war das heute noch erhaltene Amtshaus[17], in dem die Familie Grimm das Erdgeschoß bewohnte, während im ersten Obergeschoß die Geschäfte des Amtmannes geführt wurden. Gelegentliche Fahrten und Verwandtenbesuche führten auch in die Umgebung, etwa zum Markt nach Schlüchtern oder in den „Hundsrück". Ein besonders wichtiger Ort war ihnen ihr vor der Stadt gelegener „Biengarten".

Aus der Steinauer Zeit haben sich zahlreiche Lebenszeugnisse der Brüder Grimm erhalten: Sammlungen von getrockneten Pflanzen und Tieren, Schülerzeichnungen sowie auch frühe Briefe, die vornehmlich mit dem Großvater in Hanau oder der Schwester der Mutter in Kassel gewechselt wurden. Über ihre schulische Unterweisung in Steinau äußerten sich die Brüder Grimm jedoch nicht sehr positiv: „Wir wurden bei einem Stadtpraeceptor [Johann Georg] Zinkhan unterrichtet, von dem wenig zu lernen war außer Fleiß und strenge Aufmerksamkeit, aber aus dessen characteristischen Benehmen uns eine Menge ergötzlicher Späße, Redensarten und Manieren zurückgeblieben ist."[18]

Mit dem unerwarteten Tod des Vaters (1796) sowie der im Steinauer Haushalt lebenden „Tante Schlemmer", d. i. Juliane Charlotte Grimm, verheiratete Schlemmer (1735 Steinau – 1796 Steinau), älteste Schwester des Vaters, erfuhr die Entwicklung der Brüder Grimm einen unerwartet tiefen Ein-

[17] Vgl. dazu Bernhard Lauer: Das Brüder Grimm-Haus Steinau. In: Jahrbuch der Brüder Grimm-Gesellschaft 8 (1998), S. 114–120.

[18] I. Schnack: Selbstbiographien (wie Anm. 1), S. 15.

schnitt. Dorothea Grimm mußte mit ihren sechs Kindern das Amtshaus verlassen und fand zunächst Aufnahme im Huttenschen Armenspital, ehe sie ein Haus am Brückentor, die alte Kellerei, erwerben konnte. Zwei Jahre später, Ende September 1798, verließen dann Jacob und Wilhelm Grimm das Steinauer „Kinderparadies“, um in Kassel – unterstützt durch ihre Kasseler „Tante Zimmer“, d. i. Henriette Philippine Zimmer (1748 Kassel – 1815 Kassel), die als Kammerfrau bei der hessischen Kurfürstin Karoline diente und unvermählt blieb – die schulische Ausbildung zu vervollkommnen. 1803 folgten die Brüder Ferdinand und Ludwig Emil, und 1805 zog zuletzt auch die Mutter mit den übrigen Geschwistern nach Kassel.

Untergebracht bei dem Dritten Landgräflichen Mundkoch Abraham Vollbrecht (auch: Vollprecht) in dem Eckhaus an der damaligen Elisabethstr. Nr. 210 (heute: Sack 4), besuchten die Brüder Grimm fortan bis Ostern 1802 (Jacob) bzw. Ostern 1803 (Wilhelm) das Kasseler Lyceum Fridericianum an der Oberen Königsstraße 47. „Nicht genug kan ich Euch wiederhohlen, daß Ihr den Endzweck bedenket, weshalb Ihr an jetziger Stelle seyd“, mahnte Großvater Zimmer aus Hanau – „das heist, allen Fleiß in und außer den Lehrstunden anwendet, damit Ihr Euer künftiges Wohl begründen, Ehre davon haben [...] möget. Meydet deswegen verführerische Gesellschaft, suchet den Umgang mit verständigen Männern, von welchen Ihr immer etwas profitiren könt, und für allen Dingen fürchtet Gott, als welches aller Weisheit Anfang ist“[19]. Trotz persönlicher Entbehrungen – täglich waren sechs Schulstunden sowie weitere vier bis fünf Stunden Privatlehrstunden zu absolvie-

[19] Johann Hermann Zimmer an Jacob und Wilhelm Grimm, 6.10.1798; SBPK Berlin, Nachlaß Grimm 351; zit. nach Dieter Hennig / Bernhard Lauer (Hrsg.): Die Brüder Grimm. Dokumente ihres Lebens und Wirkens. Kassel 1985 (200 Jahre Brüder Grimm, 1), S. 171.

ren[20] – und unter einer gewissen Zurücksetzung – sie wurden, wohl weil sie vom Lande kamen, nur mit „Er“ angeredet, während die Kasseler Schulkameraden ein „Sie“ bekamen[21] – haben Jacob und Wilhelm Grimm die sich ihnen bietende Chance des sozialen Aufstiegs durch Bildung genutzt und das Kasseler Lyceum mit großem Fleiß, hervorragenden Zeugnissen und gelegentlichem Überspringen von Klassen absolviert. Dem „Primus – Jacob Carl Ludwig Grimm“ werden schon im Frühjahr 1799 (Unterquarta) „vorzügliche Fähigkeiten, große[r] Fleiß und ein sehr anrührendes gesittetes Betragen“ bescheinigt[22], und auch Wilhelm Grimm gab durch „sein[en] Fleiß und seine[!] sittlich gutes Betragen seinen Mitschülern ein Muster“[23]. Aus dieser ersten Kasseler Zeit haben sich verschiedene Zeichnungen und kleinere natur- und völkerkundliche Schülerarbeiten erhalten[24], in denen sich die spätere schöpferische Natur und auch das Interesse beider Brüder für das „Kleine und Unbedeutende“ bereits andeutet. Auch der in der Steinauer Zeit nur sporadisch vorhandene Briefwechsel der Brüder mit ihren Verwandten und Freunden findet in dieser Zeit zu einer gewissen Regelmäßigkeit.[25]

Wiederum Familientradition, aber auch existentielle Erwägungen bestimmten die Brüder Grimm zur Aufnahme des Studiums der Rechte an der hessischen Landesuniversität Mar-

---

20 I. Schnack: Selbstbiographien (wie Anm. 1), S. 18.

21 Ebenda, S. 17.

22 Alte Kasseler Grimm-Sammlung S 56w; BGM Kassel, Reprod. 2160; zit. nach D. Hennig / B. Lauer (wie Anm. 19), S. 173 f.

23 Nathanael Caesar: Schulzeugnis für Wilhelm Grimm, 8.1.1803. SBPK Berlin, Nachlaß Grimm 471; zit. nach D. Hennig / B. Lauer (wie Anm. 19), S. 174.

24 Vgl. Brüder Grimm: Im Himmel steht ein Baum, Dran häng ich meinen Traum. Volkslieder, Kinderlieder, Kinderzeichnungen. Hrsg. von Gabriele Seitz. München 1985.

25 Zum Programm der Edition des Briefwechsels der Brüder Grimm im Rahmen der Kasseler Ausgabe vgl. Holger Ehrhardt / Rotraut Fischer / Ewald Grothe / Bernhard Lauer / Bärbel Plötner: Die kritisch-kommentierte Ausgabe der Briefwechsel der Brüder Grimm. In: Jahrbuch der Brüder Grimm-Gesellschaft 8 (1998), S. 7– 22.

burg. Jacob begann im Sommersemester 1802, Wilhelm folgte im Sommersemester 1803. „Jura studierte ich hauptsächlich, weil mein seel. Vater ein Jurist gewesen war und es die Mutter so am liebsten hatte“, schreibt Jacob Grimm in seiner „Selbstbiographie“[26]. In Marburg mußten die Brüder „eingeschränkt leben“, denn im Gegensatz etwa zu ihrem Kasseler Schulkameraden Ernst Otto von der Malsburg, „der zu dem vornehmen hessischen Adel gehörte und einmal der reichste Gutsbesitzer des Landes werden sollte“[27], erhielten sie keinerlei Stipendien oder sonstige Unterstützungen, vermerkten aber ein wenig trotzig: „Dürftigkeit spornt zu Fleiß und Arbeit an, bewahrt vor mancher Zerstreuung und flößt einen nicht unedlen Stolz ein, den das Bewußtsein des Selbstverdienstes, gegenüber dem, was anderen Stand und Reichthum gewähren, aufrecht erhält.“[28]

Für die weitere Zukunft der Brüder bestimmend war in Marburg die Bekanntschaft mit dem nur wenige Jahre jüngeren Professor der Rechte Friedrich Carl v. Savigny (1779 – 1861), der sie nicht nur in seine bahnbrechende kritische Methode der organischen Rechtswissenschaft einführte, sondern mit seiner großen Bibliothek auch ihr Interesse für die Dichtungen des deutschen Mittelalters erweckte. Über Savigny wurden die Brüder Grimm außerdem bald mit den führenden Vertretern der sog. jüngeren Romantik bekannt, vor allem mit Clemens Brentano, dessen Schwester Bettine sowie später Achim v. Arnim. Ausflüge führten die Marburger Studenten in die engere und weitere Umgegend, u.a. nach Goßfelden zum Pfarrer Johann Christian Bang, in die Schwalm nach Willingshausen zur Familie des Mitstudenten Fritz von Schwertzell sowie nach Allendorf an der Landsburg zum Pfarrer Mannel. Mittel-

---

[26] I. Schnack: Selbstbiographien (wie Anm. 1), S. 18.
[27] Ebenda, S. 18 f.
[28] Ebenda, S. 19.

punkt des Marburger Kreises aber war die Wohnung Savignys am Forsthof in der Ritterstraße 15 unterhalb des Marburger Schlosses. In einer diesem Lehrer später gewidmeten Festschrift heißt es: „Zu Marburg muss man seine beine rühren und treppe auf, treppe ab steigen. aus einem kleinen hause der barfüsser strasse führte mich durch ein schmales gässchen und den wendelstieg eines alten thurmes der tägliche weg auf den kirchhof, von dem sichs über die dächer und blütenbäume sehnsüchtig in die weite schaut [...], dann stieg man an der mauerwand wieder in eine höherliegende gasse vorwärts zum forsthof.“[29] „In seiner damals schon reichen und auserwählten Bibliothek bekam ich dann auch andere nicht juristische Bücher zu sehen, z.B. die Bodmersche Ausg. der deutschen Minnesinger, die ich später sooft in die Hand nehmen sollte.“[30] In gewisser Weise liegt also in Marburg die Geburtsstunde der modernen Germanistik und auch der volkskundlichen Studien der Brüder Grimm.

VI. Die „arbeitsamste und fruchtbarste Zeit“ in Kassel

Ende Januar 1805 verließ Jacob Grimm Marburg, um seinem Lehrer Savigny als Hilfskraft für fast acht Monate nach Paris zu folgen. In seinem ersten Brief an den Bruder Wilhelm schreibt er rückblickend etwas wehmütig: „im Ganzen habe ich nie eine Gegend gefunden, die der Marburger gleich käme“[31]; und später fügt er hinzu: „ich bin wirkl. recht begierig auf Nachricht von Dir und überhaupt aus Deutschland – schreibe mir ja alle Kleinigkeit – denn was einem zu Haus

---

[29] Jacob Grimm: Das Wort des Besitzes. Eine linguistische Abhandlung. Berlin 1850, S. 7.
[30] I. Schnack: Selbstbiographien (wie Anm. 1), S. 18 f.
[31] Jacob Grimm an Wilhelm Grimm, 10. 2.1805. SBPK Berlin, Nachlaß Grimm 347; zit. nach D. Hennig / B. Lauer (wie Anm. 19), S. 183.
[32] Jacob Grimm an Wilhelm Grimm, 1.– 6. 3.1805. SBPK Berlin, Nachlaß Grimm 347; zit. nach D. Hennig/B. Lauer (wie Anm. 19), S. 184.

noch so klein und trivial schien, wird in der Fremde lieb u. bedeutend"[32]; und weiter: „In Paris gefällt es mir weiter gar nicht u. ich mögte nicht für lange Zeit hier wohnen. Einmal ist die Stadt nicht schön zu nennen, denn nur ein Ganzes ist schön u. Vieles ist hier häßlich […]. Dann aber stößt man hier bei jedem Schritt beinahe auf Örter welche entweder die alte oder die neue Geschichte bezeichnet hat"[33]. In Paris trifft er so auch einen für seine Zukunft wichtigen Entschluß: „ich bleibe in Hessen u. wünsche da meine Anstellung[34]."

Altes gotisches Rathaus in Kassel, Aquarell von Ludwig Emil Grimm, 1815

Mitte September 1805 verließ Jacob Grimm Paris wieder und kehrte über Frankfurt, Savignys Gut Trages bei Gelnhausen und Marburg, von wo er seinen Bruder Wilhelm mitnahm, einen Monat später nach Kassel zurück. Dort fand sich in der Marktgasse 17 im Haus des Kaufmanns Wille im zweiten Stock nunmehr die gesamte Grimmsche Familie vereint. Fortan war und blieb Kassel für 25 Jahre

[32] Jacob Grimm an Wilhelm Grimm, 1.– 6. 3.1805. SBPK Berlin, Nachlaß Grimm 347; zit. nach D. Hennig/B. Lauer (wie Anm. 19), S. 184.
[33] Ebenda.
[34] Jacob Grimm an Henriette Zimmer, 13. 7.1805. SBPK Berlin, Nachlaß Grimm 383; zit. nach D. Hennig / B. Lauer (wie Anm. 19), S. 185.

der heimatliche Mittelpunkt der Brüder Grimm, das Kurfürstentum Hessen ihr Vaterland. Am 24. Januar 1806 erhielt Jacob Grimm die Stelle des Sekretärs beim Kurfürstlichen Kriegskollegium und wurde damit der Hauptverdiener der Familie. Auch Wilhelm Grimm, der am 21. Mai 1806 sein Advokaturexamen in Marburg ablegte, hätte wohl im Laufe des Jahres eine Anstellung erhalten, „wenn nicht das Vaterland [Hessen, B.L.] von den Franzosen wäre überzogen worden“[35] und nicht eine gewisse Kränklichkeit bei ihm deutlich zugenommen hätte.

Nach dem Sieg über Preußen und Sachsen in der Schlacht bei Jena und Auerstedt (14. Oktober 1806) besetzte Napoleon am 1. November 1806 Kassel und leitete damit die französische Herrschaft in Hessen ein, die von beiden Brüdern mit Bitterkeit empfunden wurde. „Ich habe stets die Schmach gefühlt, welche in der fremden Herrschaft lag; an harten, unerträglichen Einrichtungen, an Ungerechtigkeiten aller Art fehlte es nicht“, schreibt Wilhelm Grimm[36]. Ende 1806 schied Jacob Grimm dann aus dem Dienst, da seine Abteilung beim Kriegskollegium in eine Truppenverpflegungskommission umgewandelt worden war. Nach dem Frieden von Tilsit schuf Napoleon per Dekret am 18. August 1807 das recht willkürlich aus Kurhessen und anderen nördlichen deutschen Staaten gebildete Königreich Westphalen und setzte seinen Bruder Jérôme Bonaparte auf den Thron in Kassel, der am 10. Dezember 1807 in seine neue Residenz einzog und dem Land eine nach französischem Muster zugeschnittene Verfassung gab. Die Familie Grimm befand sich damit in einer schwierigen materiellen und sozialen Situation, die durch den unerwarte-

[35] I. Schnack: Selbstbiographien (wie Anm. 1), S. 45.
[36] Ebenda, S. 46.

ten Tod der Mutter am 27. Mai 1808 noch verschärft worden war. Weder Jacob noch Wilhelm verfügten in dieser Zeit über ein Einkommen; hinzu kam, daß die bisher immer fürsorgliche Tante Zimmer mit dem kurfürstlichen Hof Kassel auf unbestimmte Zeit verlassen hatte.

In dieser Lage hatte sich Jacob Grimm bei dem neuen „westphälischen" König um die Stelle eines königlichen Bibliothekars am 14. Dezember 1807 beworben; sie wurde ihm schließlich nach gut einem halben Jahr zuteil, und im Juli 1808 konnte er seinen Dienst auf Schloß Napoleonshöhe, wie die Wilhelmshöhe fortan genannt wurde, antreten. Im Februar des folgenden Jahres wurde er noch zum „Auditeur d'Etat" ernannt und nahm damit als einziger Deutscher im Kabinett auch Funktionen in der Regierung des Königreichs Westphalen wahr. Seine Stellung, die ihm viel eigene Zeit ließ, hat er genutzt, sich „fast unbekümmert auf das Studium der altdeutschen Poesie und Sprache" zu konzentrieren; nicht nur die damals schon bedeutenden Kasseler Bestände standen ihm dabei zur Verfügung, er konnte sich sogar wichtige Handschriften und Bücher aus der „Bibliothèque Impériale" der französischen Hauptstadt – z.B. die berühmte altfranzösische Handschrift des „Roman de Renart"[37] – besorgen.

Aus einer gewissen „inneren Emigration" heraus sind ab dem Jahr 1807, zunächst im „Literarischen Anzeiger", dann in der „Zeitung für Einsiedler", in den „Heidelbergischen Jahrbüchern", im „Vaterländischen Museum" und anderen Zeitschriften, kritische Beiträge der Brüder Grimm zur Literatur- und Sprachgeschichte erschienen. Wilhelm Grimm schreibt dazu: „Das drückende jener Zeiten zu überwinden half denn auch der Eifer, womit die altdeutschen Studien getrieben wur-

[37] Bibliothèque Nationale Paris, Codex Ms. bibl. reg. paris. 7607 (jetzt: 1579).

den. […] Ohne Zweifel hatten die Weltereigniße und das Bedürfniß sich in den Frieden der Wissenschaft zurückzuziehen, beigetragen, daß jene lange vergessene Literatur wieder-erweckt wurde; allein man suchte nicht bloß in der Vergangenheit einen Trost, auch die Hoffnung war natürlich, daß diese Richtung zu der Rückkehr einer andern Zeit etwas beitragen könne."[38] Die Bemühungen der romantischen Bewegung in Deutschland um die Wiederentdeckung des germanischen Altertums und die Erforschung der Geschichte der deutschen Sprache und Dichtkunst kann und muß auch als Gegenreaktion zu den Ereignissen und Folgen der Französischen Revolution von 1789 bewertet werden. Dies kommt programmatisch schon in den von Achim v. Arnim und Clemens Brentano seit 1805 unter dem Titel „Des Knaben Wunderhorn"[39] herausgegebenen „Volksliedern" zum Ausdruck, an denen auch die Brüder Grimm mitarbeiteten und entscheidenden Anteil an dem in Kassel redaktionierten dritten Band hatten. Im ersten Band formuliert Arnim: „Jeder kann da, was sonst nur wenigen aus eigner Kraft verliehen, mächtig in das Herz der Welt rufen, er sammelt sein zerstreutes Volk, wie es auch getrennt durch Sprache, Staatsvorurtheile, Religionsirrthümer und müßige Neuigkeit, singend zu einer neuen Zeit unter seiner Fahne. Sey diese Fahne auch nicht gestickt mit Trophäen […], wer sie trägt, der suche darin keine Auszeichnung, wer ihr folgt, der finde darin seine Schuldigkeit, denn wir suchen alle etwas Höheres, das goldne Flies, das allen gehört, was der Reichthum unsres ganzen Volkes, was seine eigene innere lebende Kunst gebildet, das Gewebe langer Zeit

[38] I. Schnack: Selbstbiographien (wie Anm. 1), S. 45 f.

[39] Des Knaben Wunderhorn. Alte deutsche Lieder gesammelt von L. Achim v. Arnim und Clemens Brentano. [Erster,] Zweyter [und] Dritter Band. Kinderlieder. Anhang zum Wunderhorn. Heidelberg 1806 [d.i.: 1805] – 1808.

und mächtiger Kräfte, den Glauben und das Wissen des Volkes, was sie begleitet in Lust und Tod, Lieder, Sagen, Kunden, Sprüche, Geschichten, Prophezeiungen und Melödiien, wir wollen allen alles wiedergeben“[40]. In diesem Kontext steht auch die Sammlung und Neubewertung der „Poesie des Volkes“ durch die Brüder Grimm, deren hervorragendsten Ausdruck die 1812 und 1815 in zwei Bänden erschienenen „Kinder- und Hausmärchen“ darstellen.

Mit der großen „Völkerschlacht“ bei Leipzig (16. – 19. Oktober 1813), in der Napoleon besiegt werden konnte, brach in der Folge auch das Königreich Westphalen zusammen. König Jérôme mußte Kassel verlassen, der Bibliothekar und Staatsratsauditor Grimm wurde wiederum stellungslos. Als „ein lang entbehrtes, von Gott wieder gewährtes Gut“, das in die „Heimath“ zurückgeführt wird[41], sahen die Brüder Grimm die Rückkehr des Kurfürsten, der im Herbst 1813 wieder in seine Residenz einziehen konnte, und sie traten in ihren politischen Äußerungen, auch wenn sie nicht alle Maßnahmen des Kurfürsten guthießen, doch stets „für das Recht alter Sitte und Verfassung“[42] ein. „In der Hoffnung, daß ich unter den jetzigen Zeitumständen meinem Vaterlande in der diplomatischen Laufbahn am meisten nützen könnte“[43], bewarb sich Jacob Grimm am 16. Dezember 1813 um die Stelle eines kurhessischen Gesandtschaftssekretärs, die ihm einen Tag vor Weihnachten vom Kurfürsten gewährt wurde. In dieser Eigenschaft reiste er am 30. Dezember 1813 über Frankfurt und Heidelberg zunächst bis Troyes und Dijon

[40] Ebenda, Bd. 1, S. 463.

[41] I. Schnack: Selbstbiographien (wie Anm. 1), S. 55.

[42] Wilhelm Grimm an Friedrich Carl v. Savigny. Kassel, 1. 1. 1814; Wilhelm Schoof/Ingeborg Schnack (Hrsg.): Briefe der Brüder Grimm an Savigny. Aus dem Savignyschen Nachlaß. Berlin/Bielefeld 1953 (Veröffentlichungen der Historischen Kommission für Hessen und Waldeck, 23,1), S. 152.

[43] Jacob Grimm: Bewerbungsschreiben, 16.12.1813. Hessisches Staatsarchiv Marburg, Best. 9a, Nr. 428, fol. 3; zit. nach B. Lauer: Hessen (wie Anm. 13), S. 33.

und zog schließlich am 17. April 1814 mit den Alliierten in Paris ein. Dort war er u.a. auch mit der Wiederauffindung und Rückführung der von den Franzosen geraubten hessischen Kunstschätze beauftragt, eine Aufgabe, die er mit bleibendem Erfolg erledigen konnte. Im Juli 1814 kehrte er wieder nach Kassel zurück. Zwei der jüngeren Brüder der Familie Grimm hatten sich überdies 1814 freiwillig zum Kampf gegen Napoleon gemeldet und an den Befreiungskriegen in Frankreich teilgenommen: Carl Grimm im kurhessischen Regiment „Reitende Jäger“ und Ludwig Emil Grimm als Leutnant im dritten Landwehrregiment[44]. Im September desselben Jahres wurde Jacob Grimm mit der kurhessischen Gesandtschaft nach Wien geschickt, wo er während des Kongresses mit verschiedenen diplomatischen Geschäften[45], aber auch mit diversen wissenschaftlichen Projekten[46] beschäftigt war. Von Wien aus setzte er 1815 u.a. das berühmte „Circular“ zur Sammlung der Volkspoesie[47] in Umlauf, das gewissermaßen die Geburtsstunde der modernen volkskundlichen Feldforschung markiert.

In den Jahren der Befreiungskriege und des Wiener Kongresses formulierten die Brüder Grimm in zahlreichen Briefen und anderen Dokumenten auch politische Positionen über die Zukunft Deutschlands und seiner Länder, die deutlich von ihrem an Sprache, Geschichte und Recht orientierten Identitätskonzept bestimmt waren. So setzt sich Jacob Grimm bei-

[44] Vgl. dazu das Aquarell mit der Darstellung Carl Grimms in Uniform von Ludwig Emil Grimm (BGM Kassel, Hz. 667); Abb. bei B. Lauer: Hessen (wie Anm. 13), S. 130; vgl. ferner in den Lebenserinnerungen von L. E. Grimm (wie Anm. 8) das Kapitel „Feldzug nach Frankreich“.

[45] Vgl. dazu Ulrich Hussong: Jacob Grimm und der Wiener Kongreß. Kassel 2002 (Schriften der Brüder Grimm-Gesellschaft, 33).

[46] Vgl. dazu Volker Schupp: „Wollzeilergesellschaft“ und „Kette“. Impulse der frühen Volkskunde und Germanistik. Marburg 1983 (Schriften der Brüder Grimm-Gesellschaft, 6).

[47] Vgl. das Faksimile des Grimmschen Handexemplars hrsg. von Ludwig Denecke. Kassel 1968.

Carl Grimm (1787–1852), Radierung von Ludwig Emil Grimm, undatiert

spielsweise für die Vereinigung von Brabant und Flandern mit Holland oder für den Wiederanschluß des Elsasses an Deutschland ein, weil dies „Sprache und Sitten fordern“[48], tritt aber auch für die Wiederherstellung Polens ein: „dieses schmählich und schändlich geteilte und gekränkte Volk soll jetzt, wo wir alle auf Gerechtigkeit dringen, wieder frei und ständig werden; es liegt heilsam zwischen Deutschland und Rußland.“[49] Auch seine hessische Heimat hatte der Legationssekretär Grimm in Wien immer im Blick, in einem „Eingesandt von einem Hanauer“ unterzeichneten Artikel in Görres' „Rheinischem Merkur“ schreibt er: „Wir aber wünschen und hoffen, der kurfürst von Hessen werde öffentlich und laut seine feste erklärung im gesicht von Deutschland [...] thun, dasz er nimmermehr in Hanaus abtretung, wo seine mutter gewohnt hat und verstorben ist, wo er regieren gelernt hat, einwilligen wolle noch werde“[50].

---

[48] Jacob Grimm an Wilhelm Grimm, 8. 2., 18. 2. u. 20. 2.1814. SBPK Berlin, Nachlaß Grimm 345; Herman Grimm / Gustav Hinrichs (Hrsg.): Briefwechsel zwischen Jacob und Wilhelm Grimm aus der Jugendzeit. Bearb. von Wilhelm Schoof. Weimar 1963, S. 259.

[49] Jacob Grimm an Wilhelm Grimm, 16.12.1814; ebenda, S. 385.

[50] [Jacob Grimm]: Ueber Ländertausch in Teutschland. In: Rheinischer Merkur 2, 2. – 4.1.1815, Nr. 177 (unpag.); Jacob Grimm: Kleinere Schriften. Bd. 8. Gütersloh 1890, S. 410.

Wilhelm Grimm lebte nach seinem Marburger Examen in all diesen unruhigen Jahren als Privatgelehrter in Kassel. Mit seiner Bewerbung vom 11. Dezember 1813 um die Stelle des Bibliothekssekretärs an der Kurfürstlichen Bibliothek hatte er jedoch Erfolg und wurde am 4. Februar 1814 in die neue Funktion eingewiesen. Zwei Jahre später wurde auch Jacob Grimms Bewerbung vom 14. April 1816 um die Stelle des Zweiten Bibliothekars positiv beschieden, nachdem dieser zuvor – von September bis Dezember 1815 – bei einer nochmaligen Mission in Paris die Aufspürung und Rückführung der unter Napoleon geraubten preußischen Kulturgüter organisiert hatte[51]. Inzwischen (am 28. April 1814) hatte Wilhelm Grimm mit den Geschwistern eine neue Wohnung am Wilhelmshöher Platz Nr. 1 (heute: Brüder Grimm-Platz) im obersten Stock des nördlichen Torwachgebäudes am Beginn der Wilhelmshöher Allee bezogen: „Das Haus ist das letzte in der Stadt [...], es stehen Säulen davor und ist der Wache gerad gegenüber; es ist still und ländlich mit einer freien in der Abendsonne prächtigen Aussicht. Geräumig ist es, wenigstens ist so viel Platz als im Alten [Haus in der Marktgasse, B.L.], eher mehr und da jetzt überall Ordnung ist, ist vieles gewonnen, z.B. eine Kammer habe ich blos für alte Bücher, Paquete, unser Hildebrandslied u.s.w. eingerichtet."[52] Später wohnten die Brüder Grimm noch in der Fünffensterstr. Nr. 7 (1822 – 1824), Bellevue (Schöne Aussicht) Nr. 9 (1824 – 1826) und Bellevue Nr. 7 (1826 – 1830). Bis 1822 führte die Schwester Lotte, die am 2. Juli 1822 den Kasseler Gerichtsassessor und späteren Minister Ludwig Hassenpflug heiratete, den fünf Grimm-Brüdern den Haushalt.

---

[51] Vgl. dazu auch den Ausstellungskatalog: Marianne und Germania 1789 – 1889. Frankreich und Deutschland, zwei Welten – eine Revue. Hrsg. von Marie-Louise v. Plessen. Berlin 1996, S. 193 ff. u. S. 222.

[52] Wilhelm Grimm an Jacob Grimm, 5.5.1814. SBPK Berlin, Nachlaß Grimm 414; zit. nach D. Hennig/B. Lauer (wie Anm. 19), S. 200.

Am 15. Mai 1825 heiratete Wilhelm Grimm die Jugendfreundin und Apothekerstochter Henriette Dorothea Wild, genannt „Dortchen“ (1793 – 1867).

Das Kassel der Brüder Grimm ist uns durch zahlreiche Handzeichnungen des „Malerbruders“ Ludwig Emil Grimm anschaulich überliefert, der viele wichtige Gebäude, Straßen und Plätze mit Bleistift, Feder und Pinsel festgehalten hat, aber auch ein intimes Bild der Familie Grimm, ihrer Freunde und Bekannten vorstellt. In seiner Auffassung, getreu „nach der Natur“ zu zeichnen, zeigt sich auch eine gewisse heimatliche Verbundenheit zu seinen Sujets.[53]

In seiner „Selbstbiographie“ bezeichnet Jacob Grimm die Kasseler Zeit als „die ruhigste, arbeitsamste und vielleicht auch die fruchtbarste Zeit“[54] seines Lebens, Wilhelm Grimm äußert sich ähnlich[55]. Alle wichtigen Werke der Brüder Grimm sind hier entstanden oder doch zumindest begonnen worden. Noch in der Zeit der französischen Okkupation setzten sie mit Jacobs Schrift „Ueber den altdeutschen Meistergesang“ (Göttingen 1811) und mit Wilhelms Ausgabe der „Altdänischen Heldenlieder, Balladen und Märchen“ (Heidelberg 1811), darauf mit der ersten kritischen Ausgabe des althochdeutschen „Hildebrandliedes“ und des „Wessobrunner Gebets“ (Cassel 1812) und dem ersten Band der Märchen (Berlin 1812) neue Maßstäbe für die Entwicklung der philologischen Forschung zur historisch-kritischen Wissenschaft; es folgen in raschem Wechsel die „Altdeutschen Wälder“ (3 Bde.; Cassel 1813; Frankfurt 1815/16), die „Lieder der alten

---

[53] Vgl. dazu Ingrid Koszinowski/Vera Leuschner: Ludwig Emil Grimm. Zeichnungen und Gemälde. Werkverzeichnis. 2 Bde. Marburg 1990 (Quellen zur Brüder Grimm-Forschung, 3); ferner den Ausstellungskatalog: dies. (Hrsg.) Ludwig Emil Grimm. Maler – Zeichner – Radierer. Kassel 1985 (200 Jahre Brüder Grimm, 2).

[54] I. Schnack: Selbstbiographien (wie Anm. 1), S. 29.

[55] Ebenda, S. 56.

Edda“ (Berlin 1815), die „Zum Besten der hessischen Freywilligen“ im Befreiungskampf gegen Napoleon erstellte Ausgabe des „Armen Heinrich“ von Hartmann v. Aue (Berlin 1815), der zweite Band der Märchen (Berlin 1815), die „Deutschen Sagen“ (2 Bde.; Berlin 1816 – 1818), Jacobs bahnbrechende „Deutsche Grammatik“ (Göttingen 1819; 2. Auflage 1822 – 1837, 4 Bde., 3. Auflage 1840), seine „Deutsche[n] Rechtsalterthümer“ (Göttingen 1828) und Wilhelms Buch „Ueber deutsche Runen“ (Göttingen 1821) und seine „Deutsche Heldensage“ (Göttingen 1829), die zweite Ausgabe der Märchen (Berlin 1819) mit dem separaten dritten Kommentarband (Berlin 1822) sowie die von Ludwig Emil Grimm illustrierte „Kleine Ausgabe“ der Märchen (Berlin 1825), die „Irischen Elfenmärchen“ (Leipzig 1826) u.v.m. Bis 1829 verfaßten die Brüder Grimm ferner über 350 Aufsätze, Besprechungen und Ankündigungen.[56] Auch das umfangreichste Werk der Brüder Grimm, das „Deutsche Wörterbuch“, das den gesamten neuhochdeutschen Sprachschatz von Luther bis Goethe zu erfassen suchte[57], hat später nach der Amtsenthebung der „Göttinger Sieben“ seinen Anfang in Kassel (1838) genommen. Mit ihren bahnbrechenden Forschungen auf den Gebieten der germanischen Sprach- und Literaturwissenschaften, der Literarischen Volkskunde sowie der Geschichts-, Rechts- und Religionswissenschaften und mit ihren kritischen Editionen der „altdeutschen“ Literatur des Mittelalters sowie der Dichtun-

---

[56] Vgl. Bernhard Lauer: Chronologisches Werkverzeichnis der Brüder Jacob und Wilhelm Grimm. In: Hans-Bernd Harder / Dieter Hennig / Bernhard Lauer (Hrsg.): Die Brüder Grimm in ihrer amtlichen und politischen Tätigkeit. Tl. 2. Marburg 1989 (200 Jahre Brüder Grimm, 3/2), S. 45 –116.

[57] Vgl. dazu: Bernhard Lauer (Hrsg.): Das Deutsche Wörterbuch von Jacob Grimm und Wilhelm Grimm. Ein wissenschaftliches Symposion der Brüder Grimm-Gesellschaft e. V. aus Anlaß des 150-jährigen Jubiläums des Erscheinens der ersten Lieferung (1852) im Brüder Grimm-Museum Kassel am 25. Oktober 2002. Kassel 2003 (Schriften der Brüder Grimm-Gesellschaft, 35).

gen des „Volkes" haben die Brüder Grimm so wesentlich die Entfaltung eines Bewußtseins regionaler und nationaler Identität in Hessen und Deutschland mitgeformt, und ihre Werke müssen so immer auch in ihrer kulturhistorischen und politischen Funktionalität betrachtet und bewertet werden[58].

Wie sehr die Brüder Grimm an ihrer hessischen Heimat und an ihrem bescheidenen, jedoch überschaubaren und eingefahrenen Leben in Kassel hingen, zeigt ein Vorgang aus dem Jahr 1816/17. Der damalige geheime Kammergerichtsrat und nachmalige preußische Minister Johann Albrecht Friedrich Eichhorn hatte bei ihnen nachgefragt, wie sie zu einer möglichen Berufung an die zwei Jahre später gegründete rheinpreußische Universität Bonn stünden. Die im Entwurf erhaltene Begründung ihrer Ablehnung ist bemerkenswert: „wir haben beide, mein Bruder und ich, den Antrag einer Anstellung bei der neuen Universität Bonn vielfach überlegt [...]. Um mit dem äußern anzufangen, so ist unsere hiesige Besoldung jetzt ziemlich gering [...]. Allein ich gestehe, daß mich dieser ganze Punct wenig bestimmen könnte, an Geld ist mir, bei gern eingeschränkten Bedürfnissen, eigentlich wenig gelegen [...]. Schwerer und bedenklicher ist nun der zweite Punct. Wir leben in einem freien unabhängigen und unsern Neigungen zusprechenden Dienst und müßen dankbar mancherlei Glück und Gunst rühmen, die uns widerfahren sind. Es ist nicht leicht, sich aus diesen Verhältnißen loszumachen; unsere Eltern und bis zu den Urgroßeltern hinauf, so weit wir wissen, haben in Heßen gelebt und gedient; Mutter und Tante, die uns zuletzt das liebste auf der Welt waren, liegen beide hier in Caßel begraben, und unsre seit lange weit entfernte Geschwister betrachten uns und unsre Wohnung in der Heimath als

58 Siehe dazu den Beitrag von Hans-Christof Kraus in diesem Band.

einen Halt und eine Stütze [...]. Ich fühle zwar, in Deutschland ist überall Deutschland; das andre ist aber auch natürlich, daß noch ein engeres Land an Provinzen und Oerter bindet, wo man geboren worden ist und durch Erziehung und Fortleben überall auf festerem Grund und sicherer steht. Dies alles fahren zu laßen, ist ein Nachtheil, und das neue Land, wohin gezogen werden soll, hat mancherlei unheimliches; es ist katholisch, seiner neuen Regierung und allen Ankömmlingen ungeneigt und unterliegt manchen Spannungen“[59].

Trotz ihrer Heimatverbundenheit standen die Brüder Grimm den hessischen Kurfürsten und der hessischen Staatsbürokratie nicht unkritisch gegenüber[60]; schon in dem eben zitierten Brief wird moniert, daß für die Wissenschaften „in unserm Hessenlande wenig förderliches und aufmunterndes dafür geschieht“[61]. Und aus Wien schrieb Jacob Grimm zuvor: „Ich rede und fechte für Hessen bei aller Gelegenheit [...] als für das beste Volk, wenn ich nicht zu Haus bin; komme ich wieder nach Kassel, so wird mich wieder vieles ärgern.“[62] Vor allem der zweite hessische Kurfürst Wilhelm II., der 1821 die Regierung in Kassel antrat, schätzte die Brüder wenig und trug ihnen auch nach, daß sie besondere Beziehungen zu seiner von ihm getrennt lebenden Frau, der Kurfürstin Auguste[63], pflegten. In sehr kritischen Ausführungen über „die neue Regierung“ schrieb Jacob in einem Brief an den Lehrer Savigny: „Eine gute Staatsverfassung ist mir, die nicht alles durchdringen, alles ausfüllen will, die nicht alles auf sich bezieht und

---

[59] Jacob Grimm an Johann Albrecht Friedrich Eichhorn, 30.12.1817 (Entwurf). SBPK Berlin, Nachlaß Grimm 638; zit. nach B. Lauer: Hessen (wie Anm. 13), S. 47.

[60] Siehe dazu den Beitrag von Ewald Grothe in diesem Band.

[61] Ebenda.

[62] Jacob Grimm an Wilhelm Grimm, 27.1.1815. SBPK Berlin, Nachlaß Grimm 345; H. Grimm / G. Hinrichs (wie Anm. 48), S. 409.

[63] Vgl. Bernhard Lauer (Hrsg.): Kurfürstin Auguste von Hessen in ihrer Zeit (1780 – 1841). Kassel 1995.

sich allen menschlichen Dingen oben auflastet. Der Staat soll den Menschen für sich schalten lassen“[64]. Bemängelt wird zugleich das „verwilderte, rohe Wesen“ des Kurfürsten, sein aufwendiger Lebensstil und seine Verschwendungssucht: „Der Mangel an Ordnung und Haltung, worin der neue dem alten auffallend nachsteht, macht ihn minder zugänglich und gesprächig. Seine nähere Umgebung ist unbeneidenswerth und hat von den Ausbrüchen seiner mißtrauischen, heftigen Laune viel zu leiden. Weil aber brave, ehrliebende Menschen es in solchen Stellen wenig aushalten, so ist zu erwarten, daß sie allmählich lauter gefügigen und feigen Leuten zu Teil werden, die je mehr sie sich selbst gefallen lassen, desto mehr wieder andern zumuten und daher nachteiligen Einfluß ausüben“[65]. Darunter hatten nicht zuletzt auch die Brüder Grimm immer wieder zu leiden.

1829 endete ihre Kasseler Zeit abrupt. Nach jahrelangem engagiertem Dienst in der Kurfürstlichen Bibliothek wurden sie nach dem Tode des bisherigen Direktors Ludwig Völkel in der Beförderung ganz offensichtlich gewollt übergangen, so daß sie einen Ruf an die Universität Göttingen annahmen. Jacob führt dazu aus: „Unter der Hand geschah uns nun im Sommer 1829 der Antrag, einem ehrenvollen Rufe nach Göttingen zu folgen. Alle zu Rath gezognen Freunde ermahnten dazu aus Kräften. Die geliebte und gewohnte Heimat aufzugeben schien uns hart und schmerzhaft wie vorher, aus dem Geleise genau bekannter Beschäftigungen und einer uns Frucht bringenden Muße herauszutreten fast unerträglich“[66]. Auch Wilhelm fiel der Abschied von Kassel nicht leicht; drei

[64] Jacob Grimm an Friedrich Carl v. Savigny, 20. 8.1821. UB Marburg, Ms. 784/127; W. Schoof / I. Schnack (wie Anm. 42), S. 299.
[65] Ebenda.
[66] I. Schnack: Selbstbiographien (wie Anm. 1), S. 31.

Tage nach der förmlichen Entlassung der Brüder aus dem hessischen Staatsdienst verabschiedete er sich bei der hessischen Kurfürstin Auguste mit folgenden Worten: „Vor Ew. Königlichen Hoheit darf ich die Versicherung niederlegen, daß kein Mangel an Vaterlandsliebe uns zu Schulden kommt. Mit dem tiefsten Schmerz verlassen wir Hessen, dem unsere Familie seit Jahrhunderten mit unbefleckter Ehre gedient hat, und die Anhänglichkeit an Cassel, wo wir gewiß den größten Theil unseres Lebens zugebracht haben, wird niemals erlöschen“[67]. Kurz vor der endgültigen Abreise, die bei klirrender Kälte am zweiten Weihnachtstag 1829 erfolgte, schrieb Jacob ähnlich an den Marburger Orientalisten und Theologen Hermann Hupfeld: „Der entschluß dem geliebten vaterlande zu entsagen ist uns schwer geworden; allein wir waren zu empfindlich gekränkt, ohne aussicht, es hier unser lebenlang weiter zu bringen und die luft hatte, auch wenn alles übrige geboten worden wäre, etwas beengendes und drückendes“[68]. Es ist danach bezeichnend, daß Jacob Grimm seine am 13. November 1830 an der Universität zu Göttingen gehaltene lateinische Antrittsvorlesung unter das Thema „De desiderio patriae“ („Über die Liebe zur Heimat“ oder „Über das Heimweh“) gestellt hat. Darin heißt es: „Was als gemeine Redensart von vielen gedrechselt und im Munde geführt wird: Wo es einem gut gehe, dort sei seine Heimat, das ist mir immer als schlechter Spruch erschienen und geeignet, eine höchst unnütze Art von Leichtfertigkeit zu erzeugen. Denn wer glaubt wohl wirklich, er könne seine Heimat wie ein Kleidungsstück wechseln, und, nachdem er das alte abgelegt, ein neues schö-

[67] Wilhelm Grimm an die hessische Kurfürstin Auguste, 2.11.1829 (Entwurf); SBPK Berlin, Nachlaß Grimm 756; zit. nach B. Lauer: Hessen (wie Anm. 13), S. 50.

[68] Jacob Grimm an Hermann Hupfeld, 21.12.1829. BGM Kassel, Autogr. 689; zit. nach D. Hennig / B. Lauer (wie Anm. 19), S. 218 f.

neres anziehen? Gleichwie wir als Eltern unsere Kinder lieben und gern haben, und zwar nicht nur die, die uns durch anmutige und liebenswerte Gestalt gefallen oder von uneingeschränkter Gesundheit sind, sondern auch die, deren Körper von einer gewissen Ungestalt oder durch ein Mal entstellt ist oder an einer Krankheit leidet, so ist auch die Liebe zur Heimat weit davon entfernt, durch die Erwägung der Unglücksfälle, die wir in ihr erfahren haben, oder der Übel, die ihr bevorstehen, beeinträchtigt zu werden, daß sie vielmehr dadurch auf wunderbare Weise vermehrt wird und daraus neue Kräfte schöpft."[69] Und er führt dazu weiter aus: „Durch nichts anderes wird das Band zur Heimat und ihre Unentbehrlichkeit so beleuchtet und ans Licht gezogen wie durch die Gemeinschaftlichkeit der Sprache. [...] ich behaupte, daß weder ein Volk wirklich blühen kann, das seine Muttersprache vernach-

Der Marktplatz und die Weender Straße in Göttingen, Stahlstich von W. R. Smith nach einer Zeichnung von Capt'n Batty, 1828

[69] Jacob Grimm: De desiderio patriae. SBPK Berlin, Nachlaß Grimm 1761; W. Ebel (wie Anm. 2), S. 9.

lässigt, noch eine Sprache verfeinert werden kann von einem Volke, das seine Freiheit verloren hat [...]. Die Muttersprache aber, die das feste Fundament des Staates ist, sollten wir unermüdlich pflegen und verfeinern und nicht daran zweifeln, daß, so weit und breit sie in Kraft steht, auch Deutschland sich erstreckt. Bei solcher Veränderung und Verwirrung der Verhältnisse, bei welcher uns in dieser unserer Zeit ein Übergang aus überlieferten Gewohnheiten in eine ganz neue Ordnung bevorsteht, tut es den Wachenden und Schlafenden not, die Liebe zur Heimat rein zu bewahren."[70]

Nach sieben Göttinger Jahren sind die Brüder Grimm 1837 bzw. 1838 nochmals für drei bzw. vier Jahre nach Kassel zurückgekehrt, bevor sie dann 1841 bis zu ihrem Lebensende endgültig ins „Ausland", in die preußische und nachmalige deutsche Hauptstadt Berlin übersiedelten. Aber auch in diesen Jahren haben sie sich immer lebhaft für die Geschicke ihrer hessischen Heimat interessiert und sind zugleich wiederholt noch in die Orte der Kindheit und Jugend zurückgekehrt. In Kassel lebte der „Malerbruder" Ludwig Emil Grimm – er war am 14. Mai 1832 als Professor an der Kunstakademie angestellt worden – bis zu seinem Tod (1863) und hatte immer ein gastliches Haus für seine Brüder. Auch der Kontakt zu den hessischen Freunden und Kollegen – etwa zu Paul Wigand, Ludwig Sigismund Ruhl, Karl Christian Sigismund Bernhardi oder Johann Georg Landau – wurde brieflich aufrechterhalten. Auch nach dem Tode der hessischen Kurfürstin Auguste (1841), die die Patenschaft für Wilhelms Tochter Auguste übernommen hatte, pflegte man diese Beziehungen weiter und stand u. a. noch lange im Kontakt zu der Tochter der Kurfürstin, die als Herzogin Marie in Meiningen residierte. Auch

[70] Ebenda, S. 12.

nach Marburg und Gießen sowie nach Hanau und Steinau hielt man persönliche und wissenschaftliche Verbindungen aufrecht. Auch Reisen führten häufiger – meist während der Sommermonate und nach dem Aufbau des Eisenbahnnetzes auch leichter – nach oder durch Hessen. Überdies dokumentieren die Besucher- und Reisetagebücher von Wilhelm Grimm gerade für die 40er und 50er Jahre detailgetreu das umfangreiche Beziehungs- und Kontaktgeflecht der Brüder Grimm in Berlin, wo sie in ihren Wohnungen in der Lenné-, Dorotheen- und Linkstraße besonders häufig und gerne Gäste aus Hessen empfingen.[71]

Die Dialektik von Herkunft und Lebenserfahrung, von Eigenem und Fremden, von Heimat und Vaterland, erscheint gewissermaßen als Konstante im Grimmschen Leben und Wirken und war vielleicht in erster Linie auch der Ausgangspunkt für das Aufsteigen vom Kleinen und Unbedeutenden, vom Detail, zu den großen und weitgespannten Gedankengängen ihres monumentalen Lebenswerkes.

---

[71] Wilhelm Grimm: Besucher- und Reisetagebücher (1838 – 1859); SBPK Berlin, Nachlaß Grimm 151. – Die Aufarbeitung und Darstellung dieser Periode würde den Rahmen dieses Vortrages sprengen und soll an anderer Stelle fortgesetzt werden; vgl. jedoch bereits die kritisch-kommentierten Auszüge aus diesem Dokument zuletzt bei Bernhard Lauer: „Simrocks vormittag und nachmittag ...“ Wilhelm Grimms Aufenthalt in Rheinbreitbach und Bonn (1853). Notizen aus seinem Tagebuch. In: Karl Simrock 1802 – 1876. Einblicke in Leben und Werk. Hrsg. von der Karl-Simrock-Forschung. Bonn 2002, S. 77 – 83; vgl. auch den erweiterten Abdruck im Jahrbuch der Brüder Grimm-Gesellschaft 9 (1999), S. 7–48. Bernhard Lauer: „Ruhe und Stimmung ...“ – Wilhelm Grimms Schlesienreise im Sommer 1850. Aus den unveröffentlichten Tagebuchnotizen. In: Jahrbuch der Brüder Grimm-Gesellschaft 10 (2000), S. 7–40.

Die Kasseler Jahre: Zwischen Forscherdrang und Freundschaftsbanden

Von Heidrun Helwig

Am zweiten Weihnachtstag des Jahres 1829 kehrten Jacob und Wilhelm Grimm der Residenzstadt Kassel den Rücken. Enttäuscht und verbittert. Lange Jahre waren beide dort an der kurfürstlichen Hofbibliothek tätig gewesen: seit 1816 der eine als zweiter Bibliothekar, bereits seit 1814 der andere als Bibliothekssekretär. Damit hatten sie eine Beschäftigung gefunden, die ihnen nebenher „Musse zum Studieren und zur Ausführung manch literarischer Pläne"[1] gab. Obendrein waren die Brüder zuversichtlich ob ihrer beruflichen Zukunft: „Unsere Verhältnisse an sich sind die besten, Völkel unser einziger Vorgesetzter ist von Natur gutmütig, welche Schwäche er auch sonst haben mag, und es fällt ihm nicht ein, den Direktor zu spielen. Dazu kommt, daß er bejahrt ist und wir nach seinem Tode beide zugleich fortrücken würden, wenn man nicht eine ganz ungewöhnliche Ungerechtigkeit, zu der doch kein Grund da ist, an uns ausüben will"[2], schreibt Wilhelm im Herbst 1823 an seinen Freund und früheren Lehrer Friedrich Carl von Savigny (1779 – 1861). Doch genau diese ungewöhnliche Ungerechtigkeit tritt ein, als Bibliotheksdirektor Johann Ludwig Völkel Ende Januar 1829 stirbt. Kurfürst Wilhelm II.

[1] Wilhelm Grimm: Selbstbiographie. In: ders., Kleinere Schriften. Bd. 1. Berlin 1881, S. 1 – 27, hier S. 23.

[2] Zusatz von Wilhelm Grimm an das Schreiben seines Bruders Jacob an Savigny, 9. 9. 1823. Wilhelm Schoof / Ingeborg Schnack (Hrsg.): Briefe der Brüder Grimm an Savigny. Aus dem Savignyschen Nachlaß (Veröffentlichungen der Historischen Kommission für Hessen, 23,1). Berlin/Bielefeld 1953, Nr. 139, S. 330f.

(1777 – 1847) weist die Gesuche um Beförderung von Jacob und Wilhelm Grimm kurz und knapp zurück. Mehr noch: Zum Direktor der Bibliothek ernennt der Landesherr ausgerechnet Dietrich Christoph (von) Rommel (1781 – 1859), der bereits dem Hessischen Hof- und Staatsarchiv vorsteht. Ihn kennen die Brüder seit der Marburger Studienzeit und mehr als einmal haben sie in all den Jahren seine fachlichen Qualitäten angezweifelt. Diese unerwartete Kränkung vermag auch die Gehaltserhöhung um jeweils 100 Taler nicht wettzumachen, die ihnen der Kurfürst gnädigst gewährt.[3] Deshalb folgen Jacob und Wilhelm Grimm „dem gefühl der ehre"[4] und dem Ruf

Doppelporträt der Brüder Grimm, Lithographie von Franz Hanfstängl nach einer Federzeichnung von Ludwig Emil Grimm, 1829

[3] Die Gesuche der Brüder um Beförderung vom 2. 2.1829, die Zurückweisung durch den Kurfürsten vom 5. 2.1829 sowie die Reaktionen von Jacob und Wilhelm Grimm auf diese Entscheidung: Hans-Bernd Harder / Ekkehard Kaufmann (Hrsg.): Die Brüder Grimm in ihrer amtlichen und politischen Tätigkeit. Bd. 1. Kassel 1985 (200 Jahre Brüder Grimm, 3/1), S. 70 ff.

nach Göttingen. Gleichwohl: „Der entschluß dem geliebten vaterlande zu entsagen ist uns schwer geworden"[5], schreibt Jacob im Dezember 1829 an den befreundeten Theologen Hermann Hupfeld (1796 – 1866) nach Marburg. Bedeutet dies doch die Trennung von Bruder, Schwester, Schwager und anderen Familienmitgliedern, von engen Freunden und treuen Weggefährten.

Der Abschied der Brüder zieht auch die Auflösung eines überwiegend adligen Freundeskreises nach sich, in dessen Mittelpunkt vornehmlich Wilhelm Grimm lange Zeit stand. Damit erfüllen sich die Hoffnungen von Caroline von Verschuer (1795 – 1868) nicht, die sie dem 43jährigen Wilhelm Grimm mit auf den Weg in das Königreich Hannover gegeben hatte: „Auch ich muß es gegen Sie aussprechen lieber Grimm! wie sehr uns die Nachricht daß Sie Cassel nun wirklich verlassen, im ersten Augenblick erschreckt u geschmerzt hat, u wie lebhaft wir Ihre Gefühle dabei nachempfinden können. Möchte unser herzlicher Wunsch in Erfüllung gehn u Sie bei dieser Veränderung recht viel Ursache zur Zufriedenheit gewinnen! – Obgleich Sie nun etwas entfernter von uns leben werden, so hoffen wir dennoch nicht ganz abgeschnitten von aller Nachricht von Ihnen zu sein, u bitten Sie gar sehr uns von Zeit zu Zeit von Ihrem Ergehen zu unterrichten."[6]

---

[4] Jacob Grimm: Selbstbiographie. In: ders., Kleinere Schriften. Bd. 1: Reden und Abhandlungen. Berlin 1879, S.17.

[5] Jacob Grimm an Hermann Hupfeld, 21.12.1829. Brüder Grimm-Museum (BGM) Kassel, Autogr. 689. Zit. nach Edmund Stengel: Private und amtliche Beziehungen der Brüder Grimm zu Hessen. Eine Sammlung von Briefen und Actenstücken als Festschrift zum 100. Geburtstag Wilhelm Grimms. Bd. 2. Marburg 1886, S. 251 f.

[6] Caroline von Verschuer an Wilhelm Grimm, 13.12.1829. Staatsbibliothek zu Berlin – Preußischer Kulturbesitz, Haus 2 (SBPK Berlin), Nachlaß Grimm 1737, fol. 33v. Gedruckt bei Wilhelm Schoof: Beziehungen Wilhelm Grimms zur Familie von Schwertzell. In: Zeitschrift des Vereins für hessische Geschichte und Landeskunde 57 (1929), S. 254. Zitiert werden die Briefe jeweils nach der Handschrift, da sich im Detail immer wieder Abweichungen zwischen dem Original und dem Druck ergeben.

Doch nach dem Umzug auf die andere Seite der Landesgrenze werden Nachrichten schon bald nur noch sporadisch ausgetauscht. Einige der Kasseler Freunde können die Grimms noch als Gäste in Göttingen empfangen, schließlich aber schlafen die meisten der einst innigen Kontakte ein. So ist der Brief der Caroline von Verschuer vom 13. Dezember 1829 vermutlich der letzte, den sie an Wilhelm Grimm richtet. Und nur noch einmal wohl erhält sie Nachricht aus Göttingen. Am 23. Juli 1830: „oft kommt es mir noch ietzt vor, als lebte ich in einem Traum, wenn ich die fremden Menschen, die fremde Stadt und Gegend ansehe. Ohngeachtet mancher widerwärtigen Erinnerung aus Kassel empfinde ich dann doch eine Sehnsucht dahin und wenn ich Abend durch die Straßen von dem Spaziergang zurückgehe, denke ich müßte vor dem Gasthaus mein Wagen stehen und mich wieder nach Haus fahren."[7] Daß er nun überhaupt fern der Heimat lebt, hängt auch und gerade mit den privaten Verbindungen in der kurhessischen Residenzstadt zusammen.

Aufschluß über die Beziehungen der beiden Grimms – wiederum insbesondere von Wilhelm – zu dem Kasseler Freundeskreis geben die regen Briefwechsel, die zu großen Teilen überliefert sind.[8] Im Zentrum stehen dabei in den verschiedensten Variationen Themen aus dem privaten Bereich: die Familie, Kontakte zu gemeinsamen Freunden und Bekannten, Reisen und andere Unternehmungen sowie berufliche Belange. Hinzu kommen schriftliche Gespräche über Literatur, Kunst, Theater, Musik. Aber auch Aspekte der wissenschaftlichen Arbeit der Brüder finden Berücksichtigung.

[7] Wilhelm Grimm an Caroline von Verschuer, 23. 7.1830. Gedruckt bei W. Schoof: Beziehungen (wie Anm. 6), S. 278.

[8] Die Herausgabe der Briefwechsel von Jacob und Wilhelm Grimm mit dem Kern des Freundeskreises der Kasseler Jahre wird von mir im Rahmen der Kasseler Ausgabe der Werke und der Briefwechsel vorbereitet.

Von Bedeutung ist diese Korrespondenz zweifellos für die kulturhistorische Forschung, beinhaltet sie doch zahlreiche Hinweise auf Alltagswelt und Kommunikationsgewohnheiten im Vormärz. Auch der hessischen Landesgeschichte vermag sie wertvolle Details über die Lebenswirklichkeit im ersten Drittel des 19. Jahrhunderts im Kurfürstentum Hessen-Kassel zu liefern. Nicht zuletzt aber gibt sie der Literaturgeschichte Informationen über das private Umfeld der Mitbegründer der Germanistik sowie über die Entstehung einiger wegweisender Arbeiten der Brüder Grimm.

I.

Die Kasseler Jahre von 1805 bis 1829 sind für die beiden Brüder im Rückblick „die ruhigste, arbeitsamste und vielleicht auch die fruchtbarste zeit“[9]. Die Hofbibliothek im Fridericianum hat drei Stunden am Tag geöffnet, so daß genug Zeit bleibt für die anfallende Verwaltungstätigkeit. Daneben können Wilhelm und Jacob die schon vor der Anstellung begonnenen Forschungen weiterführen. So entstehen in jenen Jahren die Grundlagen für einige ihrer bedeutendsten Werke: für die Märchen und Sagen, die „Deutsche Grammatik“ oder auch die „Deutschen Rechtsalterthümer“. Allerdings vermissen sie dabei den persönlichen wissenschaftlichen Kontakt mit anderen Gelehrten. Es fehlen ihnen Gesprächspartner wie Friedrich Carl von Savigny oder Achim von Arnim (1781 – 1831). „Hier ist Niemand, mit dem ich ordentlich wie mit ihm reden könnte“[10], schreibt Wilhelm Grimm 1820 an Arnims Frau Bettine (1785 – 1859). Um so intensiver allerdings ist der schriftliche Verkehr mit befreundeten Wissenschaftlern und

---

[9] J. Grimm: Selbstbiographie (wie Anm. 4), S. 14.

[10] Wilhelm Grimm an Bettine von Arnim. Gedruckt bei Wilhelm Schoof: Wilhelm Grimm. Aus seinem Leben. Bonn 1960, S. 78.

Schriftstellern im In- und Ausland. Und etliche der Briefpartner machen sich auch auf in die kurhessische Residenzstadt und statten den Grimms einen oder gleich mehrere Besuche ab.[11] Das mag vor allem für Wilhelm, den geselligeren der beiden Brüder, stets eine willkommene Abwechslung sein. Jacob nämlich zieht sich gern stundenlang zurück und vertieft sich an seinem Schreibtisch in die Arbeit.

Gleichwohl haben die Grimms auch in Kassel regen Kontakt, bilden sich um sie zeitweise verschiedene Kreise von Freunden und Gefährten: etwa das „Montagskränzchen" zu dem der Mediziner Hofrat Richard Harnier (1775 – 1856), der Prinzenerzieher und spätere Professor für Philosophie David Theodor August Suabedissen (1773 – 1835) sowie dessen Schwager, der Mathematiker Christian Ludwig Gerling (1788 – 1864), zählen und das sich während Jacobs Aufenthalt als kurhessischer Legationssekretär in Frankreich formiert. „Wir kommen die Woche gewöhnlich einen Abend zusammen, um uns mit anderweitigen Besuchen die Zeit nicht zu zersplittern; wir drei Armen geben solange wirs haben ein Glas Wein, der reiche Harnier aber etwas delikates an Punsch, Bischof[12] oder dergleichen, dabei führen wir vernünftige Discurse über die Welthändel"[13], beschreibt Wilhelm das gesellige Beisammensein.

Daneben findet sich das „Freitagskränzchen" zusammen, zu dem rund 25 Personen zählen, darunter mit Johanna Elisabeth, genannt Lisette (1782 – 1858) und Dorothea, genannt Dortchen Wild (1795 – 1867) oder Amalie (1800 – 1871) und Jeanette Hassenpflug (1791 – 1860) einige der eifrigsten Märchensammlerinnen. Aber auch der Bruder der beiden letzte-

[11] Ebenda, S. 182 – 195: „Von Leuten, welche die Brüder Grimm in Kassel besuchten".
[12] Ein kaltes Getränk aus Rotwein, klein gehackten Schalen von Pomeranzen und Zucker.
[13] Wilhelm Grimm an Achim von Arnim, 21. 6. 1814. Reinhold Steig (Bearb.): Achim von Arnim und Jacob und Wilhelm Grimm. Stuttgart/Berlin 1904 (Achim von Arnim und die ihm nahe standen, 3), S. 309.

ren, der Jurist und nachmalige kurhessische Innen- und Justizminister Ludwig Hassenpflug (1794 – 1862), der 1822 die Grimm-Schwester Lotte (1793 – 1833) heiratet oder Künstler wie der Bildhauer Werner Henschel (1782 – 1850) gehören dazu. „Wir haben seit vorigen Winter hier eine Lesegesellschaft errichtet, die alle Freitage, wo man sich Nägel und Haar schneidet, zusammenkommt, das hat sich den ganzen Sommer durch erhalten, und es sind auch ein paar ordentliche Leute drin“[14], schreibt Jacob Grimm an Arnim.

Mit dieser Lesegesellschaft überschneidet sich jener überwiegend adlige Freundeskreis, der zum Teil tief verwurzelt ist in der hessischen Vergangenheit der Brüder Grimm. Gehen die Kontakte doch zurück auf Beziehungen, die Jacob und Wilhelm bereits während ihrer Schulzeit in Kassel geknüpft hatten. Auf dem Lyceum Fridericianum gehörte Ernst Otto von der Malsburg (1786 – 1824) zu den Mitschülern, die mit Jacob Grimm „auf derselben bank oder an denselben tischen saszen

Das Museum Fridericianum in Kassel, Lithographie von Friedrich Appel, 1840

[14] Jacob Grimm an Achim von Arnim, 26. 9.1812. Ebenda, S. 221.

und mit denen ich vertrauter umgieng."[15] Ein Klassenkamerad von Wilhelm hingegen war Friedrich von Schwertzell (1784 – 1858). Nach der gemeinsamen Schulzeit teilten die vier anschließend auch das Studentenleben in Marburg.

Dabei war es für die beiden Grimms im Unterschied zu den adligen Freunden aber keineswegs selbstverständlich, an der hessischen Landesuniversität studieren zu können. Denn um die Studentenzahlen nicht allzu sehr anschwellen zu lassen, hatte Landgraf Wilhelm IX., seit 1803 Kurfürst Wilhelm I. (1743 – 1821), den Zugang zur Universität erschwert. Studieren durften danach lediglich die Söhne von Angehörigen der ersten sieben Klassen des Rangreglements für die Zivildienerschaft. Der Vater der Brüder Grimm aber gehörte als Amtmann zusammen mit den nichtadeligen Stallmeistern, Archivaren und den Bürgermeistern von Kassel und Marburg lediglich der achten Rangklasse an. Deshalb mußte zunächst Jacob im Jahre 1802 eine Ausnahmegenehmigung, einen Dispens, erwirken. Ein Jahr später wiederholte sich das gleiche Verfahren für Wilhelm.[16]

Dies jedoch scheint sich nicht als Zurücksetzung oder Geringschätzung in der Erinnerung der Brüder festgesetzt zu haben. Tief eingeprägt hingegen hat sich eine andere Begebenheit der Studienzeit. In seiner „Selbstbiographie" nämlich schreibt Jacob im Jahr 1830: „zu Marburg muste ich eingeschränkt leben; es war uns allen verheiszungen ungeachtet, nie gelungen, die geringste unterstützung zu erlangen, obgleich die mutter wittwe eines amtmanns war, und fünf söhne für den staat grosz zog; die fettesten stipendien wurden daneben an

---

[15] J. Grimm: Selbstbiographie (wie Anm. 4), S. 4.

[16] Zur Marburger Studienzeit 1802/03 bis 1805: Dieter Hennig / Bernhard Lauer: Die Brüder Grimm. Dokumente ihres Lebens und Wirkens. Kassel 1985 (200 Jahre Brüder Grimm, 1), S. 175 f.

meinen schulkameraden von der Malsburg ausgetheilt, der zu dem vornehmen hessischen adel gehörte und einmal der reichste gutsbesitzer des landes werden sollte."[17] Und grimmig fügt er hinzu: „doch hat es mich nie geschmerzt, vielmehr habe ich oft hernach das glück und auch die freiheit mäsziger vermögensumstände empfunden. dürftigkeit spornt zu fleisz und arbeit an, bewahrt vor mancher zerstreuung und flöszt einen nicht unedlen stolz ein, den das bewustsein des selbstverdienstes, gegenüber dem, was andern stand und reichthum gewähren, aufrecht erhält."

Möglicherweise haben die beiden Brüder bereits während der Studienzeit mit Ernst Otto von der Malsburg über die Ungerechtigkeit der Stipendienvergabe diskutiert. Mag sein, daß sie mit den adligen Freunden auch immer wieder über die Standesvorrechte debattiert haben, deren Aufhebung Jacob Grimm später als Abgeordneter der Paulskirche in der berühmten Rede „Über Adel und Orden"[18] gefordert hat. Nicht ausgeschlossen aber auch, daß tatsächliche oder vermeintliche Standesunterschiede bei den zahlreichen Besuchen, gemeinsamen Teestunden und Soireen nicht zur Sprache kamen. In den Briefwechseln mit dem Kasseler Zirkel zumindest, der Quelle, die darüber Aufschluß geben könnte, findet sich kein Hinweis auf dieses Thema.[19]

Jedenfalls resultieren aus der Bevorzugung des adligen Freundes offenkundig keine generellen Vorbehalte gegen diesen Stand. Denn noch während der Marburger Studienjahre intensivieren sich besonders die Kontakte zu Friedrich von Schwertzell und, befördert durch gegenseitige Besuche, deh-

---

[17] J. Grimm: Selbstbiographie (wie Anm. 4), S. 5.

[18] Ders.: Über Adel und Orden. In: ders., Kleinere Schriften. Bd. 1: Reden und Abhandlungen. Berlin 1879, S. 439 – 443.

[19] Allerdings sei auf den derzeit vorläufigen Charakter dieser Aussage hingewiesen, da noch nicht alle Briefwechsel ausgewertet sind.

nen sich die freundschaftlichen Beziehungen schon bald auf die Mitglieder beider Familien aus, etwa auf den jüngeren Bruder, den Maler und Radierer Ludwig Emil Grimm (1790 – 1863)[20]. Bei einem Aufenthalt auf dem Schwertzellschen Familiengut in der Schwalm lernt er Gerhardt von Reutern (1794 – 1865), den Mann von Friedrichs jüngster Schwester Charlotte (1797 – 1854) kennen, der als Begründer der Willingshäuser Malerkolonie gelten kann. Gemeinsam widmen sie sich neben Studien der Natur der hessischen Genredarstellung und Trachtenmalerei. Von einem der Besuche des jüngsten Grimm-Bruders berichtet Wilhelmine von Schwertzell nach Kassel: „Wir sind gar sehr vergnügt gewesen, und ich wollte nur, es käme oft so. Ueber das Talent Ihres Bruders haben wir die größte Freude gehabt, und es sieht sich ihm so gut zu, da alles gelingt. Aber sein Wesen hat uns auch so sehr wohl gefallen und wenn wir ihn auf längere Zeit eingeladen, so ist uns das ganz von Herzen gegangen. Ich habe gar nicht geglaubt, daß Sie im Äußern, im Gang, in den Bewegungen einander so ausnehmend ähnlich wären."[21]

Im Zentrum des Romantikerzirkels jedenfalls stehen die Kontakte zwischen den Familien Schwertzell und Grimm, um die sich nach und nach weitere Freunde und Bekannte gruppieren. Zum Kern zählt somit jene Caroline von Verschuer, die Schwester Friedrich von Schwertzells, die 1821 Wilhelm von Verschuer (1795 – 1837), den nachmaligen kurhessischen Oberstallmeister heiratet, der ebenfalls dem Freundeskreis

---

[20] Zur Beziehung von Ludwig Emil Grimm zu Willingshausen und zu Gerhardt von Reutern: Vera Leuschner: Ludwig Emil Grimm und Willingshausen 1824 – 1828. In: Hessische Heimat 41 (1991), S. 95 – 108; Ludwig Emil Grimm: Briefe. Hrsg. von Egbert Koolman. 2 Bde. Marburg 1985 (Schriften der Brüder Grimm-Gesellschaft, 12); Ludwig Emil Grimm: Erinnerungen aus meinem Leben. Hrsg. von Adolf Stoll. Leipzig 1911.

[21] Wilhelmine von Schwertzell an Wilhelm Grimm, 19. 8.[1824]. SBPK Berlin, Nachlaß Grimm 646, fol. 110v. Gedruckt bei: W. Schoof: Beziehungen (wie Anm. 6), S. 244.

angehört. Sodann die Ehefrau des Studienkameraden, Mathilde von Schwertzell (1794 –1827) sowie auch und besonders seine zweitälteste Schwester Wilhelmine (1790 – 1849), Minchen genannt, die unverheiratet bleibt.

Während die Kontakte der Grimms zu Ernst Otto von der Malsburg[22] nach der gemeinsamen Studienzeit an Intensität stetig abnehmen – Malsburg macht bis zu seinem frühen Tod 1824 als Calderon-Übersetzer von sich reden und ist zudem einige Jahre als kurhessischer Legationsrat und Geschäftsträger am Dresdener Hof tätig – zählt dessen Freundin und spätere Nachlaßherausgeberin, die Stiftsdame Philippine von Calenberg (1765 –1848) zum engeren Kreis des Zirkels, ebenso der Offizier Joseph Maria von Radowitz (1797–1853), der 1821 die militärische Erziehung des Kurprinzen übernimmt und der schon lange Zeit ein gerngesehener Gast im Hause von Schwertzell ist.

Ferner zu nennen sind Caroline von der Malsburg (1787–1863) – die Pianistin und Malerin war seit 1808 mit dem späteren kurhessischen Oberhofmarschall Wilhelm Otto von der Malsburg (1780 –1857) verheiratet, versammelte die bedeutendsten Künstler der Kasseler Hofbühne in ihrem Salon und stand im Mittelpunkt des musischen Lebens der Residenzstadt – sowie der sächsische Gesandte Reichsgraf August Karl von Bose (1787–1862) mit seiner Frau Catharina (1795 – 1879) und, nachdem er als Hofmarschall an den sächsischen Hof zurückkehrt, sein Nachfolger Karl August Freiherr von Lützerode (1794 –1864) mit seiner Frau Laura (1798 –1857), aber auch Clementine von Osterhausen (1785 –1874), die Hofdame der Kurfürstin Auguste, oder der Maler und nachmalige

[22] Zu Ernst Otto von der Malsburg: Paul Heidelbach: Deutsche Dichter und Künstler in Escheberg und Beziehungen der Familie von der Malsburg-Escheberg zu den Familien Tieck und Geibel. Marburg 1913, S. 8 – 42.

Museums- und Akademiedirektor Ludwig Sigismund Ruhl (1794 –1887), der übrigens später Sophie Christiane von Verschuer (1788 –1856), die ältere Schwester von Wilhelm von Verschuer, dem Ehegatten der Caroline von Schwertzell, heiratet.

In Kassel haben die Freunde reichlich Gelegenheit zu gegenseitigen Besuchen und gemeinsamen Unternehmungen, zumal die zur althessischen Ritterschaft gehörende Familie von Schwertzell stets einen Teil des Jahres in der kurhessischen Residenzstadt verbringt. Friedrich lebt gemeinsam mit seiner jungen Frau Mathilde seit der Hochzeit 1813 ohnehin überwiegend dort. Gleichwohl ist nicht selten auch das Gut der Adelsfamilie in Willingshausen Treffpunkt. Darüber hinaus stehen in all den Jahren immer wieder Visiten bei den Freunden auf dem Programm, die sich aus beruflichen oder auch privaten Gründen außerhalb Kassels aufhalten: etwa bei den Verschuers, nachdem Wilhelm von Verschuer 1823 nach Fritzlar versetzt wird, oder bei Friedrich von Schwertzell, der mit seiner Familie 1821 als kurhessischer Oberforstmeister nach Fulda zieht. Begegnungen gibt es schließlich auch auf dem Landgut von Caroline und Wilhelm von der Malsburg in Glimmerode bei Hessisch-Lichtenau. Davon schreibt Ludwig Sigismund Ruhl in seinen Erinnerungen: „Auf dem etwa sieben Stunden von Kassel entfernten, von seinem Onkel dem General v. Gohr ererbten Gut Glimmerode wohnte damals in Zurückgezogenheit der nachmalige Oberhofmarschall von der Malsburg. Ich kann den Namen des seltenen Ehepaares nicht nennen, ohne nach so vielen vergangenen Jahren der dort oft in Gemeinschaft mit Wilhelm Grimm heiter verlebten Zeit mit wärmstem Dank zu erwähnen, und da nichts so leicht und schnell

Das Wilhelmshöher Tor in Kassel, Lithographie von Friedrich Appel, um 1830

als das Landleben die Menschen einander nähert, waren es eben diese wenigen Tage, welche unserer Freundschaft Dauer gaben."[23]

In Zeiten längerer räumlicher Trennung werden die Unterhaltungen – zumindest für einige Themenbereiche – via Brief fortgesetzt. Diese schriftlichen Plaudereien zeugen von der besonderen Innigkeit, Wärme und Herzlichkeit der Freunde untereinander, vornehmlich der heiter-neckische Ton zwischen Wilhelmine von Schwertzell und Wilhelm Grimm. Als Beispiel mag die humorvolle Einladung des gelehrten Freundes nach Willingshausen dienen, der bereits einige vorangingen und noch etliche folgen sollten: „Wenn ich wäre wie der Kurfürst so ließ ich Ihnen durch den Hofrath Völkel heute Morgen folgendes sagen: Da ich Sie, mein lieber Grimm, mit Hülfe eines Fernrohres jeden Tag unausgesetzt nach der

[23] Ludwig Sigismund Ruhl: Erinnerungen an Jacob und Wilhelm Grimm. In: Hessische Blätter 1885, Beilage zu Nr. 1096.

Bibliothek gehn sehe mit einem mir nicht sehr erfreulichen Bolivard[24], und ich leicht denken kann, daß Sie auch wohl einmal Ihre Schritte ins Freie lenken möchten, so gebe ich Ihnen hierdurch den Befehl nachzusehn, wie weit die Chausée zwischen meiner Vestung Ziegenhain und Willingshausen gediehen ist, und bitte Sie mir nach einer Ihnen selbst beliebigen Zeit Bericht darüber zu erstatten.“[25]

Überhaupt sind es die mehr als 80 überlieferten Briefe und Kurzmitteilungen der zweitältesten Tochter des Rittmeisters Georg von Schwertzell (1756 –1833), die mit ihren Beschreibungen häuslicher Szenen und alltäglicher Begebenheiten einen lebendigen Eindruck des harmonischen Miteinanders der Familie vermitteln, das die Brüder Grimm wohl schon während der Marburger Studienjahre angezogen hat. Davon schwärmt auch Joseph Maria von Radowitz in seinen Erinnerungen: „Ich darf es daher als eine besondere Gnade Gottes betrachten, daß ich zu jener Zeit in einen Kreis von Menschen trat, die mir überaus viel sein konnten und wollten. Die Familie von Schwertzell bildet den Mittelpunkt des Besten, was ich in dieser Periode empfangen; die Liebe, mit welcher mich diese teueren Geschwister sämtlich empfangen haben, ist durch keine Zeit, durch keine Veränderung von Ort und Umständen je getrübt worden.“[26] Und ein Bild der familiären Atmosphäre im Hause von Schwertzell entwirft der Maler Ludwig Emil Grimm in einem Brief an Amalie Heereman von Zuydtwyck: „Dan spielten die Verschur u Minchen S. auf dem Clavir, letztere hat mehrere sehr schöne Stücke componirt u beide spielen gut u mit groser fertigkeit. Reutern u ich sitzen

[24] Ein Herrenhut.

[25] Wilhelmine von Schwertzell an Wilhelm Grimm, 29. 6.1820. SBPK Berlin, Nachlaß Grimm 646, fol. 45r. Gedruckt bei W. Schoof: Beziehungen (wie Anm. 6), S. 239.

[26] Joseph Maria von Radowitz: Zur Geschichte meines Lebens. In: Paul Hassel, Joseph Maria v. Radowitz. Bd. 1: 1797 – 1848. Berlin 1905, S. 11.

dann in einer Fensterecke rauchen eine Pfeife türkischen Taback."[27]

Insgesamt weist die Korrespondenz der Freunde einen großen Anteil privat-persönlicher Inhalte auf: Informationen über Krankheiten, Geburten oder Todesfälle in Familie und Bekanntenkreis. Glückwünsche zu Geburtstagen, Jahreswechseln und Festtagen werden getauscht. Man unterrichtet sich gegenseitig über Reisen und Besuche, vor allem auch über das Wohlergehen der Kinder. Besonderes Interesse zeigt Wilhelm dabei offenbar an der Entwicklung des kleinen Georg von Schwertzell, dem Sohn des einstigen Studienfreundes. Nach dessen Geburt im Jahre 1820 übernimmt er nämlich die Patenschaft, wodurch sich das ohnehin herzliche Verhältnis noch weiter vertieft haben mag. Und deshalb hält dessen Mutter Mathilde von Schwertzell den „guten Gevattersmann"[28] über die Entwicklung des Sprößlings auf dem laufenden. So berichtet sie am 13. November 1823: „Dieser kleine Bursche ist das ganze Ebenbild seines Vaters: körperlich wie geistig gleicht er ihm. Der Ernst in seinem Wesen, durchgehende Heiterkeit, und Gleichmuth; dabei etwas sehr kluges und verständiges. Er wird ganz brünett, hat funkelte Augen [!], und ein zierliches Figürchen, die Arme imer nach innen gewendet, wie Fritz beim Gehen, und viel Gewandheit in seinen kleinen Füßchen, die er besonders beim Tanz anwendet."[29] Und wenige Monate später heißt es: „Ihr Pathe ist noch imer ein besonderes Kind, sehr kleinlich am Körper, und weiter an Verstand als es wohl in diesem Alter gewöhnlich."[30]

---

[27] Ludwig Emil Grimm an Amalie Heereman von Zuydtwyck, 24. 9.1828. L. E. Grimm: Briefe (wie Anm. 20), Bd. 1, Nr. 95, S. 104.

[28] Mathilde von Schwertzell an Wilhelm Grimm, 24. 2.1823. SBPK Berlin, Nachlaß Grimm 1646, fol. 19.

[29] Mathilde von Schwertzell an Wilhelm Grimm, 13. 11. 1823. Ebenda, fol. 23r.

[30] Mathilde von Schwertzell an Wilhelm Grimm, 27. 1. 1824. Ebenda, fol. 20r-v.

Die Briefwechsel geben zudem Aufschluß über die verschiedenen Aktivitäten des Freundeskreises: Gemeinsam pflegen die Mitglieder des romantischen Zirkels ihre literarischen und künstlerischen Interessen, beschäftigen sich mit Musik oder lesen einander vor. Besonders beliebt scheint dabei Wilhelm Grimm als Vorleser zu sein. Schreibt ihm doch Wilhelmine von Schwertzell während eines Aufenthalts in Kassel in einem undatierten Billet – einer Kurzmitteilung ohne Anrede: „Sagen Sie einmal recht ehrlich, wär es Ihnen wohl nicht unangenehm, morgen Abend bei uns den Sommernachtstraum vollends auszulesen? Wir können ja doch das Stück nicht unbeendigt lassen."[31] Und Caroline von der Malsburg fragt an: „Wie haben Sie geschlafen, lieber H[err] Grimm? Sie befinden sich doch heute besser? Sie werden gleich merken, daß ich diese Fragen nicht aus reiner Menschlichkeit thue, sondern ein wenig oder viel Egoismus zu Grunde liegt, wenn ich Sie nemlich bitte, heute Abend was zu lesen mitzubringen."[32] Es ist freilich die häufige räumliche Nähe, die gegenseitige Besuche erleichtert und den Freunden obendrein ermöglicht, sich hin und wieder aus einer Verlegenheit zu helfen. So schreibt Caroline von Verschuer in einer kurzen Mitteilung ohne Datum: „Sollten Sie vielleicht Lust haben in das Concert zu gehen, so thun Sie mir wohl den Gefallen und gehen an meiner Stelle hinein, (im Fall Sie nicht abboniert sind) mich hält mein Kopfweh zu Hause."[33]

Die geselligen Runden waren scheinbar bei den Teilnehmern beliebt, zumindest vermissen die inzwischen fern der

---

[31] Wilhelmine von Schwertzell an Wilhelm Grimm, o. D. Ebenda, Nachlaß Grimm 646, fol. 1. Gedruckt bei W. Schoof: Beziehungen (wie Anm. 6), S. 230.

[32] Caroline von der Malsburg an Wilhelm Grimm, 18. 8. o.J. SBPK Berlin, Nachlaß Grimm 416, fol. 36.

[33] Caroline von Verschuer an Wilhelm Grimm, o.D. Ebenda, Nachlaß Grimm 646, fol. 2.

Residenzstadt lebenden Freunde ganz offensichtlich das herzliche Beieinander und denken gern an die gemeinsamen Stunden zurück. Mathilde von Schwertzell etwa schreibt kurz nach dem durch die Versetzung ihres Mannes notwendigen Umzug nach Fulda: „Heute ist Comödien Tag? Nein, unsere lieben Freunde sind anders wo versamelt! Könnte ich Sie lieber Grim vielleicht bei Bosens mir denken, oder hat Sie ihr Weg zur guten Osterhausen oder Caralottchen geführt?“[34]

Aus der Entfernung resultieren mehrfach auch bescheidene Aufträge: Besorgungen von Büchern oder Geschenken für Familienangehörige. Dabei zeigt sich die enge Verbundenheit der Freunde häufig im Zusenden von kleinen oder größeren Aufmerksamkeiten: „Ich habe sonst lauter Geschenke zu meiner Besserung erhalten, von der guten Minchen ein paar Salzfässer, um etwas gescheideres zu sprechen, von meinem Bruder Jacob ein Tintenfaß, um etwas besseres zu schreiben, er mag mit meinen Werken unzufrieden seyn, von der Calenberg eine Studierlampe, um besser zu sehen u von der Malsburg einen Geldbeutel, um mehr Geld einzunehmen“[35], beschreibt Wilhelm Grimm die Präsente, die er zu seinem 41. Geburtstag im Jahr 1827 erhalten hat. Und Wilhelm von Verschuer bedankt sich für eine Gabe: „Für Ihr angenehmes Geschenk muß ich Ihnen noch ganz besonders danken; seit einigen Tagen habe ich versucht zuweilen ein halbes Pfeifchen zu schmauchen, da kam mir dann der fein wohlriechende Taback recht gelegen, weil ich keinen anderen hätte vertragen können.“[36]

[34] Mathilde von Schwertzell an Wilhelm Grimm, 21.11.1823. Ebenda, Nachlaß Grimm 1646, fol. 7r. Gedruckt bei W. Schoof: Wilhelm Grimm (wie Anm. 10), S. 81.

[35] Wilhelm Grimm an Caroline von Verschuer, o.D. Gedruckt bei W. Schoof: Beziehungen (wie Anm. 6), S. 271.

[36] Wilhelm von Verschuer an Wilhelm Grimm, 11. 5.1824. SBPK Berlin, Nachlaß Grimm 1646, fol. 21r.

Von besonderem Interesse sind natürlich auch die Arbeiten der Brüder. Den Freunden werden die Märchen oder die Sagen per Post zugesendet. Das Gelesene wird dann sicher oft mündlich, immer wieder aber auch schriftlich erörtert. Und Wilhelm weist die Mitglieder des Romantikerzirkels auch stets auf interessante Lektüre hin: „Lesen Sie doch Tieks Novellen, ein paar Bände; sehr unterhaltend, geistreich und auch belehrend über die Gegenwart. Sie sehen ich gerathe ins Handwerk und rede von Büchern“[37], schreibt er am 2. März 1825 an Caroline und Wilhelm von Verschuer.

Der weitaus größte Teil der Schreiben wird zwischen den Freunden und Wilhelm Grimm getauscht, wenngleich kaum ein Korrespondent vergißt, den älteren der beiden Brüder zu grüßen. Und auch zu den zahlreichen Besuchen und den unterhaltsamen Theaterabenden kommt Wilhelm meist ohne den Bruder. Gleichwohl hat auch Jacob Grimm Kontakt zu den Mitgliedern des romantisch-literarischen Kreises. Mathilde von Schwertzell etwa schreibt aus Fulda: „Ihr guter Bruder Jacob machte uns die Freude seines Besuchs, um sich etwas in der Gegend umzuthun.“[38] Und von heiterer Zuneigung zeugt auch das undatierte Billet von Reichsgraf von Bose: „Freund Jacob wird gebethen morgen Sonntag nach der Comödie zu mir zu komen und in Gesellschaft des H[errn] von Waitz eine magere Cotelette vielleicht mit Blumenkohl bei mir zu essen und mir nicht etwa unter irgend einem Vorwand mein stilles Vergnügen durch sein Nicht Erscheinen zu stöhren.“[39]

[37] Wilhelm Grimm an Caroline von Verschuer, 2. 3.1825. Gedruckt bei W. Schoof: Beziehungen (wie Anm. 6), S. 267 f.

[38] Mathilde von Schwertzell an Wilhelm Grimm, 13.11.1823. SBPK Berlin, Nachlaß Grimm 1646, fol. 21r.

[39] August Karl von Bose an Jacob Grimm, o.D. Ebenda, Nachlaß Grimm 843, fol. 6.

II.

Gleichwohl erschöpft sich der vertrauliche Umgang der Freunde keineswegs im Austausch von Familiengeschichten oder schöngeistigen Plaudereien, vielmehr wird auch die Forschungstätigkeit der beiden gelehrten Brüder aktiv unterstützt: von Philippine von Calenberg etwa, die unter dem Namen Klythia eigene kleinere Dichtungen veröffentlicht. Sie begleitet mit kritischem Interesse die Märchensammlungen, obgleich kein Märchen nachweislich von ihr überliefert ist. Dafür aber greift sie selbst zur Feder und verfaßt das Kunstmärchen „Grimmhold“, gewidmet Wilhelm Grimm zum Geburtstag. Darin bezieht sich die Stiftsdame auf einen Kokosnußbecher, den er als Geschenk erhält.

Grimmhold, ein stiller fleißiger Knabe mit besonderer Freude an Märchen, leidet an „krampfhafter Beängstigung“. Doch Hilfe naht: Im Traum erklärt eine Fee das Kokosnußgefäß kurzerhand zum Becher der Gesundheit und versichert: „Jedes Getränk daß er künftig aus diesem Becher trinkt, wird Heilkraft an ihm bewähren.“[40] Anteil hat Philippine von Calenberg zudem offensichtlich an den „Deutschen Sagen“ genommen. Denn sie verspricht Wilhelm im März 1822 „nähere Nachrichten vom Rattenfänger von Hameln zu verschaffen, wohin ich morgen reise, und 7 Tage dort verweile.“[41]

Wilhelmine von Schwertzell beteiligt sich ebenfalls an der Sammlung von Märchen und steuert mit „Der Gevatter Tod“ zumindest eine Überlieferung bei. Da Wilhelm Grimm spätestens seit 1810 öfter in Willingshausen zu Gast war, nimmt der

[40] Philippine von Calenberg an Wilhelm Grimm, o.D. Ebenda, fol. 13v. Gedruckt bei: W. Schoof: Zur Entstehungsgeschichte der Grimmschen Märchen. In: Hessische Blätter für Volkskunde 29 (1930), S. 73 f.

[41] Philippine von Calenberg an Wilhelm Grimm, 4. 3.1822. SBPK Berlin, Nachlaß Grimm 843, fol. 22r-v.

Grimmforscher Wilhelm Schoof an, „daß Wilhelmine von Schwertzell ihm das Märchen bei seiner Anwesenheit erzählt hat, da im Grimmschen Nachlaß sich keine schriftliche Unterlage gefunden hat.“[42]

Und auch die Schwälmer Freundin übt sich als Dichterin. Ebenfalls „Zum 24. Februar“, dem Geburtstag Wilhelms, verfaßt sie ein eigenes Kunstmärchen. Den realen Hintergrund für die amüsanten Zeilen bildet der vermeintliche Runenfund von Willingshausen – ein Ereignis, das die Einbindung des Romantikerzirkels auch in die wissenschaftliche Arbeit der Brüder belegt. Mehr noch: Die von Schwertzells haben durch ihre Entdeckung die Arbeit über die Runen[43] von Wilhelm Grimm augenscheinlich erst auf den Weg gebracht. „Zu der Schrift über deutsche Runen veranlaßte mich ein Fund in einem alten Grabhügel, der an sich sehr zweifelhaft war und in dem Buche selbst als eine geringe Nebensache erscheint“[44], schreibt Wilhelm nämlich rückblickend in seiner „Selbstbiographie“.

Im Bereich des Anwesens der Familie Schwertzell in Willingshausen lagen auf einer Anhöhe – Jettenberg genannt – mehrere Grabhügel von unterschiedlicher Größe. Im Herbst

[42] Wilhelm Schoof: Zur Entstehungsgeschichte der Grimmschen Märchen. Hamburg 1959, S. 93. Auf Wilhelmine (Minchen) von Schwertzell als Quelle der Überlieferung von „Der Gevatter Tod“ weist die handschriftliche Anmerkung „vom Min 20. Okt.1811“ im Handexemplar der Brüder Grimm hin. Heinz Rölleke/Ulrike Marquardt (Hrsg.): Kinder- und Hausmärchen. Gesammelt durch die Brüder Grimm. Vergrößerter Nachdruck der zweibändigen Erstausgabe von 1812 und 1815 nach dem Handexemplar des Brüder Grimm-Museums Kassel mit sämtlichen handschriftlichen Korrekturen und Nachträgen der Brüder Grimm sowie einem Ergänzungsheft. Göttingen 1986, hier Bd. 1, S. 195. Auch in Johannes Bolte / Georg Polivka: Anmerkungen zu den Kinder und Hausmärchen der Brüder Grimm. Bd. 1. Leipzig 1913, S. 377, wird die Überlieferung Wilhelmine von Schwertzell zugeschrieben. Allerdings geht Heinz Rölleke davon aus, daß das Märchen auf einer Erzählung von Marie Elisabeth Wild beruht. Heinz Rölleke (Hrsg.): Brüder Grimm. Kinder- und Hausmärchen. Ausgabe letzter Hand mit den Originalanmerkungen der Brüder Grimm. 3 Bde. Stuttgart 1980, hier Bd. 3, S. 461.

[43] Wilhelm Grimm: Über deutsche Runen. Göttingen 1821.

[44] Ders.: Selbstbiographie (wie Anm. 1), S. 14.

1817 läßt Rittmeister von Schwertzell diese Hügel durchgraben und dabei werden neben drei Urnen auch verschiedene Steine mit ungewöhnlichen Vertiefungen zutage gefördert. Sogleich berichtet Wilhelmine offenbar dem Kasseler Freund von der eigenartigen Entdeckung, denn bereits im Januar 1818 schreibt Wilhelm Grimm an den ihm nahestehenden Pfarrer Christian Bang (1774 –1851) in Goßfelden: „Die Runen, die in Willingshausen entdeckt worden sind, scheinen mir (nach der Zeichnung) zufälliges Gekritzel; an Runen wenigstens ist gar nicht zu denken."[45] Dennoch macht er sich im September 1818 auf den Weg in die Schwalm, um sich genauer über die Steine und gerade laufende Nachgrabungen zu informieren.

Außer Wilhelm Grimm gibt es inzwischen einen weiteren Interessenten an dem geheimnisvollen Fund: Dietrich Christoph Rommel, zu dieser Zeit Professor für Geschichte an der hessischen Landesuniversität. Sehr zur Überraschung der Familie von Schwertzell taucht der Marburger am Heiligabend in Willingshausen auf. Auch das rapportiert Wilhelmine in die Residenzstadt: Als „nun der Abend endlich kam, die Freude und Erwartung imer höher stieg – da trat auf einmal der Professor Rommel in das Vergnügen und die Eßstube hinein. Aber was thats? Die Bewegung blieb die dieselbe, auch bemerkte ich nicht, daß ein freudiges Gesicht sich verlängert hätte. [...] Der Professor kriegte nichts als ein abgerissenes Bisquitchen."[46] Obendrein werden ihm unter einem Vorwand die begehrten Steine vorenthalten. Aber Rommel ist ohnehin überzeugt,

[45] Wilhelm Grimm an Christian Bang, 22.1.1818. Demnächst in: Rotraut Fischer/Bernhard Lauer (Hrsg.): Briefwechsel der Brüder Grimm mit Joh. Heinrich Christian Bang (einschl. des Briefwechsels von Friedrich Carl v. Savigny mit J.H.C. Bang) [in Vorbereitung].

[46] Wilhelmine von Schwertzell an Wilhelm Grimm, 26.12.1818. SBPK Berlin, Nachlaß Grimm 646, fol. 23r-v. Gedruckt bei: Wilhelm Schoof: Die Runenfunde von Willingshausen. In: Hessenland 46 (1935), S. 81.

daß es sich bei den Vertiefungen um eingehauene Zeichen handelt. Diese Theorie hat er bereits im September 1818 publiziert[47] und vorher sicherlich schon mündlich verbreitet. Wilhelm Grimm nimmt nämlich bereits in dem Schreiben an Pfarrer Bang im Januar 1818 dazu Stellung: „Über Herrn Rommels Entdeckungen verwundere ich mich gar nicht mehr, es gibt kaum etwas, das er nicht finden wird. Er kam einmal hier auf die Bibliothek und sprach von römischen Gefäßen, die er soeben beim Schloßbau bemerkt (denn er will Cassel durchaus von Castellum herleiten), indessen fand sich nachher, daß es hiesige Töpferarbeit aus dem vorigen Jahrhundert war, welche beim Schöpfen in den Brunnen gefallen war."[48]

Unterdessen beginnt der Kasseler Bibliothekssekretär seine Abhandlung „Über deutsche Runen", die 1821 erscheint. Wilhelmine von Schwertzell verfolgt wißbegierig den Fortgang der Arbeit und liefert ihm gewünschte Details zu den Ausgrabungen nach. Wilhelm Grimm berichtet darin von ähnlichen merkwürdigen Funden, die Friedrich von Schwertzell in Spangenberg gemacht hat. Er kommt aber zu dem Schluß, daß diese ebensowenig wie die Steine aus Willingshausen tatsächlich Runen tragen. Darin bestätigt ihn rund 120 Jahre später der Marburger Geologe Max Blanckenhorn.[49] Der Kenner der geologischen Verhältnisse in der Schwalm weist nach, daß es sich bei den Furchen um Wurmspuren handelt. Hinterlassen haben diese schon vor Millionen von Jahren die sogenannten Corophioides luniformis Blanckenburgensis auf dem seichten Meeresgrunde, dem späteren Buntsandstein. Die vermeintlichen Runensteine nimmt Wilhelmine von Schwertzell zum Anlaß

---

[47] Dietrich Christoph Rommel: Über die „Runensteine" von Willingshausen. In: Göttingische Gelehrte Anzeigen, 6. 9.1818.

[48] Wie Anm. 45.

[49] Max Blanckenhorn: Natürliche Erklärung der „Runensteine" von Willingshausen. In: Hessenland 47 (1936), S. 5 – 10.

für ihr Märchen. Darin werden Kinder von einem kleinen Kobold namens Droll in den Wald gelockt, wo er ihnen einen großen schweren Stein mit „tausend Kreuz- und Querzügen“ zeigt. Vergeblich überlegen die Kinder, was die seltsamen Vertiefungen denn bloß bedeuten können. Deshalb gibt der Kobold zum Schluß selbst die Auflösung der „geheimnisvollen Zeichen, die ich mit Schlittschuhen selbst darauf gelaufen“[50].

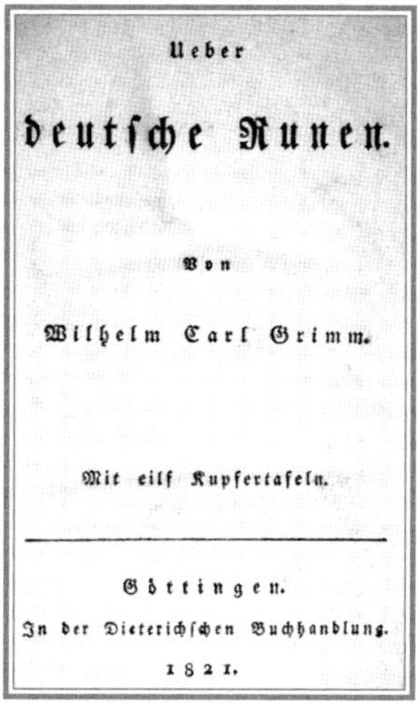

Ueber

deutsche Runen.

Von

Wilhelm Carl Grimm.

Mit eilf Kupfertafeln.

Göttingen.

In der Dieterichschen Buchhandlung.

1821.

Wilhelm Grimm: Ueber deutsche Runen. Göttingen 1821, Titelblatt

Schließlich darf auch die politische Dimension des Freundeskreises keineswegs unterschätzt werden. Denn daß die politischen Verhältnisse im Kurfürstentum Hessen sowie die Entwicklungen im kurhessischen Familienzwist immer wieder im Mittelpunkt der Gespräche standen, ist nicht nur wegen der engen Verbindung zahlreicher Mitglieder der vertrauten Runde zum kurfürstlichen Hof mehr als wahrscheinlich, sondern auch wegen der personellen Überschneidung des Romantikerzirkels mit dem sogenannten Schönfelder Kreis, der sich um die kulturell interessierte Kurfürstin Auguste (1780 – 1841)[51] gebildet

---

50 Wilhelmine von Schwertzell an Wilhelm Grimm: Zum 24. Februar. SBPK Berlin, Nachlaß Grimm 646, fol. 11v. Gedruckt bei: W. Schoof: Entstehungsgeschichte (wie Anm. 42), S. 90 ff.

51 Zur Kurfürstin Auguste sowie dem Schönfelder Kreis: Bernhard Lauer (Hrsg): Kurfürstin Auguste von Hessen (1780 – 1841) in ihrer Zeit. Kassel 1995, und Ewald Grothe: Kurfürstin Auguste von Hessen-Kassel und der Schönfelder Kreis. In: Fürstenhof und Gelehrtenrepublik. Hessische Lebensläufe des 18. Jahrhunderts. Hrsg. von der Hessischen Landeszentrale für politische Bildung. Wiesbaden o.J., S. 53 – 60.

hat, anders kaum vorstellbar. Treffpunkt der intellektuellen Gesellschaft ist das Lustschloß Schönfeld vor den Toren der Residenz, das Kurfürst Wilhelm II. seiner Gattin – der preußischen Königstochter und Schwester von Friedrich Wilhelm III. – nach der Thronbesteigung im Jahre 1821 geschenkt hat und das nun nach seiner neuen Besitzerin „Augustenruhe" genannt wird. Geeint wird der Schönfelder Kreis allerdings nicht nur durch seine literarischen, musischen und künstlerischen Neigungen, sondern vor allem auch durch die Ablehnung der Politik des Kurfürsten sowie seines skandalumwitterten Privatlebens. Von Auguste hat er sich längst getrennt und teilt Tisch und Bett mit seiner langjährigen Mätresse, der Berliner Goldschmiedstochter Emilie Ortlöpp. Dabei hat das gestörte eheliche Verhältnis schon früh die Spaltung der Kasseler Hofgesellschaft zur Folge.

Doch die Situation verschärft sich weiter, als der Kurfürst seine Geliebte nach dem Tod seines Vaters zur Gräfin von Reichenbach-Lessonitz erhebt, denn nun mischt sich die im Volk unbeliebte Mätresse zunehmend in die politischen Entscheidungen im Land ein. „Wer von der Kurfürstin bevorzugt, an Tafel gezogen, in ihre Abendzirkel befohlen wurde, konnte sicher sein, daß ihm solche Gunst von der Reichenbach übel vermerkt und, es gieng auf, noch übeler vergolten wurde", beschreibt rückblickend der spätere Kasseler Galerie- und Akademiedirektor Ludwig Sigismund Ruhl die Atmosphäre jener Jahre. „Ein kleinliches gehässiges Zutragen über Tun und Lassen der Familie kam auf und drang wie ein schneidender Ostwind in das Innere der Häuser."[52] Und Jacob Grimm schildert bereits im Jahr 1823: „Indessen mögen einige unbedeutende Anlässe zus.[ammen] getroffen sein, welche

[52] S. Ruhl: Erinnerungen (wie Anm. 23).

machen, daß uns der Kurfürst mit ungünstigen Augen ansieht, die Kurfürstin lädet uns jährlich ein Paarmal zu ihrer Tafel (wie gern wäre ich von jeher der Ehre, wozu man sich putzen muß, überhoben gewesen), Wilhelm hat dem Prinzen in den letzten Jahren übrigens mit Vorwissen seines Vaters, Geschichte vorgetragen, wir sind mit Leuten, die in Ungnade gefallen sind, wo nicht genau, doch einigermaßen bekannt gewesen."[53]

Vor diesem Hintergrund formiert sich die oppositionelle Gruppierung, die „geradezu ein Querschnitt durch die politische, berufliche und intellektuelle Elite des Landes"[54] ist. Ihre gemeinsame politische Programmatik ist dabei negativ definiert, basiert sie doch allein auf dem Gegensatz zum Kurfürsten und zur Reichenbach. Das zeigt sich deutlich in der politischen Ausrichtung der Teilnehmer. Ihr Kopf ist der streng katholische Joseph Maria von Radowitz, militärischer Erzieher und persönlicher Berater des Kurprinzen. Hinzu kommt Wilhelm von Verschuer, der später Oberstallmeister des Kurprinzen wird und als ultrakonservativer Abgeordneter in der Kasseler Ständeversammlung sitzt. Seine politische Überzeugung teilt er mit Ludwig Hassenpflug, dem Schwager der Brüder Grimm und nachmaligen kurhessischen Minister, der dem Schönfelder Kreis ebenso angehört wie Jacob und Wilhelm selbst, beide politisch zwischen Liberalismus und Konservatismus einzuordnen.[55] Zudem zählen Künstler wie der Kasseler Bildhauer Werner Henschel oder eben jener Ludwig Sigismund Ruhl, aber auch liberale Politiker wie der Kasseler Bürgermeister Karl Schomburg dazu.

---

[53] Jacob Grimm an Friedrich Carl von Savigny, 9. 9.1823. W. Schoof / I. Schnack (wie Anm. 2), Nr. 138, S. 325.

[54] E. Grothe: Auguste (wie Anm. 51), S. 57.

[55] Vgl. den Beitrag von Ewald Grothe in diesem Band.

Wenngleich es zunächst bei vergleichsweise harmlosen Repressalien bleibt, steigt dennoch stetig das Mißtrauen, beim Hofzirkel um Wilhelm II. und seiner Mätresse sowie beim Schönfelder Kreis wird jeder Schritt der Gegenseite argwöhnisch beobachtet. Im Frühjahr 1823 schließlich spitzt sich die Lage dramatisch zu: Nach einem Giftanschlag, der vermutlich dem Kurprinzen gilt, dem aber dessen Diener Bechstädt zum Opfer fällt, verbreitet sich nur zu schnell das Gerücht, die Gräfin habe damit zu tun. Gleichzeitig wittert Kurfürst Wilhelm II. eine Verschwörung, ist ihm doch zu Ohren gekommen, die Schönfelder Fronde beabsichtige, ihn mit preußischer Unterstützung abzulösen und durch seinen Sohn zu ersetzen. Deshalb greift er zu drastischen Maßnahmen: Radowitz, Verschuer und zwei weitere Offiziere werden versetzt, dem Kurprinzen, der gelegentlich den Treffen im Schloß der Mutter beiwohnt, wird Marburg als Aufenthaltsort zugewiesen. Durch die Strafmaßnahme gegen Radowitz und Verschuer ist die Opposition um Auguste entscheidend getroffen. Zwar kommen Kasseler Intellektuelle auch nach 1823 am Hof der Kurfürstin zusammen, doch die von außen forcierten Auflösungserscheinungen des Schönfelder Kreises sind unübersehbar, zumal die polizeiliche Überwachung im Kurfürstentum ständig zunimmt. 1826 verläßt dann zunächst die Kurfürstin Kassel in Richtung Haag, Koblenz und Bonn, wenig später kehrt auch der Kurprinz der Residenz den Rücken.

Über die Zusammenkünfte bei der Kurfürstin und die Zerschlagung der Schönfelder Opposition wird zweifellos auch in dem adligen Romantikerzirkel heftig debattiert, zumal die Willingshäuser durch die Versetzung von Wilhelm von Verschuer nach Fritzlar familiär direkt betroffen sind. Und als Radowitz kurz nach dem unerbittlichen Vorgehen des Kurfürsten in Richtung Berlin flüchtet, verlieren die Freunde obendrein einen liebgewonnenen Gefährten. In den Briefwechseln aus jenen Tagen aber finden sich keine direkten Reaktionen. Allenfalls ganz versteckte Andeutungen. So schreibt Wilhelm Grimm an Caroline von Verschuer nach Fritzlar: „Das Beste von dem, was Sie bisher genossen, bleibt Ihnen erhalten, für manches andere werden Sie Ersatz finden und wenn Sie eins und das andere vermissen, so sammeln sie sich dadurch eine Freude für die Zukunft."[56] Warum aber mutmaßlich heikle Themen zumindest in schriftlichen Gesprächen ausgespart werden sollten, beschreibt eindrucksvoll der Brief Wilhelmine von Schwertzells an Wilhelm Grimm vom 22. Februar 1829: „Letzthin aber hätten Sie um ein Haar einen Beweis meines wirklichen tiefen Theilnehmens in einem Brief bekommen, den ich nachher unbeendigt ließ, weil Gerhard und eine ruhigere Überlegung mir zeigten, daß Ihnen meine Entrüstung über das unerwartete Vergeben der V.schen Stelle nicht allein nichts hülfe, sondern Schaden bringen könne, da der Brief über die Post gehen sollte."[57]

III.

Die Überwachung der Post ist ein wesentlicher Grund dafür, daß sich in den umfangreichen Briefwechseln nichts Kritisches über Hof und Kurfürst oder überhaupt politische Meinungsäußerungen finden. Über Wilhelm II., die Gräfin Reichenbach und Kurfürstin Auguste, über das Streben im Kurfürstentum nach einer Verfassung, über die Beziehungen zu Preußen und Österreich wurde sicherheitshalber in den heimischen Salons debattiert. Doch die Kontrolle des Schriftver-

[56] Wilhelm Grimm an Caroline von Verschuer, 22. 7. 1823. Gedruckt bei W. Schoof: Beziehungen (wie Anm. 6), S. 257.

[57] Wilhelmine von Schwertzell an Wilhelm Grimm, 22. 2.1829. SBPK Berlin, Nachlaß Grimm 646, fol. 141r-v. Gedruckt bei W. Schoof: Wilhelm Grimm (wie Anm. 10), S. 268.

kehrs ist kaum dafür verantwortlich, daß die Korrespondenz zwischen den Grimms und den Weggefährten der Kasseler Zeit bald nach dem Umzug nach Göttingen beinahe ganz zum Erliegen kommt, zumal Besuche der Freunde an der neuen Wirkungsstätte der beiden Gelehrten das Interesse am Fortbestand der Beziehungen augenscheinlich belegen. „Lützerode war gestern hier u. erzählte mancherlei Detail. Bis Sonntag (25t) kommt die Calenberg mit Malsburg"[58], berichtet etwa Wilhelm Grimm im April 1830 seinem Schwager Ludwig Hassenpflug nach Kassel. Und Bedauern läßt sich knapp drei Jahre später seinen Worten an die Schwester Lotte entnehmen: „Die Calenberg, die einzige die aus der alten Zeit noch übrig geblieben, schickte mir einen Briefbeschwerer von hessischem Eisenguß, einen Löwen vorstellend, der jedoch keinen Honig im Rachen hatte."[59]

Aber es sind wohl die völlig anderen Lebensumstände im Königreich Hannover, die als Grund angeführt werden müssen: Jacob und Wilhelm haben dort den intensiven Kontakt zu wissenschaftlichen Kreisen, den sie in Kassel so schmerzlich vermißt haben. Die Belastung der Bibliotheksarbeit ist weit umfangreicher als in der kurhessischen Residenzstadt. Und nachdem beide für ihre Tätigkeit als Universitätsprofessoren freigestellt sind, beansprucht die Vorbereitung der Vorlesungen und Seminare überaus viel Zeit.

Hinzu kommt, daß durch die Entfernung all die gemeinsamen Unternehmungen mit den von Schwertzells, den von

---

[58] Wilhelm Grimm an Ludwig Hassenpflug, 19. 4.1830. Ewald Grothe (Hrsg.): Brüder Grimm. Briefwechsel mit Ludwig Hassenpflug (einschließlich der Briefwechsel zwischen Ludwig Hassenpflug und Dorothea Grimm, geb. Wild, Charlotte Hassenpflug, geb. Grimm, ihren Kindern und Amalie Hassenpflug). Kassel/Berlin 2000 (Brüder Grimm. Werke und Briefwechsel. Kasseler Ausgabe. Briefe, 2), Nr. 29, S. 80.

[59] Wilhelm Grimm an Charlotte Hassenpflug, 9. 3. 1833. Ebenda, Nr. 164, S. 231.

Verschuers und den anderen Freunden wegfallen, und damit schwindet wohl auch ein Gutteil des herzlichen Zusammengehörigkeitsgefühls. Und schließlich nimmt die politische Entwicklung am Hof in Hannover, der Protest der Göttinger Sieben, die ganze Aufmerksamkeit von Jacob und Wilhelm Grimm in Anspruch. Aber das ist – wie so vieles im Leben der beiden Brüder – eine ganz eigene Geschichte.

II. Jacob und Wilhelm Grimm

Die Brüder Grimm als Sammler von Märchen und Sagen

Von Hans-Jörg Uther

I. Märchen und Sagen im deutschsprachigen Gebiet zwischen 1770 und 1810[1]

Seit der Wende vom 18. zum 19. Jahrhundert erschienen erste Sammlungen mit Märchen und Sagen, die nicht ausschließlich auf die als vorbildhaft angesehenen französischen Vorlagen zurückzuführen waren. Im Unterschied zu den langatmigen und langweiligen Ritterromanzen handelte es sich um kürzere, überschaubare und spannungsreiche Wundergeschichten. War der Begriff ‚Märchen' früher wie die alte ‚Fabul' in der Bedeutung von Unglaubwürdigem und Unbedeutendem gebräuchlich, entwickelte sich zusehends eine positivere Bewertung in Richtung zu der Bedeutung von sagenhaftem Volksgut als wertvoller Überlieferung von ‚Vorzeit'. Eine wichtige und von den Brüdern Grimm geschätzte Sammlung „Volcks-Sagen", verbunden mit Anmerkungen über den Gehalt von Sagen, hatte der Halberstädter Generalsuperintendent Johann Carl Christoph Nachtigal (1753–1819) unter dem Pseudonym Otmar im Jahre 1800 herausgegeben. Über den Nutzen von Sagen hatte der heimatkundlich interessierte Geistliche geäußert: Sie dienten der Unterhaltung, ermöglichten Aufschlüsse über die früheren Kulturperioden des Volkes und vermittelten Erfah-

[1] Zum folgenden vgl. Brüder Grimm (d.i. Jacob und Wilhelm): Deutsche Sagen. Bd. 1–2. Hrsg. von Hans-Jörg Uther; Bd. 3. Hrsg. von Barbara Kindermann-Bieri. München 1993, hier Bd. 2, S. 545 – 580; Brüder Grimm (d.i. Jacob und Wilhelm): Kinder- und Hausmärchen. Bd. 1– 4. Nach der Großen Ausgabe von 1857. Textkritisch revidiert, kommentiert und durch Register erschlossen. Hrsg. von Hans-Jörg Uther. München 1996, hier bes. Bd. 3, S. 207– 258.

rungen, die für die Zukunft wichtig wären, böten Erklärungen für das Entstehen der Mythen, für die Bedeutung bestimmter Wörter und Naturgegebenheiten.

Eine ähnliche Auffassung geht aus einem „Vorschlag, die Deutschen Volkssagen zu sammeln" hervor, den Carl Teuthold Heinze († 1813) 1806 im „Freimüthigen" veröffentlicht hatte. Hier sind schon die Funktionsbestimmungen über „den Nutzen und die Brauchbarkeit" von Sagen vorgegeben, wie sie später im Vorwort der Brüder Grimm anklingen: Heinze forderte, Sagen als Geschichtsquellen zu nutzen, gab aber zu bedenken, daß solche Texte dann „ganz ohne alle romantische Verschönerung" abgedruckt werden müßten. Dies bedeutete für ihn, aus der Volksdichtung „die Goldkörner der Wahrheit" „herausscheiden zu können", was er jedoch nicht näher ausführte. Statt dessen verwies er bei diesem Prozeß auf die von Sprachwissenschaftlern geübte Methode und deren „Treue und Sorgfalt". Diese Bewertung des alten, in literarischen Zeugnissen belegten Sagen- und Fabelgutes war keineswegs neu. Als geistiger Vater ist insbesondere Johann Gottfried Herder (1744 – 1803) anzusehen, der Volkspoesie als „lebendige Gedächtnißkunst" und tatsächlichen Ausdruck sozial und ethnisch unterschiedener Völker begriff. Volks- oder Naturpoesie gebe im Unterschied zur ‚Letterncultur', das heißt der individuell hergestellten Dichtkunst, einen Einblick in Leben, Denken und Fühlen des ganzen Volkes; keineswegs sei dies nur eine einseitige elitäre Sehweise des Gebildeten. Indem Herder seine anthropologischen Ideen aus der Gegenwart und für die Realität entwickelte und die Prozesse darlegte, wie aus geschichtlichen Situationen hervorgehendes ‚Erzählen' sich verändern kann, lehnte er zugleich eine auf den Quellen der Dichtung basierende, einzig historisch-faktisch orientierte Sehweise ab, die symbolisch zu wertende Gehalte oder strukturelle Formen nicht beachte. In späterer Zeit rückte Herder von einer solchen übergreifenden Perspektive der überlieferten Erzählungen ab. Er betrachtete die zeit- und kontextgebundene authentische Naturpoesie nunmehr als Rohmaterial und rief gar dazu auf – mehr idealisierend und unter ästhetischem Aspekt – , Nach- und Umdichtungen von Vorhandenem (Paramythien) passend im ‚Ton' zu produzieren und die Leser zur auswählenden Lektüre zu veranlassen. Diese Betrachtungsweise hatte er mit den Brüdern Grimm und den vielen Nachfolgern gemeinsam, welche ältere Vorlagen von zeitgenössischem ‚Ballast', den subjektiven Einschätzungen des Geschehens, befreiten und Sagen ‚aus der Vorzeit' oder ‚aus der Vergangenheit' aktualisierten.

II. Frühe Sammelaktivitäten der Brüder Grimm

Im einzelnen ist nicht bekannt, wer das Interesse für ‚Volksliteratur' bei den Brüdern Grimm geweckt hat. Doch war es zunächst wohl Clemens Brentano (1778 – 1842), dem die Brüder 1803 erstmals begegneten, und später Achim von Arnim (1781 – 1831), den sie 1807 auch persönlich kennenlernten. Sowohl Brentano als auch von Arnim hatten sich für die Ideen eines Herder, Friedrich Wilhelm Schelling (1775 – 1854) und anderer begeistert und deren Überlegungen von der Darbietung des ‚Volks'-Gutes in der Volksliedsammlung „Des Knaben Wunderhorn" umgesetzt: Sie werteten nicht nur schriftliche Quellen aus, sondern waren ebenso daran interessiert, diesen Fundus durch Hinweise von anderen und durch Aufzeichnungen aus mündlicher Überlieferung abzurunden. Um Erfolg bemüht, hatten sowohl Brentano als auch Arnim seit 1805 mit mehreren in Zeitschriften veröffentlichten Aufrufen dafür gesorgt, daß ihre Aktivitäten möglichst breit innerhalb literarisch interessierter Kreise bekannt wurden. Brentano selbst hatte 1806 gar ein gedrucktes Zirkular zur ‚Aufsammlung‘ von Volkspoesie versandt und darin unter anderem die Bedeutung der Informanten mündlicher Überlieferungen herausgestellt.

In diese kreative Atmosphäre waren die Brüder Grimm seit 1807 einbezogen. Sie halfen bei der Redaktion der Sammlung, diskutierten mit den beiden Dichtern, zu denen sich ein freundschaftliches Verhältnis entwickelt hatte, und erhielten auch Anregung, mündlich überlieferte Märchen und Sagen zu sammeln sowie literarisch überlieferte Texte heranzuziehen. Bezeichnend für das neu erwachte Interesse an deutscher Dichtung ist eine Äußerung von Jacob Grimm gegenüber seinem Lehrer und Förderer Friedrich Carl von Savigny (1779 –1861): Ihm teilt er brieflich im Frühjahr 1807 mit, er wolle das Studium der Jurisprudenz aufgeben, und fährt fort: „ich werde jetzt mit mehr Neigung zum Studium der Geschichte der Poesie und Literatur überhaupt hingezogen.“[2]

A.[chim] von Arnim / C.[lemens] Brentano: [Des Knaben] Wunderhorn. Alte deutsche Lieder. Heidelberg 1808, Titelblatt des dritten Bandes

[2] Wilhelm Schoof / Ingeborg Schnack (Hrsg.): Briefe der Brüder Grimm an Savigny. Aus dem Savignyschen Nachlaß. Berlin / Bielefeld 1953 (Veröffentlichungen der Historischen Kommission für Hessen und Waldeck, 23,1), S. 30 (9. 3. 1807).

Albert Ludwig Grimm (1786 –1872), keineswegs verwandt mit den Brüdern Grimm und einer der Beiträger zu „Des Knaben Wunderhorn“, brachte 1809 eine Sammlung „Kindermährchen“ heraus und empfahl sie wärmstens „Aeltern und Erziehern“. Diese Zielsetzung signalisierte einen wichtigen Trend bei der Einschätzung von Volksdichtung, die bestimmend wurde: Märchen ließen sich hervorragend zum Unterrichten und zur Belehrung von Kindern instrumentalisieren.

Seit etwa 1806 beginnt die Sammlung der damals knapp zwanzigjährigen Brüder Jacob und Wilhelm – im Umfeld aufklärerischer Bemühungen und der Entdeckung kollektiver Überlieferungen als Gradmesser von Wertvorstellungen sozialer und ethnischer Gruppen und frühromantischer Bestrebungen, schriftlich tradierte Quellen aus der Vergangenheit unter einem sentimentalen Blickwinkel als glaubwürdige Zeugnisse einer mytho-poetischen kontinuierlichen Tradition zu betrachten. Die Brüder Grimm legen sich eine stetig wachsende Bibliothek zu und sammeln alte literarische Zeugnisse aus ganz Europa, die sie sorgsam in Augenschein nehmen. Was ihnen daraus wichtig erscheint, verzetteln sie (vermutlich seit 1809) in einer nach stoff- und motivgeschichtlichen Inhalten alphabetisch angeordneten Datei. Zwischen 1807 und 1812 lagen bereits einige Sagen fertig oder grob skizziert vor, wie etwa die Sagen vom Schwanenritter („Deutsche Sagen“ [im folgenden: DS] 539–543). Die Glockensagen von Breslau und Attendorn (DS 126, 127) hatten die Brüder Grimm schon 1808 in der von Arnim herausgegebenen „Zeitung für Einsiedler“ veröffentlicht[3] und ihm darüber hinaus die Sage vom Seeburger See (DS 132) zugesandt, die aber dort nicht abgedruckt

[3] [Anonym:] Sagen von Glocken (St. Maria Magdalena in Breslau: Attendorn D). In: Zeitung für Einsiedler, 1808, St. 20, Sp. 156 ff.

wurde. Der Hauptanteil der schriftlich festgehaltenen Texte fällt jedoch in die Zeit zwischen 1812 und 1817.

Erste Märchenbeiträge der Brüder Grimm stammen aus der zweiten Jahreshälfte 1807. Noch 1809 hatten sie nicht vor, eine eigene Märchensammlung zu veröffentlichen. Ihre Materialien hatten sie statt dessen Clemens Brentano versprochen, der seit längerem eine Märchenausgabe plante. Aber Brentano beließ es bei einigen wenigen Vorveröffentlichungen, die meisten Märchen kamen erst nach seinem Tode heraus. Brentano hatte den Brüdern am 3. September 1809 versichert: „da ich sie [die Märchen, HJU] ganz frei nach meiner Art behandle, so entgeht Euch nichts dadurch, und Ihr kommt mir dadurch zu Hilfe“[4]. Und so sandten sie Brentano uneigennützig die bereits 54 gesammelten Texte zur Einsicht zu, nicht ohne zuvor eine Abschrift gefertigt zu haben: „Der Clemens kann die Sammlung von den Kindermärchen herzensgern haben, und es wäre schlecht, wenn wir seine Güte durch so Kleinigkeiten nicht erkennen wollten, wenn

Clemens Brentano (1778 –1842), Radierung von Ludwig Emil Grimm, 1837

[4] Reinhold Steig (Bearb.): Clemens Brentano und die Brüder Grimm. Stuttgart 1914, S. 112.

[5] Ders. (Bearb.): Achim von Arnim und Jacob und Wilhelm Grimm. Stuttgart / Berlin 1904 (Achim von Arnim und die ihm nahe standen, 3), S. 219 (Jacob Grimm an Arnim, 26. 9.1812).

er auch anders damit verfährt, als wir es im Sinn hatten. Dieser grund gilt überhaupt." Jacob Grimm stand Brentanos Bearbeitungen skeptisch gegenüber, er hielt die Vermengung von Quellen und Vorlagen mit Zutaten eigener Poesie für fragwürdig. Brentano „mag das alles stellen und zieren, so wird unsere einfache, treu gesammelte Erzählung die seine jedesmal gewißlich beschämen"[5]. Die Verbindung zu Brentano, der an ihn gerichtete Briefe nicht beantwortete, riß später zwar nicht ab, war aber doch irgendwie abgekühlt. Ganz anders dagegen entwickelte sich das Verhältnis zu Achim von Arnim, der den Brüdern stets mit Rat und Tat zur Seite stand.

III. Die „Kinder- und Hausmärchen"

III.1. Entstehung und Textgeschichte

Achim von Arnim ließ sich am 22. Januar 1812 in Kassel das bis dahin zusammengetragene Märchenkonvolut zeigen und inspirierte die Brüder Grimm zur Herausgabe eines eigenen Märchenbandes, woran Wilhelm Grimm im Vorwort zur dritten Ausgabe 1837 dankbar erinnerte. Von Arnim hatte auch auf Anregung Jacobs bei dem Berliner Verleger Georg Reimer nachgefragt, als es um die Suche nach einem geeigneten Verleger ging, zumal die Brüder Grimm bei ihren ersten Veröffentlichungen schlechte Erfahrungen mit Verlegern gemacht hatten. Da die Brüder zunächst auf eine Honorierung verzichteten, konnte von Arnim einen guten Monat später mitteilen: „Reimer will Eure Kindermärchen drucken und sich so mit Euch setzen, daß er Euch ein gewisses Honorar giebt, wenn eine bestimmte Zahl Exemplare abgesetzt sind."[6] Mit viel Tatkraft machten sich die Brüder Grimm an die Arbeit. Sie verfügten keineswegs über druckreife Manuskripte und

[6] Ebenda, S. 204 (13. 6.1812).

hatten offenbar die z.T. regestenartige Manuskriptabschrift der an Brentano gesandten Texte nicht weiter bearbeitet. So schrieb Wilhelm seinem Bruder Jacob am 28. Juni 1812: „Die Märchen will ich umzuschreiben anfangen, wenn ich bei dem Wigand bin, was im September seyn wird [...], s ist eine leichte Arbeit dazu angenehm und verlangt keine Umstände mit Büchern u.s.w. ohnehin müßen die dazu, die ich bei H.[axthausen] hören werde."[7]

Das Erscheinen war für Weihnachten 1812 geplant, aber die Abgabe des Manuskripts verzögerte sich mehrmals, so daß die meisten Exemplare erst 1813 mit einer Auflage von 900 Exemplaren ausgeliefert werden konnten. Durch ein Versehen Reimers mußte der letzte Bogen noch umgedruckt werden. Am 28. Januar 1813 schickte Wilhelm Grimm das Fuchsmärchen („Kinder- und Hausmärchen" [im folgenden: KHM] 86) an von Arnim mit der Bitte, es doch umgehend Reimer zuzuleiten, „weil es zu sehr vexiere, wenn es ganz wegbleibe"[8]. Die erste Ausgabe war Elisabeth [Bettine] von Arnim gewidmet, das erste Exemplar ging daher auch an den langjährigen Freund und dessen Frau. „Du wirst noch manches neue finden", schrieb Wilhelm, „ein paar ganz eigenthümlich soldatische von einem alten Dragonerwachtmeister [Johann Friedrich Krause, HJU], gegen alte Kleider eingetauscht, werden Dir Vergnügen machen." Von Arnim bedankte sich und gab als erster eine Bewertung über die Sammlung ab: „Ich sag Euch im Namen meines Kindes herzlichen Dank. Es ist ein recht braves Buch, das sicher lange gekauft wird."[9] Wegen der allzu

[7] Heinz Rölleke (Hrsg.): Briefwechsel zwischen Jacob und Wilhelm Grimm. Tl. 1: Text. Stuttgart 2001 (Briefwechsel der Brüder Jacob und Wilhelm Grimm. Kritische Ausgabe in Einzelbänden, 1,1), Nr. 115, S. 247. Bei Paul Wigand, dem Wetzlarer Friedensrichter, später Stadtgerichtsdirektor, handelt es sich um einen Jugendfreund der Brüder Grimm.

[8] R. Steig: Arnim (wie Anm. 5), S. 266.

[9] Ebenda, S. 251 (24. 12. 1812).

großen Wissenschaftlichkeit bezweifelte er jedoch die gleichzeitige Verwendung als Kinderbuch. Er vermißte Illustrationen und äußerte Bedenken wegen des Absatzes, was sich dann später als zutreffend erwies. Der dritte Band mit den Anmerkungen zu den Märchen, 1822 separat erschienen, lag unverkäuflich in den Regalen. Noch bis in die 50er Jahre des 20. Jahrhunderts konnten Exemplare beim Nachfolgeverlag de Gruyter erworben werden.

Schon aus der Märchen-Urfassung von 1810, die auch an Brentano geschickt worden war, ging hervor, daß Jacob die meisten Märchen niedergeschrieben hatte. Er beteiligte sich auch an der Fertigstellung des Bandes von 1812 und trug durch seine Mitarbeit wesentlich zum Gelingen des zweiten Märchenbandes bei. Aus den erhaltenen Briefwechseln geht hervor, wie sehr sich die Brüder untereinander absprachen und wie sehr Wilhelm bemüht war, den Herstellungsprozeß in Abstimmung mit Jacob voranzutreiben, auch dessen Einwände in bezug auf die Textherstellung und Kommentierung zu beachten. Gleichwohl wurde schon erkennbar, daß Wilhelm die Hauptlast der Arbeit zukam, da Jacob durch mehrere diplomatische Missionen (Paris, Wien) nur bedingt mitarbeiten konnte. Wie bei den Sagen war ein dritter Textband geplant. Doch dann fanden die neu zugegangenen Stücke in der durch neue Märchen ergänzten und erheblich umgearbeiteten Ausgabe von 1819 Platz; resümierende Fassungen oder komplette Stücke enthielt außerdem der Anmerkungsband von 1822.

Die Neugruppierung und Ergänzung der Sammlung hatte einen realen Grund. Zum einen war man bestrebt, die Sammlung zu optimieren, zum andern hatte man der Kritik zu begegnen, die nach dem Erscheinen laut geworden war. Stein des Anstoßes waren der fragmentarische Charakter, die Erzählweise, die wenig kindgemäße Aufmachung und die wissenschaftliche Ausgestaltung der „altdeutschen Sammlung". Die meisten Märchen seien „wahrer Schund", urteilte in aller Schärfe Heinrich Voß, nur einige fand er „ungemein schön". Enttäuschende Reaktionen in der wissenschaftlichen Öffentlichkeit – außer Dankesbriefen der Freunde und Kollegen Achim von Arnim und Joseph Görres nach Erhalt eines Exemplars – veranlaßten die Brüder Grimm zu raschem Handeln. Mit Recht hieß es 1819 in der Vorrede: „Daher ist der erste Band fast ganz umgearbeitet, das Unvollständige ergänzt, manches einfacher und reiner erzählt, und nicht viel Stücke werden sich finden, die nicht in besserer Gestalt erscheinen." Wie auch bei den „Deutschen Sagen" suchten sie Unterstützung für ihre Publikation. Symptomatisch hierfür war die Anfrage Wilhelms bei Achim von Arnim, der sich nicht scheute, inhaltliche Vorgaben zu machen: „Du könntest darin ausführen, was Du hinderlich findest für ein Erziehungsbuch; was Du gelegentlich bemerkt hast, hebt sich alles durch die Verschiedenheit der Sitten auf. Das Märchen vom Pispott habe ich gerade von einem kleinen netten Mädchen, das in Lübeck vorher war, ohne einen Anflug von Unanständigkeit oder Aergerlichkeit lesen hören. Bei dem zweiten Band, der vielleicht dieses Jahr zu Stand kommt, könnte ich dann in der Vorrede darauf antworten, was ich wüßte, oder anerkennen, was mich überzeugt hätte. Du bist eigentlich durch Deine Absichten und Studien am allermeisten geschickt dazu und Du weißt, daß Du in nichts zurückzuhalten brauchst."[10]

Seit 1819 betreute Wilhelm alleine alle weiteren Auflagen und Ausgaben, auch wenn Jacob immer wieder sein Interesse am gemeinsamen Projekt einbrachte, auf neue Märchen hinwies und für die zweite Ausgabe 1819 dezidierte Vorschläge

[10] Ebenda, S. 297 (13. 2. 1814).

unterbreitete. Die Herausgeber von Märchensammlungen wandten sich meistens an Jacob – und kaum an Wilhelm, der im Schatten seines Bruders stand, sie schickten ihm ihre Sammlungen zu oder machten ihn auf entlegene Märchen aufmerksam (z.B. KHM 165 – 167, 182, 193, 196). Ihn interessierte die Materie aufgrund eigener Forschungen zur vergleichenden Mythologie nach wie vor: etwa der Stoff von den ungleichen Kindern Evas (KHM 180), mit dem er sich wegen des Themas der Erdenwanderung Gottes auseinandersetzte. Es ist daher kein Zufall, daß er (und nicht Wilhelm) später aufgrund seiner von den Zeitgenossen höher eingeschätzten Kompetenz gebeten wurde, die Vor- oder Nachworte zu verschiedenen gewichtigen europäischen Märchensammlungen zu verfassen. Mit vielen Gelehrten korrespondierte Jacob in Märchendingen bis in sein hohes Alter.

Die Aktualisierung der „Kinder- und Hausmärchen" hielt bis zur Ausgabe letzter Hand an. Neu aufgenommene Texte, die sich später als ‚undeutsch' in ihrer Herkunft erwiesen – wie

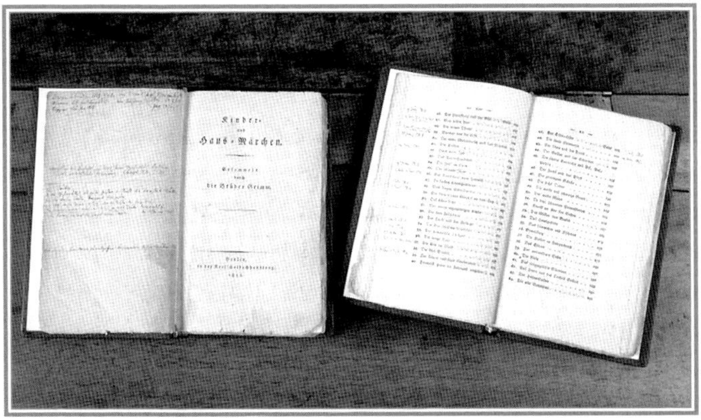

Kinder- und Hausmärchen. Gesammelt durch die Brüder Grimm. Berlin 1812/15, Fotografie der Handexemplare von Jacob und Wilhelm Grimm

KHM 175 (1840 –1850): „Das Unglück" oder KHM 191 (1843 –1850): „Der Räuber und seine Söhne" mit dem Polyphem-Stoff – wurden in der nächsten Auflage wieder herausgenommen. Nach 1850 wurde auch das Märchen „Die treuen Tiere", das von Anbeginn sowohl in der „Großen" als auch in der „Kleinen Ausgabe" vertreten war, ausgemustert, weil es sich um die Bearbeitung eines Textes aus dem mongolischen „Siddhi Kür" handelte, wie Wilhelm Grimm mittlerweile erfahren hatte.

Von der Erstausgabe der „Kinder- und Hausmärchen" 1812 dauerte es sieben Jahre, bis der Verleger Reimer eine zweite Auflage wagte. Dann vergingen weitere 18 Jahre, bis 1837 die dritte Ausgabe erschien. Mittlerweile waren 1825, 1833 und 1836 auch preisgünstigere „Kleine Ausgaben" mit einer Auswahl von fünfzig Märchen erschienen. Der Erfolg der Sammlung setzte erst nach dem Erscheinen der dritten und nunmehr „Großen Ausgabe" von 1837 ein, nachdem Märchenbücher, auch illustrierte Ausgaben, inzwischen eine höhere Akzeptanz erreicht hatten und der Gebrauch von Märchen für pädagogische Zwecke (Lesebuch, Sprachlehrbuch) zugenommen hatte. Nun folgten rasch weitere Auflagen, immer im Wechsel zwischen „Großer" und „Kleiner Ausgabe", in etwa dreijährigem Abstand. Die Ausgabe letzter Hand von 1857 dürfte Wilhelm als Vollendung seiner Arbeit an den Märchen betrachtet haben; nach jahrzehntelanger Unterbrechung hatte er außerdem für eine Neubearbeitung des dritten Bandes mit den Kommentaren gesorgt. Die Zahl der „Kinder- und Hausmärchen"-Texte war rund, sowohl im Hinblick auf die Märchen (200) als auch im Hinblick auf die Kinderlegenden (10). Den Abschluß der Bände bildeten, jeweils mit offenem Ende (und damit der Lust auf weitere Märchen), der Tierschwank „Der Fuchs und die Gänse" (KHM 86) und das Vexiermärchen „Der goldene Schlüssel“ (KHM 200). Die Spätphase der „Kinder- und Hausmärchen“-Editionen ist auch dadurch geprägt, daß Wilhelm verschiedentlich Anspielungen auf frühere Texte eingefügt hat, um die Geschlossenheit der Sammlung zu erhöhen[11].

Bekannt wurden die „Kinder- und Hausmärchen“ besonders durch die preiswerten „Kleinen Ausgaben“. Die Zahl der Texte, von Anfang an waren es wie in der von den Brüdern geschätzten Sammlung von Basile genau fünfzig, wurde niemals verändert. Den Abschluß bildete das „Sterntaler“-Märchen mit dem Prototyp des frommen und guten Kindes, das für seine Nächstenliebe belohnt wird. Die fünfzig Märchen, erschienen in den Jahren 1825, 1833, 1836, 1839, 1841, 1844, 1847, 1850, 1853, 1858, entsprachen zwar denen der „Großen Ausgabe“, wurden aber jeweils einer kritischen Durchsicht unterzogen und stellen somit wichtige Zwischenstufen im kontinuierlichen Bearbeitungsprozeß der Märchen dar.

Die „Kinder- und Hausmärchen“ folgen, so scheint es, keiner irgendwie inhaltlich, regional oder nach Sammlern gegründeten Ordnung. Doch so planlos ist die Anordnung der Märchen nicht. Es gibt durchaus einige Kriterien, die bei der Zusammenstellung der Texte beachtet worden sind. Thematisch eng zusammengehörende oder einer bestimmten Sammlung entlehnte Märchen sind häufig an verschiedenen Stellen zu finden, z.B. die Erlösungsmärchen KHM 9, 25, 49, die Wunderhelfer-Schwankmärchen KHM 71, 134, die kettenartigen Tiermärchen KHM 30, 80 oder die aus Henrich Jung-Stillings autobiographischen Romanen entlehnten Texte (KHM 69, 78, 150). Manchmal folgt inhaltlich Zusammengehöriges,

[11] In KHM 164: Der faule Heinz spielt er beispielsweise auf KHM 162: Der kluge Knecht an und gibt so einen Hinweis auf die liederliche Dienstauffassung dieses ‚klugen Knechts‘, die aus dem Inhalt sonst ohne weiteres nicht erschließbar ist.

etwa die Fuchsmärchen KHM 72 – 75 oder die Erlösungsmärchen KHM 92, 93. Auch pädagogische Erwägungen dürften die Reihung der Texte beeinflußt haben. Gewiß nicht ohne Absicht folgt dem „Sterntaler"-Märchen vom frommen und mitleidigen Kind, das für seine Barmherzigkeit reich belohnt wird, eine Kinderzuchtgeschichte, aus der hervorgeht, daß Diebstahl nicht ohne Strafe bleibt, indem das Kind selbst im Grabe keine Ruhe findet. Daß Eheschließungen in früherer Zeit oft von wirtschaftlichen Erwägungen bestimmt waren, demonstriert KHM 155 mit dem Verhalten des Bräutigams, der vor der Ehe zunächst prüft, ob seine Braut auch die nötigen hausfraulichen Fähigkeiten besitzt. KHM 156 propagiert dann das hohe Ideal der arbeitsamen Frau, die ihre hausfraulichen Fähigkeiten beim Spinnen und Weben unter Beweis stellt.

III.2. Bearbeitungstendenzen

Die Brüder Grimm erweckten wie später bei den „Deutschen Sagen" den Anschein, als hätten sie eigene Bearbeitungen der Texte unterlassen. Doch haben sie kontinuierlich eingegriffen – nur die 14 Dialektstücke blieben (bis auf KHM 19, 47) unverändert. Überhaupt stellte die Veröffentlichung mundartlicher Fassungen ein Novum dar, geschah aber in voller Absicht, weil die Brüder Grimm der Bedeutung der Mundarten als einer ungekünstelten Sprachform für die Entwicklung und den Fortbestand der Sprache einen hohen Wert zumaßen. Wie aus noch vorhandenen Manuskripten hervorgeht, ist dort das Niederdeutsche oftmals fehlerhaft und uneinheitlich. Daß die Mundartmärchen z.T. höchst willkommene Stücke waren, läßt sich aus der Verbreitung derjenigen Texte ersehen, die von anderen – etwa August Stöber oder Ludwig Bechstein – ins Hochdeutsche übertragen wurden und später große

Beliebtheit erreichten. So verbreitete sich der Tierschwank „Der Hase und der Igel“ (KHM 187), der zu den bekannteren „Kinder- und Hausmärchen“-Tierschwänken zählt, in der hochdeutschen Fassung Bechsteins in Lesebüchern weitaus stärker.

Wie bei den „Deutschen Sagen“ lassen sich verschiedene Bearbeitungsstufen in den „Kinder- und Hausmärchen“ erkennen, die von wörtlicher Übernahme, der Verschmelzung mehrerer Fassungen bis zu völliger sprachlicher Umgestaltung reichen. Charakteristika für die Bearbeitungen der „Kinder- und Hausmärchen“ sind: 1. Beachtung der Handlungsstruktur und strenge motivische Verknüpfung der einzelnen Partien, Herausarbeiten von Symmetrie und Steigerung (seit 1830 aber auch verschiedentliches Abweichen zu freierer Umarbeitung); 2. Zerlegen des Handlungsablaufs in seine einzelnen Phasen, knappe Eingänge, Vermeiden sprunghafter Übergänge; 3. Anschaulichkeit der Erzählung durch verdeutlichende Zusätze, präzisere Ausdrucksweise, Einführung direkter Rede; 4. Literarisierung der Sprache, syntaktische Glättung und logisch-syntaktisch korrekte Verteilung der Gewichte, Umwandlung des Präsens ins Präteritum; 5. Ersetzung von Lehn- und Fremdwörtern; 6. psychologische Motivierung.

Die unverdächtig klingende Formulierung Wilhelms im Anmerkungsband von 1856, der Text sei „in unsere Weise umgeschrieben“, „nach meiner Weise aufgefaßt“ oder „ausgearbeitet“, bedeutete immer eine kräftige sprachliche und vor allem inhaltliche Bearbeitung. Er sorgte für einfache Satzkonstruktionen, war um Volkstümlichkeit und hohe Anschaulichkeit bemüht. „Fortwährend bin ich bemüht gewesen Sprüche und eigenthümliche Redensarten des Volks, auf die ich immer horche, einzutragen“, heißt es im Vorwort zur Ausgabe von

1850. Mundartlich-volkstümliche Sprach- und Stilelemente blieben erhalten oder wurden neu eingeführt; gängig sind Alliterationen und Lautmalereien (auch im Reim). Die meisten Sprichwörter und sprichwörtlichen Redensarten weisen KHM 20, 27, 44, 107 und 110 auf, in der zweiten Hälfte der „Kinder- und Hausmärchen" sind es deutlich weniger. Wilhelms Hauptinteresse galt demnach, so ist zu vermuten, eher den klassischen Stücken. Sprachliche Anleihen lassen sich unter anderem bei Martin Luther (KHM 15: „als große Teuerung ins Land kam") erkennen. Die Vorliebe für volkstümliche Redensarten, Wortbilder, Reimwörter, direkte Rede, Redewendungen und formelhafte Wendungen teilten die Brüder Grimm mit den wortgewaltigen Predigern des Barock, die in ähnlicher Weise vorgegangen waren. Seit etwa 1830 wurde deutlich, daß Wilhelm Grimm immer stärker die Strukturen der Vorlagen durchbrach und die Neufassungen für die „Kinder- und Hausmärchen" bearbeitete. Angefangen hatte es in dem von Wilhelm „in seiner Art" erzählten KHM 161, das im ersten Teil gänzlich umgestaltet wurde: Neu eingeführt war außerdem die Rolle des Bärenprinzen und die Heirat der zweiten Schwester mit überraschender Einführung eines Bruders. Versifizierte Vorlagen (z.B. für KHM 144, 146, 149) wandelte Wilhelm in Prosafassungen um, eine Technik, die in der jüngeren Romantik weit verbreitet war und auch in den „Deutschen Sagen" praktiziert wurde. In späteren Bearbeitungsgängen findet sich oft die bewußte Einfügung von Euphemismen (KHM 122, 186) und die Tendenz zur Harmonisierung.

Schon immer hatte die Sammlung der Brüder Grimm – im Unterschied zu anderen zeitgenössischen Sammlungen und sicher beeinflußt durch die Mitarbeit am „Wunderhorn" –

einen beträchtlichen Anteil kindgerechter Fassungen aufzuweisen. Dazu gehörten etwa die Nonsens-Geschichten wie KHM 131, 140, die Geschichten vom Begräbniszug der Tiere und dem Zusammentreffen mit Gegenständen auf Wanderschaft (KHM 41, 80) oder die vielen Texte, in die Kinderreime und Kinderspiele eingestreut sind wie KHM 141. Texte, deren Handlung Nachahmungstäter hätte provozieren können wie „Kinder spielen Schweineschlachten" – eine der ersten Zeitungssagen und heute gelegentlich als wahre Begebenheit unter der Rubrik „Vermischtes aus aller Welt" zu finden – wurden vor Erscheinen der zweiten Auflage aus dem Korpus herausgenommen. Obwohl ein Großteil der Märchen von Braut-/Bräutigamsuche und -gewinnung handelt und die Hochzeit festlicher Höhepunkt und Abschluß des Märchengeschehens ist, spielt die Hochzeitsnacht keine Rolle, auch nicht in Schwänken, die doch seit alters oftmals das Motiv der unerfahrenen Eheleute bei der ersten sexuellen Begegnung thematisieren. War einmal die Inzest-Thematik angesprochen wie in KHM 65: „Allerleirauh", so folgte gleich die Bewertung solchen Handelns. Seit 1819 mahnten die Räte den König: „Gott hat verboten, daß der Vater seine Tochter heiratet, und aus der Sünde kann nichts Gutes entspringen." Und 1850, nach dem Scheitern des Frankfurter Parlaments, wurde zuerst in der „Kleinen Ausgabe" zusätzlich der Staatsgedanke beschworen: „und das Reich wird mit ins Verderben gezogen."

III.3. Ethische Vorstellungen und erzieherische Aspekte

Tugendlehren und pädagogische Anliegen finden breiten Eingang in die „Kinder- und Hausmärchen". Jacob Grimm hatte offenbar vor allem das gutbürgerliche Milieu im Auge, wenn er meinte, daß die „Kinder- und Hausmärchen" „ein Volks- und Erziehungsbuch, namentlich auch in der feineren Welt werden möchten". In der Vorrede 1812 hieß es nach einer Schilderung der Märchencharakteristika noch zurückhaltend formuliert: „In diesen Eigenschaften aber ist es gegründet, wenn sich so leicht aus diesen Märchen eine gute Lehre, eine Anwendung für die Gegenwart ergiebt; es war weder ihr Zweck, noch sind sie darum erfunden, aber es erwächst daraus, wie eine gute Frucht aus einer gesunden Blüthe ohne Zuthun der Menschen." In der Vorrede des Folgebandes von 1815 – und mit ähnlichem Sinn in allen weiteren Auflagen – wurde dagegen präziser die Wirkung der den Märchen innewohnenden Poesie und die Funktion der Sammlung beschrieben: sie „erfreue, wen sie erfreuen kann, und darum auch, daß ein eigentliches Erziehungsbuch daraus werde". Fast programmatisch im Hinblick auf ethische Werte und Normen leitete das Legendenmärchen „Der Arme und der Reiche" (KHM 87) den zweiten Band der „Kinder- und Hausmärchen" ein. Es führt in den Figuren der armen, aber gastlichen Eheleute exemplarisch tugendhaftes und christlich bestimmtes Handeln vor, in den Figuren der reichen, geizigen, nur aus Eigennutz handelnden Eheleute dagegen kontrastreich ein nicht nachzuahmendes, sozial jenseits herkömmlicher Normen stehendes Verhalten, das nicht folgenlos bleiben kann: Während der Reiche statt erfüllter Wünsche nichts davonträgt „als Ärger, Mühe, Scheltworte und ein verlorenes Pferd", lebten die Armen „vergnügt, still und fromm bis an ihr seliges Ende".

Von Auflage zu Auflage steigt der Anteil der Ergänzungen, welche die Helden und besonders die Heldinnen als fromm und gottesfürchtig darstellen. Gehorsam, unbedingte Pflichterfüllung ohne Hinterfragung der übernommenen Aufgaben charakterisiert die positiv gezeichneten Märchenfiguren. Sie erhalten stets Förderung, aber es ist niemals die geistige Begabung oder das Erlernen von Fähigkeiten, sondern die Hilfe geschieht durch Zufälle und Glück bzw. glückliche Zufälle. Wilhelm wählte neue Texte entsprechend aus und brachte christlich bestimmte ethische Wertvorstellungen und pädagogische Anliegen prononciert ein. Dies geschah keineswegs nur sublim. Wie Held und Heldin ihr Handeln bewerten, erzählen sie den Lesern der Märchen in Selbstgesprächen, und in rund dreißig Texten kommentiert der Erzähler das Geschehen auch unter besonderer Betonung moralischer Akzente. Die Mutter stachen die Schlangen in den Fuß, weil sie ihr Kind „nicht besser erzogen hatte" („Der heilige Joseph im Walde").

Viele Märchen schildern in der Heldin einen Prototyp, der durch die Verbindung von Arbeit und Schönheit gekennzeichnet ist. Die oft unscheinbare Heldin stammt aus kleinen Verhältnissen, ist aber prädestiniert zu sozialem Aufstieg, weil sie sich durch Fleiß und gute Haushaltsführung auszeichnet und Mitgefühl gegenüber den Tieren und der Natur besitzt. So sind die „Kinder- und Hausmärchen" bestimmt von einer Vielzahl bürgerlicher Normen, die in ihrem Ganzen der Welt des Biedermeier entsprechen, aber doch überzeitlich sind. Tugenden wie Fleiß, Reinlichkeit und Arbeitsamkeit sind hochgeschätzt, Faulheit und Müßigkeit werden dagegen negativ sanktioniert. Brotfrevel wird rigoros geahndet. Die Kinder üben Tätigkeiten aus, die ein ‚braves' Kind charakterisieren: Sie spielen, lernen, singen, gehen spazieren, wirtschaften sparsam, arbeiten, kochen, waschen, spinnen, essen, trinken, hüten Tiere, musizieren, pflücken Blumen und helfen sich selbst. Ihre Beschreibung geschieht anhand ästhetischer Vergleiche (äußeres Erscheinungsbild: Schönheit, Kleinheit / Größe), durch Zuweisung von Eigenschaften der moralischen Ebene wie böse und lieb, begierig, ungehorsam, faul, fleißig, fromm, gutartig, gehorsam, sittsam, und durch intellektuelle Qualitäten wie Klugheit und Verständigkeit. Als weitere Kategorie, meist ergänzend, ist das soziale Milieu genannt: Es handelt sich um ein Kind armer Leute. Kinderzuchtgeschichten sind in der ganzen Sammlung reichhaltig vertreten (z.B. KHM 5, 26, 43, 117): In Anlehnung an allgemeine Erziehungsgrundsätze und katechetische Lehrstücke – vor allem das vierte Gebot – wird den Kindern strikter Gehorsam gegenüber den Eltern abverlangt. Auf diese Weise zeichnen die „Kinder- und Hausmärchen" klare Bilder der Handlungsträger, die Leser und Leserin mit ihren eigenen Vorstellungen ausschmücken können. Nur in den vielen eingestreuten Schwänken mit ihrer Neigung zur Umkehrung moralischer Werte sind Abweichungen von den Normen erlaubt.

Im Zusammenhang mit der Funktion eines Erziehungsbuches ergibt sich eine direkte Verbindung der „Kinder- und Hausmärchen" zur Hausväterliteratur, die besonders in der lutherischen Hauslehre nachwirkte. Im Sinne der oikos-Lehre ist das ganze Haus, vom Herrn bis zum Knecht, mit einbezogen. Das Haus besitzt ein klares Ordnungsschema in der Herrschaft des Mannes über die Ehefrau, der Herrschaft des Vaters über die Kinder und der Herrschaft des Hausherrn über das Gesinde: Seine hierarchischen Strukturen sehen alle Angehörigen der Stände in der Pflicht zur Arbeit; es beruht auf der geistlichen Begründung der Kopplung von Heiligung des Ehestands und Heiligung der Arbeit sowie der Arbeit als Pflicht des Christen im Dienst am Nächsten. So verstanden, lassen sich Märchensammlungen als Tugendbuch für die Menschen des Hauses begreifen und als Anweisung oder

Richtschnur für ihr Verhalten in allen erdenklichen Lebenslagen, während Sagenbücher mit ihren historischen und heldenhaften Erzählungen besonders die „vaterländische“ Erziehung, als willkommene Ergänzung, förderten. Daß dieser Auffassung ein hoher Stellenwert zukommt, geht nicht nur aus verschiedenen Äußerungen der Brüder Grimm und den Vorreden ihrer Sammlungen hervor, sondern läßt sich vor allem an den verschiedenen Bearbeitungsstufen der Märchen ablesen.

Auffällig hoch ist die bewußte Verankerung christlicher Werte: Bis in die letzten Ausgaben hinein sind die Märchen im Hinblick auf christliche Züge zurechterzählt worden. Zu dem ungemein breiten Überlieferungsbereich, aus dem die Brüder Grimm schöpften, gehören zahlreiche Werke der Predigtliteratur und solche, die im Sinne eines christlich bestimmten Erziehungsideals verfaßt waren. Spuren davon zeigen sich in den „Kinder- und Hausmärchen“, wenn Worte der Bibel zitiert werden (z.B. KHM 71, 76, 81, 110) oder die Moral die Reuelehre (KHM 3) paraphrasiert oder protestantischem Obrigkeitsdenken (KHM 157, 180) entspricht. Das Lob der Arbeit klingt in KHM 157 und KHM 180 an: im Schweiße deines Angesichts sollst du dein Brot essen (Gen. 3,19). Alles Handeln muß in Gott ruhen, das heißt im Einklang mit der Schöpfung stehen. Diese Einschätzung spiegeln die „Kinder- und Hausmärchen“ in besonderen Maße wider. Von allen Texten am eindrucksvollsten ist in dieser Hinsicht die von dem Theologen Johann Balthasar Schupp (1610 – 1661) fast wörtlich unter Beibehaltung des Sprachgebrauchs übernommene Fabel vom Sperling und seinen vier Kindern (KHM 157), die im Einklang mit der protestantischen Ethik Demut und Bescheidenheit vor Gott propagiert.

IV. Die „Deutschen Sagen“

IV.1. Zur Entstehungs- und Textgeschichte

Der erste Band der „Deutschen Sagen“ kam 1816 (Eintrag im Handexemplar: „fertig im Druck Anfang Mai“) beim Verlag Nicolai in Berlin heraus. Das Erscheinen des zweiten Bandes verzögerte sich und hing, wie aus vorhandenen Briefwechseln hervorgeht, mit Jacobs vielfältigen beruflichen Aktivitäten zusammen. Das Textkorpus konnte nicht so zügig wie ursprünglich geplant zusammengestellt werden. Bereits im Februar 1817 hatten die Brüder der Nicolaischen Buchhandlung das druckfertige Manuskript angekündigt, doch erst zur Ostermesse 1818 lag der zweite Band dann vor.

Der Anteil der Brüder an der Entstehung der Sammlung ist im einzelnen nicht genau bestimmbar, ist aber aufgrund der Briefwechsel oder der Bestände der Bibliothek der Brüder Grimm zu rekonstruieren. So dürfte z.B. Wilhelm die Texte aus den „Sagen der Vorzeit“ (sogenanntes ‚Brixener Volksbuch‘) beigesteuert haben. Hierbei handelte es sich um eine anonym erschienene Schrift mit Prophezeiungscharakter auf die bevorstehende Endzeit und einer Fülle eingestreuter sagenhafter Erlebnisse, die ein Lazarus Gitschner bei einem Besuch des an der bayerisch-österreichischen Grenze gelegenen Tafelgebirges Untersberg und seinen reichen Höhlen erfahren haben wollte. Die im Besitz der Brüder befindliche kleine Schrift weist nur Spuren von Wilhelms Beschäftigung mit dem Büchlein auf. Die meisten Sagen sind aus dem Zusammenhang herausgenommen und fast wörtlich als DS 24, 27, 28, 39, 50, 138, 162, 163 eingefügt worden.

Viele Sagenfassungen gehen auf Jacob Grimm zurück, der sich auch in späterer Zeit mit den Sagen beschäftigte und Stoffe und Motive vor allem als Belege für seine „Deutsche

Mythologie“ von 1835 nutzte. Von ihm stammen die verschiedenen Verzeichnisse im Handexemplar, wie ein Motivregister und die umfangreiche Aufstellung der Sagen nach geographischen Gesichtspunkten. Auch die meisten handschriftlichen Eintragungen mit ergänzenden Hinweisen auf weitere Quellen und gelegentlich auf abweichende Fassungen und sprachwissenschaftliche Erläuterungen sind ihm zuzuschreiben. Jacob fertigte außerdem eine Reinschrift aller Sagen an, die für den Druck des geplanten dritten Bandes vorgesehen waren, der aber mangels Käuferinteresse niemals zustande kam und erstmals 1993 veröffentlicht werden konnte.

IV.2. Sage und Geschichte

Die Definition dessen, was eine Sage sei, ist nicht so präzise wie in heutigen Gattungstypologien. Wie fließend die Terminologie zu Zeiten der Brüder Grimm und bei ihnen selbst war, zeigt sich daran, daß sie in ihrer schon oben erwähnten Stoff- und Motivdatei unter dem Stichwort „Tod des Helden“, „Sagen vom Vogel Phönix“ einordneten, unter „Prüfung der Königsbraut“ die „Sage vom Aschenputtel“ notierten, das französische Tierepos „Renard“ in Beziehung zu den Kindermärchen setzten oder das Gruselmärchen „Blaubart“ als „Stütze alter Volkssage“ ausgaben. Später notierte Wilhelm Grimm nach Erscheinen der „Kinder- und Hausmärchen“ in der Sagen- und Märchen-Datei unter anderem: „aus den Märchen ist in die Sagen aufzunehmen“ die in der ersten Auflage der „Kinder- und Hausmärchen“ abgedruckte Geschichte „Wie Kinder Schlachtens mit einander gespielt haben“ (KHM 22) vom tödlichen Ausgang eines Kinderspiels. Vorformen des „Tapferen Schneiderleins“ in der Sagen-Datei bezeichnete

Jacob als „Sage von dem schlafenden Riesen, der die Schläge auf sein Haupt für vom Baum fallende Nüsse hält".

Im Vorwort zum ersten Band der „Deutschen Sagen" schreiben die Brüder Grimm über den Unterschied zwischen Sage und Märchen kurz und bündig: „Das Märchen ist poetischer, die Sage historischer; jenes stehet beinahe nur in sich selber fest, in seiner angeborenen Blüte und Vollendung; die Sage, von einer geringern Mannigfaltigkeit der Farbe, hat noch das Besondere, daß sie an etwas Bekanntem und Bewußtem hafte, an einem Ort oder einem durch die Geschichte gesicherten Namen." Diese hohe Bewertung der Kreativität und der geschichtlichen Dimension der Volkspoesie mußte überraschen und wie eine radikale Umkehr und Aufwertung der von den gebildeten Schichten verachteten Volkskultur erscheinen, galten doch Märchen, alte ‚Fabuln' und anderes Erzähltes von dem gemeinen Mann bis weit ins 18. Jahrhundert hinein als ‚Altweibergeschwätz' und nichts Bewahrenswertes, das bestenfalls nur mündlich weitergegeben werden könne. Die von den Brüdern Grimm vertretene Auffassung wurzelt in der romantischen Idee, es habe einst eine Volksüberlieferung gegeben: In literarischen Zeugnissen und Geschichtsquellen der ‚Vorzeit' sei Geschichte noch greifbar. Aus denen müsse man die ‚Wahrheit' erst herausfinden und fragmentarische Erzählungen unter Zuhilfenahme von Vergleichen zu einem Ganzen rekonstruieren. Im Vordergrund stehe der poetische, dann der geschichtliche, schließlich der sprachliche Wert. „Die älteste Geschichte jedwedes Volkes ist Volkssage", heißt es z.B. 1807 in Jacobs Beitrag „Von Übereinstimmung der alten Sagen" für den „Neuen literarischen Anzeiger"[12]. Ähnlich äußerte sich Wilhelm in verschiedenen Rezensionen,

[12] Jacob Grimm: Von Übereinstimmung der alten Sagen. In: Neuer literarischer Anzeiger 2 (1807), Nr. 36, Sp. 568 – 571.

wenn er z.B. 1816 über „die wahrscheinlich aus mündlicher Überlieferung aufgefassten Sagen“ feststellt: „Hätte der Verf. auf ein paar Bogen die Sagen, wie er sie gehört hatte, ohne etwas auszulassen, aber auch ohne die Zuthat von falschem Gewürz gerad und schlicht erzählt, so wären wir ihm für den wenn auch kleinen Beitrag dankbar gewesen. Denn den Werth dieser Überlieferungen [...] wird kein Verständiger mehr ableugnen und sie so gut zu schätzen wissen, als etwa die griechischen bei Herodot oder die römischen bei Livius oder die nordischen bei Saxo Grammaticus“. Diese keineswegs nur dort, sondern auch später geäußerte Einschätzung spiegelt eine zu Beginn des 19. Jahrhunderts von vielen Historikern und Philologen geteilte Bewertung schriftlicher Quellen wider, die sich nur darin unterschied, in welchem Maße zeitgenössische Sammler in den Sagen Spuren der Geschichte zu finden glaubten oder Sagen – wie die Brüder Grimm – als Reflexion historischer Vorgänge im Bewußtsein des Volkes auffaßten.

IV.3. Volksüberlieferungen als patriotische Erziehungshilfe

Über die Anordnung der Texte heißt es mehr nebulös als klärend, man habe „am liebsten der Spur der Natur folgen wollen“. „Treue und Wahrheit“ hätten die Brüder beim Sammeln geleitet, bewahrt werden solle die „Mannigfaltigkeit und Eigentümlichkeit“ der Sagen. Über Zweck und Ziel der Sammlung lassen uns die Brüder allerdings nicht im unklaren: „Ein Lesebuch“, so heißt es im Vorwort von 1816, „soll unsere Sammlung gar nicht erst werden, in dem Sinn, daß man alles, was sie enthält, hintereinander auszulesen hätte.“ Statt dessen betonten sie: „Wir empfehlen unser Buch den Liebhabern deutscher Poesie, Geschichte und Sprache und hoffen, es werde ihnen allen, schon als lautere deutsche Kost, willkommen sein, im festen Glauben, daß nichts mehr auferbaue und größere Freude bei sich habe als das Vaterländische."

Wie Jacob Grimm Sagenbearbeitungen angehen wollte, lassen seine Äußerungen in der Rezension zu den 1812 von Johann Gottlieb Gustav Büsching zusammengestellten Volkssagen erkennen: „mündlich lebende volkssagen getreu und umbständlich zu sammeln", „schon gedruckte traditionen sollten nicht aus neueren geschätzten büchern, sondern aus älteren oder ausländischen seltnen geschöpft und zusammengestellt, diese aber auch so vollständig genutzt und ausgezogen werden, dasz niemand nöthig hätte, sich solche noch auszerdem anzuschaffen". Einschränkend hieß es aber dann: „Wir billichen dann blosz das ausschreiben solcher [gedruckter Werke, HJU], die nur weniges dahin gehörendes enthalten, da es freilich angenehm ist, dieses beisammen zu haben."[13]

Doch diese Ideen ließen sich nur ansatzweise realisieren. Die Brüder Grimm haben in zwei ausführlichen Vorworten zu den beiden Bänden der „Deutschen Sagen" ihre Anordnungsprinzipien erläutert. Sie führten grundsätzliche Bemerkungen zum Wert solcher Texte an und versuchten mit der Unterscheidung von Orts- und historischen Sagen, das heterogene Material zu differenzieren. Aber schon bald stellte sich heraus, daß die Bezeichnungen ‚Ortssage' und ‚Historische Sage' zu global sind und wie ‚Märchen' eine unglaubliche Fülle verschiedenster Stoffe bündeln. Auch die Charakterisierung ‚historisch' bietet Anlaß zu Mißdeutungen, wenn anekdotenhafte Sagenschilderungen von historischen Ereignissen und Personen in den Rang authentischer Quellen gehoben werden. Aus diesem Grund haben die Brüder Grimm im Vorwort zum zweiten

[13] Jacob Grimm: Rez. zu Johann Gustav Büsching (Hrsg.), Volks-Sagen, Märchen und Legenden. In: ders., Kleinere Schriften. Bd. 6. Berlin 1882, S. 130 – 133.

Band ihre Aussage vom historischen Wert der Sagen abgeschwächt, nachdem kritische Einwände gegenüber ihren Äußerungen im ersten Band laut geworden waren.

Die Auswahl der „Deutschen Sagen“ besonders des ersten Bandes ist weniger durch systematische Exzerpierarbeit eines festumrissenen Quellenkorpus charakterisiert als vielmehr durch das Zufallsprinzip und durch eine nicht näher erläuterte Subjektivität („Untrügliches Gefühl“), aber nicht ganz so planlos, wie es scheinen könnte. Die 585 Sagen sind regional allen deutschen Sprachgebieten zuzuordnen, obwohl ungleich bei der Berücksichtigung einzelner Regionen. Eine große Zahl der Sagen des ersten Bandes läßt sich in Niedersachsen, Westfalen, Franken, Hessen und Thüringen lokalisieren, während etwa Holstein mit vier oder die Pfalz mit sieben Texten vertreten sind. Rheinsagen wurden weitestgehend ausgelassen, da für 1816 eine mehrbändige Veröffentlichung von Niklas Vogt angekündigt war, zu welcher die Brüder Grimm offenbar nicht in Konkurrenz treten wollten. So findet sich in den „Deutschen Sagen“ weder die Loreley-Sage noch jene Sage über die feindlichen Brüder und den Zerfall der Rheinburgen Liebenstein und Sternberg. Von den bekannten Rheinsagen fand einzig die Sage vom Binger Mäuseturm (DS 242) Aufnahme. Dagegen gibt es eine ungewöhnlich hohe Zahl von Harzsagen. Fast fünfzig Sagen stammen aus Österreich, und nahezu ebenso viele aus der Schweiz. Die ungleichgewichtige Verteilung der Sagen sollte jedoch nicht den Brüdern Grimm angelastet werden, ihre Anordnungsprinzipien waren eben nicht von einer homogenen Berücksichtigung aller deutschsprachigen Regionen bestimmt. Außerdem hing die Aufnahme von Sagen auch von der Quellenlage ab, und da machte sich dann schon die eingehende Auswertung von Sammlungen mit regionalen Schwerpunkten (Otmar, Johannes Praetorius) besonders bemerkbar.

Obwohl Jacob und Wilhelm Grimm im ersten Band alle Texte vereinen wollten, die ihrer Meinung nach in keinerlei Weise Anknüpfungspunkte an historische Ereignisse oder Gestalten der deutschen Geschichte boten, ließ sich dieses Gliederungsprinzip nicht stringent durchhalten. So finden sich z.B. schon im ersten Band historische Gestalten wie Karl der Große (DS 18, 22, 26, 28, 323) oder Friedrich Barbarossa (DS 23, 28, 296, 297). Ortssagen, die als Erklärungssagen den Namen eines Ortes in einer Art Volksetymologie begründen, lassen sich in nicht unbeträchtlicher Zahl auch im zweiten Band nachweisen, wenn es etwa um den Ursprung des Namens Nidda (DS 573) oder Seligenstadt (DS 457) geht. Aber dennoch besticht der erste Band durch die große Gruppe der Sagen, die von übernatürlichen Erlebnissen handeln: von der Begegnung mit Zauberern, Geistern und diversen anderen Gespenstern – deren Unterschiede kaum deutlich werden, Weißen Frauen, Hexen und Teufeln, Wiedergängern. Die Teufelssagen etwa sind vor allem innerhalb DS 182 – 209 zu finden, aber auch öfter an ganz entlegener Stelle, was sicher nicht ohne Absicht geschah, um die Sagenanordnung nicht allzu eintönig erscheinen zu lassen. Gerade Jacob Grimm hatte eine Vorliebe für die Gestalt der ‚Weißen Frau' und versuchte später in seiner „Deutschen Mythologie", die mythische Übereinstimmung der Weißen Frau mit der Percht, Perchta, Frau Berta, mit Frau Holle, Frau Hulda und anderen zu erweisen. Unter den sogenannten ‚dämonologischen' Sagen sind es vor allem die Sagen von Riesen (DS 16 – 19, 135 – 141, 323 – 327), vom sogenannten Riesenspielzeug (DS 16 – 17, 20, 325) und von Zwergen, die im ersten Band immer wieder als hilfreiche Wesen, Bewohner unterirdischer Höhlen und Gänge und Bewacher von Schätzen begegnen. Jacob schätzte besonders die Zwergensagen Otmars und Wyß' (DS 148 – 150, 153 – 155) hoch ein. An Ludowine von Haxthausen schrieb er am 7. Juni 1818, sie seien ihm „wegen ihrer eigentümlichen Heimlichkeit besonders lieb". Darüber hinaus finden sich noch weitere Elementargeister wie Wassergeister und Nixen (bes. DS 51 – 53, 55 – 67, 305 – 308) und Moosweibchen (DS 47 – 48), Erdgeister (DS 2 – 3), Feurige (DS 278, 283 – 284, 332) und solche Spukgestalten wie der Wilde Jäger bzw. die Wilde Jagd (z.B. DS 47 – 48, 172 – 173) mit regional bekannten Anführern wie dem getreuen Eckhart (DS 314) oder Frau Trud (DS 81, 248).

Thematisch breit gestreut stehen Baumeistersagen neben Bauplatzlegenden (d.h. Kirchen- und Klostergründungssagen), Ikonographischen Sagen, Denkmalsagen, Wappensagen oder den sogenannten Geschlechtersagen, die den Ursprung oder das Vergehen eines Adelsgeschlechts begründen. Hinzu kommen Sagen über einzelne Berufe (Bergmann: DS 1 – 3; Fischer: DS 276; Jäger: DS 257 – 258; Müller: DS 128; Schmied: DS 156, 556) oder Stände (besonders Bauern, Adel), von deren Auftreten und Eigenschaften die Sagen handeln. Ohne Zweifel haben die Brüder Grimm aus dem ungeheuren Fundus über Denkwürdigkeiten vor allem des 16. bis 18. Jahrhunderts die zentralen Themenbereiche erfaßt und nacherzählt. Sie übernehmen aus den alten Vorlagen Prophezeiungssagen vom Weltuntergang (DS 295), von Krieg (DS 169 – 170) und Pest (DS 168, 235) oder auch von der Wiederkehr des bergentrückten Kaisers (z.B. DS 23, 296 – 297). Sie schildern in ihren sagenhaften Erzählungen die Hinrichtung Unschuldiger, häufig mit Berichten von deren wunderbarer Rettung verbunden

(DS 98, 261), nehmen Sensationsgeschichten von Mord, Raub (DS 128 – 131, 264), Inzest (DS 358) auf, geben Zeugnis von unverhofften Schätzen oder von ungerechten Grenzziehungen und von daraus resultierenden Streitigkeiten (DS 287, 289). Viele dieser Sagen lassen sich unter dem Oberbegriff der Rechtssage fassen: Exemplarisch werden Rechtsvorstellungen geschildert, aber immer unter dem Aspekt der Beugung bzw. Verletzung und übernatürlichen Ahndung. Das ethische Moment von Vergeltung charakterisiert den Extremstil der Sage. Mit Todesstrafe, Verwünschungen, Verwandlungen in Tiere und mit kollektivem Tod (sog. Untergangssage wie die berühmte Schweizer Sage von der Blümlisalp, DS 93) wird alles unnachgiebig geahndet, was auf irgendeine Weise gegen christlich geprägte Wertvorstellungen verstoßen könnte. Dies läßt sich etwa festmachen an Strafen für Entheiligung des Sonntags (DS 34, 229, 233), für Brot- (DS 234 – 238, 241) oder Hostienfrevel (DS 356), aber auch an der unnachgiebigen Härte gegenüber Räubern und

Kinder- und Hausmärchen. Gesammelt durch die Brüder Grimm. Kleine Ausgabe. Berlin 1825, Stahlstich zu „Hänsel und Gretel“ von Ludwig Emil Grimm

Dieben (DS 84, 134), gegenüber hartherzigen Gutsherren (DS 180, 345), Bischöfen (DS 242) oder Mönchen (DS 241).

Gleichzeitig sind die Erzählungen Aufhänger für außergewöhnliche Erlebnisse und für die Schilderung von Zauber- und Hexenkünsten wie Besenritt (DS 251) oder Liebeszauber (DS 115 – 121). Weitere Beispiele aus dem Fundus der durch Magica- und Kuriositätenliteratur tradierten Glaubensvorstellungen bieten Sagen von Werwolfsverwandlungen (DS 214 – 216), unverwundbaren Männern (DS 255 – 256), über Glücksbringer wie Heckpfennig (DS 87), Springwurzel (DS 9, 571) oder Alraune (DS 84, 86). Eine weitere große Gruppe der Sagen ist legendärer Überlieferung zuzuordnen, Erzählungen also, in denen dem Heiligmäßigen eine besondere Rolle zukommt. Diese Texte finden sich sowohl im ersten als auch im zweiten Band, und dazu gehören so bekannte Legenden wie die vom Heiligen Bonifatius (DS 181 – 182, 291), Nikolaus (DS 134) oder die Spielmannslegende von der Volksheiligen Kümmernis (DS 330).

IV.4. Literarische Vorlagen

Die Stoffe und Motivbereiche der Sagen des ersten Bandes spiegeln generell die Vielfalt der neuzeitlichen Überlieferungen wider, auch wenn mancher Text nicht aus dem Original, sondern nur aus einer sekundären Quelle geschöpft worden ist. Der Umfang des zweiten Bandes der Erstausgabe (380 Seiten) und die Zahl der dort behandelten Sagen (223) sind zwar geringer als die des ersten Bandes (464 Seiten, 362 Texte), aber die Länge der Texte ist im zweiten Band ungleich höher. Dies hat vor allem damit zu tun, daß die Brüder Grimm auf die Wiedergabe fragmentarischer ‚Natursagen' verzichteten, die nur eine dürre Information über den Zustand einer Felsformation oder ähnliches boten (z.B. DS 189 – 200). Ihre Vorlagen waren nicht selten Heldensagen, Volksbücher oder Romane, die auf wenige Seiten komprimiert werden mußten. Erzähltechnisch hieß dies auch, daß die auf Faktizität ausgerichtete Handlung nun vielfach um novellistische und epische Elemente (z.B. DS 412: „Walter im Kloster") angereichert wurde, was wiederum mit den Inhalten der ‚geschichtlichen' Sagen zu tun hat. Während im ersten Band nicht selten ein einziges übernatürliches Ereignis den Anlaß zur Wiedergabe der Sage geboten hatte, waren es nun bei den äußerst verwickelten Stoffen Ereignisse, die sich über mehrere Jahrzehnte oder Generationen hinzogen: Hierbei ist etwa an die Schwanrittersagen zu denken (DS 539 – 545) oder an den Stoff von Heinrich dem Löwen (DS 526). Nicht wenige Themen des zweiten Bandes lassen sich als Stoffe international verbreiteter Wandersagen charakterisieren. Der Stoff von der sogenannten Glocke der Gerechtigkeit (DS 459), den die Brüder Grimm einer Schweizer Sammlung des 18. Jahrhunderts entnehmen, findet sich bereits in der „Weltchronik" des Jansen Enikel und in den „Gesta Romanorum", die beide literarisch nachwirkten. Erzählungen von unschuldig verfolgten Frauen wie der Genovefa (DS 538) und von Mehrlingsgeburten (DS 393, 411, 521, 540, 549, 577, 583 – 584) – noch dazu im Zusammenhang mit der Entstehung von Adelsgeschlechtern – waren bevorzugte Themen in der literarischen Überlieferung der frühen Neuzeit.

Der zweite Band läßt das Gliederungsprinzip deutlicher durchscheinen. Der Aufbau des Bandes ist an der Auswahl und Abfolge der Quellen zu erkennen. Einzig die letzten elf Sagen – darunter die weitverbreitete Sage über eine Kindsmörderin (DS 585: „Die Gräfin von Orlamünde") und über den Bigamisten, dessen Doppelehe der Papst sanktioniert haben soll (DS 581: „Der Graf von Gleichen") – fallen aus diesem Schema heraus: Es sind mehr oder minder Variationen bereits behandelter Stoffe und Motive. Der wunderbare Sprung in DS 579 und DS 580 begegnet schon in DS 142 und DS 319 – 322, die Geburt mehrerer Kinder (DS 577, 583 – 584) unter anderem in der Sage von Aistulfs Geburt (DS 411) oder in der Gründungssage für die Klosterkirche Möllenbeck (DS 549). Das Anordnungsprinzip geht auch aus Jacobs handschriftlichen Eintragungen im Handexemplar hervor. So rechnete er DS 364 – 368 zu den Sagen aus germanischer Zeit, gotisch waren für ihn DS 369 – 387, lombardisch DS 388 – 412 und DS 446 – 449. Dann folgen Sagen aus sächsischer, merowingischer und karolingischer Zeit, schließlich solche von ‚deutschen Kaisern' (bis DS 496). Dieses im wesentlichen chronologische Prinzip in der Abfolge der Texte liegt auch den anderen Sagen zugrunde, wenn es um die ‚sagenhafte' Geschichte einzelner Ethnien geht: Nach der Wiedergabe der Sagen über Bayern, Österreicher und Schweizer (DS 497 – 520) sowie Schwaben (DS 521 – 533) folgen in Verdun, Metz und in Flamen verortete austrasische Sagen (DS 536-545), thüringische (DS 550 – 563) und hessisch-thüringische (DS 564 – 574).

Eine grobe Zuordnung der Texte zu den verschiedenen Quellenbereichen ergibt: Über 200 Texte sind der Chronikliteratur und anderen historischen Werken entnommen, etwa 125 Texte stammen aus der Kuriositätenliteratur und aus regionalen Landesbeschreibungen überwiegend des 17. und 18. Jahrhunderts, rund fünfzig Texte sind die komprimierte Fassung eines längeren Volksbuches, und bei circa siebzig Texten oder Textabschnitten des ersten Bandes (von 363) und fünf Texten des zweiten Bandes (von 222) ist eine Herkunft aus mündlicher Überlieferung zu vermuten.

Eine Untersuchung der von den Brüdern angegebenen Quellen ergibt, daß sie in ihrer Sammlung ein buntes Allerlei von Texten vereinigt haben, die mehr oder weniger stark bearbeitet waren. Als schriftliche Quellen insbesondere des zweiten Bandes dienten die Werke der Geschichtsschreiber, beginnend mit der „Germania" und den „Annales" des Tacitus und fortgesetzt mit den Berichten der Historiker des 6. bis 10. Jahrhunderts: für die Geschichte der Goten Jordanes, der Franken Gregor von Tours, der Langobarden Paulus Diaconus und der Sachsen Widukind von Corvey. Überwiegend aus der Zeit des Spätmittelalters und der Neuzeit sind es dann die von Gottfried von Viterbo, Beda Venerabilis, Otto von Freising und anderen berichteten Überlieferungen, gefolgt von den chronikalisch angelegten Werken über einzelne deutsche Stämme oder Regionen: die Kölner Chronik, Johannes Aventins bayerische Chronik, die schwäbische Chronik des Martin Crusius oder Johann Banges bzw. Johannes Becherers thüringische Chroniken bis hin zu den späten Kompilationen, etwa Thomas Lirers schwäbische Chronik oder des Johannes Micraelius „Sechs Bücher vom alten Pommernlande". Die Historien- und Chronikliteratur auch benachbarter Gebiete wurde ebenso herangezogen: etwa die „Historiae Francorum" des Andreas Duchesne, Peterman Etterlins „Kronica von der loblichen Eydtgenoschaft" in der von Johann Jakob Spreng besorgten zweiten Auflage oder Ottokar von Hornecks Chronik der österreichischen Geschichte in der von Hieronymus Pez verantworteten Ausgabe von 1745.

Daneben steht der große Bereich von Vorlagen, die Ende des 18. und Anfang des 19. Jahrhunderts bei der Wiederentdekkung mittelalterlicher Dichtung und der Rückbesinnung auf eine gemeinsame deutsche Vergangenheit zutage gefördert und in Büschings „Wöchentlichen Nachrichten für Freunde der Geschichte, Kunst und Gelahrtheit des Mittelalters“, in den von den Brüdern Grimm selbst herausgegebenen „Altdeutschen Wäldern“ und in vielen anderen literarischen Wochen- und Monatsmagazinen einer aufnahmebereiten Leserschaft dargeboten und rezipiert wurden – gleichsam kompensatorisch für den instabilen politischen Zustand der deutschen Kleinstaaten und deren Niedergang. Die ‚sagenhaften‘ Berichte stammen aus der sogenannten „Kaiserchronik“, den „Gesta Romanorum“ und sind Nacherzählungen aus dem „Evangelienbuch“ Otfrieds von Weißenburg, aus den Dichtungen Konrads von Würzburg, dem „Annolied“, dem Epos „Lohengrin“ usw. Dabei wurden die gereimten Fassungen in Prosafassungen umgewandelt. Für Heiligenviten und Kloster- / Kirchengründungssagen gab die hagiographische Literatur die Vorlagen ab, etwa die Werke Gregors des Großen oder Gregors von Tours oder Legendensammlungen wie die „Legenda aurea“; andere religiös bestimmte Themen und Stoffe entnahmen die Brüder Grimm der Mirakelliteratur (Petrus Canisius) oder der Predigt- und Exempelliteratur (A. Hondorff, J. Manlius, D. Schneider). Die Prodigien- und Kuriositätenliteratur des 16. bis 18. Jahrhunderts (vor allem Johannes Praetorius, E. Francisci, Johann Jacob Bräuner) dient ebenfalls als Quelle wie Abhandlungen über regionale Geschichte und Landschaftsbeschreibungen aus der gleichen Zeit. Der Anteil von in Reisebeschreibungen (besonders seit der zweiten Hälfte des 18. Jahrhunderts) eingeflochtenen Texten, die meistens ursprünglich als Bestandteil der Chronik- und Historienliteratur tradiert waren und nun als anekdotischer Bericht von Fremdenführern ausgegeben werden, ist nicht unerheblich – wie überhaupt der Anteil an Texten aus Kalendern, Zeitschriften und anderen Vermittlungsinstanzen aus zweiter Hand. Etwa ein Viertel der „Deutschen Sagen“ läßt sich auf das offenkundig kontinuierliche Studium von Zeitschriften, Kalendern und dergleichen sowie auf die Sichtung zeitgenössischer Sagensammlungen zurückführen, die den Brüdern den notwendigen Überblick über die Chronik- und Historienliteratur verschaffte und sie zur Nachsuche und dem Aufspüren von Querverbindungen inspirierte. Weitere Texte kamen auf (Dienst-)Reisen durch deutsche Städte und in benachbarte europäische Länder wie Frankreich und Österreich zusammen. Es ist erstaunlich, wie gut sich die Brüder bei der Sammeltätigkeit ergänzten und immer wieder ihre Ergebnisse gleich einander brieflich mitteilten.

Wer die Erstausgabe der „Deutschen Sagen“ in die Hand nimmt, ist überrascht von der Mannigfaltigkeit der dort unmittelbar nach dem Sagentitel folgenden Quellen- bzw. Herkunftsnachweise. Die Angaben erwecken den Anschein, als hätten die Brüder alle Quellen eingesehen und zur Grundlage ihres Textes gemacht. Mehrfach ist schon herausgestellt worden, daß die Quellen in vielen Fällen nicht durch Autopsie geprüft worden sind: Die rezitierten Angaben basierten gelegentlich auf zufälligen Funden. Während die eingesehenen chronikalischen Werke ohne größere Unkorrektheiten notiert sind, häufen sich fehlerhafte Angaben bei der von ihnen mehrfach herangezogenen Reiseliteratur. Obwohl sie ihnen suspekt erschienen sein müssen, haben sie Reisebeschreibungen als Sagenlieferanten (z.B. DS 130, 194; indirekt: DS 92) ausgewertet, dann aber bei den Nachweisen ihrer Vorlagen diesen Quellenbereich konsequent verschleiert und ungenau zitiert. Ebenso verfuhren sie bei der Übernahme von Texten aus der Schauerromantik, wenn sie die Werke eines

Kristian Heinrich Spieß (DS 32, 152, 158, 223, 230) nur vage vermerkten oder, um die Glaubwürdigkeit hervorzuheben, hinzusetzten: „aus der Volkssage“ (DS 230). Offenbar wollten sie die wissenschaftlich angestrebte Seriosität der Quellen von argwöhnischen Zeitgenossen nicht in Frage gestellt wissen.

IV.5. Bearbeitungstendenzen

Die Heterogenität der Quellen spiegelt sich ebenso in der Art der sprachlichen und inhaltlichen Bearbeitung wider. So kam den älteren Berichten – das heißt den benutzten Quellen aus der Antike und der Zeit bis ins 17. Jahrhundert hinein – nach Auffassung der Brüder Grimm ein hoher dokumentarischer Wert zu. Vergleicht man die entsprechenden Sagentexte mit den Vorlagen aus der „Kaiserchronik“ oder mit denen aus den Geschichtswerken eines Tacitus oder eines Gregor von Tours, läßt sich feststellen, daß diese Vorlagen (z.T. übersetzt) häufig nur geringe sprachliche Bearbeitungen erfuhren. Allerdings ist diese Art der Darbietung, die besonders in Texten mit historisierender Tendenz begegnet, nicht durchgängig zu beobachten.

Bei den aus der Kuriositätenliteratur des 16. bis 18. Jahrhunderts entlehnten Texten gibt es ebenfalls charakteristische Bearbeitungskriterien. Exemplarisch erhellt dies aus einem Vergleich der Grimm-Texte mit dem Original der von Johann Jacob Bräuner 1737 herausgegebenen „Physicalisch-“ und „Historisch- Erörterten Curiositaeten“ (21mal Vorlage für die DS). Bräuner kompiliert unter Angabe des jeweiligen Autors fast wörtlich und läßt schon durch die Diktion (öfter Gebrauch des Konjunktivs, indirekte Rede) eine Distanz zum Berichteten erkennen. Er macht deutlich, welchen Wahrheitsgehalt er der Geschichte jeweils zumißt. Darüber hinaus kommentiert er die einzelnen Kapitel seiner Kuriositätensammlung einleitend oder zusätzlich am Schluß, nicht selten auch ergänzend im Zusammenhang mit dem Berichteten, und streut seine Warnungen vor abergläubischen Vorstellungen, seine Unterweisungen und wohlmeinenden Ratschläge ein. Vielfach versucht er, die Ursache übernatürlicher Erscheinungen und Ereignisse zu entmythisieren und/oder mit Hilfe medizinischer ‚auctoritates' zu erklären, wenn es um das Alpdrükken geht oder darum, was – außer einem Wassergeist – den plötzlichen Tod eines Schwimmers hervorgerufen haben könnte (DS 54). Während Bräuner auf diese Weise dazu beiträgt, die von ihm zitierten Quellen des 16. bis frühen 18. Jahrhunderts von allzuviel Spekulation und Mystizismen zu befreien – selbst wenn die Distanz zum Erzählten nicht überall deutlich hervortritt –, erscheinen die konstruierten und rekonstruierten ‚Sagen' der Brüder Grimm dagegen als ein Sammelsurium von Geschichten: konzentriert unter Auslassung wesentlicher Einleitungs- und Schlußpassagen auf Faktisches, als habe sich das ‚Gesagte' so vor langer Zeit abgespielt, und herausgelöst aus dem geistigen Kontext der jeweiligen Kompilation (die wiederum verschiedene Zielsetzungen und Zeitströmungen vereinigen konnte). Subjektive Stellungnahmen sind weitestgehend ausgespart. Das dabei allgemein zu konstatierende Bestreben zur Erzähllogik und zur Erhöhung der Glaubwürdigkeit durch stringenten Gebrauch des Indikativs und formelhafter Einschübe wie auch durch Reduktion von Einleitungs-, Überleitungs- und Schlußpassagen führt zu einer Remythisierung der Inhalte.

Diese Bearbeitungsprinzipien sind durchgängig erkennbar und ohne weiteres auf das Gesamtkorpus der Sagen zu übertragen. Nahezu alle Bearbeitungsgrade können bei der Adaptation Bräunerscher Texte festgestellt werden: von fast wörtlicher Übernahme über leichte sprachliche Bearbeitung bis hin zu starken Eingriffen und Ergänzungen, die nur noch der Struktur nach auf die Vorlage hindeuten. Es entfallen sämtliche von den Autoren irgendwie geäußerten Zweifel hinsichtlich der Glaubwürdigkeit des von ihnen Berichteten.

Kernpunkt aller sprachlichen und inhaltlichen Bearbeitungen der Vorlagen ist die Absicht, den Text nicht als Fiktion erscheinen zu lassen. Nur selten findet sich die Neigung zur Dramatisierung (DS 128, 177). Dialektfassungen sind nicht so häufig wie in den „Kinder- und Hausmärchen". Niederdeutsches begegnet z.B. in DS 157, 226 und 284, einzelne Ausdrücke, Sätze oder auch Verse dagegen jedoch häufiger (DS 76, 83). Fremdsprachige Wörter oder Begriffe der Vorlagen werden konsequent eingedeutscht. Dieses auch für alle seit 1819 erscheinenden Ausgaben der „Kinder- und Hausmärchen" zu beobachtende Prinzip läßt die Vorliebe der beiden Sammler zur Reinheit der deutschen Sprache von allem Fremdsprachigen erkennen. Nebensätze haben sie oft in Gliedsätze umgewandelt, also Parataxe statt Hypotaxe (DS 119). ‚Anstößige' Schilderungen, Wendungen oder einzelne Begriffe werden purifiziert (z.B. DS 84, 535). Diese Bearbeitungspraxis zeigt sich durchgängig und ist von einer Aversion gegen alles Sexuelle bestimmt. Angestrebt wird eine Enterotisierung der Texte, was auch weitgehend für die „Kinder- und Hausmärchen" der Brüder gilt, wie etwa das Beispiel des „Rapunzel"-Märchens (KHM 12) erkennen läßt, das seit der zweiten Auflage (1819) seiner zarten erotischen Andeutungen beraubt ist.

Chronikalische Berichte lassen die Brüder zumeist in ihrer Diktion, ändern nur Kleinigkeiten, und diese Wiedergabe gilt auch für Sagen, deren Inhalte von Autoritäten wie Martin

Luther (DS 95) übernommen wurden. Andere Texte dagegen werden nur als Handlungsgerüst benutzt und sprachlich völlig neu gefaßt. Sehr häufig findet sich auch die Montagetechnik, indem verschiedene Vorlagen zu einem neuen Text verschmolzen werden (z.B. DS 2, 37, 60, 61, 81, 115), was sich als Bearbeitungsprinzip ebenfalls häufig in den „Kinder- und Hausmärchen" der Brüder Grimm beobachten läßt. Das Kontaminationsprinzip hat seine geistigen Wurzeln in der Vorstellung, daß aus älterer Zeit nur Fragmentarisches überliefert sei, das zum allgemeinen Verständnis wieder zusammengefügt werden müsse.

Es geht daher nicht um eine wörtliche Übernahme von Erzähltem aus alter Zeit, sondern um eine neue Bewertung des zuvor im Zeitalter der Aufklärung oftmals abgetanen Sagen- und Glaubensgutes, das durch die Brüder Grimm aus dem ursprünglichen Kontext herausgelöst und als mythologische Erinnerung an die ‚Vorzeit', d.h. stets die germanische Vorzeit, dargeboten wird. Der Schwerpunkt bei der

Illustration zu „Schneewittchen" in einem Raubdruck der „Kleinen Ausgabe" der „Kinder- und Hausmärchen", 1826

Adaptation der Vorlagen ist eindeutig im motivlichen Teil angesiedelt: Bezeichnend ist, daß die Brüder offenbar alle von ihnen eingesehenen Vorlagen systematisch danach durchsahen, was annähernd einer Erzählung gleichkam. Selbst in die Fußnote Verbanntes, das zweifellos nur marginalen Charakter haben und auch nur zur Abrundung der Dokumentation, nicht selten mit skeptischem Einwand, zitiert war (DS 290, 317), übernehmen sie aus umfangreichen Abhandlungen und geben diesem entlegen Berichteten durch Aufnahme als ‚historische' Sage eine andere Gewichtung. Sogar ein ‚Gerücht' rückt ins Zentrum einer Sage (z.B. DS 511). Ein Beispiel für die umsichtige Arbeitsweise der Brüder Grimm, aus einem umfangreichen Werk über die Geschichte der Stadt Heidelberg auch Entlegenes, das zudem noch an unterschiedlichen Stellen abgedruckt war, zu einem neuen Ganzen zu bündeln, bietet DS 139 über die vermeintliche Entstehung des Namens Jettenhügel zu Heidelberg. Doch selbst dieser Sagentext aus dem „Schau-Platz der alten berühmten Stadt Heydelberg" des Pfarrers Johann Peter Kayser zeigt beim Vergleich mit der Vorlage, daß uns die Brüder Grimm die von Kayser betonte Distanz zum Berichteten verschwiegen haben, da eine solche Haltung nicht zu dem von ihnen forcierten historischen Gepräge der Sage paßte.

Daß ein solches Vorgehen im Widerspruch zu der im Vorwort zu den „Deutschen Sagen" postulierten „Treue und Wahrheit" stehen muß und einer subjektiven Bearbeitungsweise Tür und Tor geöffnet sind, liegt auf der Hand. Die später zum Topos werdende Beteuerung ist nur als eine Schutzbehauptung zu werten. Die Brüder Grimm entnahmen der älteren Literatur nicht wörtlich die Stoffe für ihre Sagen, sondern sie interpretierten das Material durch das Weglassen der

Bewertungen neu – teilweise radikal. Hatten die Kompilatoren des 16. bis 18. Jahrhunderts, die zeitlich die Hauptquelle für die Brüder Grimm bildeten, alle jeweils erreichbaren Berichte über ein historisches Ereignis, etwas Glaubwürdiges oder über in der Natur zu findende Besonderheiten rationalistisch kommentiert und gewissermaßen entmythologisiert, so stellt die im wesentlichen von Jacob Grimm vertretene Einstellung, das zuvor oftmals abgetane Glaubens- und Sagengut aufzuwerten, zu dieser Entwicklung einen Rückschritt dar. Die Brüder Grimm erweckten die von den aufklärerischen Wissenschaftlern zum Aberglauben ungebildeter Kreise erklärten Materien aus ihrem Dämmerschlaf und gaben sie als mythologische Reminiszenz und als das einzige und eigentliche Wissen über die Vorzeit aus, dem durch die Überhöhung ins Göttliche noch mehr Bedeutung zukam als dem eigentlich Historischen. Welche Bedeutung Jacob den älteren literarischen Zeugnissen zumaß, wird am ehesten in der Vorrede zur 1835 erschienenen „Deutschen Mythologie“ deutlich: „aller sage grund ist nun mythus, d.h. götterglaube, wie er von volk zu volk in unendlicher abstufung wurzelt: ein viel allgemeineres, unstäteres element als das historische.“

Sorglos und unbekümmert um den akademischen Wissensstand und zeitgenössischen Kontext haben die Brüder die Quellen ihrer Texte ‚ausgeschlachtet‘. Wie auch viele ihrer Vorgänger sind sie keine Meister des genauen Zitierens. Ein Vergleich mit der Erstausgabe und den jetzt ermittelten Quellen zeigt, daß die Brüder Grimm nicht selten vergaßen, Seitenzahlen zu den von ihnen benutzten Quellen zu ergänzen (DS 84, 156, 328, 569), ungenaue (falsche) Angaben machten (DS 101, 123, 127, 271, 539), Quellen verschwiegen (DS 233) oder in vielen Fällen die von ihnen zitierte Quelle gar nicht eingesehen haben konnten (z.B. DS 84, 119). Oft findet sich unter den Quellen als frühester Beleg eine Angabe aus dem 16. Jahrhundert. Bei der Tänzersage (DS 232) reicht die Überlieferung jedoch bis ins 11. Jahrhundert zurück. Die Sage von den Weibern von Weinsberg (DS 493) ist seit dem 12. Jahrhundert bekannt; die Brüder Grimm zitieren die „Cölner Chronik" von 1499. Es schien den Brüdern also nicht wichtig zu sein, die jeweils ältesten bekannten Texte aufzuspüren und in ihre Sammlung zu integrieren.

V. Die Mär von der mündlichen Überlieferung

Gedruckte Sammlungen und ältere Literatur waren nicht die einzigen Informationsquellen für die Aufnahme in die „Kinder- und Hausmärchen" und in die „Deutschen Sagen". In weit stärkerem Maße als ihre Vorgänger wollten die Brüder Grimm auf mündliche Überlieferungen zurückgreifen. Entgegen der landläufigen Vorstellung zogen sie nicht mit Block und Bleistift über Land und sammelten bei Gewährsleuten mündliche Volksüberlieferungen ein, wenngleich die Anzahl ihrer Märchen aus dem Volksmund erstaunlich hoch erscheint und ihren Zeitgenossen eine solche Ausbeute nicht gelang. Denkbar ist, daß Jacob und Wilhelm Grimm ihre Märchen mit der Zuschreibung ‚mündlich' versahen, um den Anteil der geschätzten ‚Volkspoesie' zu erhöhen. So erschien in der Sagenausgabe von 1816/18 unter etwa 15% der Quellenangaben der Zusatz „mündlich", vielfach mit dem Hinweis auf die Region („aus Hessen", „aus dem Odenwald", „aus Deutschböhmen"). Doch ist die Beteuerung der Mündlichkeit nicht wörtlich zu verstehen, sondern wohl eher ein Zugeständnis an den Zeitgeist, da dem Volk als Überlieferungsträger bei den Brüdern Grimm und vielen ihrer Zeitgenossen eine hohe Bedeutung zukam. In Wahrheit waren die Sagen, wie aus den noch vorhandenen Briefwechseln hervorgeht, den Brüdern schriftlich mitgeteilt worden, kaum unter Bezug auf eine ‚Gewährsperson', manchmal jedoch unter Hinweis auf eine andere schriftliche Vorlage oder mit dem Zusatz, diese Sage sei noch heute in jener Gegend zu hören.

Die Informanten kamen in den meisten Fällen aus dem Verwandten- oder Freundeskreis. Dem Bruder Ferdinand Philipp Grimm (1788 – 1845), der später auch einige Sagensammlungen veröffentlichte, dankten Jacob und Wilhelm sogar ausdrücklich für seine Mithilfe bei der Materialsuche (im Vorwort zum ersten Band). Was er aber beigesteuert hat, wissen wir nicht. Ferdinand selbst hatte 1813 den Brüdern über seine Sammeltätigkeit geschrieben: „Ich gehe täglich auf die Bibl. u. sammle für euch an Sagen, die mich interessiren besonders die Zwergsagen. Meine Sammlung besteht schon ohne die, die ich mündlich gesammelt habe, über [!] 84 Volkssagen die Otmar u. Büsching nicht haben; u. wenn ich sie euch einmal gebe, soll mich freuen, wenn ihr die meisten wenigstens auch nicht habt. [...] Es wäre mir lieb, wenn ich so eine Uebersicht der eurigen Volkssagen haben konnte [!]; oder vielleicht einige derj. Schriften wo du am meisten herausgezogen hast."[14]

Beiträger waren unter anderem auch der Privatgelehrte und Philosoph Friedrich Wilhelm Carové (1789 – 1852), der damalige Student August von Haxthausen (1792 – 1866) aus einem westfälischen Adelsgeschlecht, dessen Schwester Ludowine (1795 – 1872), die Verwandte Maria Anna („Jenny") von Droste-Hülshoff (1795 – 1859) sowie der Schulfreund und Friedensrichter Paul Wigand (1786 – 1866) aus Höxter. Es fällt auf, daß nicht selten die gleiche Person als Informant bzw. Informantin für Märchen- und Sagentexte genannt wird.

[14] Staatsbibliothek zu Berlin – Preußischer Kulturbesitz, Haus 2 (SBPK), Nachlaß Grimm 368, fasz. 6, fol. 186 – 187 (18. 2. 1813).

Selbst unter Zuhilfenahme der nachgelassenen Briefe und Schriften ist jedoch nicht immer im einzelnen erkennbar, wer die Beiträge geliefert hat und ob sie nun tatsächlich aus mündlicher Überlieferung stammten oder ob nicht einer der Beiträger die geschilderte Begebenheit in einem Buch vorgefunden hatte, dies den Brüdern mitteilte und versicherte, solches habe er noch aus mündlicher Überlieferung gehört. Nur bei DS 454 erfahren wir von den Brüdern Grimm, daß diese Sage von Wittekinds Flucht „Mündlich vom Freiherrn Hans von Hammerstein mitgeteilt" sei. Der General und Diplomat Hans von Hammerstein-Equord (1771 – 1841) hatte sie den Brüdern Grimm brieflich zugesandt mit dem Hinweis, dies habe ihm der 84jährige Bauer Stickfurth am 29. April 1817 erzählt[15].

Immer wieder versuchten die Brüder, ihre zahlreichen Korrespondenzpartner und -partnerinnen zur Mitarbeit an den Sagen und Märchen zu bewegen. Geradezu typisch sind die ständigen Ermahnungen und freundlichen Bitten an die Briefpartner, die Sammeltätigkeit fortzusetzen. Ein typisches Beispiel, wie mühevoll derartige Unternehmungen abliefen, erhellt aus dem Briefwechsel mit dem Schulfreund Paul Wigand, der an Wilhelm schreibt, er habe nichts gefunden: „Schriftlich hatte ich einige Leute aufgefordert; was sie eingesandt, ist wenig, aber – schlecht, horrendes Zeug! [...] einer, den ich mündlich aufs gründlichste instruiert zu haben glaubte, schickt mir das unbedeutendste Zeug in solchem hochtrabenden, verrückten Styl, daß es zum Kranklachen war"[16].

---

[15] Carola L. Gottzmann (Hrsg.): Briefwechsel der Brüder Grimm mit Hans-Georg von Hammerstein-Equord. Marburg 1985 (Schriften der Brüder Grimm-Gesellschaft, 9), S. 109 – 114 (4.12.1817).

[16] SBPK Berlin, Nachlaß Grimm 565. Siehe auch E.[dmund] Stengel: Private und amtliche Beziehungen der Brüder Grimm zu Hessen. Eine Sammlung von Briefen und Actenstücken als Festschrift zum 100. Geburtstag Wilhelm Grimms den 24. Februar 1886. 3 Bde. 2. Aufl. Marburg 1895 / 1910, hier Bd. 3, S. 374.

Die Bemühungen um die Zusendung von Texten oder Hinweise auf eine noch auszuwertende Quelle waren selten von Erfolg gekrönt. Skepsis spricht aus den Worten Jacobs, wenn er in einer anonym erschienenen kleinen Besprechung von Frau-Holle-Erzählungen feststellt, wie wenig Glauben er der Versicherung des Karl Christoph Schmieder als Verfasser des Vorberichts schenkt, jener habe die Erzählungen „theils auf dem Berge, theils in den Orten umher" gesammelt. Er, Jacob, sei „auf dem bekannten merkwürdigen Meisnergebirge selbst gewesen und hat sich sorgfältig so wie in den umliegenden Dörfern nach vorhandenen Volkssagen erkundigt, aber keine erfragen noch durch andere bemüht gewesene Reisende erfahren können, das Wenige abgerechnet, was man (aber fast in

Die Brüder Grimm während eines angeblichen Besuchs bei der „Märchenfrau" Dorothea Viehmann in Niederzwehren bei Kassel, Stahlstich nach einem Ölgemälde von Louis Katzenstein, nach 1894

ganz Hessen und Thüringen) von Frau Holle zu erzählen weiss und das in vielen Büchern gedruckt steht". Und zum Schluß der Rezension wiederholt Jacob die Bitte nach Mitteilung von Erzählungen: „Wer baare, unverfälschte Volkssagen dieser Gegend (wo sie gewiss geblüht haben) noch ausspüren könnte und mittheilen wollte, darf des Dankes der Kenner und Liebhaber des vaterländischen Alterthums gewiss sein."[17]

Verschiedene Aufrufe zum Sammeln volkstümlicher Überlieferungen, von denen das 1815/16 in etwa 360 Exemplaren verschickte „Circular wegen Aufsammlung der Volkspoesie" mit dem Ziel, „alles, was unter dem gemeinen deutschen Landvolke von Lied und Sage vorhanden ist, zu retten und zu sammeln", am bekanntesten geworden ist, finden nur geringen Widerhall. Zwar befinden sich einige daraufhin eingegangene Sagen und Märchen im Nachlaß der Brüder, aber für die „Deutschen Sagen" hat sich aus diesen Aufrufen offenbar nichts Konkretes ergeben. Bemerkenswert ist jedenfalls im ganzen, daß die Sagen nicht direkt von dem vielbeschworenen gemeinen Mann oder dem Volk stammten, die als Zeugen für Glaubwürdigkeit herhalten mußten (z.B. DS 79, 105). In nahezu allen Fällen kamen den Brüdern die Texte über Mittelsmänner zu, die ausnahmslos aus sozial gut gesicherten Verhältnissen stammten und in der Regel akademisch vorgebildet waren. Sie hatten bereits die von ihnen notierten Texte sprachlich und inhaltlich gefiltert, was um so näher lag, als nicht wenige der Korrespondenzpartner sich auch literarisch betätigten. Eine weitere, z.T. kräftige sprachliche Überarbeitung erfuhren die brieflich mitgeteilten Texte danach von den

[17] [Jacob Grimm:] Rez. zu [Karl Christian Schmieder,] Frau Holle. In: Leipziger Literatur-Zeitung, Jg. 1819, Bd. 2, Nr. 229, Sp. 1830.

Brüdern Grimm, und es ist gut vorstellbar und aufgrund von Textvergleichen nachzuvollziehen, wie auf diese Weise die ursprünglichen Funktionen und Intentionen der Texte verlorengegangen sind.

Hinzu kam, daß den Brüdern Grimm nicht daran gelegen war, die Märchen und Sagen individuellen Überlieferungsträgern zuzuordnen. Schließlich hatte der starke romantische Einfluß von dem Wesen der Volkspoesie dazu geführt, den Sagen möglichst die Individualität abzusprechen und deren Inhalte als kollektive Überlieferung erscheinen zu lassen. Dieser Trend zeigt sich besonders in solchen Formulierungen wie „der gemeinen Sage nach“, „Die Sage erzählt“ oder „Nach einer alten Volkssage“, die in viele Sagen eingestreut sind und sich ähnlich im Kommentarband zu den Märchen finden. Aber wer ist das „Volk“?

Die meisten Märchen, die auf einer schriftlichen Vorlage basierten, erschienen in der Zeit nach 1819. Von den neu seit 1819 hinzugekommenen Texten gehen 35 auf literarische Fassungen des 16. und 17. Jahrhunderts zurück. Andere beruhen auf Zeitschriftenveröffentlichungen (z.B. KHM 130, 183) oder anderen zeitgenössischen Märchensammlungen. Nur noch acht haben als Angabe einen Herkunftsnachweis aus mündlicher Tradition.

Für die ersten Ausgaben der „Kinder- und Hausmärchen“ gilt, daß die Brüder bei der Mehrzahl ihrer Beiträger auf den adligen und bürgerlichen Verwandten- und Freundeskreis zurückgriffen, der ebenso Texte für ihre fast gleichzeitig mit den „Kinder- und Hausmärchen“ entstandene Ausgabe der „Deutschen Sagen“ zulieferte. Es war schon erstaunlich, in welchem Maße die Brüder Grimm sich bei der Veröffentlichung ihrer Märchen auf mündliche Zeugnisse vornehmlich aus dem hessischen und westfälischen Raum stützen konnten, während ihren sich eifrig mühenden Zeitgenossen bis auf Gottschalck und Büsching ein derartiger Sammelerfolg versagt blieb. Um so eigentümlicher ist es, daß die Erzählerinnen und Gewährsleute der ersten Stunde bald verstummten und keine Märchen und Sagen mehr an Wilhelm oder Jacob Grimm schickten. Ob tatsächlich mündliche Quellen, z.B. für die Erzählungen des Haxthausen- und Droste-Kreises, vorgelegen haben, läßt sich nicht mit letzter Sicherheit sagen und ist eher unwahrscheinlich. Einzig Henriette Dorothea Wild, die Wilhelm 1825 geheiratet hatte, tritt noch als Beiträgerin auf. So steuerte sie z.B. spät (Februar 1857) eine Gruselfassung zu KHM 23 bei, die allerdings nicht mehr berücksichtigt werden konnte. Eine andere Fassung von 1851 („Die klugen Leute“) wurde anstelle von Nr. 39: „Die treuen Tiere“ zunächst 1853 in die „Kleine Ausgabe“ aufgenommen, danach in die „Große Ausgabe“ (KHM 104).

Bei Übernahmen aus Reisebeschreibungen haben Nachprüfungen der ‚Gewährsleute‘ ergeben, daß es sich bei den Geschichten um die von Reiseführern beliebten kleinen Anekdoten handelt, die Touristen bei der Besichtigung von Denkmälern, Burgen und anderen Sehenswürdigkeiten zur Unterhaltung geboten wurden, ohne daß jemals das Bedürfnis der Zuhörer geschweige denn der Erzähler vorhanden gewesen wäre, den Wahrheitsgehalt zu überprüfen. Wichtig erscheint nur eine wahrhaftig klingende Erklärung, wenn historische Ereignisse nicht anzuführen waren: So wird heute noch Besuchern der Stadt Hameln glaubhaft versichert, die Rattenfängersage bestehe seit dem 13. Jahrhundert, obwohl schriftliche Bezeugungen der Sage erst seit der Mitte des 16. Jahrhunderts vorliegen.

VI. Zur Wirkungsgeschichte der Sammlungen

VI.1. Die „Kinder- und Hausmärchen"

Die Verbreitung der „Kinder- und Hausmärchen" begann, wenn auch zögerlich, mit der stofflichen, z. T. wörtlichen Übernahme in Sammlungen Albert Ludwig Grimms, Heinrich Dittmars (1821 ff.), Johann Heinrich Lehnerts und anderer. Übersetzungen erfolgten 1816 ins Dänische (Teilübersetzung), zwanzig Märchen kamen 1820 in den Niederlanden heraus, eines davon stammte aus der Sammlung des Namensvetters Albert Ludwig Grimm. Die Übertragung ins Englische 1823 hatte großen Erfolg, wurde im gleichen Jahr noch dreimal aufgelegt, ein zweiter Auswahlband folgte 1826. Weitere Übersetzungen erschienen unter anderem in Schweden 1824, Frankreich 1830, Ungarn 1860 und Rußland 1862. 1826, ein Jahr nach Erscheinen der „Kleinen Ausgabe", kamen zwei Raubdrucke in Stuttgart heraus.

Mit ihrer Sammlung legten die Brüder Grimm den Grundstein für die Erforschung des Märchens, indem sie die von ihnen zusammengetragenen Texte mit umfangreichen Erläuterungen versahen. Auffällig war, daß in den Kommentaren von Anbeginn an die Verbindung zu germanischen Mythen hergestellt wurde. Diese Herleitungen finden sich schon 1815 in Hülle und Fülle und gehen zweifellos in starkem Maße auf Jacob Grimm zurück; bei der Neuausgabe des Anmerkungsbandes 1856 hat Wilhelm jene Abschnitte nicht neu gefaßt. Dieses mytho-poetische Gedankengebäude beeinflußte die Anlage der „Deutschen Sagen" als Muster für das Weiterleben alter Vorstellungen und bildete später die Basis von Jacobs „Deutscher Mythologie". Die ausschließliche Fixierung auf verwertbare mythologische Zusammenhänge barg jedoch manchen Irrweg und führte mitunter zu einer einseitigen Betrachtungsweise.

Kommentierte Märchenausgaben hatte es schon zuvor gegeben, etwa von Büsching 1812, aber an Gründlichkeit übertrafen die Anmerkungen der Brüder Grimm alle bis dato erschienenen Sammlungen. Sie hatten daher eine Leitfunktion für nachfolgende Sammler, wie aus zahlreichen Bekundungen der Herausgeber von Märchen- und Sagensammlungen hervorgeht und sich aus der Übernahme des Titels – als Hommage und zugleich als Markenzeichen für die Güte der Sammlung – ablesen läßt. So nannte Heinrich Pröhle seine Sammlung „Kinder- und Volksmärchen", die Brüder Ignaz Vincenz und Joseph Zingerle sprachen von „Kinder- und Hausmärchen aus Süddeutschland", und Theodor Vernaleken zeigte „Kinder- und Hausmärchen dem Volke treu nacherzählt" an.

In welchem Maße Märchenfassungen der Brüder Grimm ins allgemeine Bewußtsein eingedrungen waren, geht aus den seit den 1830er Jahren verstärkt aufkommenden Anthologien und Einzelausgaben hervor. Hier läßt sich ablesen, wann, wo und von wem die betreffende „Schneewittchen"-, „Rotkäppchen"- oder andere Fassung der Brüder Grimm erneut und außerhalb der „Kinder- und Hausmärchen" ihren Weg in die Öffentlichkeit fanden. Nicht selten variierten die Herausgeber die Grimmschen Märchen und schufen aus bereits bekannten Stoffen und Motiven eine neue Fassung. Hierbei konnte es vorkommen, daß Wilhelm bei den späteren Auflagen auf solche Umformungen und Erweiterungen zurückgriff und Teile daraus, etwa aus August Stöbers „Hänsel und Gretel"-Version, wieder in die „Kinder- und Hausmärchen"-Fassung integrierte. Die meisten Hinweise auf die „Kinder- und Hausmärchen" enthalten die seit 1845 aufgelegten Märchen Ludwig Bechsteins. In seinen knappen Quellennachweisen hat der Thüringer Märchenspezialist die „Kinder- und Hausmärchen" genannt, aber immer mit der

Tendenz, als seien sie Gemeingut des Volkes, das es zu adaptieren gelte, ohne sich dem Vorwurf des Plagiats auszusetzen.

Die Anlage der Sammlung stieß in ganz Europa auf eine einzigartige Zustimmung. Die Märchen der Brüder Grimm fanden Eingang in die einflußreichen Medien des 19. und 20. Jahrhunderts. Zu Beginn des 21. Jahrhunderts stehen die „Kinder- und Hausmärchen" innerhalb des deutschsprachigen Gebiets unangefochten an der Spitze der Beliebtheitsskala von Märchen. Unzählige Gesamt- und Teilausgaben und auch illustrierte Einzelausgaben erscheinen kontinuierlich; andere Medien benutzen vorzugsweise „Kinder- und Hausmärchen"-Fassungen als Vorlage z.B. für Märchenopern und -spiele. Pädagogen greifen zumeist auf die „Kinder- und Hausmärchen" als Muster volkstümlichen Erzählguts zurück. Sie begegnen auch in metaphorisch-symbolischer Weise plakativ vor allem innerhalb der Bild- und Printmedien; manchmal verfremdend, das heißt in der Darstellung einer Schlüsselszene des Märchens, die den Inhalt als bekannt voraussetzt, die Märchenbotschaft ins Gegenteil verkehrt und so „einen komischen Konflikt zwischen der Wundergläubigkeit des Märchens und der Wirklichkeit herbeiführt" – gewissermaßen in Umkehrung der Märchenmoral. Die „Kinder- und Hausmärchen" sind auf diese Weise zum einen ständig in den Medien als Anspielung präsent, zum anderen in Verbindung mit sprichwörtlichen Redensarten und vor allem als Metapher.

VI.2. Die „Deutschen Sagen"

Während die „Kinder- und Hausmärchen" es zu Lebzeiten der Brüder Grimm auf sieben ‚Große' und zehn ‚Kleine Ausgaben' brachten, verlief die Nachwirkung der „Deutschen Sagen" als Gesamtausgabe enttäuschend. Erst nach dem Tod der Brüder kam eine von Wilhelms Sohn Herman (1828 – 1901) besorgte zweite Auflage (1865/66) heraus; rund dreißig Jahre später folgte eine dritte Auflage (1891). Nachdem 1893 die Urheberschutzfrist ausgelaufen war, kam es im beginnenden 20. Jahrhundert zum Erscheinen mehrerer vollständiger Editionen, die als Grundlage zumeist auf der von Herman besorgten dritten Auflage beruhten. Übersetzungen dagegen, etwa ins Dänische (1824), Französische (1838), Englische (1981), sind selten.

Die „Deutschen Sagen" waren demnach kein Verkaufserfolg, wenn man ferner bedenkt, daß die durchschnittliche Auflage eines Buches in den ersten Jahrzehnten des 19. Jahrhunderts selten über 1000 Exemplare betrug. Auch die zweite und dritte Auflage der „Deutschen Sagen" brachte es jeweils auf nicht mehr als 1500 Exemplare. Gleichwohl hatten die Brüder Grimm durch ihre rege wissenschaftliche Tätigkeit und umfangreiche Korrespondenz dafür gesorgt, daß die intellektuellen Vermittler der Volkspoesie von der Existenz der von ihnen herausgegebenen Werke erfuhren. Nicht wenigen, so geht aus vielen Briefen hervor, hatten sie ein Exemplar ihrer Sagensammlung übersandt, darunter auch Goethe. Dies zusammengenommen dürfte wesentlich dazu beigetragen haben, daß einzelne Sagen der Brüder Grimm von akademisch Gebildeten und schriftstellerisch Tätigen aufgegriffen und entweder im Wortlaut unter Namensnennung der Brüder oder in neuer Überformung (romantische Sage, Epos) und sprachlicher Gestaltung (Versform: Ballade, Gedicht) Eingang in die ersten Lesebücher, die Kalenderliteratur und literarische Zeitschriften fanden.

So setzt die Rezeption der Grimm-Sagen schon kurz nach Erscheinen ihrer Sagensammlung ein und nicht erst, wie öfter zu lesen ist, Mitte des 19. Jahrhunderts, als die Brüder Grimm als Denkmäler ihrer selbst galten. Einzelne Sagen wirken in der von den Brüdern geprägten Form nach und verdrängen Fassungen desselben Stoffes aus anderen zeitgenössischen Sagensammlungen, die diese Akzeptanz nicht erreichen. Für die Vermittlung mittelalterlicher Literaturdenkmäler stellen die „Deutschen Sagen" ein wichtiges Bindeglied zur Neuzeit mit der Umsetzung von Reimchroniken, Meisterliedern und Volksliedern in Prosaparaphrasen und der komprimierten Zusammenfassung von Volksbuchstoffen dar.

Daß auch der Grimm-Bruder Ferdinand in seinen „Märchen der Deutschen und Ausländer" 1820 eine Sage aufnahm, die DS 425: „Childerich und Basina" entspricht, gehört ebenso zur frühen Nachwirkung wie die Veröffentlichung einzelner Sagen in Österreich. So waren 1819 in Josef von Hormayrs „Archiv für Geographie, Historie und Staats- und Kriegskunst" nicht etwa österreichische Originalquellen abgedruckt, sondern die Leser erfuhren die Begebenheiten u.a. von Räuber „Schreckenwalds Rosengarten" (DS 507) in der Bearbeitung der Brüder Grimm. Die mehrbändige romantische Sammlung von Burgensagen, die Friedrich Gottschalck in zweiter Auflage herausbrachte, bezog ‚neue' Grimm-Sagen ein, indem die Sage vom hartgeschmiedeten Landgrafen zu Ruhla im Thüringer Wald (DS 556) oder ein Abschnitt aus der Sage über die Frau von Alvensleben (DS 68) in der Version der Brüder wiedergegeben wurde. Andere Sammler ließen sich von den „Deutschen Sagen" zu einer eigenen Sammlung anregen, wie z.B. Friedrich Studemund („Mecklenburgische Sagen", 1820/22), der bedauerte, daß die Brüder Grimm nur eine mecklenburgische Sage herausgebracht hätten.

In den folgenden Jahrzehnten gab es den Trend, sich bei der Veröffentlichung von zumeist regional angelegten Sagenbänden auf das Vorbild der Brüder Grimm zu berufen und einige ihrer Sagen unverändert abzudrucken[18]. So finden sich in allen

[18] Zahlreiche Märchen- und Sageneditionen zwischen 1780 und 1920 sind elektronisch im Volltext erfaßt. Dazu kommen Biographien der Sammler und Herausgeber sowie eine umfassende Bibliographie. Deutsche Märchen und Sagen. Hrsg. von Hans-Jörg Uther. Berlin 2003 (CD-ROM).

zentralen Sammlungen des 19. Jahrhunderts Beispiele von Grimm-Sagen, etwa bei Hermann Harrys (1840), Adalbert Kuhn / Wilhelm Schwartz (1848), Karl Seifart (1854), Karl Lyncker (1854), Georg Schambach / Wilhelm Müller (1855) oder Ulrich Jahn (1889). Bemerkenswert ist außerdem, daß es sich bei der Übernahme der Texte keineswegs um periphere Sagenbeispiele handelt. Häufig folgt eine der zentralen Sagen des Bandes im Wortlaut der Fassung der Brüder, etwa die Hütchensage bei Karl Seifart, und Harrys setzt die Sage vom Seeburger See (DS 132) sogar an den Anfang seiner Sammlung. Grimm-Sagen wurden zum Markenzeichen und gelten bis in die heutige Zeit als Beweis für eine lebendige Volkstradition.

Die Erforschung der „Deutschen Sagen“ ist im Vergleich zur Beschäftigung mit den „Kinder- und Hausmärchen“ stiefmütterlich verlaufen. Ein vermehrtes Forscherinteresse an der Sammlung ist erst seit den letzten 30 Jahren zu beobachten und hängt mit einer Umorientierung in der historisch-komparatistischen Erforschung von Erzählungen zusammen. Das Interesse galt nunmehr weniger dem Vergleichen einzelner Stoffe und Motive, wobei die „Deutschen Sagen“ der Brüder Grimm in der Vergangenheit oft nur als Steinbruch und deren Sagentexte für das 19. Jahrhundert als späte Ausformung gewertet wurden. Das Augenmerk war vielmehr auf bestimmte Quellen der Brüder Grimm und andere ihrer Zeitgenossen gerichtet, um das durch sie geprägte Bild von derlei Geschichten als Berichten über historische Ereignisse unter Berufung auf die „Deutschen Sagen“ kritisch zu hinterfragen, Vermittlungswegen nachzuspüren, zwischen den Zeilen zu lesen und einen eventuell erkennbaren Bedeutungswandel des Erzählten deutlich zu machen: Was begründet die Produktion neuer Literaturgattungen auf der Folie gleicher Stoffe und Motive, und in welch heterogener Weise dienen „Geschichten“, Historien also, als

Exempla für Schule und Kirche, und welche Historienbücher, Predigt- und Exemplasammlungen wurden als immerwährende Stoffquellen bis ins 18. Jahrhundert hinein rezipiert?

Es interessiert die Ideologie der Brüder Grimm, das zeitgenössische Umfeld und damit verbunden die Frage nach der Vermittlung älterer Erzählungstexte, deren Kontext, Funktionen und die Bearbeitungstechnik, nachdem einzelne Grimm-Sagen nur typologisch, entstehungsmäßig und stilistisch ohne größere Zusammenhänge diskutiert worden waren. Oder anders gesagt: Im Vordergrund der Forschung steht eine diachronische Behandlung der Sagen, wobei nicht nur die Frage nach dem vermeintlichen historischen Gehalt von Sagentexten interessiert, sondern auch Gattungs- und Zuordnungsfragen diskutiert werden. Darüber hinaus steht im Vordergrund die Distribution und die unterschiedliche Vermittlung von Texten über längere Zeiträume bis hin zu den Grimm-Bearbeitungen (die manchen unserer Zeitgenossen bis heute sakrosankt erscheinen) und deren erneuter Rezeption und Umformung. Nicht so bedeutsam ist die Frage, welche Texte der mündlichen Tradierung zu verdanken und welche der schriftlichen Überlieferung entlehnt sind. Wie künstlich sind Sagen? Sind es Texte, die ein Reisender auf seinen Besichtigungstouren von Touristenführern notiert hat oder die erzählt werden zur Untermalung einer Begebenheit oder als Begründung für den Ruinenzustand einer Burg? Wie glaubwürdig sind diese Texte gegenüber jenen aus der Magica- und Kuriositätenliteratur vor allem des 16. bis 18. Jahrhunderts, die alle von den Brüdern Grimm eher in dem Gewand des Faktischen als des Fiktiven dargeboten worden sind. Welche Funktionen hatten solche Texte außerdem? Trugen sie bei zur Propaganda für Wallfahrten oder bestimmte Wallfahrtsorte, nutzten sie der

Heiligmäßigkeit bestimmter Personen wie des Bischofs Arbogast (DS 437) oder des Bonifatius (DS 181, 182, 291) oder schrieben sie bestimmte Tugenden berühmter Herrscher wie Karls des Großen, Friedrichs I. (Barbarossa) oder Ottos I. fort?

Unabhängig davon ist zudem seit einiger Zeit gerade im Zusammenhang mit den modernen Sagen die Diskussion um die Gattungszuweisung der einzelnen Sagen neu entbrannt, zumal die volkskundliche Erzählforschung sich vor allem mit den Sagen des ersten Bandes befaßt hat, während die sogenannten „historischen" Sagen weitestgehend unbeachtet blieben.

Zusammenfassend ist festzustellen: Mit ihren Sammlungen haben die Brüder Grimm keineswegs neuen Boden betreten, auch nicht neue Ideen entwickelt, sondern konsequent umgesetzt, was einige ihrer Zeitgenossen als Vordenker schon in Textsammlungen veröffentlicht hatten. Auf diese Weise haben sie (und ihre vielfach mythologisch orientierten Zeitgenossen) mit ihrer Auswahl deutscher Sagen unsere Auffassung vom Mittelalter und der frühen Neuzeit nicht unwesentlich beeinflußt, insbesondere die Kriterien von dem tatsächlich von der Bevölkerung Erzählten und Erzählbarem.

Ungeachtet dieser Tatsache haben sowohl die „Kinder- und Hausmärchen" als auch die „Deutschen Sagen" der Brüder Grimm nachfolgende Generationen von Sammlern und Herausgebern entscheidend beeinflußt und dazu geführt, daß in Deutschland und ganz Europa, später auch in Übersee, vergleichbare Sammlungen zustande kamen, wobei die Anlage der Grimmschen Sammlungen, der Erzählstil, aber auch die Fülle der unter dem Dach Märchen und Sage vereinten Erzählgenres als vorbildhaft galten.

Die Brüder Grimm als Mitbegründer der Germanistik

Von Ruth Schmidt-Wiegand

I. Der Begriff „Germanistik“

Der Begriff „Germanistik“ ist doppeldeutig. Zum einen bezeichnet er ein Studienfach oder einen Fachbereich, nämlich deutsche Sprache und Literatur mit Einschluß der historischen Vorstufen und skandinavischen Verwandten, zum anderen wird er für eine rechtshistorische Forschungsrichtung gebraucht, deren Vertreter sich mit der germanisch-deutschen Rechtsgeschichte in Abgrenzung zum römischen und kanonischen Recht befaßten. Die Tatsache ist allgemein bekannt. Doch ist dem Philologen heute kaum mehr bewußt, daß er den Namen „Germanist“ von den Juristen übernommen hat und daß es ein studierter Jurist, nämlich Jacob Grimm, gewesen ist, der diesem Gebrauch zum Durchbruch verholfen hat[1].

Bezeichnend hierfür sind die beiden Germanistenversammlungen von Frankfurt (1846) und Lübeck (1847), auf denen Jacob Grimm den Vorsitz hatte und wo Juristen, Philologen, Historiker und Altertumskundler zusammengekommen sind. Man hat diese Germanistentage auch als Vorläufer der Versammlung in der Paulskirche (1848) angesehen. Primär waren sie dies aber nicht. Denn in seiner Eröffnungsrede sagte Jacob Grimm deutlich: „Was die eigentliche Politik betrifft, so bleibe sie unseren Zusammenkünften, die nichts darüber zu

[1] Vgl. dazu Adalbert Erler: Germanisten. In: Handbuch zur deutschen Rechtsgeschichte. Hrsg. von dems./Ekkehard Kaufmann. Bd. 1. Berlin 1971, Sp. 1582 – 1584.

[2] Jacob Grimm: Kleinere Schriften. Bd. 7. Berlin 1884, S. 556 – 563.

beschließen haben, fremd."[2] Ihm ging es um die Einheit der versammelten Wissenschaftler und das allen gemeinsame Band, die Sprache. Darin lag aber auch ein politisches Anliegen. Jacob Grimm begann 1846 seine Ausführungen mit den Worten: „Lassen sie mich mit der einfachen frage anheben: Was ist ein volk? Und ebenso einfach antworten: ein volk ist der inbegriff von menschen, welche dieselbe sprache reden." So sei der Übergang von der Sprachforschung zur Geschichtsforschung leicht zu finden; indessen nicht so einfach zum deutschen Recht, weil es sich hier nicht um eine so allgemeine Wissenschaft wie bei der Sprache handle, sondern um eine Ansammlung einzelner Regeln, die vom römischen Recht überflutet worden wären. Germanistik ist danach in erster Linie Sprachwissenschaft mit allem, was sich daraus ableiten läßt, wobei der Blick auf die Geschichte, die hinter den Erscheinungen liegt, Philologen, Historiker und Rechtshistoriker verbindet.

Die von Jacob Grimm beschworene Einheit der „Germanisten" sollte indessen keinen Bestand haben. Die Historiker nahmen diese Bezeichnung für sich nicht in Anspruch. Eine für Nürnberg geplante Germanistenversammlung kam wegen der Ereignisse des Jahres 1848 nicht zustande. Das 1852 gegründete Nationalmuseum in Nürnberg schien zwar die ursprünglich propagierte Linie fortzusetzen. Als aber 1860 der Deutsche Juristentag erstmals zusammentrat, da führte er Germanisten und Romanisten zusammen. Ausschließlich für die Philologen als die Lehrer der deutschen Sprache und Literatur mit ihren skandinavischen Verwandten sollte sich in der zweiten Hälfte des 19. Jahrhunderts der Name der Germanisten durchsetzen und bis auf den heutigen Tag behaupten. Allein in diesem Sinne wollen wir ihn im folgenden verstehen.

II. Das Vorbild Herder

Germanistik als historische Sprach- und Literaturwissenschaft, als Philologie, hat ihre Vorläufer gehabt, von denen hier nur ein Name genannt werden soll: Johann Gottfried Herder (1744 – 1803). Im Blick auf den geistigen Aufbruch am Ende des 18. Jahrhunderts ist festzustellen, daß Herder einem Prinzip zum Durchbruch verholfen hat, das schon von den Humanisten in ihrem Verhältnis zur Antike angewandt worden war: das Prinzip der Einfühlung in den Geist vergangener Zeiten und fremder Völker, „eine bewußte Hinwendung an zeitlich und räumlich Entferntes“[3]. Herders Denken war deshalb keineswegs allein dem Nationalen verpflichtet. Sein Ziel war vielmehr die Universalgeschichte, in der die Geschichte der verschiedenen Völker mitenthalten ist.

Die Hinwendung an die Ferne gründet sich bei Herder auf seine Auffassung von „Volk“: „Volksgeist“ – dieser Begriff taucht bei Herder noch nicht auf – und „Volkskultur“, wobei „Volk“ fast inhaltsgleich mit „Nation“ gebraucht wird. Äußerungen des „National“- oder „Volksgeistes“ (wie wir im nachhinein auch sagen können) sind nach Herder Sprache, Mythos, Volksdichtung, Märchen, Sage und Volkslied, kurz all das, was auch die Brüder Grimm als Philologen wissenschaftlich und literarisch beschäftigen sollte. Es sind Ausdrucksformen des Geistes oder, wie Herder sagt, der Seele des Volkes, bei denen die Sprache als allgemeinste Form an erster Stelle steht[4]. Die Brüder Grimm wie andere ihrer Zeitgenossen (Franz Bopp) benutzten den Begriff „Sprachgeist“ in gleichem Zusammenhang, der wahrscheinlich auf die Grimms zurückgeht, d. h. sie

[3] Johann Gottfried Herder: Abhandlung über den Ursprung der Sprache. Hrsg. von Hans Dietrich Irmscher. Stuttgart 1985.

[4] Hugo Moser: Volk, Volksgeist, Volkskultur. Zu den Auffassungen Herders (1956/57); wiederabgedr. in: ders.: Studien zur deutschen Dichtung des Mittelalters und der Romantik. Kleine Schriften. Bd. 2. Berlin 1984, S. 219 – 230.

verfügten im Gegensatz zu Herder über eine schärfere Begrifflichkeit, bei aller Übereinstimmung in den Grundpositionen. Dazu gehört die Auffassung vom Wesen der Sprache: Gleich allem Lebendigen wird die Sprache nicht erfunden oder verbessert, sondern sie wächst aus dem tiefsten Urgrund des Seins. Diese Konzeption übertrug Herder auf andere Felder der Kultur wie Poesie, Religion, Sitte und Recht, wobei die Kultur der Völker und Zeiten ihre sinnstiftende Einheit bewirkt.

III. Über den Ursprung der Sprache

Schlüsselzeugnis für Nähe und Abstand Jacob Grimms zu Herder ist seine Akademie-Abhandlung des Jahres 1851 „Über den Ursprung der Sprache"[5], die auf besonderen Wunsch Schellings an die Preisschrift Herders gleichen Titels aus dem Jahre 1770 anknüpfen sollte. Herder war es um die Auseinandersetzung mit der theologisch begründeten These gegangen, die Ursprache sei Offenbarung[6], der Herder die Auffassung entgegengesetzt hatte, die Sprache sei menschlichen Ursprungs. Jacob Grimm teilte diese Auffassung grundsätzlich, belegte sie aber zugleich durch seine Erfahrungen und Beobachtungen als Sprachwissenschaftler mit konkreten Beispielen. Als Verfasser des ersten Bandes der „Deutschen Grammatik" (1819), mit dem er den Grund zum Studium der Geschichte der germanischen Sprachen gelegt hatte, war er auf dem Gebiet der Sprachwissenschaft bereits ein berühmter Mann. Durch seine Werke zu Poesie und Recht des Mittelalters, zur germanischen Mythologie und nicht zuletzt durch seine mit seinem Bruder Wilhelm betriebenen Sammlungen von Märchen, Sagen und Volksliedern war er zudem ein allge-

[5] Jacob Grimm: Kleinere Schriften. Bd. 1. 2. Aufl. Berlin 1879, S. 256 – 300.

[6] Johann Peter Süßmilch: Versuch eines Beweises, daß die erste Sprache ihren Ursprung nicht vom Menschen, sondern allein vom Schöpfer erhalten habe. Berlin 1766.

mein bekannter Mann, als er nach dem Verfassungsstreit und durch seine Zugehörigkeit zu den „Göttinger Sieben“ dort entlassen und schließlich 1841 nach Berlin an die Akademie berufen wurde, um gemeinsam mit seinem Bruder Wilhelm das „Deutsche Wörterbuch“ zu bearbeiten und herauszugeben. Es sollte eine Aufgabe werden, die den größten Teil der Arbeitskraft beanspruchte, über die Jacob und Wilhelm verfügten.

In dieser Situation trug Jacob Grimm seine programmatischen Ausführungen über den Ursprung der Sprache einem Kreis vor, zu dem außer Schelling u. a. der Historiker Ranke, der Jurist Savigny, die Philologen Bopp und Lachmann wie der Germanist von der Hagen gehörten. Sie alle kann man als Mitstreiter für eine Germanistik im weitesten Sinne bezeichnen: Die Offenheit anderen Fachrichtungen als der eigenen gegenüber, die das Wesen der Akademien bestimmt, kam ihrer Entwicklung entgegen. Seine Rede auf Herder in der Akademie beschließt Jacob Grimm mit den Worten: „Enden kann ich nicht, ohne vorher dem genius des mannes zu huldigen, der was ihm an tiefe der forschung oder strenge der gelehrsamkeit abgieng, durch sinnvollen tact, durch reges gefühl der wahrheit ersetzend wie manche andere auch die schwierige frage nach der sprache ursprung bereits so erledigt hatte, daß seine erteilte antwort immer noch zutreffend bleibt, wenn sie gleich mit andern gründen, als ihm dafür schon zu gebot standen, aufzustellen und zu bestätigen ist.“[7] – Das Zitat zeigt die Übereinstimmung Jacob Grimms mit Herder in allem Grundsätzlichen, wenngleich dessen Antwort auf die Preisfrage nach dem Ursprung der Sprache aus seiner Sicht auch mit anderen Argumenten aufgrund der Wissenschaftsgeschichte und seiner eigenen Erfahrung zu bestätigen war.

[7] J. Grimm: Kleinere Schriften (wie Anm. 5), S. 256 – 300.

IV. Friedrich Carl von Savigny und das historische Prinzip

Jacob Grimm stand zur Zeit der Abhandlung „Über den Ursprung der Sprache" an der Schwelle eines Alters, dem ein Rückblick und eine Zusammenfassung der gewonnenen Erkenntnisse zusteht. Fast gleichzeitig mit dieser Arbeit, die sich großer Beliebtheit erfreute und bis 1862 fünf Auflagen erfuhr, entstand „Das Wort des Besitzes", eine Abhandlung, die Jacob Grimm seinem Lehrer Friedrich Carl von Savigny zu dessen Goldenem Doktorjubiläum (1850) widmete[8]. Sie knüpft mit ihrem Titel an Savignys Buch „Das Recht des Besitzes" an, das schon im Vorfeld seines Erscheinens die Marburger Studenten 1802 / 03 bewegt hatte[9]. Grimm schildert im „Wort des Besitzes" seine erste Begegnung mit Savigny an „irgendeinem Sommertag des Jahres 1803"[10]. Savignys Bedeutung für die Brüder Grimm und damit für die Germanistik als einer philologischen Wissenschaft war außerordentlich[11]. Denn Wilhelm folgte Jacob ein Jahr später (1803) zum juristischen Studium nach Marburg und hörte hier z. T. die gleichen Vorlesungen wie sein älterer Bruder, darunter auch Savignys „Anleitung zu einem eigenen Studium der Jurisprudenz". Die sorgfältig ausgearbeiteten Nachschriften der Brüder wurden 1951 unter dem Titel „Juristische Methodenlehre" von Gerhard Wesenberg herausgegeben[12]. Sie bilden auch für die Entstehung der Germanistik als einer selbständigen philologischen Wissenschaft eine wichtige Quelle, indem der rechtshistorischen wie der philologischen Germanistik die

[8] Jacob Grimm: Das Wort des Besitzes. Eine linguistische Abhandlung. In: Ebenda, S. 113 – 145.

[9] Friedrich Carl von Savigny: Das Recht des Besitzes. Eine civilistische Abhandlung. Darmstadt 1967 [Nachdruck der 7. Aufl. 1864][zuerst Heidelberg 1803].

[10] J. Grimm: Wort (wie Anm. 8), S. 117 f.

[11] Ruth Schmidt-Wiegand: Sprache und Recht. Gedanken zu Friedrich Carl von Savigny und Jacob Grimm. In: Jahrbuch der Brüder Grimm-Gesellschaft 7 (1997), S. 15 – 29.

[12] Friedrich Carl von Savigny: Juristische Methodenlehre. Nach der Ausarbeitung des Jacob Grimm. Hrsg. von Gerhard Wesenberg. Stuttgart 1951.

historisch-philologische Methode gemeinsam ist. Insofern hatte die Methodenlehre Savignys für beide Zweige der Germanistik den Charakter einer Grundlegung, die bis in die zweite Hälfte des 20. Jahrhunderts Bestand haben sollte, jedenfalls für ihren philologischen Zweig.

Kernstück war das mit der Idee des „Volksgeistes" verwandte „genetische Prinzip", d. h. die geschichtliche Auffassung vom organischen Werden aller Kultur, zu der Recht und Sprache in gleicher Weise gehören[13]. Die Interpretation von Recht und Gesetz sollte nach Savigny in dreifacher Beziehung erfolgen: logisch, grammatisch und historisch. Logisch, indem der Inhalt eines Gesetzes – und wir fügen hinzu: eines anderen literarischen Textes – von seinem Entstehen aus dargestellt wird (das ist das genetische Prinzip im eigentlichen Sinn); grammatisch, indem die Sprache wichtigste Ausdrucksform allen Rechts und aller Poesie ist; und historisch, indem die Voraussetzungen des Textes von der historischen Situation im Moment seiner Entstehung geklärt werden müssen.

Die knappe Methodenlehre Savignys war auch Ausdruck der Zeit, in der sie entstand. Am Anfang des 19. Jahrhunderts war das Interesse an methodologischen Überlegungen groß. Hier sind Boeckh für die Kunde des Klassischen Altertums, Niebuhr für die Geschichtswissenschaft und Schelling für das akademische Studium ganz allgemein zu nennen. Savigny, der 1799 / 1800 in Jena verkehrte, hat besonders mit Schelling einen lebhaften Gedankenaustausch gehabt, der dann im gleichen Jahr wie Savigny (1803) Vorlesungen über die Methode des akademischen Studiums hielt.

[13] Ruth Schmidt-Wiegand: Jacob Grimm und das genetische Prinzip in Rechtswissenschaft und Philologie. Marburg 1987 (Marburger Universitätsreden, A 12).

In seinem Marburger Wirken ging Savigny maßgeblich von Johann Gottfried Herder aus, indem er in dem bereits erwähnten Frühwerk „Das Recht des Besitzes" die Lehre vom Recht als geschichtliches Erzeugnis des menschlichen Gemeinwesens darstellte[14]. Was Savigny von der Rechtsbildung im allgemeinen gelehrt hat, wandte Jacob Grimm auf das deutsche Recht und vor allem auf die deutsche Sprache und Literatur an. In der Auffindung von Analogien übertraf er seinen Lehrer bei weitem. Bezeichnend hierfür ist seine Schrift „Von der Poesie im Recht"[15], die er 1815 Savigny zum Abdruck in der neubegründeten „Zeitschrift für Rechtsgeschichte" übergab. Hier verstand er es, „den Goldfaden der Poesie" selbst in einem von Hause aus so trockenen Fach wie dem der Jurisprudenz zu spinnen, – ein Urteil Ludwig Uhlands, mit dem er seinen Vorschlag, Jacob Grimm zum Vorsitzenden der Germanistenversammlung (1846) zu wählen, begründete. Diese Schrift, in der Grimm Savignys Lehre von den Analogien zwischen Recht und Sprache, Recht und Dichtung konsequent fortsetzte, enthält den bezeichnenden Satz: „daß Recht und Poesie miteinander aus einem Bette aufgestanden waren, hält nicht schwer zu glauben." – Jacob Grimm geht es hier um die Formen des Rechts, die Sprache, Paarformeln und Rechtsverse, Gebärden und Symbole, das poetische Bild, – in seiner Sprache auch „das sinnliche Element" oder die „Grammatik des Rechts" im Sinne der Methodenlehre Savignys. Recht und Dichtung sind von hier aus durch Analogien miteinander verbunden, die ihrem gemeinsamen Ursprung entsprechen.

---

[14] F. C. v. Savigny: Recht (wie Anm. 9).
[15] Jacob Grimm: Kleinere Schriften. Bd. 6. Berlin 1882, S. 152 – 191.

V. Der Plan zu einer Geschichte der deutschen Nationalpoesie

Vielleicht noch wichtiger als die methodische Grundlegung war für die Brüder Jacob und Wilhelm Grimm die Rolle des Vermittlers, die Savigny in ihren Leben hatte: Vermittlung von Ideen wie denen Herders, von Bekanntschaften wie zu den Romantikern Achim von Arnim, Clemens Brentano und seiner Schwester Bettine, Vermittlung von Texten aus seiner Bibliothek, aus der er einzelne Werke an seine Schüler auslieh. Dazu gehörten z.B. Ludwig Tiecks „Minnelieder aus dem schwäbischen Zeitalter", die für den beruflichen Weg der Brüder Jacob und Wilhelm Grimm ganz entscheidende Bedeutung gewinnen sollten.

In der Vorrede zu diesem Werk regt Ludwig Tieck die Schaffung einer Geschichte der deutschen Nationalpoesie an, indem er sich zugleich von dem Plan als undurchführbar, als „völlig unmöglich" distanziert[16]. Bald nachdem Jacob Grimm 1807 das juristische Studium ohne ein Examen abgebrochen hatte und auch Wilhelm trotz Abschluß keine passende Anstellung fand, faßten sie den Entschluß, gemeinsam eine Geschichte der deutschen Nationalliteratur zu schreiben und damit die Anregung Tiecks in die Tat umzusetzen. Von den Wurzeln der Volkspoesie oder Naturpoesie wollten sie zur Kunstpoesie vorstoßen, um auf diesem Weg zu einem Gesamtbild der Nationalpoesie zu gelangen. Ihre Sammeltätigkeit von Märchen, Sagen und Volksliedern wie ihre Edition altdeutscher Literatur, z.B. des „Hildebrandlieds" (1812), des „Armen Heinrich" (1815), des „Reinhard Fuchs" (1834), der „Altdänischen Heldenlieder" (1811) sind im Zusammenhang mit diesem ehrgeizigen Plan zu sehen. In seiner „Selbstbiographie"

[16] Ludwig Tieck (Hrsg.): Minnelieder aus dem Schwäbischen Zeitalter. Berlin 1803, S. II.

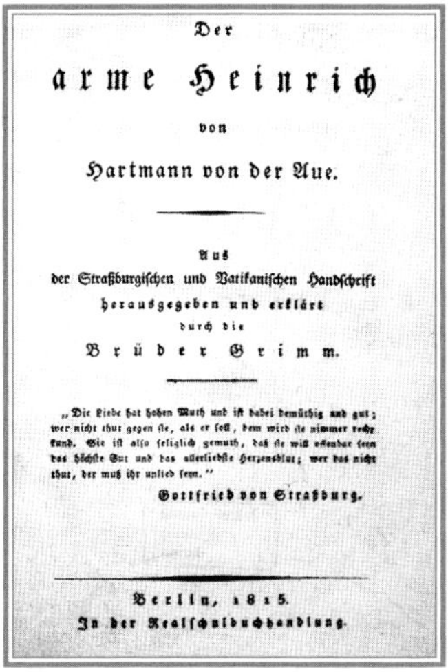
Der
arme Heinrich
von
Hartmann von der Aue.

Aus
der Straßburgischen und Vatikanischen Handschrift
herausgegeben und erklärt
durch die
Brüder Grimm.

„Die Liebe hat hohen Muth und ist dabei demüthig und gut; wer nicht thut gegen sie, als er soll, dem wird sie nimmer recht kund. Sie ist also seliglich gemuth, daß sie will offenbar seyn das höchste Gut und das allerliebste Herzensblut; wer das nicht thut, der muß ihr unlieb seyn."
Gottfried von Straßburg.

Berlin, 1815.
In der Realschulbuchhandlung.

Hartmann von der Aue: Der arme Heinrich. Berlin 1815, Titelblatt

schreibt Wilhelm Grimm, daß die Weltereignisse, die Napoleonischen Kriege und ihre Folgen es gewesen seien, die bei ihnen beiden das Bedürfnis geweckt hätten, ihre Aufmerksamkeit auf Brauchtum und Sitte, Sprache und Dichtung des Volkes zu lenken, auf die Naturpoesie als Urgrund oder Ausgangspunkt sogenannter Kunstpoesie[17].

Zur Zeit der Brüder Grimm war „Poesie" das „Künstliche" oder „Gemachte", Dichtung im Gegensatz zur Prosa, ein Begriff, der den fiktionalen Bereich der Literatur ganz allgemein abdeckte, ehe das Wort für die Lyrik im engeren Sinne wie heute gebraucht worden ist. „Naturpoesie" und „Kunstpoesie" ließen sich nach den Brüdern Grimm z. B. an der deutschen Heldensage und ihren epischen Bearbeitungen wie Hildebrandslied und Nibelungenlied darstellen. Bereits 1808, nach Abschluß seines juristischen Studiums, verfaßte der erst 22jährige Wilhelm einen Aufsatz mit dem Titel „Über die Entstehung der altdeutschen Poesie und ihr Verhältnis zur nordischen"[18]. „Poesie" ist danach die sprachliche Darstellung des Lebens des

[17] Wilhelm Grimm: Selbstbiographie. In: Karl Wilhelm Justi, Grundlage zu einer hessischen Gelehrten- Schriftsteller- und Künstler-Geschichte vom Jahre 1806 bis zum Jahre 1830. Fortsetzung von Strieder's Hessischer Gelehrten- und Schriftsteller-Geschichte und Nachträge zu diesem Werke. Marburg 1831, S. 164 – 183, hier S. 174.

[18] Wilhelm Grimm: Über die Entstehung der altdeutschen Poesie und ihr Verhältnis zur nordischen. In: ders., Kleinere Schriften. Bd. 1. Berlin 1881, S. 92 – 170.

Menschen in all seinen Äußerungen, „und zwar so, daß das Dargestellte als wahr aufgefaßt wird", so daß es eine Trennung zwischen Poesie und Historie nicht gibt. Dort, wo ein Bedürfnis nach „Ordnung, Cultur und Sitten" besteht, treten Helden auf, wie sie Homer oder der Dichter des Nibelungenliedes geschildert haben. Diese Sagentheorie, die man auch bei Jacob voraussetzen kann, ging mit der Annahme einer idealen Frühstufe (etwa im Mittelalter) einher, verbunden mit der Vorstellung vom Volk als einem handelnden, schöpferischen Kollektivsubjekt und der Auffassung von der Poesie als der Ursprache des Menschen.

Hier ist noch einmal auf das Verhältnis der Brüder Grimm zu den Romantikern Clemens Brentano und Achim von Arnim zurückzukommen, von denen sich die Grimms nicht nur durch die Auswahl der Texte, sondern auch durch die Prinzipien ihrer Wiedergabe unterschieden. Das Interesse der Herausgeber von „Des Knaben Wunderhorn" hatte vor allem Romanzen und Balladen gegolten, bei denen Eingriffe in bezug auf Sprache und Form erlaubt zu sein schienen, wenn sie den Anforderungen an die Kunstprosa entsprachen. Die Brüder Grimm aber wollten die im Volke umlaufende „Naturpoesie" möglichst getreu, wahr und unverfälscht in ihren Editionen wiedergeben. Diesem Ideal entsprach noch die erste Auflage der „Kinder- und Hausmärchen" (1812 / 15), die aber aus diesem Grund zu harten Auseinandersetzungen mit Arnim und Brentano führte. Wilhelm, dem Jacob die Kinder- und Hausmärchen mehr und mehr überlassen hatte, führte die Diskussion durch einen Kompromiß zu einem guten Ende, mit dem er den Romantikern halbwegs entgegenkam. Er entschloß sich zu einer poetischen Überarbeitung der Märchen und schuf damit den neuen Typus der Kinder- und Hausmärchen, der zwischen Naturpoesie und Kunstpoesie stand.

VI. Karl Lachmann und die historisch-kritische Edition

Mit diesem Kompromiß, den Wilhelm Grimm für die Kinder- und Hausmärchen gefunden hatte, ist die Stellung der Brüder in bezug auf die Editionstechnik keineswegs vollständig beschrieben. Dieser Kompromiß betraf mehr die populäre, freilich auch wirksamste Seite ihres Werkes. Von ihr ist die eigentlich wissenschaftliche Seite zu unterscheiden. Betrachtet man die Gebiete der germanischen Philologie, auf denen die Grimms gearbeitet haben, so ist dies neben der germanisch-deutschen Altertumskunde mit Wissenschaftlern wie Johann Gustav Büsching (1783 – 1829), Franz Joseph Mone (1796 – 1871), Caspar Zeuss (1806 – 1856) und Karl Müllenhoff (1818 – 1884) u. a. m. die germanisch-deutsche Philologie im engeren Sinne mit Textkritik und Editionstechnik, die im Zentrum ihres Schaffens stand. Hier hatten die Brüder Grimm aber Vorreiter und Mitstreiter. Neben Friedrich Heinrich von der Hagen, dessen „Nibelungenlied"-Ausgabe (1810) schon früh ihre Aufmerksamkeit gefunden hatte, waren dies Georg Friedrich Benecke (1762 – 1844), der Herausgeber des „Iwein" Hartmanns von Aue, dem sie an der Universität Göttingen begegnet waren, Hans Ferdinand Maßmann (1797 – 1874) und August Heinrich Hoffmann von Fallersleben (1798 – 1874); vor allem aber der Altphilologe Karl Lachmann (1793 – 1851), der die Werke Wolframs von Eschenbach und die Lieder Walthers von der Vogelweide kritisch herausgegeben hatte. Zu ihm pflegten die Brüder vor allem in ihrer Berliner Zeit enge Kontakte. Er führte, wie Jacob Grimm in seiner Gedenkrede auf Karl Lachmann (1851)[19] sagte, vor allem die „die Strenge und verständige Kritik" in die Editionstechnik ein – ein Prinzip, das Karl Lachmann bereits 1818 in einer Rezension der Ausgabe

[19] J. Grimm: Kleinere Schriften. Bd. 1 (wie Anm. 5), S. 145 – 162.

des Nibelungenliedes wie folgt beschrieben hat: „Wir sollen und wollen aus einer hinreichenden Menge von guten Handschriften einen alten, diesen zugrundeliegenden Text darstellen, der entweder der ursprüngliche selbst sein oder ihm doch sehr nahe kommen muß“[20] – ein Grundsatz, der nicht immer zu realisieren ist, besonders dann, wenn eine Reihe stark voneinander abweichender Gebrauchshandschriften überliefert ist, wie etwa bei der „Lex Salica“. Aber gerade hier hat sich Jacob Grimm auf Lachmann bezogen, als er in seinem Beitrag zu den germanischen Sprachresten des lateinischen Textes in der Ausgabe von Johannes Merkel (1850) gerade dieses Prinzip der Nachahmung empfahl.[21]

Jacob Grimm hat auch auf dem Gebiet der Textkritik den theoretischen Rahmen abgesteckt und gleichzeitig altdeutsche Texte ediert: Das „Hildebrandslied“ (1812) und der „Reinhart Fuchs“ (1834) sind die immer wieder genannten Beispiele, die Jacob wegen des europäischen Vergleichs oder wegen ihrer sprachlichen Form (Alliteration oder Stabreim) interessierten. Das eigentliche Engagement für die Literatur lag bei Wilhelm, dem der ältere Bruder schließlich auch hier das Feld überließ. Bereits 1805, als Jacob Friedrich Carl von Savigny nach Paris gefolgt war, um ihm bei der Wiederbeschaffung verlorener Exzerpte für die „Geschichte des römischen Rechts im Mittelalter“ zu helfen, forderte ihn Wilhelm in einem Brief auf, in der verbleibenden Zeit nach Zeugnissen deutscher Nationalpoesie Ausschau zu halten[22]. Jacob Grimm griff diese

[20] Karl Lachmann. In: Jenaische Allgemeine Literaturzeitung 15 (1818), Nr. 57, Sp. 449 – 454.

[21] Jacob Grimm: Rez. zu Johannes Merkel (Hrsg.), Lex Salica. In: ders., Kleinere Schriften. Bd. 8. Gütersloh 1890, S. 228 – 302.

[22] Heinz Rölleke (Hrsg.): Briefwechsel zwischen Jacob und Wilhelm Grimm. Tl. 1: Text. Stuttgart 2001 (Briefwechsel der Brüder Jacob und Wilhelm Grimm. Kritische Ausgabe in Einzelbänden, 1,1), Nr. 12, S. 47 – 52 (24. 3.1805), hier S. 52.

Anregung auf, indem er in der Nationalbibliothek fleißig altdeutsche Texte abschrieb.

Im Jahr 1811 erschien Wilhelms Bearbeitung der „Altdänischen Heldenlieder“, die zu Recht in der Öffentlichkeit starke Beachtung fand. In der Gedenkrede auf seinen Bruder 1860 bezeichnet Jacob diese frühe Publikation als die wichtigste Veröffentlichung in seinem Lebenswerk überhaupt.[23] Der Stoff von Wilhelms Abhandlung über „Ursprung und Fortbildung der Heldensage“[24] sollte ihn nicht mehr loslassen. Er hielt die Heldenepik für die wichtigste Quelle der Nationaldichtung, wobei ihn die Nibelungensage und -dichtung besonders beschäftigte. Die Mitschriften seiner Vorlesungen aus Göttingen zeigen seine Fähigkeit, den deutsch-nordischen Zusammenhang zu beobachten und auch im wesentlichen richtig einzuordnen[25].

VII. Das „Deutsche Wörterbuch“

Nach ihrer Entlassung aus dem hannöverschen Staatsdienst (1837) fanden sich die Brüder noch einmal zu einem gemeinsamen Werk zusammen, das sie bis zu ihrem Lebensende beschäftigen sollte, dem „Deutschen Wörterbuch“. „Deutsch“ bedeutete hier „aus dem Volke gekommen“ oder „nach Art des Volkes“. Es sollte ein Thesaurus der deutschen Sprache von Luther bis Goethe werden, der den Wortschatz in seiner historischen Entfaltung darstellte, mit Einschluß der Lehnwörter und eingedeutschter Fremdwörter, wie Mundarten, Umgangssprachen, Berufs- und Fachsprachen. Nach der Berufung an die Preußische Akademie der Wissenschaften siedelten Jacob

---

[23] J. Grimm: Kleinere Schriften. Bd. 1 (wie Anm. 5), S. 163 – 187.
[24] Wilhelm Grimm: Die Deutsche Heldensage. Göttingen 1829.
[25] Else Ebel: Die Vorlesungen der Brüder Grimm zur nordischen Altertumskunde und Literatur – auf Grund der Mitschriften. In: Ernst Walter (Hrsg.): Altnordistik. Vielfalt und Einheit. Erinnerungsband für Walter Baetke (1884 –1978). Weimar 1990, S. 46 – 53.

Wilhelm Grimm: Altdänische Heldenlieder, Balladen und Märchen. Heidelberg 1811, Titelblatt

und Wilhelm 1841 nach Berlin über[26]. Jacob sollte die Buchstaben A bis C und E bearbeiten und gelangte bis „Frucht“; Wilhelm hatte den Buchstaben D übernommen, dessen Manuskript erst kurz vor seinem Tode 1859 fertiggestellt wurde, nachdem der erste Band bereits 1854 erschienen war.

Besonders aufschlußreich für die Intention der Brüder bei der Abfassung des „Deutschen Wörterbuchs“ ist der Vortrag, mit dem Wilhelm Grimm das Projekt auf dem Germanistentag des Jahres 1846 vorstellte. Die nationalen Töne, obwohl nicht aufdringlich, sind darin nicht zu überhören. Wilhelm spricht von dem hohen Wert der Sprache, die ein Volk noch zusammenhält, wenn andere Stützen brechen. Dabei geht es um die „Gegenwartssprache“, die aus dem Verständnis ihrer historischen Wurzeln heraus erneuert und gestärkt werden müsse. Damit richtet er sich gegen eine normative Auffassung von der Sprache, wie sie etwa das „Dictionnaire de l'Académie Française“ (aber auch Johann Christoph Adelung) vertreten hatte. In Abgrenzung zu dieser

[26] Hartmut Schmidt: Die Tätigkeit von Jacob und Wilhelm Grimm an der Berliner Akademie. In: Jacob und Wilhelm Grimm. Vorträge. Berlin 1986 (Sitzungsberichte der Akademie der Wissenschaften der DDR, Gesellschaftswissenschaften 6 G 1985), S. 34 – 47.

Richtung sagt Wilhelm Grimm: „Nein, wir wollen der Sprache nicht die Quelle verschütten, aus der sie sich immer wieder erquickt. Wir wollen kein Gesetzbuch machen, das eine starre Abgrenzung der Form und des Begriffs liefert, und die nie rastende Beweglichkeit der Sprache zu zerstören sucht. Wir wollen die Sprache darstellen, wie sie sich selbst in dem Lauf von drei Jahrhunderten dargestellt hat; aber wir schöpfen nur aus denen, in welchen sie sich lebendig offenbart." Das „Deutsche Wörterbuch" sollte eine „Naturgeschichte der einzelnen Wörter" enthalten. Es sollte durch eine Reihe ausgewählter Belege dartun, welcher Sinn in einem Wort beschlossen ist, wie er „immer wieder verschieden hervorbricht, anders gerichtet, anders beleuchtet, aber nie völlig erschöpft", denn der volle Gehalt läßt sich durch keine Definition erklären[27].

Man hat diese Ausführungen Wilhelms als eine „Facettentheorie" historischer Bedeutung bezeichnet. Das Wort ist danach wie ein Edelstein, dessen geschliffene Flächen im historischen Licht jeweils aufleuchten und den Sinn unterschiedlich entwickeln. Wir finden in diesen Ausführungen die historische Auffassung wieder, das genetische Prinzip, das Savigny seinen Schülern vermittelt hatte. Wenn Wilhelm sagt, „die Sprache ist kein Menschenwerk" oder „Sie entfaltet sich aus einem inneren, geheimnisreichen, nur in seiner geschichtlichen Erscheinung zu erfassenden Trieb, aus einer Naturnotwendigkeit", so sind dies auch Gedanken, wie sie ähnlich Savigny in seiner Schrift über den „Beruf unserer Zeit für Gesetzgebung und Rechtswissenschaft" 1814 formuliert hat. Die Verbundenheit ihrer philologischen Arbeit mit der rechtshistorischen Sicht ist den Grimms stets bewußt gewe-

[27] Wilhelm Grimm: Bericht über das Deutsche Wörterbuch. In: ders.: Kleinere Schriften. Bd. 1 (wie Anm. 18), S. 508–520, hier S. 514.

sen. Vor diesem Hintergrund ist verständlich, was auf den ersten Blick überraschen mag, daß Jacob nicht die „Deutschen Rechtsalterthümer" (1828) seinem Lehrer Savigny gewidmet hat, sondern sein sprachhistorisches Hauptwerk, den ersten Band der „Deutschen Grammatik" (1819), mit überschwenglichen Worten: „Wie hat sich mein herz danach gesehnt, lieber Savigny, was ich einmal gutes und taugliches hervorzubringen imstande sein würde, Ihnen und keinem anderen öffentlich zuzuschreiben."[28]

Die Artikel des „Deutschen Wörterbuchs", die aus der Feder Wilhelms stammen, über 7000 auf der Strecke von D bis zum Wort „dwatsch", dumm, „albern", unterscheiden sich von den Artikeln des älteren Bruders merklich. Jacob hat in der Vorrede des zweiten Bandes, die er nach dem Tode Wilhelms allein verfaßte, dies unmißverständlich zum Ausdruck gebracht: „Mein bruder ist in einigen dingen [...] abgewichen."[29] Diese Abweichungen vom ursprünglich gemeinsamen Konzept betreffen die Semantik oder Bedeutungen der Wörter, die Wilhelm differenziert behandelt wissen wollte, und den Bezug zur sogenannten „Gegenwartssprache"[30]. Manche Partien wie zu „dumm", „dürftig" oder „du" lesen sich für uns heute wie Ausschnitte aus einem Wörterbuch der deutschen „Gegenwartssprache" aus der ersten Hälfte des 19. Jahrhunderts[31].

---

[28] Jacob Grimm: Deutsche Grammatik. Erster Theil. [Vorrede]. In: ders., Kleinere Schriften. Bd. 8 (wie Anm. 21), S. 25 – 96, hier S. 27.

[29] Jacob Grimm: Vorrede. In: Deutsches Wörterbuch. Bd. 2. Leipzig 1860, Sp. II – VI, hier Sp. II.

[30] Helmut Henne: „Mein bruder ist ein einigen dingen [...] abgewichen". Wilhelm Grimms Wörterbucharbeit. In: Zs. für phonetische Sprachwissenschaft und Kommunikationsforschung 38 (1985), S. 533 –543.

[31] Michael Schlaefer: Das Grimmsche Wörterbuch in der deutschen Wörterbuchlandschaft. In: Bernhard Lauer (Hrsg.), Die Brüder Grimm und die Geisteswissenschaften heute. Kassel 1999 (Schriften der Brüder Grimm-Gesellschaft, NF 30), S. 93 – 124.

Die Germanistik in der ersten Hälfte des 19. Jahrhunderts umfaßte historisch-philologische und systematische Methoden, d. h. Literaturwissenschaft und Sprachwissenschaft, beides – und das ist das Verbindende – in historischer Sicht, wobei Jacob mehr die sprachwissenschaftliche und Wilhelm vor allem die literaturwissenschaftliche Seite vertrat[32]. Beide haben zur Vorbereitung ihres Planes, die Geschichte der deutschen Nationalliteratur zu schreiben, eine Zeitschrift gegründet, die „Altdeutschen Wälder" (1813 – 1816), mit der sie u. a. wieder an Herder und dessen „Kritische Wälder" (1769) angeknüpft haben. Der Titel meint im Sinne einer Tradition, die sich bis auf Quintilian zurückführen läßt, „Gelegenheitstexte" d. h. poetische oder literaturkritische Kasualtexte, die die Richtung offenlegen, in der sich ein bestimmtes Werk oder eine neue Überzeugung entwickeln soll. Oppitz' „Poetische Wälder" belegen diese Tradition, in die sich die Grimms eingeordnet haben. Besonders der erste Band wurde von August Wilhelm Schlegel scharf rezensiert. Er empfahl, sich künftig energischer den sprachlichen Fragen zu widmen[33]. Ob es nur diese Kritik gewesen ist oder doch eher ein angeborenes Talent zu systematischem Denken, das in dem Hauptwerk Jacob Grimms, in der „Deutschen Grammatik" seinen Niederschlag gefunden hat, wird man mit letzter Sicherheit kaum sagen können.

[32] Ursula Schulze: Wege in das deutsche Altertum. Die Grimms als Literaturwissenschaftler. In: Volker Mertens (Hrsg.), Die Grimms, die Germanistik und die Gegenwart. Wien 1988, S. 1– 24.

[33] August Wilhelm von Schlegel: Rez. zu Altdeutsche Wälder. In: Heidelberger Jahrbücher für Literatur 1815; wiederabgedr. in ders.: Sämmtliche Werke. Hrsg. von Eduard Böcking. Bd. 12. Leipzig 1847, S. 383 – 426.

VIII. Die „Deutsche Grammatik" und die Begründung der historischen Sprachwissenschaft

Von 1819 bis 1837 erschienen in Göttingen vier Bände dieser ersten umfassenden Grammatik der alt-, mittel- und neugermanischen Sprachen auf historisch-vergleichender Grundlage[34], einige von ihnen wie der erste Band in neuen Auflagen[35], wobei der letzte, vierte Band, der die Syntax umfaßte, beim Tod Grimms noch nicht fertig bearbeitet war. Er wurde, bereichert um Nachtragsnotizen, von den Germanisten Wilhelm Scherer, Gustav Roethe und Edward Schroeder zu Ende geführt[36]. Diese Fortführung zeigt, welche Aktualität freilich im Zusammenhang mit dem Stand der allgemeinen vergleichenden Sprachwissenschaft das Werk in der Zeit des 19. Jahrhunderts besaß. Hier sind Friedrich Schlegels „Sprache und Weisheit der Inder"[37], Rasmus Christian Rasks „Untersuchung über den Ursprung der alten nordischen oder isländischen Sprache"[38] und Franz Bopps Abhandlung „Über das Conjugationssystem der Sanskritsprache in Vergleichung mit jenem der griechischen, lateinischen, persischen und germanischen Sprachen"[39] zu nennen. Sie spiegeln das allgemeine Interesse wider, ohne daß sich ein direkter Einfluß auf die „Deutsche

[34] Jacob Grimm: Deutsche Grammatik. Tl. 1. Göttingen 1819; Tl. 2. Göttingen 1826; Tl. 3. Göttingen 1831; Tl. 4. Göttingen 1837.

[35] Ders.: Deutsche Grammatik. Tl. 1, 2. Aufl. Göttingen 1822; 3. Aufl. Göttingen 1840.

[36] Ders.: Deutsche Grammatik. Bearb. von Wilhelm Scherer / Gustav Roethe / Edward Schroeder. Berlin 1870; 2. Aufl. Gütersloh 1893 – 1898.

[37] Friedrich Schlegel: Über die Sprache und Weisheit der Inder. Ein Beitrag zur Begründung der Alterthumskunde. Nebst metrischen Übersetzungen indischer Gedichte. Heidelberg 1808.

[38] Rasmus Christian Rask: Untersuchung über den Ursprung der alten nordischen oder isländischen Sprache [i. Orig.: Undersögelse om det gamle Nordiske eller Islandiske Sprogs Oprindelse]. Kopenhagen 1818.

[39] Franz Bopp: Ueber das Conjugationssystem der Sanskritsprache in Vergleichung mit jenem der griechischen, lateinischen, persischen und germanischen Sprachen, Frankfurt a.M. 1816.

Grammatik“ nachweisen ließe – mit einer wichtigen Ausnahme. Dies sind die Erkenntnisse von Rask über die erste oder germanische Lautverschiebung, der Umsetzung der indogermanischen Einzelsprachen, die Jacob Grimm in die „Deutsche Grammatik“ übernommen hat und durch die Darstellung der zweiten oder hochdeutschen Lautverschiebung ergänzte. So konnte nun der ganze Prozeß der Konsonantenveränderung erfaßt werden, der z.B. von einer Wurzel *„pod“ sowohl zu den indogermanischen Varianten griechisch „pous“, „podós“, lateinisch „pes“ als auch zu den germanischen Entsprechungen gotisch „fotus“, althochdeutsch „fuoz“ bis zu neuhochdeutsch „Fuß“ geführt hat. Es ging Jacob Grimm um eine vollständige linguistische Beschreibung des germanischen Sprachsystems in allen seinen Stufen, d. h. vom Gotischen bis zum Neuhochdeutschen, um eine analytisch-kontrastive Darstellung zeitlich begrenzter Sprachperioden. Und in einem zweiten Schritt um eine diachrone Verbindung der synchronen Schnitte zu einer entwicklungsgeschichtlich begründeten Erfassung des Sprachwandels.

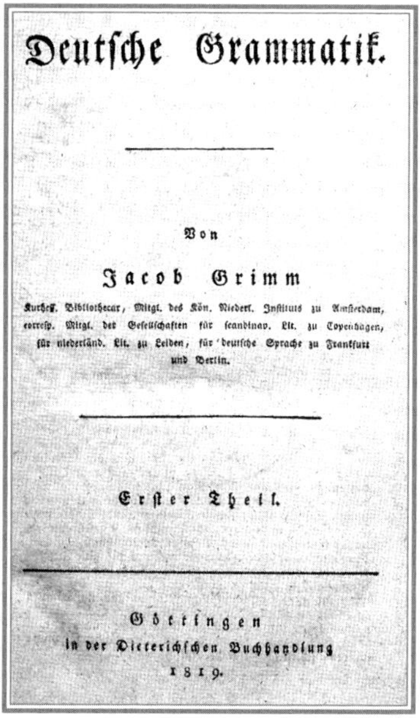
Deutsche Grammatik.

Von

Jacob Grimm

Kurhess. Bibliothecar, Mitgl. des Kön. Niederl. Instituts zu Amsterdam, corresp. Mitgl. der Gesellschaften für scandinav. Lit. zu Copenhagen, für niederländ. Lit. zu Leiden, für deutsche Sprache zu Frankfurt und Berlin.

Erster Theil.

Göttingen
in der Dieterichschen Buchhandlung
1819.

Jacob Grimm: Deutsche Grammatik. Göttingen 1819, Titelblatt

IX. Die „Geschichte der deutschen Sprache"

Von der Verbindung synchroner und diachroner Betrachtungsweise aus war der Entschluß, eine „Geschichte der deutschen Sprache" zu schreiben, folgerichtig[40]. Obwohl wie die „Deutschen Rechtsalterthümer" erst parallel zum Druck zu Ende geschrieben und von daher stellenweise notgedrungen aphoristisch, hat Jacob Grimm gerade dieses Werk besonders geschätzt, ja für sein bestes gehalten[41]. Kritiker hat auch dieses Werk gehabt, unter ihnen sein erster „Wissenschaftsbiograph" Wilhelm Scherer. Er lobt indessen auch, daß diese „ganz in unsere Gegenwart gerückte deutsche Sprache" vollständig auf ihre Geschichte gestützt dargestellt wird. Von der Etymologie der Wörter aus habe Jacob Grimm konsequent den Bezug zur Kulturgeschichte hergestellt. Es sei ihm auf diese Weise gelungen, dem Historiker das kulturhistorische Material der Sprachvergleichung wie die sprachliche Beleuchtung der Geschichte „zum erstenmal energisch zuzuführen"[42].

In der „Geschichte der deutschen Sprache" aus dem Jahre 1848 findet sich auch jenes Zitat, das Jacob Grimms besonderes Verhältnis zur Wortforschung erklärt, die Kernstück seines Forschungsinteresses gewesen ist: „Sprachforschung, der ich anhänge und von der ich ausgehe, hat mich noch nie in der weise befriedigen können, daß ich nicht immer gern von den wörtern zu den sachen gelanget wäre."[43] Und noch einmal ist hier die an Savigny gerichtete Abhandlung „Das Wort des Besitzes" anzuführen, wo es u.a. heißt: „Wenn überall die wör-

---

[40] Jacob Grimm: Geschichte der deutschen Sprache. 2 Tle. Leipzig 1848.

[41] Ders.: Kleinere Schriften. Bd. 8,1 (wie Anm. 21), S. 490 f.

[42] Wilhelm Scherer: Jacob Grimm. 2. Aufl. Berlin 1885, S. 254 – 268.

[43] J. Grimm: Geschichte (wie Anm. 40), S. XI. Vgl. dazu Ruth Schmidt-Wiegand: Wörter und Sachen. Ein methodisches Prinzip bei Jacob Grimm und seine Bedeutung für die Sprachwissenschaft und Rechtsgeschichte. In: B. Lauer: Die Brüder Grimm (wie Anm. 31), S. 93 –124.

ter aus den sachen entsprungen sind, so müssen, je tiefer wir noch in ihr inneres einzudringen vermögen, auf diesem wege uns verborgene bezüge auf die dinge kund gethan werden und um der dinge willen forschenswert erscheinen."[44] Es sind dies Zitate, auf die sich eine Forschungsrichtung immer wieder berufen hat, die mit dem Schlagwort „Wörter und Sachen" treffend gekennzeichnet ist und sich als eine kulturhistorisch begründete Forschungsrichtung der Sprachwissenschaft bis auf den heutigen Tag bewährt hat.

X. Die Brüder Grimm – Begründer oder Mitbegründer der Germanistik?

Am Ende steht die zentrale und immer noch nicht ausdiskutierte Frage: Waren die Brüder Grimm Begründer oder Mitbegründer der philologischen Germanistik? Der hessische Germanist und Mundartforscher Friedrich Stroh ist in seinem „Handbuch der Germanischen Philologie" davon ausgegangen, daß es die Brüder Grimm gewesen sind, welche die Grundlegung des Faches herbeigeführt haben[45]. Diese Bewertung hat sich heute entscheidend geändert. Ausgelöst durch die intensive Beschäftigung mit den Grimms in Zusammenhang mit den Gedenkveranstaltungen zu Todesjahr und Geburtstag (1963 und 1985) setzte eine Kritik ein, die zu einer anderen Beurteilung geführt hat, indem man nun eher von einer Mitbegründerrolle ausgeht. Unser Gang durch die Zeugnisse ihres Lebens und Wirkens hat diesen Ansatz bestätigt. Jacob und Wilhelm Grimm haben die unterschiedlichsten Strömungen ihrer Zeit in sich aufgenommen und verarbeitet: das Erbe der Klassik von Goethe und Schiller und die Ziele der

[44] J. Grimm: Wort (wie Anm. 8), S. 123 f.
[45] Friedrich Stroh: Handbuch der Germanischen Philologie. Berlin 1952.

Romantik, das Universalhistorische neben dem Nationalen, das Bildungserlebnis im ganzen, das ihnen Savigny vermittelt hatte und das mit einer historischen oder entwicklungsgeschichtlichen Sicht auf die Wissenschaften verbunden gewesen ist, wie es der Schweizer Germanist Stefan Sonderegger wiederholt gezeigt hat[46]. Diese neue Bewertung als „Mitbegründer" der Germanistik schmälert indessen ihre Verdienste um die philologische Germanistik nicht. Sie griffen Aufgaben an, die über die Leistungskraft einzelner gehen und die von anderen weitergeführt oder zu Ende gebracht werden mußten, wie das Deutsche oder Grimmsche Wörterbuch.

Auf der Tagung der Brüder Grimm-Gesellschaft über „Die Brüder Grimm und die Geisteswissenschaften heute" im Jahre 1999 hat deshalb Karl Stackmann in seiner Festansprache „Die Germanisten und die Brüder Grimm" die Frage „Begründer" oder „Mitbegründer" noch einmal aufgegriffen[47]. Er hat dabei eine vermittelnde Stellung bezogen, indem er das Lebenswerk der Grimms mit dem weitgespannten Bogen der erforschenswerten Gegenstände in die Nähe der Philosophie eines August Boeckh rückte, dessen posthum veröffentlichtes Werk, die „Encyclopädie und Methodenlehre der Philologischen Wissenschaften", als „Eingang in das Allerheiligste der Philologie" gilt. Nach Boeckh ist das Ziel der Philologie das Erkennen all dessen, was der menschliche Geist hervorgebracht hat, also Sprache und Literatur, ja Kultur im weitesten Sinne[48]. Damit

---

[46] Stefan Sonderegger: Die Brüder Grimm-Philologie, historische Sprachwissenschaft und Literaturgeschichte. In: Dieter Hennig / Bernhard Lauer (Hrsg.): Die Brüder Grimm. Dokumente ihres Lebens und Wirkens. Kassel o.J. [1985] (200 Jahre Brüder Grimm, 1), S. 43 – 61.

[47] Karl Stackmann: Die Germanisten und die Brüder Grimm. In: B. Lauer: Die Brüder Grimm (wie Anm. 31), S. 68 – 92.

[48] August Boeckh: Encyklopädie und Methodologie der philologischen Wissenschaften. Hrsg. von Ernst Bratuscheck. 2. Aufl. Leipzig 1886, S. 10, 17.

steht die Philologie in der Nähe der Philosophie. Sie konstruiert zwar historisch, also nicht vom Begriff aus, will aber doch letztendlich die Begriffe historisch erscheinen lassen. Das Lebenswerk der Grimms entspricht dieser Weite des Boeckhschen Wissenschaftsbegriffes, ja ist (um einen modernen Begriff zu benutzen) „historische Anthropologie". Wie kaum andere Philologen haben Jacob und Wilhelm Grimm zur Klärung von Begriffen, ihrer Abgrenzung, Differenzierung und Verbreitung wie „Volk", „Nation", „Poesie", „Wörter" und „Sachen" beigetragen, bis in der Mitte des 19. Jahrhunderts auch der Begriff der „Germanistik" durch sie greifbar wurde. Ihre einheitsstiftende Wirkung wurde politisch noch einmal um die Wende 1989/90 greifbar, als man in Ost und West getrennt und gemeinsam ihrer gedachte, ohne indessen die Trennung des Faches Germanistik in Literatur- und Sprachwissenschaft aufhalten zu können.

Was können wir an dieser Entwicklung von Persönlichkeit und Sache sehen? In der Schweizer Forschung wird die Rolle der Grimms weniger emotional als bei uns betrachtet. Vor einigen Jahren hat Stefan Sonderegger in einer Schrift mit dem Titel „Die Germanistik am Ende des 20. Jahrhunderts" ein Fazit für die künftigen Aufgaben der Germanistik gezogen, das dem Werk der Brüder Grimm in vielen Punkten entspricht. Er fordert

- eine möglichst breite Vertretung verschiedener Methoden und Sichtweisen in offener Ausgewogenheit für neue Erkenntnisgewinne;
- eine engere Verbindung der Sprachwissenschaft mit der Literaturwissenschaft (Schaffung einer literarisch begründeten Sprachgeschichte);
- ein besseres Verständnis für die Einflüsse der Bildungs- und Nachbarsprachen (insbesondere der Übersetzungsliteratur);

– eine historische wie systematische Betrachtung der deutschen Sprache von den Anfängen bis heute, geschrieben wie gesprochen, verbunden mit einem Blick in die Zukunft und mit Einschluß der Regionalsprachgeschichte[49].

[49] Stefan Sonderegger: Germanistische Sprachwissenschaft im 20. Jahrhundert. Aufbruch zu neuer Vielfalt. In: Alexander Schwarz (Hrsg.), Die Germanistik am Ende des 20. Jahrhunderts. Lausanne 2000, S. 39 – 71.

Die Beiträge der Brüder Grimm zur Rechtswissenschaft und Rechtsgeschichte

Von Barbara Dölemeyer

Wenn Jacob und Wilhelm Grimm in der allgemeinen Wahrnehmung wohl in erster Linie als die Märchensammler gesehen werden, unter Germanisten durch das Grimmsche Wörterbuch und ihre philologischen Arbeiten bekannt sind und von Historikern u.a. als zwei der „Göttinger Sieben“ gesehen werden, die 1837 ihrem Landesherrn Paroli geboten haben, so zeigt dies ihre große intellektuelle Vielfalt und Präsenz in diversen Fächern. Dem ist nun der Aspekt der Jurisprudenz hinzuzufügen, der sich freilich von den anderen nicht trennen läßt.

Hier ist zuerst (I) auf das Jurastudium von Wilhelm und Jacob Grimm in Marburg einzugehen. Daraus entsprang (II) ihre wissenschaftliche und freundschaftliche Beziehung zu Friedrich Carl von Savigny und die Einbeziehung in den Kreis um die Brentanos und Arnims. Sodann sei ein kurzer Blick auf Jacobs und Wilhelms amtliche Tätigkeit geworfen und gefragt, wie diese mit ihrer juristischen Ausbildung zusammenhing (III). Schließlich sind die rechtswissenschaftlich und rechtshistorisch interessierenden Arbeiten vor allem Jacob Grimms zu betrachten (IV). Aber auch die weniger bekannten Ausführungen Wilhelm Grimms mit juristischen Bezügen sollen kurz erwähnt werden. Denn wenn auch Jacob Grimm von einigen Autoren als Jurist wahrgenommen wurde[1], so war Ähnliches über Wilhelm nicht zu finden.

[1] Rudolf Hübner: Jacob Grimm und das deutsche Recht. Mit einem Anhang ungedruckter Briefe an Jacob Grimm. Göttingen 1895; Wilhelm Ebel: Jacob Grimm und die deutsche Rechtswissenschaft. Göttingen 1963 (Göttinger Universitätsreden, 41); Gerhard Dilcher: Jacob Grimm als Jurist. In: Dieter Hennig / Bernhard Lauer (Hrsg.), Die Brüder Grimm. Dokumente ihres Lebens und Wirkens. Kassel o.J. [1985] (200 Jahre Brüder Grimm, 1), S. 25 – 37.

I. Studium in Marburg

„Jura studierte ich hauptsächlich, weil mein seel. Vater ein Jurist gewesen war und es die Mutter so am liebsten hatte, denn was verstehen Kinder oder Jünglinge zu der Zeit, wo sie solche Entschlüsse fest und entschieden fassen von der wahren Bedeutung eines solchen Studiums?" Diese häufig zitierten Zeilen aus Jacobs „Selbstbiographie" 1830[2] sollen hier angeführt werden, weil sie einen Schlüssel zur weiteren Entwicklung bieten. Die Familie war aus handwerklichen Anfängen in Städten der Wetterau in die bürgerlich-gelehrte Beamtenschicht der Pfarrer und Juristen aufgestiegen, eine gute Voraussetzung, auch für die beiden Brüder, Stellen im hanauisch-kurhessischen Staatsdienst zu erhalten.[3] Der Vater Philipp Wilhelm Grimm (1751–1796), der in Hanau sowie an den reformierten Universitäten Herborn und Marburg Jura studiert hatte, war Stadt- und Landschreiber in Hanau und ab 1791 Justizamtmann in Steinau gewesen. Sein früher Tod verhinderte eine denkbare Ratskarriere. Er ließ die Familie nahezu mittellos zurück, gesicherte Beamtenpensionen gab es nicht. Die Ausbildung der Brüder am Gymnasium in Kassel wurde durch Verwandte unterstützt; vom Landesherrn erhielten sie die Studienerlaubnis an der Landesuniversität Marburg, als Ausnahme von einem damals herrschenden „sozialen" numerus clausus. Jacob ging 1802, Wilhelm 1803 an die Universität, wo beide sich in der Juristenfakultät immatrikulierten. In der Matrikel wird auf diese Ausnahme durch den

[2] Ingeborg Schnack (Hrsg.): Die Selbstbiographien von Jacob und Wilhelm Grimm aus dem Juli und September 1830. Kassel 1958, S. 18. Die Groß- bzw. Kleinschreibung der Substantive in den Editionen der Grimmschen Publikationen variiert. In diesem Beitrag wird die heute gebräuchliche Großschreibung verwendet.

[3] Das Gebiet gehörte zur Grafschaft Hanau-Münzenberg, seit 1736 zu Hessen-Kassel. Zur Position der Beamtenfamilie Grimm vgl. G. Dilcher (wie Anm. 1), S. 25 ff.

Zusatz „venia impetrata" hingewiesen.[4] Ein Stipendium erhielten sie zwar nicht, durften aber nach erfolgreichem Jurastudium auf eine Anstellung im Kasseler Staatsdienst und damit auf eine begrenzte, doch relativ sichere Karriere hoffen.

Die Universität Marburg zählte am Ende des Alten Reichs zu den kleineren und eher unbedeutenden Universitäten. Das Rechtsstudium folgte hier einer im wesentlichen traditionalen Methode: Römisch-gemeines Recht, Kirchenrecht, ius publicum (Staatsrecht und Staatengeschichte) und „Deutsches Recht" (basierend auf partikularer Gesetzgebung und Gewohnheitsrecht) wurden gelehrt. Die Leitdisziplin, welche Methode und Begrifflichkeit bestimmte, war das Römische Recht. Die in Marburg üblichen Vorlesungen konnten die Brüder nicht besonders für ihr Fach begeistern. Das änderte sich mit einer Begegnung, die für ihre weitere wissenschaftliche Tätigkeit, besonders für Jacob, ausschlaggebend wurde: die Begegnung mit dem später berühmtesten deutschen Juristen des 19. Jahrhunderts, mit Friedrich Carl von Savigny. Er war kurz nach seiner Promotion über ein strafrechtliches Thema, „De concursu delictorum formali"[5], bereits in den Jahren 1801–1803/04 als akademischer Lehrer in Marburg bekannt geworden. 1803 erregte er mit seiner Schrift „Das Recht des Besitzes" Aufsehen in der gesamten Fachwelt und erhielt die Ernennung zum außerordentlichen Professor der Juristenfakultät Marburg. Mit seinen nur wenig jüngeren Schülern Jacob und Wilhelm Grimm verband ihn bald eine lange dauernde

[4] Immatrikulation Jacobs am 30. 4.1802. Catalogi Studiosorum Marpurgensium ex serie recentiore depromptus [...] (1796-1810). Bearb. von Theodor Birt. Marburg 1903 [Nachdruck Nendeln 1980], S. 479: „Jacobus Lud. Car. Grimm venia a Smo Principe impetrata, Hanoviensis, Jurissc."; Immatrikulation Wilhelms am 1.5.1803, ebenda, S. 483: „Guilielmus Grimm (impetrata venia) Hanoviensis, St. Iuris."

[5] Marburg 1800.

Freundschaft und wissenschaftliche Zusammenarbeit, obgleich ihre Stellung zum einen durch das Lehrer-Schüler-Verhältnis und zum anderen durch den ständisch-sozialen Unterschied geprägt war. Savigny gehörte bekanntlich zu einer aus Lothringen stammenden Adelsfamilie und war sehr wohlhabend[6], seine Schüler lebten – wie erwähnt – in bescheidenen Verhältnissen.

Jacob und Wilhelm Grimm gehörten zu Savignys eifrigsten Schülern, bis dieser im Sommer 1804 die Universität Marburg verließ. Aus demselben Jahr stammt auch sein Zeugnis über Jacob: „Herr Jacob Ludwig Karl Grimm hat meine Vorlesung über Methodologie, die Erbfolge, die Rechtsgeschichte und das Obligationenrecht überaus fleißig besucht und mich durch seine Aufmerksamkeit in diesen Vorlesungen, sowie durch die in Verbindung damit gelieferten Arbeiten überzeugt, daß er den rühmlichsten Fleiß mit schönen Anlagen verbindet, und daß er auf diese Weise bereits recht gründliche Kenntnisse erworben hat. Marburg den 13. März 1804. D. Friedrich Carl v. Savigny, außerordentlicher Professor der Rechte und Beisitzer der Juristenfakultät."[7]

Für die Savigny-Forschung bedeutsam wurde eine Nachschrift, die Jacob Grimm von seines Lehrers wichtiger Vorlesung „Juristische Methodologie" im Wintersemester1802/03 verfaßte und für sich selbst ausarbeitete.[8] Sein Bruder Wilhelm schrieb dieses Heft nochmals unter dem Titel „Anleitung zu

---

[6] Gunda von Savigny: Hof Trages. Chronik der Familie von Savigny. Hanau 1998, S. 72 ff.; Adolf von Savigny: Beiträge zur einer Geschichte der Familie von Savigny. Berlin 1919.

[7] Hrsg. von E. Stengel. In: Festschrift für Wilhelm Vietor. Marburg 1910; zit. bei Wilhelm Schoof / Ingeborg Schnack (Hrsg.): Briefe der Brüder Grimm an Savigny. Aus dem Savignyschen Nachlaß. Berlin / Bielefeld 1953 (Veröffentlichungen der Historischen Kommission für Hessen und Waldeck, 23,1), S. 4 f.

[8] Friedrich Carl von Savigny: Juristische Methodenlehre. Nach der Ausarbeitung des Jacob Grimm. Hrsg. von Gerhard Wesenberg. Stuttgart 1951.

einem eignen Studium der Jurisprudenz, 1802/03" ab. Er selbst kam ja erst im Mai 1803 an die Universität Marburg. Die eigenen Aufzeichnungen Savignys für diese Vorlesung sind vor einigen Jahren aus seinem Nachlaß in der Universitätsbibliothek Marburg ediert worden, und dies erlaubt einen Vergleich.[9]

Durch Savigny wurden die Brüder und besonders Jacob in eine neue Wissenschaftsrichtung und Denkweise einbezogen, welche die Erkenntnis der Geschichtlichkeit des Rechts mit den neuen kulturellen Strömungen der Zeit verband. Der Marburger Freundeskreis, an dem die Brüder teilhatten, umfaßte u. a. Jacob Friedrich von Leonhardi (1778 – 1839), den Theologen Johann Christian Bang (1774 – 1851), den Philologen Friedrich und seinen Vetter, den Theologen und Philosophen Leonhard Creuzer (1768 – 1844), Clemens, Bettine und Christian Brentano sowie Achim von Arnim. In diesem Kreis erlebten Jacob und Wilhelm Grimm sozusagen die geistige Avantgarde dieser Jahre, die nach den eigenständigen deutschen Grundlagen in Sprache, Literatur, Mythologie etc. suchte. Hier entwickelte Jacob die Vorstellungen von der Gemeinsamkeit von Recht, Sprache und Volkslied als genuinen Ausdrucksformen einer nationalen Kultur. Was die Arbeitsweise betrifft, so ist sie sowohl bei Savigny (teils unter Einfluß seines Marburger Lehrers Friedrich Philipp Weiß) wie auch bei Jacob und Wilhelm Grimm auf historischer Quellenkritik basiert, die bei Savigny den römischrechtlichen Quellen, bei den Grimms den mittelalterlichen deutschen Quellen gilt.

Zu letzteren erhielt Jacob breiten Zugang durch eine Tätigkeit für den verehrten Lehrer. 1804 begab sich Savigny nämlich mit seiner kurz zuvor angetrauten Frau Gunda und seiner

---

[9] Ders.: Vorlesungen über juristische Methodologie 1802 –1842. Hrsg. von Aldo Mazzacane. Frankfurt a. M. 1993, S. 3, 27 f.

Schwägerin Meline Brentano auf eine Studienreise in mehrere europäische Länder. Nachdem er in Paris wichtige Vorarbeiten durch Diebstahl eines Koffers verloren hatte, schrieb er seinem Lehrer Weiß nach Marburg, dieser solle ihm jemand zur Hilfe bei den Ersatzarbeiten schicken, Pfeiffer oder Grimm. Burkhard Wilhelm Pfeiffer, auch ein Jugendfreund Savignys, hatte damals schon eine Anstellung, so kam Jacob Grimm nach Paris, um ihm bei Quellenstudien und Materialsuche für sein geplantes großes Werk über die „Geschichte des römischen Rechts im Mittelalter“ zu helfen. Der mittellose Student folgte kurz vor seinem Examen dem Freund und Lehrer und wurde als Hilfskraft für das Exzerpieren juristischer Quellen in der Bibliothèque Impériale (heute Bibliothèque Nationale) engagiert. Er schrieb seinem Bruder Wilhelm am 15. März 1805 aus Paris: „Alle Tage außer Sonntag von 10 – 2 auf der Bibliothek [...]. Hier habe ich Manuskripte, besonders das Digestum, Codex, Instit. Volumen, Codex Theodosianus, Decretum etc. zu vergleichen, welches eine recht interessante Arbeit ist [...]. Sodann exzerpiere ich Schriften und Handschriften der Glossatoren“[10]. Wilhelm forderte Jacob auf, bei dieser Gelegenheit doch auch in Paris nach altdeutschen Gedichten und Märchen zu suchen.

Beide Brüder zollen in ihren Selbstbiographien und an anderer Stelle Savignys Einfluß Tribut, so Wilhelm: „die Anregung, die nicht blos von seinen Vorlesungen ausgieng, die Einsicht von dem Werthe geschichtlicher Betrachtung und einer richtigen Methode bei dem Studium war ein Gewinn, den ich nicht hoch genug anschlagen kann, ja ich weiß nicht, ob ich sonst je auf einen ordentlichen Weg gekommen wäre. Für wie vieles hat

[10] Herman Grimm / Gustav Hinrichs (Hrsg.): Briefwechsel zwischen Jacob und Wilhelm Grimm aus der Jugendzeit. Bearb. von Wilhelm Schoof. Weimar 1963, S. 27.

er uns den Sinn erschlossen und wie manches noch unbekannte Buch ward aus seiner Bibliothek nach Hause getragen!“[11]

Nach der Rückkehr aus Paris wandte sich Jacob aber einer Materie zu, die ihm interessanter erschien als die Jurisprudenz, der Untersuchung mittelalterlicher deutscher Dichtung. Als er in einem Brief vom 9. März 1807 mit der Anrede „Lieber Herr von Savigny“ diesem seine Abkehr von der Rechtswissenschaft als eine „Religionsveränderung“ mitteilte, charakterisierte er diese als eine „rechte Herzensergießung“ und begründete sie so: „Wörtlich genommen müßte es so viele Jurispr. geben, als es Gesetzgebungen gegeben hat, und selbst die, nur einigermaßen zu einem System gebildete Kenntnis einer rohen und unergründlichen Legislation könnte diesen Namen erhalten. Die Gesetzgebung ist aber keineswegs wie die Philosophie, Poesie etwas unerschöpfliches, unergründliches“[12]. Und wenn er sich in späteren Arbeiten mit dem Recht befaßt, so behandelt er es immer als eine Erscheinung des Volkes und Volksgeistes, so wie die Sprache, die Mythen, die Religion. Er ist insoweit kein systematischer Jurist und m. E. auch nur in eingeschränktem Sinn als Rechtshistoriker zu betrachten, auch wenn er für die Rechtshistorie viel wichtiges Material gesammelt und ediert hat. Jacob ging also von der Universität ab, ohne ein juristisches Examen abzulegen, im Gegensatz zu seinem Bruder Wilhelm, der 1806 sein Jurastudium abschloß, worüber Jacob an Savigny berichtet: „Mein Bruder ist examiniert und hat gut bestanden“[13].

Bevor nun auf die amtliche Tätigkeit der Grimms und auf die rechtswissenschaftlichen Arbeiten Jacobs einzugehen ist, seien einige kurze Worte zu den persönliche Beziehungen zwi-

[11] I. Schnack: Selbstbiographie Wilhelm (wie Anm. 2), S. 44.
[12] W. Schoof / I. Schnack (wie Anm. 7), S. 28 ff.
[13] Ebenda, S. 24.

schen ihnen und Savigny in späteren Jahren angemerkt. Savignys Haltung gegenüber den Brüdern Grimm im Hannoverschen Verfassungsstreit, d. h. in der Angelegenheit der „Göttinger Sieben“, brachte nicht nur Entfremdung zwischen ihm und den alten Freunden, sondern auch zwischen ihm und seiner Schwägerin Bettine von Arnim. Während Bettine, wie es ihrem Temperament entsprach, sich emotional engagierte, blieb Savigny realistisch zurückhaltend und verwandte sich – sozusagen hinter den Kulissen – für die Freunde. Savigny vermied öffentliche „politische“ Parteinahme, wollte als guter Jurist sich selbst erst eine Meinung von den verfassungsrechtlichen Hintergründen der aufsehenerregenden Tat machen. In einer langen Epistel vom 4. November 1839 schreibt Bettine an Savigny über ihre Meinung zu seiner Haltung in dieser Angelegenheit und wirft ihm seine kühle Zurückhaltung vor.[14] In Savignys Antwort auf ihren Brandbrief kommt seine Haltung klar zum Ausdruck: „Es gibt nur zuviele Leute, die sich mit halbreifem Urteil öffentlich in Dinge einmischen, welche außer ihrem Beruf liegen, durch mich ihre Zahl zu vermehren, ist meiner innersten Gesinnung zuwider“[15]. Savigny verwandte sich – erfolgreich – beim preußischen Kronprinzen, dem späteren König Friedrich Wilhelm IV., für die Brüder Grimm. Auch Bettine sprach bei ihm, in den sie wie viele der Zeitgenossen so hohe Erwartungen setzte, für die Freunde und schrieb deren Berufung nach Berlin, die nach dem Thronwechsel 1840 erfolgte, ihrer Fürbitte zu.

Aus Anlaß des fünfzigsten Doktorjubiläums Savignys am 31. Oktober 1850 wurde Jacob Grimm seitens der Akademie der

[14] Wilhelm Schellberg / Friedrich Fuchs: Die Andacht zum Menschenbild. Unbekannte Briefe von Bettine Brentano. Jena 1942, S. 267 ff.

[15] Adolf Stoll: Friedrich Carl v. Savigny. Ein Bild seines Lebens mit einer Sammlung seiner Briefe. 3 Bde. Berlin 1927–1929, hier Bd. 3, S. 255.

Wissenschaften zu einer Ansprache in der Festsitzung gebeten, in welcher er ihm als einer seiner ältesten Schüler alle Ehre erweist.[16] Jacob widmete dem Lehrer und Freund zu diesem Tag eine linguistische Abhandlung „Das Wort des Besitzes“ – in Anklang an dessen epochemachende Schrift „Das Recht des Besitzes“[17] – und überreichte sie ihm persönlich[18]. In der Widmung beklagt er aber die Entfremdung, die er u.a. auf Savignys Stellung in der Berliner Gesellschaft zurückführt, welche ihn „kalt, vornehm und abwehrend“ gemacht habe. „Niemand wird mir verargen, daß ich an Ihnen im Marburger Oberrock zehnmal stärker hänge als im Ministerkleid“ und daß dem Freund ein „Magisterium mehr als ein Ministerium angemessen sei.“[19] Die Brüder pflegten zu ihrem wichtigsten Lehrer und Freund Savigny eine intensive langwährende Beziehung. Der Berliner Jurist griff übrigens auch finanziell unterstützend ein, wenn es Jacob und Wilhelm und ihren jüngeren Brüdern an Mitteln mangelte.

II. Amtliche Tätigkeiten Jacob und Wilhelm Grimms

Jacob Grimm stand zuerst 1806, dann 1813 bis 1829 im kurhessischen Staatsdienst, Wilhelm trat in diesen 1814 ein, wobei es damals im Grunde keinen Unterschied machte, ob man das Studium abgeschlossen hatte, wie Wilhelm, oder nicht, wie Jacob. Letzterer fand 1806 eine Anstellung im Kasseler Kriegskollegium (als Kriegssekretariatsakzessist), nach

[16] Gedruckt bei W. Schoof / I. Schnack (Hrsg.): Briefe der Brüder Grimm an Savigny. Aus dem Savignyschen Nachlaß. Berlin / Bielefeld 1953 (Veröffentlichungen der Historischen Kommission für Hessen und Waldeck, 23,1), S. 10.

[17] Friedrich Carl von Savigny: Das Recht des Besitzes. Eine civilistische Abhandlung. Darmstadt 1967 [Nachdruck der 7. Aufl. 1864][zuerst Heidelberg 1803].

[18] W. Ebel: Jacob Grimm (wie Anm. 1), S. 17 f.

[19] Jacob Grimm: Kleinere Schriften. Bd. 1. 2. Aufl. Berlin 1879, S. 113 – 144, hier S. 118 f.

der Niederlage Napoleons und der Befreiung von den Franzosen 1813 trat er wieder in kurhessische Dienste.

In der „Franzosenzeit" 1807–1813, als Kurhessen Teil des napoleonischen Satellitenstaates, des Royaume de Westphalie (Königreich Westphalen) war, wurde Jacob ab 5. Juli 1808 auf Empfehlung Johannes von Müllers, den Napoleon 1807 zum Regierungschef gemacht hatte, Verwalter der Privatbibliothek Jérôme Napoléons. Neben seiner Tätigkeit als Bibliothekar nahm er auch Funktionen in der französischen Verwaltung wahr, obgleich ihm die „Erlernung des französischen Rechts, in das sich unsere Jurisprudenz zu verwandeln drohte, ganz verhaßt war."[20] Er war ab 1809 als Auditeur au Conseil d'Etat Mitglied des Staatsrats, was – wie er berichtet – ihm der König selbst am 17. Februar 1809 verkündet habe. Er betrachtete wohl dieses Amt wie auch die meisten seiner amtlichen Tätigkeiten nur als Basis auskömmlicher Versorgung und als finanzielles Ruhekissen für seine wissenschaftliche Tätigkeit: „ich hatte mich blos einige Stunden in der Bibliothek oder im Cabinet aufzuhalten, konnte auch während diesen nach Besorgung des neu einzutragenden ruhig für mich lesen oder excerpieren. [...] der Staatsrath machte mir, außer daß ich in gestickter Prachtuniform den Sitzungen beiwohnen mußte, wenig zu schaffen."[21]

Über Jérôme Napoléon, den „König Lustick", sagte Jacob Grimm nichts Böses; er verfügte wohl auch über einen französischen Fürsprecher (Kabinettssekretär Brugière). Grundsätzlich standen aber die Brüder Grimm den Idealen der Französischen Revolution ablehnend gegenüber. Die Fremdherrschaft steht im Vordergrund der Beurteilung: Wilhelm Grimm, der

[20] I. Schnack: Selbstbiographie Jacob (wie Anm. 2), S. 24.
[21] Ebenda, S. 25.

die napoleonische Zeit als Privatgelehrter mit Unterstützung seines Bruders verbrachte, schreibt in seiner „Selbstbiographie": „Ich habe stets die Schmach gefühlt, welche in der fremden Herrschaft lag; an harten, unerträglichen Einrichtungen, an Ungerechtigkeiten aller Art fehlte es nicht. [...] Aber damals entsprang das Unrecht aus der Lage der Dinge, die in vielen Fällen mächtiger war, als der Wille des Gewalthabers selbst."[22] 1813 mußte Jacob Grimm zusehen, als wichtige Teile der Bibliothek nach Paris gebracht wurden, hatte aber später die Genugtuung, den Rücktransport nach Kassel zu organisieren.

Denn nach der Rückkehr des Kurfürsten wurde er kurhessischer Legationssekretär: „In der Hoffnung, daß ich unter den jetzigen Zeitumständen meinem Vaterlande in der diplomatischen Laufbahn am meisten nützen könnte, und im Vertrauen, mich durch ein eifriges Studium der Geschichte nicht unwürdig dazu vorbereitet zu haben", so die Begründung der Bewerbung vom 16. Dezember 1813.[23] Er führt also nicht – wie man erwarten könnte – das Rechtsstudium als Qualifikation an, sondern die Historie. Als Legationssekretär des hessischen Gesandten Ludwig Graf von Keller wurde er zweimal nach Paris gesandt, wo er besonders mit der Rückforderung bzw. dem Ausgleich des aus Hessen verschleppten Kulturguts befaßt war. Außerdem nahm er 1814 und 1815 in der kurhessischen Delegation am Wiener Kongreß teil.[24] Hier wie auf allen Reisen hatte er vor allem die jeweiligen Bibliotheken im Sinn. Als Legationssekretär in Wien („eine Zeit, die auch für

[22] I. Schnack: Selbstbiographie Wilhelm (wie Anm. 2), S. 46.

[23] Vier Gesuche Jacob Grimms an den Kurfürsten von Hessen. E.[dmund] Stengel: Private und amtliche Beziehungen der Brüder Grimm zu Hessen. Eine Sammlung von Briefen und Actenstücken als Festschrift zum 100. Geburtstag Wilhelm Grimms den 24. Februar 1886. 3 Bde. 2. Aufl. Marburg 1895/1910, hier Bd. 1, S. 4 f.

[24] Michael Hundt (Hrsg.): Quellen zur kleinstaatlichen Verfassungspolitik auf dem Wiener Kongreß. Hamburg 1996, S. 504.

Jacob Grimm als kurhessischer Legationssekretär, Radierung von Ludwig Emil Grimm, 1815/16

meine Privatarbeiten nicht nutzlos verstrich"[25]) knüpfte er Beziehungen zu Gelehrten aus Südosteuropa an, wichtig für die Entwicklung einer Vergleichenden Volksforschung.[26] Wohl eher nebenbei findet sich hier eine juristisch argumentierende Arbeit: Er formulierte seine Kritik an einem der zahlreichen auf dem Wiener Kongreß zirkulierenden Verfassungsentwürfe (der leider nicht überliefert ist) in seinen „Bemerkungen über eins der Projecte der Pentarchen zu einer deutschen Bundesacte" (Wien 1814/15).[27] Außerdem publizierte er im „Rheinischen Merkur" 1815 weitere Bemerkungen zu den „Verhandlungen für eine Bundesverfassung"[28], die wieder auf den vorgenannten Plan der „Pentarchen" (Österreich, Preußen, Bayern, Hannover und Württemberg) eingehen und in erster Linie die vorgesehene Kreiseinteilung und die Stimmverteilung kritisieren. Im „Rheinischen Merkur" erschienen aus seiner Feder noch weitere kleinere Beiträge „Vom Kongreß", so „Über Länderaustausch in Deutschland", wo er

[25] I. Schnack: Selbstbiographie Jacob (wie Anm. 2), S. 28.

[26] Leopold Kretzenbacher: Jakob Grimms „Deutsche Mythologie" und ihre geschichtliche Wirkung. Einleitung zum Nachdruck. In: Jacob Grimm, Deutsche Mythologie. Hrsg. von Leopold Kretzenbacher. Graz 1968, S. IV.

[27] Jacob Grimm: Kleinere Schriften. Bd. 8. Gütersloh 1890, S. 415 ff.; vgl. Bernhard Lauer: Die Brüder Grimm – Leben und Werk. In: Unsere Heimat. Mitteilungen des Heimat- und Geschichtsvereins Bergwinkel Schlüchtern 16 (2000), S. 1–11, hier S. 10.

[28] J. Grimm: Kleinere Schriften. Bd. 8 (wie Anm. 26), S. 405 ff.

meint, die deutschen Untertanen seien dem Spiel der Mächte ausgeliefert, es bliebe ihnen nur, zu „zürnen mit Fug und Erlaubnis über das sklavenmäßige Abtreten, Tauschen und Mischen der freien Leute.“[29] Seine Briefe aus Wien an den Bruder Wilhelm[30] sind Ausdruck der weitgehenden Verachtung für diplomatisches Gezänk, wie er es in den Verhandlungen erlebte. Darüber aber verliert er in seiner „Selbstbiographie“ kein Wort.

Von 1816 bis 1829 war Jacob Grimm als Bibliothekar – neben seinem Vorgesetzten, dem Bibliotheksdirektor Völkel, und dem Generalsuperintendenten Rommel – Mitglied der kurhessischen Zensurkommission in Kassel, eine Tätigkeit, die er nur widerwillig und überzeugt von deren Nutzlosigkeit ausübte, „weil es immer gut ist, wenn die Guten frei reden, und weil die Schlechten sich selbst zu Tode schwätzen.“[31] Ganz ähnlich äußert sich Wilhelm in seiner Abhandlung im „Rheinischen Merkur“ über die „Ständeversammlung in Hessen“, wo er Pressefreiheit fordert: „Jede Klage wird durch Rechtfertigung, jeder Angriff durch Vertheidigung wieder aufgehoben“[32]. Ob und wie sich etwa die Grimms zu der Bücherverbrennung äußerten, der 1817 anläßlich des Wartburgfests der Burschenschaften die „Schandschriften des Vaterlandes“ zum Opfer fielen, darunter konservative staatsrechtliche Schriften wie Karl Ludwig Hallers „Die Restauration der Staatswissenschaft“[33], konnte allerdings nicht festgestellt werden. Wenn Wilhelm aus Kassel an Jacob in Wien über die Freudenfeuer berichtet,

---

[29] Ebenda, S. 407 – 410.
[30] H. Grimm / G. Hinrichs (wie Anm. 10), S. 353 ff.
[31] Brief an Arnim, Februar 1816; zit. nach Gabriele Seitz: Die Brüder Grimm. Leben – Werk – Zeit. München 1984, S. 136. Ebenda, S. 37: Wahlverwandtschaft. Die Brüder Grimm, Savigny, Brentano, Bettine und Achim von Arnim.
[32] Wilhelm Grimm: Kleinere Schriften. Bd. 1. Berlin 1881, S. 540.
[33] G. Seitz (wie Anm. 30), S. 135.

die anläßlich des ersten Jahrestags der Völkerschlacht von Leipzig am 13. Oktober 1814 hier wie in vielen deutschen Städten entzündet wurden[34], wäre zu fragen, ob dabei auch Bücher (Code Napoléon oder Rheinbundakte) verbrannt wurden, wie dies andernorts der Fall war.[35] In Wilhelms Bericht an Jacob über die Feier am 18. Oktober 1814 in Kassel ist nur die Rede davon, daß man eine Tafel mit einer Karikatur Napoleons verbrennen wollte, was aber offenbar unterblieb.[36]

Wilhelm war seit Anfang 1814 Bibliothekssekretär in Kassel, das war seine erste Anstellung. 1816 fand auch Jacob, der eine Stelle bei der Bundestagsgesandtschaft in Frankfurt abgelehnt hatte, die Anstellung in Kassel als zweiter Bibliothekar. Beide Brüder standen dann bis 1829 in kurfürstlichem Dienst. Ihr Verhältnis zu Kurfürst Wilhelm II., der 1821 auf seinen Vater Wilhelm I. folgte, war äußerst kritisch.[37] In einem Brief an Savigny vom 20. August 1821 schreibt Jacob Grimm nicht nur

---

[34] Wilhelm an Jacob Grimm, 13. 10. 1814. H. Grimm / G. Hinrichs (wie Anm. 10), S. 359.

[35] Karl Hoffmann: Des Teutschen Volkes feuriger Dank- und Ehrentempel oder Beschreibung wie das aus zwanzigjähriger französischer Sklaverei durch Fürsten-Eintracht und Volkskraft gerettete teutsche Volk die Tage der entscheidenden Völker- und Rettungsschlacht bei Leipzig am 18. und 19. Oktober 1814 zum erstenmale gefeiert hat. Offenbach 1815, S. 406 f.; August Korf: Die Befreiungsfeier auf dem Feldberg vom 18. Oktober 1814. In: Der Taunuswächter. Beilage zum Oberurseler Lokal-Anzeiger, Nr. 11, 5. Jg., Juli 1930. Anläßlich der Befreiungsfeier auf dem Feldberg im Taunus am 18. Oktober 1814, dem ersten Jahrestag der Völkerschlacht von Leipzig, wurde z.B. ein Scheiterhaufen angezündet und ein „würdiger teutscher Mann, [...] der Hofprediger, Herr Breidenstein, übergab hier, unter einigen kraftvollen [...] Worten, den Code Napoleon und die rheinische Bundesacte den Flammen: ‚Deutsche Männer und deutsche Frauen, so wie ich hier den Rest des Rheinbundes, diesen Plunder der Hölle, den Code Napoleon der verzehrenden Flamme überliefere [...], so werde aller französische Unrat in allen deutschen Herzen und Gemütern von dem brennenden Eifer eines Ernst Moritz Arndt [...] verzehrt und verbrannt.‘ “

[36] Brief Wilhelms an Jacob Grimm, 3. – 5.11.1814. Heinz Rölleke (Hrsg.): Briefwechsel zwischen Jacob und Wilhelm Grimm. Tl. 1: Text. Stuttgart 2001 (Briefwechsel der Brüder Jacob und Wilhelm Grimm. Kritische Ausgabe in Einzelbänden, 1,1), S. 379 f. Die insgesamt eher skeptische Haltung der Grimms gegenüber französischen Einrichtungen und französischem Recht könnte in verschiedener Hinsicht genauer untersucht werden.

[37] B. Lauer: Die Brüder Grimm (wie Anm. 26).

negativ über die Person und Lebensführung des Kurfürsten. Er äußert sich auch zu den Veränderungen in der Staatsverfassung und hier interessanterweise auch zu den Maßnahmen, welche die Liberalen nach französischem Vorbild im Vormärz immer forderten: „Man trennt nun die Justiz von der Administration, ich weiß nicht, ob ebenso wie in Preußen, weiß auch nicht, was man in Preußen für Erfahrung über den Vorteil dieser Trennung gemacht hat. Mir scheint etwas nicht dafür zu sprechen. Jede Zersplitterung der Autoritäten meine ich schadet ihrem moralischen Ansehen und ihrer Bedeutung unter dem Volk. Der gemeine Mann versteht nicht, warum Rechtspflege von der Polizei und andern Regierungszweigen getrennt sein soll."[38]

Hier treffen wir eine Argumentation an, die weniger von juristischer Begrifflichkeit als von moralischen Erwägungen bestimmt ist. Im Kontrast dazu steht m. E. der bereits erwähnte anonyme Beitrag Wilhelm Grimms „Die Ständeversammlung in Hessen"[39] im „Rheinischen Merkur" 1815, der sich mit der ersten Ständeversammlung befaßt, welche in diesem Jahr aufgrund des Artikels 13 der Wiener Bundesakte eingerichtet worden war.[40] Diese Ständeversammlung stellte sicherlich einen Schritt hin zu einer konstitutionellen Monarchie dar, war aber ein schwaches Gebilde. Sie wurde von Kurfürst Wilhelm I. bereits 1816 aufgelöst und nicht wieder einberufen. Die Beurteilung Wilhelm Grimms erscheint aber interessant, wenn er anführt, daß „das Vorgeben, die höchste Gewalt werde durch Begründung eines öffentlichen Rechtszustandes beengt und eingeschränkt, ein Irrthum ist; denn die wahre Kraft des Regenten

---

[38] W. Schoof / I. Schnack (wie Anm. 7), S. 299.

[39] W. Grimm: Kleinere Schriften (wie Anm. 31), S. 536 ff.; vgl. Herbert Schäfer: Wilhelm Grimms Bewerbung um die Redaktion der Kasselschen Allgemeinen Zeitung im Jahre 1813. Zwei unbekannte Handschreiben Wilhelm Grimms. In: Brüder Grimm Gedenken. Bd. 7. Marburg 1987, S. 193 ff.

[40] Dieser Artikel verlangte in allen Bundesstaaten „landständische Verfassungen".

ist nur die sittliche Macht, die im Volke lebt."[41] Er kritisiert die zu starke Bürokratie und die mangelnde öffentliche Kontrolle. Außerdem stellt er bestimmte Anforderungen an eine zweckmäßige Begrenzung der Monarchenmacht: Aufstellung fester Grundsätze gegen die Willkür des Regenten (d.h. er sieht wohl schon die mögliche Auflösung der Ständeversammlung voraus); ein Recht der Stände auf Mitsprache bei der Steuererhebung; Regeln über die Begrenzung der Polizeigewalt; Garantien gegen ungerechtfertigte Verhaftung; Recht auf den gesetzlichen Richter sowie eben Pressefreiheit. Es sind dies – nicht unbedingt juristisch formuliert – die Hauptforderungen der liberalen Verfechter eines Rechtsstaats, die diese im Vormärz nach französischem Vorbild als Banner der Freiheit ansahen. Vergleicht man diese Argumentation mit den oben zitierten Ausführungen Wilhelm Grimms über die Schmach der Fremdherrschaft, so ist zu fragen, ob auch er – nach dem Ende der napoleonischen Zeit – die Institutionen des französischen Rechts als fortschrittlich in einem liberal-rechtsstaatlichen Sinn anerkennt und vom „Makel seines Ursprungs"[42] abstrahiert bzw. ihn nicht zur Kenntnis nehmen will. Andererseits ist auf eine weitere kleine juristische Abhandlung Wilhelms hinzuweisen, in der er sich in den berühmten „Kodifikationsstreit" zwischen Savigny und Thibaut einmischt. Er rezensiert und kritisiert die Schrift des bayerischen Juristen Nikolaus Thaddäus von Gönner „Über Gesetzgebung und Rechtswissenschaft in unserer Zeit"[43], die sich für

[41] 40 W. Grimm: Kleinere Schriften (wie Anm. 31), S. 536 ff.; vgl. G. Seitz (wie Anm. 30), S. 133.

[42] Denkschrift vom 28. 9.1816, abgedruckt bei Eduard Seitz: Die Rheinhessischen Institutionen in ihrem Verhältnis zur allgemeinen Codification des Großherzogthums Hessen und die vermeintlichen landesherrlichen Garantien der Ersteren. Regensburg 1847, S. 170 – 173.

[43] W. Grimm: Kleinere Schriften (wie Anm. 31), S. 549 ff. Gönner war zu dieser Zeit Mitglied einer bayerischen Gesetzgebungskommission, die ein neues Zivilgesetzbuch ausarbeiten sollte.

Kodifikation ausspricht, schließt sich im wesentlichen den Argumenten Savignys an und wendet sich gegen den vom Vernunftrecht bestimmten französisch-westphälischen Code civil wie generell gegen Kodifikationsbestrebungen.

Auf die politische Tätigkeit der Brüder Grimm ist hier nicht einzugehen.[44] Was die hessische wie auch die hannoversche Verfassungsfrage betrifft, so ist festzustellen, daß die Brüder Grimm nicht so sehr in juristischen Bahnen dachten und diskutierten, sondern eher in sozialen, sittlichen oder nationalen Kategorien. Ähnlich ist die Argumentation Jacob Grimms in der Verfassungsdebatte der Frankfurter Nationalversammlung zu beurteilen, dies zeigt sich vor allem in seinem Antrag betreffend die Grundrechte des deutschen Volkes sowie in den Erläuterungen dazu.[45]

IV. Arbeiten zum Recht

Obgleich Wilhelm es war, der sein Jurastudium mit einem Examen abschloß, stammen relevante Veröffentlichungen auf rechtswissenschaftlichem Gebiet in erster Linie von Jacob Grimm. Dazu gehören vor allem „Von der Poesie im Recht", die Sammlung der „Deutschen Rechtsaltertümer" sowie die Sammlung und Edition der „Weisthümer"[46]. Kleinere Aufsätze hat er u.a. in der 1815 von Savigny, Eichhorn und Göschen gegründeten „Zeitschrift für geschichtliche Rechtswissenschaft" publiziert, in deren erstem Band auch die „Poesie im Recht" erschien.

---

[44] Vgl. dazu die Beiträge von Hans-Christof Kraus und Ewald Grothe in diesem Band.

[45] Brüder Grimm-Museum Kassel, Autogr. 361; Stenographischer Bericht über die Verhandlungen der deutschen constituirenden Nationalversammlung zu Frankfurt am Main. Hrsg. von Franz Wigard. Frankfurt a.M. 1848, Bd. 1, S. 737, Bd. 2, S. 1310. Der Grimmsche Antrag wurde bekanntlich abgelehnt. Vgl. dazu Hans-Christof Kraus in diesem Band.

[46] Dazu Dieter Werkmüller: Über Aufkommen und Verbreitung der Weistümer. Nach der Sammlung von Jacob Grimm. Berlin 1972.

IV.1. Von der Poesie im Recht

Mit der Abhandlung „Von der Poesie im Recht" hat Jacob Grimm, wie dies Ludwig Uhland auf der ersten Germanistenversammlung in Frankfurt am Main 1846 formuliert hat, den „Goldfaden der Poesie" selbst in einer so trockenen Materie wie der Wissenschaft vom deutschen Recht gesponnen.[47] Für ihn waren Philologie, Mythologie und Jurisprudenz eng verwandte Gebiete, die im Grunde denselben Gegenstand hatten: „Die dreiheit der sprache, des glaubens und des rechts leiten sich aus einem und demselben grunde her."[48] Das Recht sei in seinen Ursprüngen poetisch und mit der Dichtung gleichzusetzen. Drei Perioden der Rechtssprache unterscheidet Grimm: Im Altertum sind Poesie und Recht eins; das Mittelalter ist eine Periode der zunehmenden Versachlichung, die Neuzeit mit ihrem Juristendeutsch sei eine Epoche der völlig entpoetisierten Rechtssprache. Die neuere Philologie hat diese Auffassung sozusagen entzaubert und nachgewiesen, daß die Rechtssprache zu allen Zeiten eher den Prinzipien der Eindeutigkeit, Zweckmäßigkeit und Einprägsamkeit folgte.

In seiner Beurteilung von Savignys aufsehenerregender Streitschrift „Vom Beruf unserer Zeit" stimmte Jacob Grimm bereits 1814 vor allem seinen Ideen zur Rechtsentstehung aus dem Volksgeist zu. Die „Gleichstellung und Vergleichung des Rechts mit Sitte und Sprache" ist ihm wichtig. „Das Recht ist wie die Sitte und Sprache volksmäßig, dem Ursprung und der organisch lebendigen Fortbewegung nach."[49] Er bekennt sich

---

[47] Jacob Grimm: Von der Poesie im Recht. In: Zs. für geschichtliche Rechtswissenschaft 2 (1816), S. 25 ff.; vgl. ders.: Kleinere Schriften. Bd. 7. Berlin 1884, S. 556; dazu Louis Carlen: Der „Goldfaden der Poesie" im Recht. Über Jacob Grimms Beziehungen zum Recht. In: ders., Sinnenfälliges Recht. Aufsätze zur Rechtsarchäologie und rechtlichen Volkskunde. Hildesheim 1995, S. 307 ff.

[48] Jacob Grimm: Weisthümer. Bd. 4. Göttingen 1863, S. III (Vorbericht).

[49] Brief vom 29.10.1814. W. Schoof / I. Schnack (wie Anm. 7), S. 171 ff., hier S. 172.

zum wissenschaftlichen Ansatz seines Lehrers, geht aber in bestimmten Bezügen über ihn hinaus. Die Richter sind Finder (des Urteils) wie die Dichter Finder sind (trobadores).[50]

IV.2. „Das sinnliche Element der deutschen Rechtsgeschichte“: „Deutsche Rechtsalterthümer“

„Von der langen grammatischen Arbeit wollte ich mich an einer andern, sie nicht bloß obenher abschüttelnden erholen“, bemerkte Jacob Grimm, nachdem er die „Deutsche Grammatik“ abgeschlossen hatte (deren ersten Band er übrigens Savigny widmete) und sich an die Abfassung der „Deutschen Rechtsalterthümer“ begab.[51] Er nennt sie eine „Sammlung von Materialien für das sinnliche – das will sagen: das sinnenhafte – Element der deutschen Rechtsgeschichte“. Über das 1828 erstmals erschienene Werk sagt er: „Unter all meinen Büchern habe ich keines mit größerer Lust geschrieben als die Rechtsaltertümer, den Reinhart und die Geschichte unserer Sprache.“[52] Mit dem Begriff „Deutsch“ sind hier alle germanischen Sprachen und Stämme gemeint. Das alte

DEUTSCHE RECHTS ALTERTHÜMER

VON JACOB GRIMM.

GÖTTINGEN,
IN DER DIETERICHSCHEN BUCHHANDLUNG
1828

Jacob Grimm: Deutsche Rechtsalterthümer. Göttingen 1828, Titelblatt

---

[50] W. Ebel, Jacob Grimm (wie Anm. 1), S. 26 f.

[51] Jacob Grimm: Vorrede zu Deutsche Rechtsalterthümer. In: ders., Deutsche Rechtsalterthümer I (1899). Hrsg. von Ruth Schmidt-Wiegand. Hildesheim usw. 1992, S. V.

[52] Ders.: Vorrede zur zweiten Ausgabe. In: ebenda, S. XXI.

germanische Recht soll aus seinen Quellen, d.h. aus sich selbst, dargestellt und erläutert werden. Es gibt hier noch keinen direkten Anwendungsbezug wie ihn Savigny in bezug auf die römischen Quellen in seinen Werken intendiert, was im Endeffekt zum „System des heutigen römischen Rechts" führte. Grimms Gegenwartsbezug ist es, das Verständnis der Grundlagen des deutschen Rechts zu wecken. Das Werk besteht in weiten Teilen aus Aneinanderreihungen von Quellenbelegen. Aufgeteilt ist der Stoff der Sammlung nach Instituten, die durch die Begriffe (Stand, Haushalt, Eigentum, Gedinge, Verbrechen und Gericht) bezeichnet sind. Formen und Formeln, Maße und Symbole als sinnbildliche Elemente des Rechts werden in der sehr umfangreichen Einleitung (über 300 Seiten) abgehandelt. Die „Rechtsalterthümer" stellen keine historische Entwicklung des deutschen Rechts dar, sondern eher eine der Grundlagen einer rechtlichen Altertumswissenschaft – der Rechtsarchäologie.

Als Jacob Grimm das Werk 1828 an Friedrich Carl von Savigny sandte, schrieb er, es habe für ihn des Umweges über die altdeutsche Poesie, Sprache und Geschichte bedurft, um ihn immer wieder an das deutsche Recht heranzuführen.[53] Savigny sagte über die „Rechtsalterthümer": „Ich muß es für eines der liebenswürdigsten Bücher erklären, die ich kenne"[54], und dies obgleich Grimm in seiner Vorrede zu den „Rechtsalterthümern" den Einfluß des römischen Rechts auf das deutsche ziemlich scharf kritisiert, weil es „unserer Denkungsart in wesentlichen Grundzügen" widerspreche.[55]

[53] W. Schoof / I. Schnack (wie Anm. 7), S. 347 ff. (28. 8.1828).
[54] A. Stoll (wie Anm. 15), Bd. 2, S. 452.
[55] Jacob Grimm: Deutsche Rechtsalterthümer. Göttingen 1828, S. XVII.

IV.3. Die Vorlesung über „Deutsche Altertumskunde"

Im Zusammenhang mit dem großen Werk der „Deutschen Rechtsalterthümer" ist eine wichtige Vorlesung zu nennen, die Jacob Grimm sowohl in Göttingen seit 1830 fünfmal und in Berlin seit 1841 mehrfach gehalten hat.[56] Grimm behandelt hier Tacitus' Germania, altdeutsche Mythologie und Rechtsaltertümer. Wie Wilhelm Ebel gezeigt hat, war diese Vorlesung, von der eine Nachschrift aus dem Wintersemester 1835 / 36 publiziert wurde[57], zugleich Grimms „systematisierende Darstellung des germanischen Rechts – des ‚Rechts unsers Altertums, unserer Vorfahren', und sie bietet einen Einblick in seine „begrifflich rechtshistorische Vorstellungswelt"[58]. Die Vorlesung ist nach Rechtsmaterien aufgebaut. Es werden behandelt: 1. Persönliche Rechte, 2. Sachenrecht, 3. Gedinge – Obligationen – Recht der Forderungen und 4. Gerichtswesen; sie zeigt somit eine ganz andere Einteilung als die Sammlung der Rechtsaltertümer, ist auch nicht ein bloßer Auszug daraus, sondern versucht in etwa eine Annäherung an ein deutsches Rechtssystem. Die Einleitung beinhaltet in knappen Zügen – wie Ebel es formuliert – Grimms Rechtsphilosophie, d. h. seine Auffassung von der Entwicklung des Rechts. Hier ist der stärkste Anklang an Savignys so oft beschworene Ansicht von der Entstehung des Rechts aus dem (später so genannten) „Volksgeist", aus den still wirkenden Kräften im Volke, zu finden. Das bedeutet Entstehung des Rechts als Gewohnheitsrecht; in späteren Perioden Weiterentwicklung,

[56] Wilhelm Ebel: „Tausch ist edler als Kauf". Jacob Grimms Vorlesung über Deutsche Rechtsaltertümer. In: Sten Gagnér / Hans Schlosser / Wolfgang Wiegand (Hrsg.), Festschrift für Hermann Krause. Köln / Wien 1975, S. 210 ff.

[57] Jacob Grimm: Deutsche Altertumskunde. Hrsg. von Else Ebel. Göttingen 1974 (Arbeiten aus der niedersächsischen Staats- und Universitätsbibliothek, 12); vgl. Anm. 55.

[58] W. Ebel: Tausch (wie Anm. 55), S. 213.

Verbesserung und wissenschaftliche Verfeinerung durch die Rechtsgelehrten. Der wissenschaftliche Sinn „sitzt in einer eigentlichen Jurisprudenz"; er findet sich mehr bei den Rechtsgelehrten als bei der Regierung (dem Gesetzgeber): „Zuletzt erscheint die Neigung das Recht in die Hände der Regierung zu schieben". Das Recht sei dadurch „administrativer und polizeilicher" geworden. Die Gegenwart sei gekennzeichnet durch das Streben, alles Recht in Gesetzbücher zu fassen, was nicht gedeihlich und klug sei. Durch die Fassung des Rechts in Gesetzbücher habe das „Recht seine volksmäßige Bedeutung eingebüßt". Er bezeichnet die Neuzeit als Epoche der völlig entpoetisierten Rechtssprache; für ihn ist das Juristendeutsch ein „großer Schiffbruch des vaterländischen Rechts"[59]. Jacob Grimm hatte seine Ansicht auch früher in zahlreichen Briefen an Savigny zum Ausdruck gebracht; so in der bereits erwähnten Stellungnahme zu Savignys Programmschrift „Vom Beruf unsrer Zeit für Gesetzgebung und Rechtswissenschaft"[60].

Der antikodifikatorischen Haltung Savignys stimmt Grimm in seiner Vorlesung offensichtlich zu. Andererseits stellt die Vorlesung eine Hinwendung zur Systematisierung als wissenschaftlicher Vorbereitung eines deutschen Privatrechts dar: „Ein gemeinsames deutsches Privatrecht gibt es nicht. Dennoch aber hat sich auf doktrinellem Wege unbewußt ein allgemeines deutsches Privatrecht aus den einzelnen Partikularrechten gebildet gleich wie aus den verschiedenen deutschen Dialekten eine allgemeine deutsche Schriftsprache". Und es folgt ein eher vager Hinweis auf das Streben des deutschen

[59] L. Carlen (wie Anm. 46), S. 308.

[60] Friedrich Carl v. Savigny: Vom Beruf unsrer Zeit für Gesetzgebung und Rechtswissenschaft. Heidelberg 1814.

Volks nach nationaler Rechtseinheit, wobei er aber den Weg, diese zu erreichen, offenläßt.[61] Wie wichtig ihm die Thematik war, zeigt auch, daß er seine Antrittsvorlesung in Berlin 1841 „Über die Alterthümer des deutschen Rechts“ nannte; sie diente als programmatische Einleitung zu einem ganzen Vorlesungszyklus.

IV.4. Weistümer

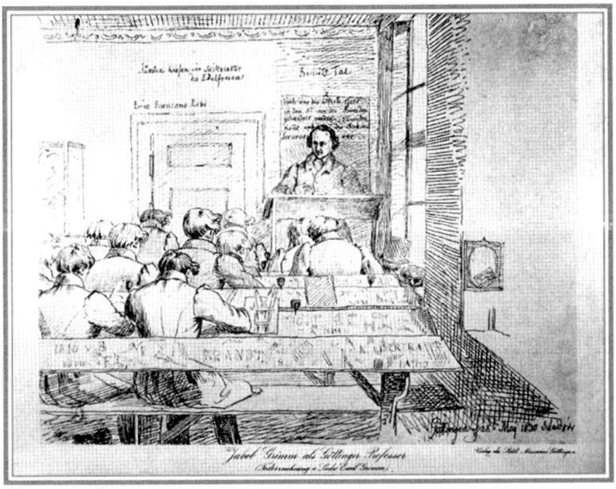

Jacob Grimm in seiner ersten Göttinger Vorlesung, Federzeichnung von Ludwig Emil Grimm, 1830

Jacob Grimm verdanken wir die erste umfassende Sammlung der Weistümer[62], welche aus den Vorarbeiten zu den „Rechtsalterthümern“ erwachsen ist. In sechs Bänden, von denen die beiden letzten von Richard Schröder herausgegeben wurden, der auch das Register verfaßt hat, werden die Grundlagen für eine Bearbeitung dieser Rechtsquellen gelegt.[63] Dem Traditionswissen der ländlich-bäuerlichen Bevölkerung schrieben die Romantiker besonders stark bewahrende Kräfte zu und meinten, daß diese Überlieferungen, auch die Rechtsüberlieferungen, den Gesetzen der Veränderung weniger stark unterworfen

[61] Else Ebel: Jacob Grimms Vorlesung über „deutsche Rechtsalterthümer“. Göttingen / Zürich 1990, S. 13.

[62] Jacob Grimm: Weisthümer. 6 Bde. Göttingen 1840 – 1869; Bde. 5 und 6. Bearb. von Richard Schröder; Bd. 7: Namens- und Sachregister. Göttingen 1878.

[63] D. Werkmüller: Aufkommen (wie Anm. 45), S. 34 f.

seien als die Zeugnisse anderer Bevölkerungsschichten. Diese Sichtweise bezog sich u. a. auch auf den Bereich der Religion bzw. der Mythologie, wie dies in Jacob Grimms „Deutscher Mythologie“[64] zum Ausdruck kommt, eine Sichtweise, die freilich von der neueren Forschung, sowohl der ethnologischen, der religionshistorischen wie der rechtshistorischen längst überwunden ist. In der Aufsuchung, Sammlung und Überlieferung der Quellen hat aber Jacob Grimm die Grundlagen in vielen dieser Bereiche gelegt, auf denen z. T. die moderne Forschung weiterhin aufbaut.

„Die Weisthümer aber [im Gegensatz zum aktuellen Recht, das vorwiegend aus römischem, kanonischem Recht besteht], sie sind noch ungehemmte Ausflüsse des frischen und freien Rechts, das unter dem Volke selbst als Brauch entsprungen, in seinen Gerichten zu Recht geweiht worden war, nicht wich noch wankte, und keiner Gesetzgebung von seiten des Herrschers bedurfte.“[65] Grimm sah in den Weistümern den Ausdruck des „Volksgeistes“, d.h. den Ausdruck eines vom Volke selbst gesetzten Rechts.[66] Heute bezeichnet man als Weistümer allgemein eine Art von Rechtsquellen, die durch Weisung zustandegekommen sind, d. h. durch Auskunft rechtskundiger Personen über einen bestehenden Rechtszustand oder über geltendes Gewohnheitsrecht. Gewiesen wurde dieses Recht in einer zu diesem Zweck einberufenen, oft feierlichen Versammlung. Es ist also nicht Satzung neuen, sondern Feststellung bestehenden Rechts. Weistümer im weiteren Sinne sind nur

---

[64] Jacob Grimm: Deutsche Mythologie. 2 Bde. Göttingen 1835; 2. Aufl. Berlin 1844; 3. Aufl. 1854; 4. Aufl. Hrsg. von Elard Hugo Meyer. Berlin 1875 – 1878; Nachdruck hrsg. von Leopold Kretzenbacher. Graz 1968.

[65] Jacob Grimm: Selbstanzeige des vierten Teils der Weisthümer. In: Göttingische Gelehrte Anzeigen 1863, Stück 27, S. 1041–1045.

[66] Dieter Werkmüller: Einleitung zu Jacob Grimm, Weisthümer I. Hildesheim u. a. 2000 [Nachdruck der Ausgabe von 1840].

durch das Zustandekommen gekennzeichnet, sie stammen aus sehr weit auseinanderliegenden Zeiträumen. Weistümer im engeren Sinne werden heute als ländliche Rechtsquellen bezeichnet; es geht meist um Rechte und Pflichten zwischen Grundherren und Bauern, Verhältnisse zwischen Herrschaft und Genossenschaft. Der Begriff „Weistum" kommt bereits in den Quellen vor, vor allem im Mittelrheingebiet, in anderen Regionen werden andere Termini verwendet, „Taiding", „Öffnung", „Jahrding" etc. Die „Rechtsproduzenten" oder eher „Rechtsfinder" sind die vereidigten Schöffen des dörflichen Gerichts. Wichtig ist zur Unterscheidung von anderen Rechtsquellen, daß die Weisung durch die von ihr Betroffenen, also die Vertreter der Dorfgemeinde erfolgt. Außerdem führt die Weisung zur Selbstbindung der Betroffenen. Generell herrscht in der Forschung die Ansicht, daß die Weistümer vielfach einen verläßlicheren Einblick in das bäuerliche Alltagsleben erlauben als normative Quellen (Gesetze), es wird auch auf die politische Funktion der Gemeinden im Rechtsleben des Alten Reichs hingewiesen.[67]

V. Zusammenfassung

Es wurde hier versucht, zum einen in Jacob Grimms Werk die Elemente aufzusuchen, die ihn als „Juristen" charakterisieren; sie waren vor allem in den „Weisthümern" und den „Rechtsalterthümern" einem größeren Publikum bekannt und sind es vielleicht noch. Die Frage, ob und wo in den Schriften Wilhelm Grimms seine juristische Ausbildung faßbar wird, ist schwieriger zu beantworten. Die Spuren davon finden sich in kleineren, wohl rechtspolitisch gemeinten Äußerungen, wie sie der allgemeinen Diskussion des Vormärz angehören. Prakti-

[67] Ders.: Aufkommen (wie Anm. 45), S. 5 f.

sche Juristen waren beide Grimms nicht, das läßt sich auch aus den Äußerungen über ihre amtliche Tätigkeit entnehmen, welche sie vor allem als finanzielle Grundlage für ihre wissenschaftliche Beschäftigung ansahen. Die Rechtshistoriker haben sich darüber Gedanken gemacht, inwieweit man Jacob Grimm der Historischen Rechtsschule zurechnen könne. Sicher ist, daß er die wissenschaftlichen Ansätze seines Lehrers Savigny, die historisch-philologische Quellenkritik, die Auffassung von der Geschichtlichkeit des Rechts ganz explizit auf die deutschen, die germanischen Quellen der Überlieferung, auch des Rechts anwandte. Jacob Grimm erscheint in diesen Arbeiten in erster Linie als einer der Begründer der Rechtsarchäologie bzw. Rechtsethnologie, außerdem vor allem als ein Germanist im fachübergreifenden Sinn. Seine Beiträge zum deutschen Recht sind Teil einer allgemeinen germanischen Quellenkunde und Teil einer übergreifenden Kulturwissenschaft.[68] Alle seine Arbeiten, auch die auf das Recht bezüglichen, sah er als nationales Anliegen, als „vaterländische Arbeit" in einer Zeit, als es noch keinen deutschen Nationalstaat gab und die territoriale Zersplitterung in den Staaten des deutschen Bundes als großes Manko empfunden wurde: „Alle meine Arbeiten wandten sich auf das Vaterland, von dessen Boden sie auch ihre Kraft entnahmen, mir schwebte unbewusst und bewusst vor, dasz es uns am sichersten führe und leite, dasz wir ihm zuerst verpflichtet seien."[69]

[68] G. Dilcher (wie Anm. 1), S. 30.
[69] J. Grimm: Selbstanzeige (wie Anm. 64).

Jacob Grimm – Wissenschaft und Politik

Von Hans-Christof Kraus

I.

Wer heute den Namen Jacob Grimm hört, denkt im allgemeinen weniger an Politik, sondern vielmehr an die berühmte Sammlung der „Kinder- und Hausmärchen", an das „Deutsche Wörterbuch" und vielleicht noch an die „Göttinger Sieben". Nur noch der Kenner weiß, in welch hohem Maße dieser große Gelehrte – einer der Begründer der Wissenschaft von deutscher Sprache und Literatur – zugleich ein „homo politicus" im höchsten Sinne dieses Begriffs gewesen ist, eine Persönlichkeit, die seit frühester Jugend nicht nur ein besonders ausgeprägtes Interesse an allen politischen Dingen besessen hat, sondern sich sogar selbst, wenn auch nur ein einziges Mal und nicht für längere Zeit, politisch betätigt hat.

Das hängt natürlich zuerst und vor allem mit der Zeit zusammen, in der Grimm aufwuchs – eine Epoche größter politischer Veränderungen und Umbrüche. Geboren noch in der Welt des Ancien régime, vier Jahre vor Ausbruch der Französischen Revolution, hat er die großen politischen Ereignisse in Europa etwa seit dem Frieden von Basel aus dem Jahre 1795 über den Reichsdeputationshauptschluß von 1803, die Niederlage von 1806 und das Ende des Heiligen Römischen Reiches Deutscher Nation, die Entstehung und Entwicklung des Rheinbundes bis hin zu den Befreiungskriegen gegen Napoleon und zum Wiener Kongreß bewußt und aufmerksam miterlebt. Die Erfahrungen dieser Zeit haben ihn ein für allemal geprägt und sein späteres politisches Bewußtsein, nicht zuletzt seinen leidenschaftlichen Patriotismus, präformiert und in den zentralen Inhalten bestimmt.

Doch noch etwas anderes kommt hinzu: Der große klassische Philologe Ulrich von Wilamowitz-Moellendorff deutete es an, als er 1910 in einer Rede zum einhundertjährigen Bestehen der Berliner Universität ausführte: „Den Typus des deutschen Gelehrten wird für uns keiner so rein darstellen, als Jacob Grimm, und ihn recht zu fassen, reicht die Bezeichnung als Deutscher gar nicht hin, Hesse muß man sagen.“[1] Hiermit verwies Wilamowitz auf die „landsmannschaftlichen“ Wurzeln, die für Jacob Grimms ganzes Leben bestimmend waren. In Hessen also, in der kleinen Stadt Hanau, wurde Jacob Grimm am 4. Januar 1785 als Sohn eines Amtmannes geboren. „Liebe zum Vaterland“ – zum „kleinen Vaterland“ Hessen natürlich – , so erinnerte er sich später, „war uns, ich weiß nicht wie, tief eingeprägt, denn gesprochen wurde eben auch nicht davon, aber es war bei den Aeltern nie etwas vor, aus dem eine andere Gesinnung hervorgeleuchtet hätte; wir hielten unsern Fürsten für den besten, den es geben könnte, unser Land für das gesegnetste unter allen.“[2]

Was seinen späteren Beruf als Wissenschaftler anbetrifft, so war ihm dieser Weg durchaus noch nicht vorgezeichnet, obwohl er von sich sagte: „Ich hatte von Jugend auf eine ungeduldige, anhaltende Lernbegierde“[3] und an anderer Stelle

[1] Ulrich von Wilamowitz-Moellendorff: Erinnerungen 1848 –1914. 2. Aufl. Leipzig 1928, S. 320.

[2] Jacob Grimm: Selbstbiographie (1831). In: ders., Ausgewählte Schriften, Reden und Abhandlungen. Hrsg. von Ulrich Wyss. München 1984, S. 23.

[3] Ebenda, S. 24.

[4] Jacob Grimm: Rede auf Wilhelm Grimm (1860). In: ebenda, S. 71. Seit 1820 verwendete Jacob Grimm die konsequente Form der Kleinschreibung nebst einigen anderen Eigenheiten. Es war keineswegs ein falsch verstandener Modernismus, der Jacob Grimm zu dieser Maßnahme veranlaßte, sondern eine, wie er meinte, konsequente Wiederaufnahme einer zu Unrecht abgebrochenen Tradition: die Kleinschreibung sei, sagte er: „nichts […] als wiederhergestellte naturgemäße schreibweise, der unsere voreltern bis ins fünfzehnte jahrhundert, unsere nachbarn bis auf heute treu bleiben.“ Jacob Grimm: Über das Pedantische in der deutschen Sprache [1847]. In: ebenda, S. 143.

bemerkte: „von kindesbeinen an hatte ich etwas von eisernem Fleisze in mir."[4] Der spätere Begründer der germanischen Philologie, der universale Kulturhistoriker, der er einmal werden sollte, kündigte sich noch nicht an, als er zwischen 1802 und 1805 in Marburg Rechtswissenschaft studierte. Hier war er Schüler des nur wenige Jahre älteren Friedrich Carl von Savigny, der dem empfänglichen jungen Studenten einen außerordentlichen Eindruck machte. Jacob Grimms Verehrung für seinen Lehrer, dessen wissenschaftlichen Grundüberzeugungen er sein Leben lang verpflichtet blieb, hielt bis zum Tode Savignys an, obwohl sich beider politische Überzeugungen später unterschiedlich entwickeln sollten.

Nachdem der junge Jacob Grimm 1805 seinen Lehrer auf einer Studienreise nach Paris begleitet hatte, trat er 1806 ohne Studienabschluß als Beamter in das Kriegskollegium zu Kassel ein, um seine verwitwete Mutter und seine minderjährigen Geschwister zu unterstützen.[5] Von 1808 bis 1813 arbeitete er auf Empfehlung Johannes von Müllers als Hofbibliothekar Jérôme Bonapartes, der sich fünf Jahre lang von Bruders Gnaden „König von Westphalen" nennen durfte. Da es diesem „König" um alles andere, nur nicht um geistige Bildung zu tun war, suchte der junge Bibliothekar, wie er später bemerken sollte, in dieser „zeit, wo das eintönige grau der schmach über Deutschlands himmel hieng [...] trost und labung in der

[5] Zur Biographie Jacob Grimms vgl. Wilhelm Scherer: Jacob Grimm. 3. Aufl. Hrsg. von Sigrid von der Schulenburg. Berlin 1921 [zuerst 1863/64] (in manchen Einzelheiten überholt, aber wissenschafts- und rezeptionsgeschichtlich bedeutend); Ludwig Denecke: Jacob Grimm und sein Bruder Wilhelm. Stuttgart 1971 (mit umfassender Bibliographie der älteren Forschungsliteratur); Hermann Gerstner: Die Brüder Grimm in Selbstzeugnissen und Bilddokumenten. Reinbek bei Hamburg 1973; eine brauchbare, gut zusammengestellte Textsammlung ist: Wilhelm Schoof: Jacob Grimm. Aus seinem Leben. Bonn 1961; das Familienleben der Grimms schildert anschaulich und eindrucksvoll der jüngere Maler-Bruder Ludwig Emil Grimm: Erinnerungen aus meinem Leben. Hrsg. von Wilhelm Praesent. Kassel/Basel 1950, bes. S. 9 ff. u. passim. – Leider fehlt immer noch eine moderne, heutigen wissenschaftlichen Standards entsprechende umfassende Lebensdarstellung Jacob und Wilhelm Grimms.

geschichte der deutschen literatur und sprache, es war eine unsichtbare, schirmende waffe gegen den feindlichen übermut, dasz in unscheinbaren aber unentreiszbaren gegenständen vorzüge und eigenheiten verborgen lagen und wieder entdeckt werden konnten, an denen unser bewustsein mit gerechter anerkennung haften durfte. von der grammatik und ihren nicht spärlichen früchten schritt ich vor zu der erforschung einheimischer poesie, sage und sitte"[6]. Es sind also primär und vor allem politische Gründe gewesen, die Jacob Grimms Hinwendung zur deutschen Sprache und Kultur bewirkt haben. Das politische und das wissenschaftliche Element gingen im Dasein dieses außerordentlichen Mannes nach 1806 eine untrennbare Verbindung ein, deren Grund in den Jahren der Fremdherrschaft und der Befreiungskriege gelegt wurde und die für sein gesamtes weiteres Schaffen prägend geworden ist.[7]

Es entspricht schlichtweg nicht den Tatsachen, wenn man später „Genügsamkeit, die Freude an der Armut, das Behagen in traulicher Enge"[8] als exemplarische Wesenszüge Jacob Grimms herausstrich, wenn man ihn, wie es sein erster Bio-

---

[6] Jacob Grimm: Über die Alterthümer des deutschen Rechts (1841). In: ders., Kleinere Schriften. 8 Bde. Berlin 1864 –1890, hier Bd. 8, S. 546.

[7] Vgl. zu diesem Problemkreis auch Roland Feldmann: Jacob Grimm und die Politik. Kassel o.J. [1970] sowie die knappe Skizze von Karl Otmar Freiherr von Aretin: Die Brüder Grimm und die Politik ihrer Zeit. In: Jacob und Wilhelm Grimm. Vorträge und Ansprachen in den Veranstaltungen der Akademie der Wissenschaften und der Georg-August-Universität in Göttingen anläßlich der 200. Wiederkehr ihrer Geburtstage, am 24., 26. und 28. Juni 1985 in der Aula der Georg-August-Universität Göttingen. Göttingen 1986 (Göttinger Universitätsreden, 76), S. 49 – 66. – Neben den Schriften der Brüder Grimm bieten in erster Linie die Briefe viele Einblicke in ihr politisches Denken. Besonders wichtig in dieser Hinsicht sind der Briefwechsel mit Savigny (unten Anm. 47) und die vollständig publizierte Korrespondenz der Brüder mit ihrem politisch tätigen Schwager Hassenpflug: Ewald Grothe (Hrsg.): Brüder Grimm. Briefwechsel mit Ludwig Hassenpflug (einschließlich der Briefwechsel zwischen Ludwig Hassenpflug und Dorothea Grimm, geb. Wild, Charlotte Hassenpflug, geb. Grimm, ihren Kindern und Amalie Hassenpflug) (Brüder Grimm. Werke und Briefwechsel. Kasseler Ausgabe. Briefe, 2). Kassel / Berlin 2000.

[8] W. Scherer (wie Anm. 5), S. 125.

graph Wilhelm Scherer getan hat, als einen „kindlichen Mann, der kein Politiker war“[9], zu charakterisieren suchte oder sogar – natürlich in bösartig-polemischer Absicht – von ihm sagen zu können glaubte: „Er lebte mit oft großen und oft absurden Gedanken in seiner Kleinwelt, halb seiner Märchenromantik, halb einem hilflosen Biedermeier zugehörig“[10] – so der Schriftsteller Walter Boehlich. Ob man nun aus liebenswürdigen oder eher gegenteiligen Motiven Jacob Grimm und seinen Bruder „zu Spitzweg-Figuren idyllisiert“[11] – in beiden Fällen kommt dies einer objektiven Verfälschung gleich. Man braucht sich nur die zahlreichen politischen Artikel, Reden und Briefe Jacob Grimms vor Augen zu führen, um das Fehlurteil etwa von Georg Waitz, Jacob Grimm habe „keinen Gefallen in politischen Dingen“[12] gehabt, zu widerlegen.[13]

Im November 1813, nachdem der von Napoleon vertriebene Kurfürst nach Kassel zurückgekehrt war, stieg der begabte junge Bibliothekar zum Legationssekretär auf, zog als Begleiter des kurhessischen Gesandten 1814 mit dem Hauptquartier der Alliierten nach Paris und nahm in der gleichen Funktion als Diplomat 1815 am Wiener Kongreß teil. Die Farbigkeit und Präzision seiner Berichte über den Fortgang der Verhandlungen[14] zeigen überdeutlich, mit welcher Intensität sich der junge Mann damals in das Getriebe der Politik gestürzt hatte; in seinem Nachlaß hat man sogar die scharfsinnige Kritik

[9] Ebenda, S. 202.

[10] Walter Boehlich: Aus dem Zeughaus der Germanistik. Die Brüder Grimm und der Nationalismus. In: Der Monat 18 (1966), H. 217, S. 56 – 68, hier S. 65.

[11] Leo Stern: Der geistige und politische Standort von Jacob Grimm in der deutschen Geschichte. Berlin [Ost] 1963 (Sitzungsberichte der Deutschen Akademie der Wissenschaften zu Berlin, Klasse für Phil., 1963, 4), S. 6.

[12] Georg Waitz: Zum Gedächtnis an Jacob Grimm. Gelesen in der Königlichen Gesellschaft der Wissenschaften den 5. Dezember 1863. Göttingen 1863, S. 21.

[13] Vgl. auch R. Feldmann (wie Anm. 7), S. 60 ff. u. passim; L. Denecke (wie Anm. 5), S. 133 ff.

[14] Vgl. J. Grimm: Vom Congress (Rhein. Merkur 1815). In: ders.: Kleinere Schriften (wie Anm. 6), Bd. 8, S. 407 ff.

eines der Projekte für eine deutsche Bundesakte gefunden.[15] Aber mehr noch als alles andere beweisen seine meisterhaften Charakteristiken der führenden Staatsmänner den ihm eigenen politischen Scharfblick. Als sprechende Beispiele seien hier nur die Passagen über Humboldt und Stein angeführt: „der minister Humboldt ist gescheidt und viel wissend. manche vermissen das herzliche in seinem wesen, dafür ist ihm viel licht gegeben. von ihm sollen die letzten verfassungspläne ausgehen und er verficht sie sonderlich; auch ist er unter allen am besten geeignet den franzosen auf ihren unterirdischen schleichwegen entgegen zu minieren. der minister Stein steht im eigenen verhältnis zur ganzen versammlung, ausgezeichnet durch die reinheit seines willens für Deutschland und überhaupt seine tüchtige bravheit, er treibt viel gutes, scheint aber zum unglück in vielen hauptplänen ohne den ergreifenden einflusz, der ihm gebührt, weil man allzu frühe vergessen zu haben scheint, welchen geistern man sieg und rettung verdankt, und was man vorher ohne sie geleistet."[16]

Doch im ganzen sagten ihm der Kongreß und die dort stattfindenden Verhandlungen wenig zu. Der Länderschacher und die neuen Grenzziehungen innerhalb Deutschlands, die in vielen Einzelfällen althergebrachte Traditionen außer acht ließen, fanden Jacob Grimms entschiedenes Mißfallen: „Soll denn", schrieb er in einem Artikel für den von Görres herausgegebenen „Rheinischen Merkur", „unsere volkwarme, bewegte Zeit und Meinung so mutwillig und frevelhaft hart von denen, die nach der Karte, den Flüssen und Bergen, nicht nach den Herzen Länder machen, angetastet werden? […] Derweil frieren wir […] und zürnen mit Fug und Erlaubnis über

[15] Vgl. ebenda, S. 415 ff.

[16] J. Grimm: Vom Congress (Rhein. Merkur 1815). In: ebenda, S. 407 ff.

das sklavenmäßige Abtreten, Tauschen und Mischen der freien Leute, die wie ein zusammengerührter Brei sich nach und nach erst wieder setzen sollen"[17]. Vom Kongreßbetrieb, diesem, wie er sagte, „Gewirr von Grobheiten, Welthöflichkeiten, Intrige, Verschlossenheit und Leichtsinn"[18], setzte er sich bald ab und verbrachte jede freie Stunde in den Wiener Bibliotheken. Er war froh, als er zu Ende des Jahres 1815 seine diplomatische Tätigkeit beenden und zur wissenschaftlichen Arbeit, zu der er sich zuerst und vor allem berufen fühlte, zurückkehren konnte.

Jacob Grimms zunehmender Degout an seiner bisherigen politischen Aktivität hatte zwei Hauptgründe: Zum einen sagte ihm, dem ausgeprägten Romantiker und Verehrer der Vergangenheit, das politische Alltagsgeschäft nicht zu. Kompromisse auf Kosten idealer Vorstellungen und Ideen wollte er selbst nicht verantworten; politisches Taktieren, Intrigen spinnen, auch diplomatische Verstellung – dies alles war nicht seine Welt und entsprach nicht seinen Fähigkeiten. Und zum zweiten war Grimm tief enttäuscht über die ausgebliebene, von ihm nach dem Sieg über Napoleon aber sehnlichst erwartete deutsche Einigung, die er sich im Sinne einer Erneuerung des Alten Reiches erhofft hatte. Dieser Traum war nach dem Ende des Wiener Kongresses allerdings ausgeträumt[19]. Trotzdem war und blieb er auch in seiner weiteren Laufbahn als Bibliothekar und Gelehrter an allen politischen Dingen brennend interessiert. Obwohl er sich nur noch ein einziges Mal, im Jahre 1848, vom Schreibtisch lösen und in die Arena des politischen Kampfes steigen sollte, verlor er doch niemals die

[17] H. Gerstner (wie Anm. 5), S. 25 f.
[18] Ebenda, S. 26.
[19] Dazu siehe statt vieler Thomas Nipperdey: Deutsche Geschichte 1800 –1866. Bürgerwelt und starker Staat. München 1983, S. 272 ff. u. a.

Verbindung zu den politischen Bewegungen seiner Zeit. Noch im hohen Alter verfolgte er, nach der Erinnerung seines Neffen Herman Grimm, „die politischen Dinge [...] mit Aufmerksamkeit. Wenn die Zeitung kam, legte er sogleich die Feder nieder und las sie genau durch.“[20]

II.

Die „romantische Wendung zur Identität der Deutschen, ihrer Geschichte und ihrer Kultur“, vollzog sich, wie Thomas Nipperdey bemerkt hat, in engstem Zusammenhang mit der „entstehenden nationalen Opposition“[21] gegen die napoleonische Fremdherrschaft, ja sie empfing von dort her erst ihren historischen Stellenwert. Die politische Rückbesinnung auf deutsches Recht und deutsche Freiheit konnte erst dann umfassende Wirkungen entfalten, wenn sie fundiert war durch eine ebenfalls neue Besinnung auf die geistigen und kulturellen Traditionen des deutschen Volkes. Der romantischen Bewegung ist Jacob Grimm voll und ganz zuzurechnen; man hat ihn mit bedeutendem Recht einen „hochkarätigen Romantiker von reinstem Wasser“[22] genannt.

Zur Romantik gehört er nicht zuletzt wegen seiner Unterscheidung von Natur- und Kunstpoesie, die man als den konstitutiven Grundgedanken seiner Poetik bezeichnen kann. An Herder anknüpfend[23], differenzierte er zwischen – erstens – ursprungstreuer, traditionell gebundener, intuitiv hervorgebrachter Naturdichtung, wozu er im besonderen die großen

[20] Herman Grimm: Jacob Grimm. In: ders., Essays. Eine Auswahl. Hrsg. von Rolf Welz. Nürnberg 1964, S. 345.
[21] Th. Nipperdey (wie Anm. 19), S. 30.
[22] Wilhelm Ebel: Jacob Grimm und die deutsche Rechtswissenschaft. Göttingen 1963 (Göttinger Universitätsreden, 41), S. 26; vgl. auch W. Scherer (wie Anm. 5), S. 50, 120 ff.; Paul Kluckhohn: Das Ideengut der deutschen Romantik. 4. Aufl. Tübingen 1961, S. 111 ff.
[23] Vgl. W. Scherer (wie Anm. 5), S. 41 f.

mittelalterlichen Literaturwerke zählte, und – zweitens – losgebundener, selbstherrlicher, individualistischer Kunstdichtung, dem Werk einzelner Dichter in erster Linie der neueren und der neuesten Zeit.[24] Nach Grimms Auffassung lebt allein die Naturpoesie oder „Volkspoesie" unter dem ganzen Volke, sie ist gewissermaßen aus dem unbewußten Gemüt des Ganzen hervorgetreten, während die Kunstpoesie oder Individualpoesie dem bewußten schöpferischen Tun des Einzelnen entspringt. Seine Präferenz hat Jacob Grimm wohl allzu einseitig der ersteren gegeben. Poesie war für ihn nichts anderes „als lebendige erfassung und durchgreifung des lebens"[25] und konnte als solche nur dann wirklich echt sein, sich nur dann durch geistig-seelische Tiefe auszeichnen, wenn sie entstanden war durch einen geheimnisvollen, nicht weiter aufhellbaren, kollektiven Schöpfungsprozeß aus den Tiefen des Volksgeistes. In seiner Phantasie fielen „Vorzeit, Sinnlichkeit, Ursprünglichkeit und Reinheit zusammen"[26]. Und Alfred Baeumler hat vollkommen recht, wenn er „in diesen Begriffen [...] die Erkenntnistheorie"[27] Grimms verborgen sah – eine eben unverkennbar und unübersehbar ‚romantische Erkenntnistheorie'[28].

Hierzu paßt in seiner Sprachtheorie auf das genaueste die treffliche Formulierung von der „macht des schaffenden

[24] Vgl. Jacob Grimm: Gedanken, wie sich die Sagen zur Poesie und zur Geschichte verhalten (1809). In: ders.: Kleinere Schriften (wie Anm. 6), Bd. 1, S. 400 f.

[25] Ebenda, S. 403.

[26] Alfred Baeumler: Das mythische Weltalter. Bachofens romantische Deutung des Altertums. München 1965 [zuerst 1926], S. 133.

[27] Ebenda.

[28] Baeumler hat ebenda, S. 124 ff. besonders klar und überzeugend Jacob Grimms Zugehörigkeit zur Spätromantik herausgearbeitet; zur Nähe Grimms zu Bachofen vgl. ebenda, S. 131 ff., 134 ff. – Ulrich Wyss hat dagegen – aus seiner spezifischen Perspektive durchaus mit Recht – festgestellt, es sei „gerade die Rationalität des Philologen, die Grimm gegen alle Versuchungen spätromantischer Geschichtsspekulation immunisierte". Ulrich Wyss: Einleitung. In: J. Grimm: Ausgewählte Schriften (wie Anm. 2), S. 19.

sprachgeistes, der wie ein nistender vogel wieder von neuem brütet, nachdem ihm die eier weggethan worden; sein unsichtbares walten vernehmen aber dichter und schriftsteller in der begeisterung und bewegung durch ihr gefühl."[29] Die Sprache als lebendiges Wesen, das seine Kraft aus sich selbst schöpft als ein wesentlicher Bestandteil des menschlichen Lebens, des Werdens und Vergehens – dieser Gedanke ist das Ergebnis „einer Betrachtung, die in Sprache, Mythos und Poesie das geheimnisvolle Wehen der Notwendigkeit spürt."[30] Mit diesen Worten hat Alfred Baeumler den zentralen Kern der Grimmschen Wissenschaft auf den Begriff gebracht und zugleich die Perspektive auf den inneren Zusammenhang der deutschen historischen Schule eröffnet, damit auch die zahlreichen Verbindungslinien zwischen der gelehrten Arbeit Grimms, Savignys und Rankes sichtbar gemacht. Genauso wie jene beiden Zeit- und Gesinnungsgenossen hat Grimm stets an der Überzeugung vom organischen Wachstum von Recht, Sprache und Dichtung festgehalten[31] und auf dem unhintergehbaren Faktum der Geschichtlichkeit aller Poesie, wie aber auch auf der poetischen Durchwirkung der Geschichte beharrt.[32]

Eine solche Deutung zentraler Phänomene der Wirklichkeit konnte nicht ohne Folgen für das ‚politische Denken' bleiben. Die Distanz zum aufgeklärten Rationalismus, also zur Idee, daß der Mensch seine eigene sinnvolle Existenz selbst realisieren und seine politischen und kulturellen Institutionen zuallererst selbst schaffen muß, und zwar nach den Prinzipien der abstrak-

---

[29] Jacob Grimm: Vorrede zum I. Teil der Deutschen Grammatik (1819). In: ders.: Kleinere Schriften (wie Anm. 6), Bd. 8, S. 36.

[30] A. Baeumler (wie Anm. 26), S. 18.

[31] Vgl. etwa Jacob Grimm: Von der Poesie zum Recht (1815). In: ders.: Kleinere Schriften (wie Anm. 6), Bd. 6, S. 155: „insgesamt ist alles recht, gleich der sage, an seinem ort selbstgewachsen und in der regel unentlich".

[32] Vgl. J. Grimm: Kleinere Schriften (wie Anm. 6), Bd. 1, S. 403 u. a.

ten Vernunft, – die Distanz hierzu ist nicht zu übersehen. Die romantisch-historische, auch von Grimm vertretene Auffassung wurzelt in der Grundüberzeugung, daß das Wirkliche, gerade auch im kulturellen und politischen Bereich, nicht nach abstrakten Gesichtspunkten gleichsam mechanisch geschaffen werde, sondern daß es sich – eben als das „Leben" schlechthin – selbst schaffe, sich in organischer Abfolge verwirkliche. Das bedeutet: Die Wirklichkeit jeder Lebensform ist ‚einmalig' und unverwechselbar und kann nur dann angemessen erkannt werden, wenn man sich ihm unmittelbar, d. h. ohne einen (wie auch immer gearteten) normativen Anspruch nähert. In dieser Auffassung offenbart sich in der Tat, wie Erich Rothacker, dem wir die Erkenntnis dieser Zusammenhänge verdanken, richtig festgestellt hat, „ein Absolutheitsmoment alles produktiven Lebens. Seine Leistungen sind zu begreifen und zu messen, das Leben wird ebenso wenig gemessen wie begriffen"[33]. Verschiebt man diese rein philosophische Perspektive ins Politische, dann läßt sich sagen: Das unvoreingenommene Anerkennen dessen, was ist, der fundamentale Respekt vor dem, was Leben und Geschichte hervorbringen, ‚die Priorität des Seienden vor dem Sein-Sollenden', zeigt die deutliche, nicht zu verkennende Distanz Jacob Grimms zum radikal-aufklärerischen Liberalismus dieser Epoche, der immer noch die im Kern revolutionären Ideen der Machbarkeit neuer politischer Institutionen propagierte.

In dem anderen Zentralmotiv seines politischen Denkens und Wollens blieb er indes zeitlebens ein ‚entschiedener' Libe-

[33] Erich Rothacker: Savigny, Grimm, Ranke. Ein Beitrag zur Frage nach dem Zusammenhang der historischen Schule (1923). In: ders., Mensch und Geschichte. Studien zur Anthropologie und Wissenschaftsgeschichte. Bonn 1950, S. 42; vgl. auch ebenda, S. 32 ff.

raler: in seinem Streben nach Realisierung der Einheit Deutschlands und in seinem keineswegs nur kulturell, sondern eindeutig politisch grundierten Patriotismus. Nur ein Beispiel von vielen möglichen sei hier genannt: Als er sich 1829 bei einer Beförderung in der Kasseler Bibliothek, an der er seit 1816 wieder tätig war, übergangen fühlte, nahm er einen Ruf an die Universität Göttingen an. Am 13. November 1830 hielt er hier, nach der Vorschrift in lateinischer Sprache, seine akademische Antrittsrede mit dem für ihn sehr bezeichnenden Titel „De desiderio patriae" – das man ruhig wörtlich mit „Über die Vaterlandsliebe" übersetzten kann.[34] Von der Heimat und dem Vaterland als Grunderfahrungen des Menschen ist in diesem Text die Rede, und die Hauptthese lautet: Durch nichts anderes werde die Unentbehrlichkeit der Heimat so deutlich erkannt und herausgestellt „wie durch die Gemeinschaftlichkeit der Sprache [...] ich behaupte, daß weder ein Volk wirklich blühen kann, das seine Muttersprache vernachlässigt, noch eine Sprache verfeinert werden kann von einem Volke, das seine Freiheit verloren hat."[35] Von diesem – in seinem Werk immer wieder variierten – Gedanken einer inneren Parallelität von politischer und sprachlicher Entwicklung ausgehend, richtete Grimm „die Augen auf unser Vaterland [...] Es ist ebenso unausbleiblich, daß das ganze Volk, dem es vorher bestimmt ist, seine vornehmsten Teile zu erhalten und sich durch die übrigen weiter zu erheben, nicht nur zu einer gehörigen Gebietsgröße heranwächst, sondern auch die einzelnen Stämme, aus denen es sich zusammensetzt, in einer Familie vereinigt."[36] Dazu sei die Zeit wohl noch nicht reif, doch er

[34] Früher unverständlicherweise als „Über das Heimweh" übersetzt, obwohl der Inhalt unzweideutig nichts anderes als die Vaterlandsliebe thematisiert!
[35] Jacob Grimm: De desiderio patriae. Hrsg. von Wilhelm Ebel. Kassel 1967, S. 12.
[36] Ebenda, S. 13.

fügte hinzu: „Die Muttersprache aber, die das festeste Fundament des Staates ist, sollten wir unermüdlich pflegen und verfeinern und nicht daran verzweifeln, daß, so weit und breit sie in Kraft steht, auch Deutschland sich erstreckt. Bei solcher Veränderung und Verwirrung der Verhältnisse, bei welcher uns in dieser unserer Zeit ein Übergang aus überlieferten Gewohnheiten in eine ganz neue Ordnung bevorsteht, tut es den Wachenden wie den Schlafenden not, die Liebe zur Heimat rein zu bewahren.“[37]

Wie sehr ihn die deutsche Einheit als drängendes Problem und höchstes politisches Ziel auch in den folgenden Jahren bewegte, zeigt eine briefliche Äußerung an den befreundeten Historiker Dahlmann aus dem Jahre 1832. Als dieser seiner Empörung über die als politisch reaktionär angesehenen Beschlüsse des Deutschen Bundes Luft machte, entgegnete Grimm auf unerwartete Weise: ihn selbst, so schrieb er, rühre es geradezu, „endlich einmal wieder von einer allgemeinen deutschen Verfügung zu hören. So sehr bedürfen wir zerrissenes und verwaistes Volk der Empfindung des fortbestehenden Zusammenhanges, daß es uns bewegt noch irgendwo eine Kraft walten und sich um uns kümmern zu sehen. Dieses Bedürfnis gemeinschaftlich regiert zu werden fühlen wir so wesentlich, daß eben die Gemeinschaft uns naturnothwendig das Verlangen gut regiert zu werden fast nur sittlich nothwendig erscheint. Mit dieser Gesinnung habe ich noch weiten Raum für Hofnung und glaube daß noch nichts verloren ist.“[38] – Jacob Grimms politische Priorität lautete, auf eine griffige Formel gebracht: „Erst Einheit, dann Freiheit“, oder noch prä-

[37] Ebenda, S. 17.

[38] Jacob Grimm an Dahlmann, 15. 7.1832. Eduard Ippel (Hrsg.): Briefwechsel zwischen Jacob und Wilhelm Grimm Dahlmann und Gervinus. 2 Bde. Berlin 1885/86, hier Bd. 1, S. 20.

ziser: „Freiheit durch Einheit". Damit verortete er sich selbst auf dem rechten Flügel des deutschen Liberalismus, und gleichzeitig widersprach er entschieden der Parole „Lieber Freiheit ohne Einheit als eine Einheit ohne Freiheit", die im selben Jahr 1832 der Anführer der aufgeklärten südwestdeutschen Liberalen, Karl von Rotteck, ausgegeben hatte.[39]

Auch der Briefwechsel mit Ludwig Hassenpflug zeigt, wie sehr ihn dieses Thema in diesen Jahren umtrieb. Deutschland könne, schreibt Grimm seinem (zu jener Zeit von ihm noch geschätzten) Schwager unter dem Eindruck der erfolgreichen Pariser Julirevolution Ende 1830, „wohl durch sich selbst nach und nach ins rechte gleise kommen, wenn es abgesondert in der welt läge, aber in Europa trübt und verwirrt es sich immer mehr, und man sieht gar nicht ab, wie weit die umwälzung dringen und was sie für neue gestaltungen der Dinge hervorbringt". Sehr klar erkennt er hier den außen- und europapolitischen Kontext, ohne dessen Einfluß auf die deutschen Angelegenheiten der Deutsche Bund in seiner damals bestehenden Gestalt nicht denkbar war. „Unser unheil war", fügt er hinzu, „daß, wie ich immer klarer einsehe, Preussen und Östreich nicht aus unserm kern und unserer mitte hervorgegangen sind, sondern aus den beiden endseiten, wo sich schon fremdes interesse in den deutschen sinn mischte". Den deutschen Großmachtdualismus zwischen den beiden Führungsmächten betrachtete Grimm also aus der kritischen Perspektive eines typischen Angehörigen der deutschen Klein- und Mittelstaaten, die sich immer wieder einmal, wenngleich keineswegs immer, als die eigentlichen Sachwalter des wichtigsten natio-

[39] Vgl. Horst Ehmke: Karl von Rotteck der „politische Professor". Karlsruhe 1964 (Freiburger rechts- und staatswissenschaftliche Abhandlungen, 3), S. 3.

nalen Anliegens verstanden. Grimm fügte enigmatisch hinzu: „Unser öffentliches wesen muß nothwendig eine andere richtung erhalten und wer weiß, was Gott mit uns vorhat“[40].

III.

Jacob Grimms in der Romantik wurzelnde, zwischen konservativen und liberalen Grundgedanken sich bewegende politische Ideenwelt muß man berücksichtigen, will man seiner Rolle als einem der berühmten „Göttinger Sieben“ gerecht werden.[41] – Im Jahre 1837 starb Wilhelm IV., König von Großbritannien und Hannover. Ihm folgte auf dem englischen Thron seine Nichte Victoria, auf dem hannoverschen Thron jedoch – da hier die weibliche Erbfolge ausgeschlossen war – sein Bruder, der Herzog von Cumberland. In England war Ernst August I., wie er sich nun nannte, einer der Anführer der radikalen Adelspartei gewesen, ein bedingungsloser Gegner jeder Reform und jeder Liberalisierung von Staat und Gesellschaft. Was er in England nicht hatte erreichen können, versuchte er nun in Deutschland durchzusetzen[42].

---

[40] Alle Zitate aus: E. Grothe: Briefwechsel Hassenpflug (wie Anm. 7), S. 117 (Jacob Grimm an Ludwig Hassenpflug, 23.12.1830).

[41] Vgl. zum folgenden Heinrich von Treitschke: Deutsche Geschichte im Neunzehnten Jahrhundert. Bd. 4. Leipzig 1927, S. 630 ff., die cum ira et studio geschriebene Darstellung der Ereignisse; außerdem: Götz von Selle: Die Georg-August-Universität zu Göttingen 1737–1937. Göttingen 1937, S. 275 ff.; Rudolf Smend: Die Göttinger Sieben. Göttingen 1951; W. Ebel: Jacob Grimm (wie Anm. 22), S. 7 ff. (vgl. bes. den Exkurs S. 30 f., der die Problematik der Angelegenheit in ihrer ganzen juristischen Komplexität aufzeigt); R. Feldmann (wie Anm. 7), S. 175 ff.; W. Scherer (wie Anm. 5), S. 193 ff.; L. Denecke (wie Anm. 5), S. 134 ff.; H. Gerstner (wie Anm. 5), S. 82 ff.; umfassende Analyse aus staats- und verfassungshistorischer Perspektive bei Ernst Rudolf Huber: Deutsche Verfassungsgeschichte seit 1789. Bd. 2. 3. Aufl. Stuttgart usw. 1988, S. 91 ff.

[42] Zur Lebensgeschichte dieses Königs siehe die immer noch unüberholte Biographie von Geoffrey Malden Willis: Ernst August König von Hannover. Hannover 1961, passim. Zur Geschichte der „Göttinger Sieben“ gibt der englische Autor eine interessant zu lesende „gegen den Strich gebürstete“ Darstellung aus der Perspektive des Monarchen, siehe bes. S. 170 ff.

Indem er gegen Artikel 56 der Wiener Schlußakte des Deutschen Bundes von 1820 verstieß, in dem festgelegt war, daß die bestehenden landesüblichen Verfassungen nur auf verfassungsgemäßen Wege wieder abgeändert werden könnten, erklärte Ernst August wenige Tage nach seinem Einzug in Hannover am 5. Juli 1837 die erst seit 1833 bestehende Verfassung für unverbindlich; einige Monate später schaffte er sie dann vollständig ab; die Ständeversammlung wurde vertagt. Durch ganz Deutschland ging ein Sturm der Entrüstung, der sich nicht nur innerhalb des bürgerlichen und liberalen Lagers artikulierte. – Auch an der hannoverschen Landesuniversität Göttingen war man sich über die Ablehnung der königlichen Maßnahme weitgehend einig, allerdings wagten letztlich nur sieben Professoren, unter ihnen Jacob und Wilhelm Grimm, einen entschiedenen Protest gegen diesen Willkürakt: Sie beharrten auf der Gültigkeit ihres Beamteneides, den sie nicht nur auf den König, sondern auch auf die Verfassung geleistet hatten. Was dann folgte, ist allgemein bekannt: Die Sieben wurden auf Befehl des Königs umgehend ihres Amtes enthoben, drei von ihnen, darunter Jacob Grimm, mußten Göttingen binnen drei Tagen verlassen, weil sie den Text der (zuerst nur intern eingereichten) Protesterklärung einigen Freunden zugänglich gemacht hatten. – Ernst August kommentierte diese Maßnahme im übrigen mit der Bemerkung, Professoren, Huren und Ballettänzerinnen könne man für Geld überall haben.

In einer Rechtfertigungsschrift mit dem Titel „Über meine Entlassung“ hat der Göttinger Gelehrte kurz nach dem Verlassen seiner Wirkungsstätte Aufschluß gegeben über die zentralen Motive seines Handelns. Er sah sich durchaus zwischen den Parteiungen der damaligen Zeit stehend, und wer von ihm ein offenes Bekenntnis zum Liberalismus dieser Epoche erwartet hatte, wurde enttäuscht: „Ich fühle mich eingenommen für alles Bestehende, für Fürsten und Verfassungen [...]. Die Person des Fürsten bleibt uns geheiligt, während wir seine Maßregeln und Handlungen nach menschlicher Weise betrachten.“[43] Die „Constitutionellen“, die bemüht seien, „das Obere hinab, das Niedere hinauf zu rücken“, deren „eigentliches Gefallen [...] das Gewöhnliche, Nützliche“[44] sei, diejenigen unter den zeitgenössischen Liberalen, die „das Mittelalter [verachten] und [...] wider Barbarei und Feudalismus“[45] schreien, sind ihm, wie er hier ausdrücklich sagt, ebenso zuwider wie die „Absolutisten“, die „auf eine unnatürliche Tätigkeit aller Dinge“[46] aus seien. Damit stimmt überein, was Grimm im Dezember 1837 an seinen Lehrer Savigny nach Berlin schrieb, der den Göttinger Protest nur mit Unbehagen betrachtete: „Sie trauen mir zu, daß mir aller moderner Liberalismus von Grunde zuwider ist“, – und worauf es ihm wirklich ankam, formu-

Jacob Grimm

über seine Entlassung.

Basel.

1838.

Jacob Grimm über seine Entlassung. Basel 1838, Titelblatt der Rechtfertigungsschrift

[43] Jacob Grimm über seine Entlassung (1838). In: J. Grimm: Ausgewählte Schriften (wie Anm. 2), S. 45.
[44] Ebenda, S. 44.
[45] Ebenda, S. 45.
[46] Ebenda, S. 44.

lierte er gleich darauf: „Aber mein Gewissen läßt sich keinen Meineid zumuten.“[47]

Für Jacob Grimm stand nicht nur der rein politische Aspekt im Vordergrund, also nicht nur die Überzeugung vom Wert einer geschriebenen, die Details des Staatslebens verbindlich regelnden Verfassung. Entscheidend war für ihn ebenfalls und nicht weniger der „sittliche“ Aspekt des Professorenberufs, den er – im durchaus wörtlichen Sinn des „profiteri“ – als Bekennen der Wahrheit auffaßte. In seiner Verteidigungsschrift heißt es dementsprechend: „Der offne, unverdorbene Sinn der Jugend fordert, daß auch die Lehrenden, bei aller Gelegenheit, jede Frage über wichtige Lebens- und Staatsverhältnisse auf ihren reinsten und sittlichsten Gehalt zurückführen und mit redlicher Wahrheit beantworten“. Und zwar gelte dies, so Grimm weiter, keineswegs nur für die Professoren „des öffentlichen Rechts und der Politik“, die „kraft ihres Amtes angewiesen“ seien, „die Grundsätze des öffentlichen Lebens aus dem lautersten Quell ihrer Einsichten und Forschungen zu schöpfen“, sondern auch für alle anderen: „Lehrer der Geschichte können keinen Augenblick verschweigen, welchen Einfluß Verfassung und Regierung auf das Wohl oder Wehe der Völker übten, Lehrer der Philologie stoßen allerwärts auf ergreifende Stellen der Classiker über die Regierungen des Alterthums, oder sie haben den lebendigen Einfluß freier oder gestörter Volksentwicklung auf den Gang der Poe-

[47] Jacob Grimm an Savigny, 13.12.1837. Wilhelm Schoof / Ingeborg Schnack (Hrsg.): Briefe der Brüder Grimm an Savigny. Aus dem Savignyschen Nachlaß. Berlin / Bielefeld 1953 (Veröffentlichungen der Historischen Kommission für Hessen und Waldeck, 23,1), S. 390; diese Rechtfertigung konnte allerdings eine zunehmende Entfremdung beider Seiten nach 1838 nicht verhindern, vgl. hierzu: Adolf Stoll: Friedrich Karl v. Savigny. Ein Bild seines Lebens mit einer Sammlung seiner Briefe. 3 Bde. Berlin 1927–1929, hier Bd. 2, S. 500 ff. u. a.; Franz Wieacker: Savigny und die Gebrüder Grimm. In: ders., Gründer und Bewahrer. Rechtslehrer der neueren deutschen Privatrechtsgeschichte. Göttingen 1959, S. 146 ff.

sie und sogar den innersten Haushalt der Sprachen unmittelbar darzulegen". Kurz gesagt, kein akademischer Lehrer dürfe gegen die zentrale Pflicht verstoßen, „den Sinn und das Bedürfnis der Jugend für das Heilige, Einfache und Wahre zu stimmen und zu stärken"[48].

Man könnte gerade diese Formulierungen als realitätsfernen und im Kern eigentlich zutiefst unpolitischen Idealismus eines bekennenden Romantikers abtun. Aber damit würde man Jacob Grimm und seinem Anliegen nicht gerecht. Gewiß mag man es als politisches Defizit auffassen, daß er sich mit dem konstitutionellen Liberalismus nicht anzufreunden vermochte, daß er es vermied, ein konkretes politisches Programm zu definieren und daß er so zäh das Althergebrachte, gerade auch die traditionelle Stellung der deutschen Fürsten, verteidigte. Entscheidend ist in diesem Fall aber, daß er am Recht als dem unabdingbaren Fundament allen politischen Handelns strikt festhielt. Das Recht stand seiner Überzeugung nach nicht nur über jedem einzelnen Untertanen eines Landes, sondern ebenfalls über dem Fürsten. Ungeachtet seiner sonst durch Tradition und Sitte geheiligten und bevorrechtigten Stellung kann es einem Monarchen trotzdem niemals zukommen, gegen das geltende Recht zu verstoßen. Ein solches Vorgehen stellt nichts weniger dar als einen fundamentalen Bruch mit althergebrachter Sitte, mit den ethischen Grundlagen jeder gemeinschaftlichen Ordnung des Menschen – und ist aus diesem Grunde unbedingt und kompromißlos abzulehnen. Denn ein bewußt vorgenommener Bruch der sittlichen Ordnung zerstört in letzter Konsequenz die Fundamente jeder sinnvollen menschlichen Existenz. Davon war Grimm zutiefst überzeugt, und noch das dem Nibelungenlied

[48] Alle Zitate: Jacob Grimm über seine Entlassung (wie Anm. 43), S. 50.

entnommene, berühmte Motto seiner Entlassungsschrift „War sind die eide komen?" (Wohin ist es mit den Eiden gekommen?) deutet dies an. Eine solche Haltung wird man also kaum als „unpolitisch" bezeichnen können.

Es kam noch etwas anderes hinzu. Die Brüder Grimm haben sich zeitlebens – bei aller tiefempfundenen, inneren Bindung an ihre hessische Heimat und bei allem Sinn für die historisch gewachsenen landschaftlichen Strukturen Deutschlands – als Gegner des deutschen Partikularismus, der deutschen Kleinstaaterei empfunden. Hierin sahen sie den Hauptgrund für die 1815 ausgebliebene innere Einigung ihres Vaterlandes. Als treibende Kraft dieser einheitshindernden partikularistischen Bestrebungen aber erschienen ihnen die deutschen Fürsten, denen es in egoistischer Verblendung immer nur um die Sicherung eigener Vorrechte und Vorteile, niemals aber um Deutschland als Ganzes ging; ein typisches Beispiel hierfür boten die Kurfürsten von Hessen gerade in den Verfassungskonflikten der 1830er Jahre[49]. Das heftige Aufbegehren der Brüder Grimm gegen König Ernst August von Hannover und dessen Verfassungspolitik im Jahre 1837 hatte also auch hierin eine seiner Ursachen[50].

Nach dem Göttinger Desaster kehrten Jacob Grimm und etwas später sein Bruder Wilhelm wieder nach Kassel zurück, wo sie sich in ihre wissenschaftlichen Studien vergruben. Ende 1840 jedoch, nach dem Thronwechsel in Preußen, wurden Jacob und Wilhelm nach Berlin an die Königliche Akade-

[49] Hierzu siehe statt vieler die grundlegende Darstellung und Analyse von Ewald Grothe: Verfassungsgebung und Verfassungskonflikt. Das Kurfürstentum Hessen in der ersten Ära Hassenpflug 1830 –1837. Berlin 1996 (Schriften zur Verfassungsgeschichte, 48).

[50] Hierfür finden sich sehr aufschlußreiche Belege im Hassenpflug-Briefwechsel; siehe zum Verhältnis der Brüder Grimm zu Hassenpflug und ihre Kritik an dessen hessisch-kleinstaatlicher Politik auch die Bemerkungen des Herausgebers Ewald Grothe in seiner Einleitung. E. Grothe: Briefwechsel Hassenpflug (wie Anm. 7), S. 31 ff. u. passim.

mie der Wissenschaften berufen, mit dem Recht – aber nicht der Pflicht –, Vorlesungen an der Universität zu halten[51]. Daß Jacob Grimm den Blick für die politischen Notwendigkeiten und Forderungen des Tages indes, trotz aller Erfahrungen der vergangenen Jahre, keineswegs verloren hatte, zeigte seine Berliner Antrittsvorlesung „Über die Alterthümer des deutschen Rechts" vom April 1841. Mit eindringlichen Worten wies er auf die tiefgegründeten Analogien zwischen der Entwicklung des Rechts, der Entstehung und Entfaltung der Sprache sowie der politischen Geschichte hin; er forderte seine Zuhörer auf, sich der deutschen Geschichte, die er als „unsere unmittelbare Lehrerin"[52] bezeichnete, zuzuwenden, um die Gegenwart aus der Vergangenheit heraus zu verstehen. „Mein Zweck", so schloß er charakteristischerweise, „ist gleichwol ein practischer, denn was könnte practischer sein als das gefühl für das vaterland anzufachen."[53]

Als die schleswig-holsteinische Frage akut wurde, verfaßte Grimm 1846 eine öffentliche Adresse an den preußischen König, die er zusammen mit anderen wissenschaftlichen Größen der preußischen Hauptstadt und der Berliner Universität, wie Ranke, Lachmann, Trendelenburg und Pertz, unterzeichnete. Man empfahl Friedrich Wilhelm IV. das „heilsamste Einschreiten" in dieser vaterländischen Angelegenheit, denn sie habe „gar nichts gemein mit dem treiben der politischen parteien, die uns bewegen, sondern wird von den männern jeder farbe mit demselben auge angesehn, wenn sie es nur offen erhalten haben für das geliebte vaterland."[54]

---

[51] Hierzu siehe Max Lenz: Geschichte der königlichen Friedrich-Wilhelms-Universität zu Berlin. Bd. 2/2. Halle a. S. 1918, S. 13 ff.

[52] Jacob Grimm: Über die Alterthümer des deutschen Rechts (1841). In: J. Grimm: Kleinere Schriften (wie Anm. 6), Bd. 8, S. 550.

[53] Ebenda, S. 551.

[54] Ders.: Adresse an den König für Schleswig-Holstein (1846). In: ebenda, S. 431.

Und als zwei Jahre später die Revolution ausbrach, stellte Jacob Grimms Wahl in die Frankfurter Nationalversammlung eigentlich keine Überraschung dar[55]. Es ist überaus kennzeichnend für ihn, daß er sich keiner der bestehenden Fraktionen anschloß, was sich sinnfällig darin ausdrückte, daß er in der Paulskirche nicht innerhalb der Sitzreihen, sondern im Mittelgang, unmittelbar vor dem Rednerpult seinen Platz einnahm. Wie seine – nur spärlichen – Diskussionsbeiträge zeigen, ging es ihm weniger um Spezialprobleme der Organisation und Form eines künftigen deutschen Staates, sondern zuallererst um die noch nicht verwirklichte politische Einigung Deutschlands. Er stellte klar, daß die Verzettelung in der Behandlung formaler Fragen die deutsche Einigung verzögere und warnte nachdrücklich davor, durch eine falsche Geschäftsordnung einen „zu großen spielraum der doktrinären willkür zu eröffnen." Immer wieder wies er auf die zentrale Aufgabe der Versammlung hin: „uns allen ist aber auch die große angelegenheit des vaterlandes anvertraut. [...] das volk sehnt sich, erwartet eine baldige entscheidung über die hauptangelegenheit."[56]

Sehr bezeichnend für seine – in einem sehr spezifischen Sinne deutschen – liberalen politischen Grundüberzeugungen war nicht zuletzt die klare Stellungnahme, die er in der Grundrechtsdebatte gegen die sogenannten „Ideen von 1789" und für den auf altgermanischer Tradition beruhenden deutschen Freiheitsbegriff abgab; es handelt sich um seinen berühmten Vorschlag für die Gestaltung des ersten Artikels der von der Paulskirche zu schaffenden neuen gesamtdeutschen Verfassungsurkunde: „Zu meiner Freude hat in dem Entwurf des Aus-

[55] Vgl. hierzu v. a. R. Feldmann (wie Anm. 7), S. 234 ff.
[56] Jacob Grimm: [Über Geschäftsordnung]. In: J. Grimm: Kleinere Schriften (wie Anm. 6), Bd. 8, S. 436 f.

schusses unserer künftigen Grundrechte die Nachahmung der französischen Formel ‚Freiheit, Gleichheit und Brüderlichkeit' gefehlt. Die Menschen sind nicht gleich [...], sie sind auch im Sinne der Grundrechte keine Brüder; vielmehr die Brüderschaft [...] ist ein religiöser und sittlicher Begriff, der schon in der heiligen Schrift enthalten ist, aber der Begriff von Freiheit ist ein so heiliger und wichtiger, daß es mir durchaus nothwendig erscheint, ihn an die Spitze unserer Grundrechte zu stellen. Ich schlage also vor, daß der Artikel I des Vorschlages zum zweiten gemacht, und dafür ein erster folgenden Inhalts eingeschaltet werde: ‚Alle Deutschen sind frei, und deutscher Boden duldet keine Knechtschaft. Fremde Unfreie, die auf ihm verweilen, macht er frei'. Ich leite also aus dem Rechte der Freiheit noch eine mächtige Wirkung der Freiheit her, wie sonst die Luft unfrei machte, so muß die deutsche Luft frei machen“[57]. Dieser Vorschlag fand in der Nationalversammlung keine Zustimmung.

Auch ein anderer, ebenfalls berühmter Antrag, den Jacob Grimm am 1. August 1848 im Parlament der Paulskirche einbrachte und der erneut ein bezeichnendes Licht auf seine politischen Grundüberzeugungen wirft, wurde abgelehnt: die Abschaffung des Adels. Grimm beantragte einen Verfassungsartikel des Inhaltes: „Alle rechtlichen Unterschiede zwischen Adeligen, Bürgerlichen und Bauern hört auf, und keine Erhebung weder in den Adel noch aus einem niedern in den höheren Adel findet statt“[58]. Der Adel sei, so begründete Grimm seinen Antrag, nur mehr „eine Blume, die ihren Geruch verloren hat, vielleicht auch ihre Farbe“. Doch die eigentliche Begründung

[57] Franz Wigard (Hrsg.): Stenographischer Bericht über die Verhandlungen der Deutschen Constituirenden Nationalversammlung zu Frankfurt am Main. Bd. 1. Frankfurt a. M. 1848, S. 737.
[58] Ebenda, Bd. 2, S. 1311.

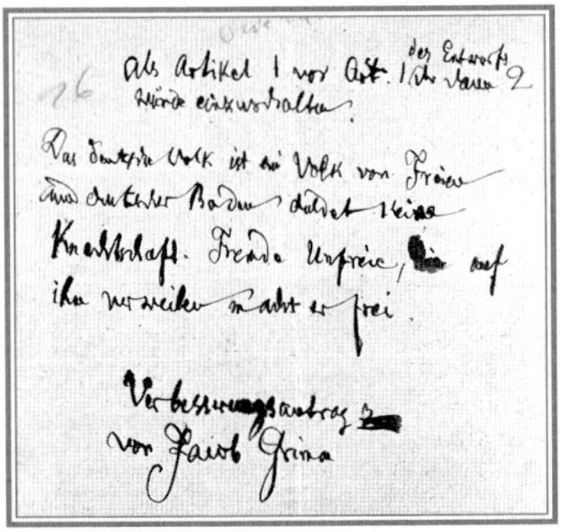

Als Artikel 1 vor Art. 1 des Entwurfs würde einzuschalten:

Das deutsche Volk ist ein Volk von Freien und deutscher Boden duldet keine Knechtschaft. Fremde Unfreie, die auf ihm verweilen, macht er frei.

Verbesserungsantrag von Jacob Grimm

Jacob Grimm: Antrag zur Beratung der Grundrechte, Frankfurt a. M. am 4. Juli 1848

griff tiefer: „Wir wollen die Freiheit, als das Höchste, aufstellen, wie ist es dann möglich, daß wir ihr noch etwas Höheres hinzugeben? Also schon aus diesem Grunde, weil die Freiheit unser Mittelpunkt ist, darf nicht neben ihr noch etwas anderes Höheres bestehen. Die Freiheit war in unserer Mitte, so lange deutsche Geschichte steht, die Freiheit ist der Grund aller unserer Rechte von jeher gewesen; so schon in der ältesten Zeit. Aber neben der Freiheit hob sich eine Knechtschaft, eine Unfreiheit auf der einen und auf der anderen Seite eine Erhöhung der Freiheit selbst. In dieser Gliederung scheint mir ein Beweis gegen den Adel zu liegen. Als die härtere Unfreiheit sich in eine mildere auflöste und neben der härteren bestand, da entsprang auch eine Erhöhung der Freiheit in den Adel und des Adels in die fürstliche Würde. Nachdem diese Erhöhung der Unfreiheit aufgehört hat, muß auch die des Adels fallen“[59]. Bereits lange vor der Revolution hatte Grimm im übrigen eine deutlich kritische Haltung gegenüber dem Adel eingenommen[60].

[59] Ebenda, S. 1310.

[60] Dazu siehe auch die aufschlußreichen Äußerungen in einem Brief an den Schwager Hassenpflug vom 15. 1. 1835. E. Grothe: Briefwechsel Hassenpflug (wie Anm. 7), S. 252: „Wenn ein unterschied zwischen adel und bürgerstand, für unser zeitalter recht und natürlich ist, so kann die meinung nicht sein, dass ausgezeichnete bürgerliche in den adel aufgenommen werden sollen, das würde heissen, dem einen theil, zu gunsten des andern, seine kraft entziehen, was ungerecht ist, und das ganze verhältnis zuletzt verrückt und über den haufen wirft“.

Daß Jacob Grimm an dieser Stelle historisch argumentiert, verwundert nicht; Gelehrtes und Politisches fließen hier bei ihm, wie stets, ineinander. Doch die Ideenwelt, die hier wenigstens im Ansatz sichtbar wird, besitzt tiefere Wurzeln und eine größere Bedeutung, als einer oberflächlichen Betrachtung auf den ersten Blick zugänglich sein mag. Grimms Äußerungen zur spezifisch „deutschen" Freiheitstradition gehörten in den größeren Zusammenhang der sogenannten germanischen Freiheitsidee, die letztlich zurückgeht auf die humanistische Rezeption der „Germania" des Tacitus. Diese Auffassung schreibt der deutschen und auch der angelsächsischen verfassungspolitischen Tradition eine ihr inhärente, von der „römischen" Tradition strikt unterschiedene, spezifische Freiheitsidee zu, die darin bestehen soll, daß ein Gemeinwesen im Kern aus einem Zusammenschluß „freier Männer" besteht und daß jede Obergewalt, besonders jede fürstliche oder königliche Macht, auf dem Einverständnis eben dieser freien Männer beruht, also auch von ihr abzuleiten ist. Diese Idee ist etwa bei der Herausbildung des englischen Parlamentarismus wirksam geworden, und sie hat auch in Deutschland noch im 19. Jahrhundert bedeutende Wirkungen sowohl im liberalen wie auch im konservativen Lager ausgeübt[61]. Jacob

[61] Vgl. hierzu u.a. Erwin Hölzle: Die Idee einer altgermanischen Freiheit vor Montesquieu. Fragmente aus der Geschichte politischer Freiheitsbestrebungen in Deutschland, England und Frankreich vom 16. – 18. Jahrhundert. München / Berlin 1925 (HZ, Beiheft 5); Hildburg Hunke: Germanische Freiheit im Verständnis der deutschen Rechts- und Verfassungsgeschichtsschreibung. Jur. Diss. Göttingen 1972; Dietmar Willoweit: Von der alten deutschen Freiheit. Zur verfassungsgeschichtlichen Bedeutung der Tacitus-Rezeption. In: Erk Volkmar Heyen (Hrsg.), Vom normativen Wandel des Politischen. Rechts- und staatsphilosophisches Kolloquium aus Anlaß des 70. Geburtstages von Hans Ryffel. Berlin 1984 (Schriftenreihe der Hochschule Speyer, 94), S. 17– 42; Ulrich Muhlack: Die Germania im deutschen Nationalbewußtsein vor dem 19. Jahrhundert. In: Herbert Jankuhn / Dieter Timpe (Hrsg.), Beiträge zum Verständnis der Germania des Tacitus. Tl. 1. Göttingen 1989 (Abhandlungen der Akademie der Wissenschaften in Göttingen. Phil.-histor. Klasse, 3, 175), S. 128 –154. – Wichtig zum Zusammenhang ebenfalls Hans Maier: Das Freiheitsproblem in der deutschen Geschichte. Heidelberg 1992 (Juristische Studiengesellschaft Karlsruhe. Schriftenreihe, 201).

Grimm kann als einer ihrer typischen Vertreter angesehen werden; auch er gehört in den größeren Zusammenhang eines – später sich verändernden – ebenfalls in Großbritannien und in Skandinavien zu findenden „politischen Germanismus", dessen Bedeutung erst in Ansätzen erforscht worden ist[62].

Diese nur scheinbar radikalen, in ihren Wurzeln jedoch tief traditional-historischen Ideen Grimms führten ihn durchaus zu einer scharfen Kritik an allen Versuchen des von ihm strikt abgelehnten und als unhistorisch und doktrinär angesehenen linken Liberalismus und demokratischen Radikalismus zur Schaffung einer vollkommen neuen, alle historischen Bindungen abstreifenden politischen Ordnung. Es heißt in einem Brief aus dieser Zeit: „die unsinnigen democraten achten weder götter, noch göttersage und geschichte; sie möchten das ganze land aufreißen und den samen des unkrauts auswerfen."[63] Noch deutlicher wurde er übrigens in der im Juni 1848 niedergeschriebenen Widmung seiner „Geschichte der Deutschen Sprache" an den Freund und Berufskollegen Georg Gottfried Gervinus. Ein „roher wahn" sei es, „alle unsere geschichte von Arminius an [...] als unnütz der vergessenheit zu übergeben und blosz am eingebildeten recht der kurzen spanne unserer zeit mit dem heftigsten anspruch zu hängen"; es gelüste „diese selbstsüchtigen nach dem bodenlosen meer einer allgemeinheit, das alle länder überfluten soll."[64] Leidenschaftlich mahnte Grimm, eingedenk der „herrlichkeit des

[62] Siehe vor allem Heinz Gollwitzer: Zum politischen Germanismus des 19. Jahrhunderts. In: Festschrift für Hermann Heimpel zum 70. Geburtstag am 19. September 1971. Hrsg. von den Mitarbeitern des Max-Planck-Instituts für Geschichte. Bd. 1. Göttingen 1971 (Veröffentlichungen des Max-Planck-Instituts für Geschichte, 36 / 1), S. 282 – 356, zu Jacob Grimm S. 288 f.

[63] Jacob Grimm an J. W. Wolf, 28. 6.1848. E.[dmund] Stengel: Private und amtliche Beziehungen der Brüder Grimm zu Hessen. Eine Sammlung von Briefen und Actenstücken als Festschrift zum 100. Geburtstag Wilhelm Grimms den 24. Februar 1886. 3 Bde. Marburg 2. Aufl. 1895/1910, hier Bd. 2, S. 310.

[64] Jacob Grimm: Geschichte der Deutschen Sprache. 2. Aufl. Leipzig 1853, S. III.

lebendigen vaterlandes" das in jeder Hinsicht „wichtigste" Ziel nicht aus den Augen zu verlieren: „Jetzt haben wir das politische im überschwank, und während von des volks freiheit, die nichts mehr hindern kann, die vögel auf dem dach zwitschern, seiner heiszersehnten uns allein macht verleihenden einheit kaum den schatten. o dasz sie bald nahe und nimmer von uns wiche!"[65] Doch auch dieses Mal wieder sollten Grimms Hoffnungen auf Einheit in „unserem widernatürlich gespaltenen vaterland"[66] betrogen werden.

IV.

Jacob Grimm kehrte wieder dorthin zurück, wo für ihn allein Trost zu finden war: zur Wissenschaft von der deutschen Sprache und Literatur. Man hat später seine Neigung, sich auch den kleinsten Detailproblemen der von ihm bearbeiteten Disziplinen mit besonderer Hingabe zu widmen, als etwas typisch Deutsches sehen wollen. Bereits Sulpiz Boisserée hat in einem Brief an Goethe die Geisteshaltung und die Methode Jacob Grimms mit einer durchaus spöttisch gemeinten, später vielzitierten Formulierung

Die Paulskirche in Frankfurt am Main, Tagungsort der ersten Deutschen Nationalversammlung, Lithographie, 1848

[65] Ebenda, S. IV.
[66] Ebenda, S. V.

als „Andacht zum Unbedeutenden“ bezeichnet, die man vielleicht etwas vorschnell zum „Ehrennamen“ gemacht hat.[67] Jacob Grimms ausgesprochene Neigung, sich mit dem Kleinen und scheinbar Unbedeutenden zu befassen, ist nicht bestreitbar; er sagte selbst von sich: „von der groszen heerstrasze abwärts liebe ich es durch enge kornfelder zu wandeln und ein verkrochenes wiesenblümchen zu brechen, nach dem andere sich nicht niederbücken würden.“[68]

Jacob Grimm bekannte sich also ausdrücklich zu dieser Eigenschaft, doch war er sich gleichzeitig bewußt, daß es sich hierbei nicht nur um eine verbreitete deutsche „Eigenschaft“, sondern um ein spezifisch deutsches „Problem“ handelte. An einen französischen Gelehrten schrieb er einmal: „Unsere Art zu studieren und im Publikum aufzutreten weicht von der französischen ohne Zweifel oft zu unserem Nachteile ab, hängt aber zusammen mit unserer politischen Zerstückelung und Ohnmacht. Wir freuen uns still des Einzelnen und Kleinen“[69]. Freilich blieb Grimm bei der Konstatierung dieses Tatbestandes keineswegs stehen, sondern er betonte mit Nachdruck die Notwendigkeit, zur wissenschaftlichen Synthese zu gelangen, also wiederum „das Kleine zur Erläuterung des Großen [...] zu brauchen.“[70] Er hatte die abstrakt-rationalistischen Deduktionen des achtzehnten Jahrhunderts im Bereich der Sprach- und Literaturforschung als Irrweg erkannt und mit seiner konsequenten Anwendung der „induktiven“, vom vorliegenden Material, von Fakten und Tatsachen ausgehenden Forschungs-

---

67 Vgl. W. Scherer (wie Anm. 5), S. 124.

68 J. Grimm: Geschichte der Deutschen Sprache (wie Anm. 64), S. VIII; vgl. auch ders.: Kleinere Schriften (wie Anm. 6), Bd. 8, S. 33 f., 545 f., sowie ders., Über Frauennamen aus Blumen. In: ders., Ausgewählte Schriften (wie Anm. 2), S. 215 u. a.

69 Zit. nach W. Scherer (wie Anm. 5), S. 253; vgl. J. Grimm: Geschichte der Deutschen Sprache (wie Anm. 64), S. XIII.

70 J. Grimm: Selbstbiographie. In: ders.: Ausgewählte Schriften (wie Anm. 2), S. 137.

methode die moderne Sprach- und Literaturwissenschaft erst eigentlich begründet.

Zu keiner Zeit allerdings beschränkte sich Jacob Grimms Wissenschaftsverständnis auf die jeweils engsten Bereiche seiner Fächer und Disziplinen. Sein beständiges Hinweisen auf die Notwendigkeit interdisziplinärer Forschung[71] und seine unablässige Betätigung auch in anderen Wissenschaften (im besonderen der Rechts- und Geschichtswissenschaften) bezeugen die Universalität seiner Persönlichkeit als Gelehrter: „Sprachforschung der ich anhänge und von der ich ausgehe", bemerkte er beispielsweise, „hat mich doch nie in der weise befriedigen können, dasz ich nicht immer gern von den wörtern zu den sachen gelangt wäre; ich wollte nicht blosz häuser bauen sondern auch darin wohnen. mir kam es versuchenswerth vor, ob nicht der geschichte unseres volks das bett von der sprache her aufgeschüttelt werden könnte, und [...] umgekehrt auch die geschichte aus dem unschuldigen standpunct der sprache gewinn entnehmen sollte."[72]

Sein Glaube an die Wissenschaft blieb auch in schweren Zeiten unerschüttert: „Von der wissenschaft hege ich die höchste vorstellung. alles wissen hat eine elementarische kraft und gleicht dem entsprungenen wasser, das unablässig fortrinnt, der flamme, die einmal geweckt ströme von licht und wärme aus sich ergieszt."[73] Und wie sehr er seine eigene Wissenschaft von der Sprache und Literatur, trotz aller Detailversessenheit, auch später noch als genuin politische Wissen-

---

[71] Vgl. u.a. ders.: Geschichte der Deutschen Sprache (wie Anm. 64), S. VIII.

[72] Ebenda, S. XI; zur geistigen Universalität Jacob Grimms vgl. auch die Bemerkungen bei Klaus Ziegler: Jacob Grimm und die Entwicklung des modernen deutschen Nationalbewußtseins. In: Zeitschrift des Vereins für hessische Geschichte und Landeskunde 74 (1963), S. 153, 155 f., 178.

[73] Jacob Grimm: Über Schule Universität Akademie (1849). In: ders.: Kleinere Schriften (wie Anm. 6), Bd. 1, S. 214.

schaft begriff, zeigt – neben anderem – seine berühmte Definition eines Volkes: „ein volk ist der inbegriff von menschen, welche dieselbe sprache reden. das ist für uns Deutsche die unschuldigste und zugleich stolzeste erklärung, weil sie mit einmal über die gitter hinwegspringen und jetzt schon den blick auf eine näher oder ferner liegende, aber ich darf wol sagen einmal unausbleiblich heranrückende zukunft lenken darf, wo alle schranken fallen und das natürliche gesetz anerkannt werden wird, dasz nicht flüsse, nicht berge völkerscheide bilden, sondern dasz einem volk, das über berge und ströme gedrungen ist, seine eigne sprache allein die grenze setzen kann.“[74]

Das Bild von Jacob Grimms Wissenschaftsverständnis müßte unvollständig bleiben, wenn ein Hinweis auf die „kompensatorische Funktion“ fehlte, die er der deutschen Wissenschaft in ihrer Beziehung zur gegebenen, konkreten politischen Lage des eigenen Volkes zuwies. Am klarsten hat er dies vielleicht in seinem berühmten, im November 1849 in der Preußischen Akademie der Wissenschaften gehaltenen Vortrag „Über Schule Universität Akademie“ ausgedrückt: „Wir Deutschen, denen zu heisz drückender schmach das ersehnteste recht eines freien volkes, das seiner ungehemmten einheit bisher noch vorenthalten wird, erblicken in einem solchen gebrechen gegenüber an sich dennoch groszen ersatz und trost dafür in dem anerkannten ruf, dasz was auf wissenschaft und deren förderung bezogen werden kann, alles bei uns fast in höherem grade vorhanden ist, als bei den mächtigen, einsichtsvollsten völkern der gegenwart [...] und vermag der geist einen hinfälligen leib aufrecht zu erhalten [...], so kann ohne

[74] Ders.: Über die wechselseitigen Beziehungen und die Verbindung der drei in der Versammlung vertretenen Wissenschaften (Vortrag auf der Germanistenversammlung Frankfurt a.M. 1846). In: ders.: Kleinere Schriften (wie Anm. 6), Bd. 7, S. 557.

ruhmredigkeit behauptet werden, dasz unsere wissenschaft und errungene literatur, das untilgbare gefühl für sprache und poesie es gewesen sind, die in zeiten härtester trübsal und tiefster ohnmacht des deutschen reichs das volk gestärkt, innerlich angefacht und erhoben, ja den sonst nichts hätte aufhalten mögen vor untergang uns bewahrt haben."[75]

Man sieht: es war nicht nur die Freude an den Dingen selbst, nicht nur die vielzitierte „Andacht zum Unbedeutenden", die den innersten Antrieb zu einem mit eisernem Fleiß erarbeiteten wissenschaftlichen Lebenswerk von außerordentlichem Umfang und höchstem Rang darstellte, sondern nicht weniger das Bewußtsein, dem eigenen Volk zu dienen, um auf diese Weise einen Beitrag zur ersehnten Einigung des Vaterlandes zu leisten. Aber Jacob Grimm war sich auch des Tragischen, das sich in einer solchen Existenz ausdrückte, in vollem Maße bewußt, denn er fuhr mit der Frage fort: „was [...] mit verzehnfachtem selbstgefühl würden wir ausgerichtet haben, hätte aller unsrer wissenschaft, das heiszt der erhebung des geistes auch ein stolzes bewustsein der stärke und macht des vaterlandes, als eines bodens, von dem der geist sich schwingen, auf den er weilend sich nieder lassen könne, zum grunde gelegen?"[76]

Nicht nur die politischen Verhältnisse in Deutschland, die eine Einigung in weite Ferne gerückt erscheinen ließen, verdüsterten sein letztes Lebensjahrzehnt, sondern nicht weniger die Arbeit am „Deutschen Wörterbuch". Beide Brüder hatten damit, wie Jacob Grimm in seiner Gedenkrede auf Wilhelm Grimm formulierte, „noch zuletzt gegen unseres lebens neige ein werk von unermeszlichem umfang auf die schultern genom-

[75] Ders.: Über Schule (wie Anm. 73), S. 213.
[76] Ebenda.

men, besser, dasz es früher geschehen wäre"[77]. Die unerquickliche und eintönige Arbeit wurde dennoch mit dem gewohnten disziplinierten Fleiß absolviert, und 1854 konnte der erste Band dieses nicht genug zu rühmenden Werkes der Öffentlichkeit vorgestellt werden. In der Vorrede hob Jacob Grimm wiederum ausdrücklich den politischen Charakter des Wörterbuches hervor. Wenn „nach dem gewitter von 1848 rückschläge lang und schwerfällig die luft durchziehen", dann habe man auf andere Weise seine Pflicht für das Vaterland zu erfüllen, denn „seit den befreiungskriegen ist in allen edlen schichten der nation anhaltende und unvergehende sehnsucht entsprungen nach den gütern, die Deutschland einigen und nicht trennen, die uns allein den stempel voller eigenheit aufdrücken und zu wahren im stande sind."[78] Er war sich bewußt, „ein vaterländisches werk, das alle freuen sollte, und reiche vorräte öfnet"[79], zu schaffen, durch das „der ruhm unserer sprache und unsers volks, welche beide eins sind, [...] erhöht sein werde."[80] Er, der alte Mann, dessen Tage, wie er sagte, „nahe verschlissen" waren, hinterließ den Deutschen das Wörterbuch als Geschenk und Vermächtnis, aber auch als Verpflichtung: „Deutsche geliebte landsleute, welches reichs, welches glaubens ihr seiet, tretet ein in die euch allen aufgethane halle eurer angestammten, uralten sprache, lernet und heiliget sie und haltet an ihr, eure volkskraft und dauer hängt in ihr."[81]

Es hat Augenblicke gegeben, in denen der alte Jacob Grimm von einem Gefühl des Scheiterns seiner zeitlebens verfolgten

[77] Jacob Grimm: Rede auf Wilhelm Grimm (1860). In: ders.: Ausgewählte Schriften (wie Anm. 2), S. 75.

[78] Ders.: Vorreden zum Deutschen Wörterbuch (Sonderausgabe). Darmstadt 1961, S. 14; vgl. ebenda, S. 9.

[79] Ebenda, S. 85.

[80] Ebenda.

[81] Ebenda.

politischen Bestrebungen fast erdrückt worden ist. Im Jahre 1858 etwa übermannte ihn eine solche Stimmung; sie spiegelt sich besonders deutlich in einem Brief an Georg Waitz wider, in dem es heißt: „Wie oft muß einem das traurige Schicksal unseres Vaterlandes in den Sinn kommen und auf das Herz fallen, und das Leben verbittern. Es ist an gar keine Rettung zu denken, wenn sie nicht durch grosse Gefahren und Umwälzungen herbeigeführt wird. [...] Es kann nur durch rücksichtslose Gewalt geholfen werden. Je älter ich werde, desto demokratischer gesinnt bin ich. Sässe ich nochmals in einer Nationalversammlung, ich würde viel mehr mit Uhland, Schoder stimmen, denn die Verfassung in das Geleise der bestehenden Verhältnisse zu zwängen, kann zu keinem Heil führen. Wir hängen an unsern vielen Errungenschaften und fürchten uns vor rohem Ausbruch der Gewalt, doch wie klein ist unser Stolz, wenn ihm keine Grösse des Vaterlandes im Hintergrund steht. In den Wissenschaften ist etwas Unvertilgbares, sie werden nach jedem Stillstand neu und desto kräftiger ausschlagen."[82]

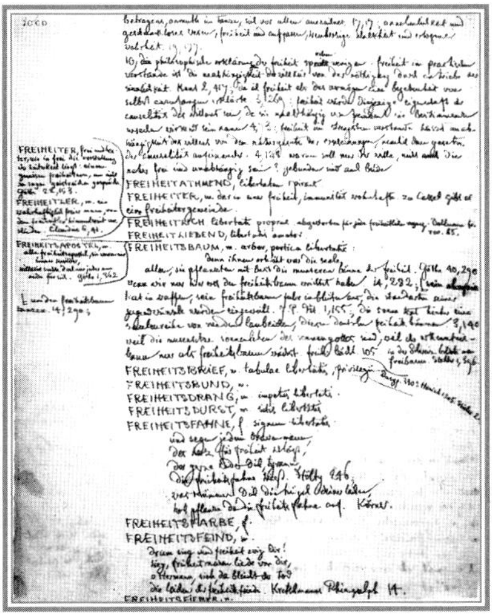

Das „Deutsche Wörterbuch", Manuskript mit dem Wortkomplex „Freiheit" von Jacob Grimm

[82] G. Waitz (wie Anm. 12), S. 23 f.

Diese vielzitierte Äußerung deutet in der Tat an, daß nach 1848, wie Wilhelm Scherer sagt, Jacob Grimms „ursprünglich konservativer Sinn [...] mehr nach links abgedrängt“[83] wurde. Immerhin zeigen die Formulierungen „Schicksal des Vaterlandes“ und „Größe des Vaterlandes“ klar genug, was hinter diesen Worten stand: das Ausbleiben der seit einem halben Jahrhundert erstrebten und leidenschaftlich herbeigesehnten Einigung Deutschlands. Zuerst und vor allem hierum ging es Jacob Grimm: Um Deutschland geeint zu sehen, wäre er auf seine alten Tage sogar noch zum Demokraten geworden.[84] Die Auffassung hingegen, Jacob Grimm sei „ein protestierender Liberaler (nicht im Parteisinne) mit revolutionärer Neigung“[85] gewesen, ist ebenso anzuzweifeln wie eine neuere Deutung, die Grimms politische Haltung generell jenseits des Liberalismus verorten möchte – als „reformkonservativ“ oder als „konstitutionell-konservativ“[86]. Beide Fehldeutungen unterschätzen die Breite des liberalen Spektrums gerade im Vormärz, aber auch noch nach der Revolution von 1848/49.

Jacob Grimms Haltung entsprach sehr stark dem historisch-konstitutionell orientierten Liberalismus seines Freundes Dahlmann, dessen berühmte „Politik“ während der gemeinsamen Göttinger Zeit verfaßt und in erster Auflage erschienen ist[87]. Ernst Rudolf Huber hat daher die beiden Grimms vollkommen zu Recht der (von ihm so genannten) „Professoren-Gruppe“ des konstitutionellen Liberalismus dieser Zeit, also

[83] W. Scherer (wie Anm. 5), S. 206.
[84] Vgl. zur Deutung dieses Briefes auch R. Feldmann (wie Anm. 7), S. 253 f.
[85] L. Denecke (wie Anm. 5), S. 186.
[86] So die Deutung von E. Grothe: Einleitung. In: ders.: Briefwechsel Hassenpflug (wie Anm. 7), S. 42 f.
[87] Siehe die Neuausgabe: Friedrich Christoph Dahlmann: Die Politik (1835). Hrsg. von Wilhelm Bleek. Frankfurt a.M. 1997.

dem „rechten Zentrum“ zugeordnet[88]. Sie zählten zu den Anhängern der konstitutionellen Monarchie, die eine Teilung der politischen Macht zwischen Monarchen und Parlament wünschten – damit also eine entschiedene Begrenzung der politischen Stellung der Monarchen, wie sie im Vormärz in Deutschland noch bestand[89]. Auf der anderen Seite aber wünschten sie keinen revolutionären Bruch mit der Vergangenheit, sondern eine „organische“ Anknüpfung und Fortentwicklung der deutschen politischen Institutionen im Einklang mit deutscher Tradition und deutscher Geschichte. Die letzten Elemente *könnten* in der Tat für eine eher konservative Grundorientierung der Grimms zeugen – *wenn* da nicht eben auch die andere Seite ihres politischen Engagements zu berücksichtigen wäre: etwa Jacob Grimms berühmte Paulskirchenanträge zur Einführung einer umfassenden Freiheitsklausel in die Verfassung und zur Abschaffung des Adels, schließlich auch sein unbedingtes Eintreten für eine Überwindung des Deutschen Bundes und für die Schaffung eines neuen deutschen Nationalstaates. Wenigstens diese drei Aspekte seines politischen Denkens (von anderen zu schweigen) waren mit dem damaligen politischen Konservatismus, wie ihn etwa Hassenpflug, die Brüder Gerlach, Friedrich Julius Stahl oder auch Jacob Grimms Lehrer Savigny vertraten, in keiner Weise vereinbar.

Und darin änderte sich auch später nichts; die in gleicher Weise liberale wie nationale Einheitssehnsucht blieb die beherrschende politische Emotion des großen Gelehrten. Sie

---

88 E.R. Huber (wie Anm. 41), Bd. 2, S. 391 f.

89 Den Ernst von Jacob Grimms Eintreten für die Sache der „Constitution“– etwa in seinem Heimatland Hessen – zeigt besonders deutlich einer der Briefe an den politisch exponierten Schwager: E. Grothe: Briefwechsel Hassenpflug (wie Anm. 7), S. 276 f. (22. 2.1837).

kommt nicht zuletzt in der großartigen Schiller-Rede zum Ausdruck, die er 1859 anläßlich der Festsitzung der Berliner Akademie zum einhundertjährigen Geburtstag des Dichters hielt. Petrarca, so führte Grimm aus, habe vor fünfhundert Jahren seinen Landsleuten von einem altdeutschen Brauch berichtet: Am Rhein werfe man alljährlich am Johannisabend unter Gesängen und Sprüchen Blumen in den Fluß, um auf diese Weise alles Unheil des nächsten Jahres wegzuschwemmen. „Welchen ausländischen mann“, fuhr er fort, „nun heute sein weg durch Deutschland [...] geführt hätte, seinem blick wären in [...] fast allen städten festliche züge heiterer und geschmückter menschen begegnet, denen unter vorgetragenen fahnen auch ein prächtiges lied von der glocke erscholl. [...] der frohernste gesang, die gewaltige fassung, hätte ihm jeder mund berichtet, sei von unsrer grös̈zten dichter einem, dessen vor hundert jahren erfolgte geburt an diesem tage eingeläutet und begangen werde. glocken brechen den donner und verscheuchen das unwetter. ach könnte doch auch, wie mit jenen blumen das unheil entflosz, an hehren festen alles fortgeläutet werden, was der einheit unseres volkes sich entgegen stemmt, deren es bedarf und die es begehrt.“[90] – Diese Rede, die sich zu einem begeisterten Hymnus auf die Klassiker Goethe und Schiller steigert, versäumt nicht den Hinweis, daß erst die Dichtung „die wohltätigste einigung aller enden des volks“[91] im sprachlichen und geistigen Sinne vollendet hat. Beide Dichter waren sich – das betont Grimm mit Nachdruck – „ihres strebens für unsere nation“[92] stets unverbrüchlich sicher.

---

[90] Jacob Grimm: Rede auf Schiller (1859). In: ders.: Kleinere Schriften (wie Anm. 6), Bd. 1, S. 375 f.

[91] Ebenda, S. 379.

[92] Ebenda, S. 390.

Im Jahre 1859 starb Wilhelm Grimm. Sein Bruder Jacob, durch diesen Tod schwer getroffen, arbeitete dennoch ohne Unterbrechung weiter am „Deutschen Wörterbuch". Er gelangte bis zum Artikel „Frucht". Wenige Wochen nachdem er die von Lebensklugheit und tiefer Weisheit geprägte „Rede über das Alter"[93] vor der Berliner Akademie gehalten hatte, starb er am 20. September 1863 in Berlin.

Blickt man auf Jakob Grimms Wirken als Gelehrter auf der einen Seite und als Politiker auf der anderen zurück, dann muß man zuerst und vor allem konstatieren, daß für ihn zwischen diesen beiden Sphären seines beruflichen Lebens und seiner geistigen Existenz kein wirklich tiefdringender, jedenfalls kein fundamentaler Unterschied bestanden hat. Für ihn war beides – freilich auf einer höheren Ebene – untrennbar miteinander verbunden: Sein politisches Engagement kann nicht gedacht werden ohne den Hintergrund seiner wissenschaftlichen Arbeit, die ihm die Stichworte lieferte, um vom zentralen Faktum der Sprache und Kultur her politische Notwendigkeiten zu formulieren und Forderungen auszusprechen. Und seine wissenschaftliche Arbeit wiederum stellte für ihn – trotz aller vielberufenen „Andacht zum Unbedeutenden" und trotz aller Hingabe an das Detail – in letzter Konsequenz nichts Geringeres dar als einen bewußt und mit leidenschaftlicher Überzeugung geleisteten Beitrag zur Verwirklichung des Zieles der politischen Einheit Deutschlands.

Damit war Jacob Grimm ein politischer Gelehrter wie sehr viele, vielleicht die meisten seiner deutschen Zeit- und Berufsgenossen in jener Epoche, die etwa von den Befreiungskriegen bis in die beginnende Bismarckzeit reicht. Und man kann ihm in der Rückschau auch nur dann gerecht werden, wenn man

[93] Neu abgedruckt in: J. Grimm: Ausgewählte Schriften (wie Anm. 2), S. 216 – 234.

diese beiden Seiten der Medaille seiner Persönlichkeit in den Blick nimmt. Wer sich im Rahmen einer Gesamtwürdigung seiner Persönlichkeit nur auf den vorgeblichen „Begründer der Germanistik“ zurückzieht, führt ebenso einen halbierten Grimm vor wie derjenige, der sich – unter welcher Perspektive und mit welchen Absichten auch immer – ausschließlich auf den politisch Tätigen beschränkt. Am Ende seiner berühmten Rechtfertigungsschrift von 1837 hat Jacob Grimm selbst mit unzweideutiger Klarheit die innere Einheit der eigenen Existenz als Gelehrter und als politisch Handelnder zum Ausdruck gebracht: „Nun liegen meine Gedanken, Entschlüsse, Handlungen offen und ohne Rückhalt vor der Welt. Ob es mir fruchte oder schade, daß ich sie aufgedeckt habe, berechne ich nicht; gelangen diese Blätter auf ein kommendes Geschlecht, so lese es in meinem längst schon stillgestandnen Herzen. Solange ich aber den Athem ziehe, will ich froh sein gethan zu haben was ich that, und das fühle ich getrost, was von meinen Arbeiten mich selbst überdauern kann, daß es dadurch nicht verlieren sondern gewinnen werde“[94].

[94] Jacob Grimm über seine Entlassung (wie Anm. 43), S. 63.

Die Brüder Grimm und die hessische Politik*

Von Ewald Grothe

„Ich fühle zwar in Deutschland ist überall Deutschland; das andere ist aber auch natürlich, daß noch ein engeres Land an Provinzen und Örtern bindet, wo man geboren worden ist und durch Erziehung und Fortleben überall auf festerem Grund und sicherer steht." (Jacob Grimm an Johann Albrecht Friedrich Eichhorn, 30. Dezember 1817)[1]

Die Brüder Grimm kennen sicher mehr als neunzig Prozent aller Deutschen als die Herausgeber der nach ihnen benannten und weltweit verbreiteten Märchensammlung. Weit weniger von ihnen ist geläufig, daß Jacob und Wilhelm Grimm bedeutende Germanisten, Volkskundler und Rechtshistoriker waren. Aber fast ganz vergessen ist, daß Jacob und Wilhelm Grimm auch politische Menschen und bisweilen sogar Politiker waren. Der Bochumer Politikwissenschaftler Wilhelm Bleek stellt fest: „Politik oder gar politische Aktivitäten passen nicht in das herkömmliche Bild der beiden Grimms."[2] Der verbreiteten Unkenntnis über die politischen Ansichten der berühmten Germanisten soll nachfolgend begegnet werden.

---

* Für hilfreiche Hinweise und konstruktive Kritik danke ich Bernhard Lauer (Kassel) und Ulrich Sieg (Marburg).

1 Adolf Stoll: Friedrich Karl v. Savigny. Ein Bild seines Lebens mit einer Sammlung seiner Briefe. 3 Bde. Berlin 1927–1929, hier Bd. 3, S. 275.

2 Wilhelm Bleek: Die Brüder Grimm und die deutsche Politik. In: Aus Politik und Zeitgeschichte, B1/1986, S. 3 –16, hier S. 3. Bleek gibt, ebenda, S. 9 –13, auch einen ersten Überblick über die wechselvolle politische Rezeptionsgeschichte.

Neben der einzigen, sich indes auf Jacob Grimm beschränkenden Monographie von Roland Feldmann, liegen nur wenige neuere Aufsätze vor, die sich den politischen Ansichten der beiden Brüder zuwenden[3]. Für die meisten Germanisten ist die politische Aktivität der Grimms eher ein Nebengleis ihrer wissenschaftlichen Arbeit und wird daher bewußt aus den Betrachtungen ausgeklammert. Dabei bildeten Wissenschaft und Politik aus Sicht der Brüder keineswegs getrennte Sphären, sondern waren unmittelbar miteinander verknüpft[4]. Wissenschaft und Weltbild der Brüder Grimm fielen in eins, sind also auch im nachhinein in ihrem inneren Zusammenhang zu analysieren.

---

[3] Roland Feldmann: Jacob Grimm und die Politik. Kassel o.J. [1970]. Nicht zufällig stammen zwei einschlägige moderne Beiträge zum Thema von einem Politikwissenschaftler und einem Historiker: W. Bleek (wie Anm. 2); Karl Otmar Freiherr von Aretin: Die Brüder Grimm und die Politik ihrer Zeit. In: Jacob und Wilhelm Grimm. Vorträge und Ansprachen in den Veranstaltungen der Akademie der Wissenschaften und der Georg-August-Universität in Göttingen anläßlich der 200. Wiederkehr ihrer Geburtstage, am 24., 26. und 28. Juni 1985 in der Aula der Georg-August-Universität Göttingen. Göttingen 1986 (Göttinger Universitätsreden, 76), S. 49 – 66; Armin Burkhardt: Jacob Grimm als Politiker. In: ders. / Dieter Cherubim (Hrsg.), Sprache im Leben der Zeit. Beiträge zur Theorie, Analyse und Kritik der deutschen Sprache in Vergangenheit und Gegenwart. Helmut Henne zum 65. Geburtstag. Tübingen 2001, S. 449 – 476. Vgl. zwei ältere Arbeiten mit marxistischer Ausrichtung: Max Pfütze: Jacob Grimm, das „Deutsche Wörterbuch" und die Nation. Bemerkungen zu einer politischen Entwicklung. In: Weimarer Beiträge 8 (1962), S. 264 – 290, sowie Leo Stern: Der geistige und politische Standort von Jacob Grimm in der deutschen Geschichte. Berlin 1963 (Sitzungsberichte der Deutschen Akademie der Wissenschaften zu Berlin, Klasse f. Phil., 1963,4), S. 6, mit Kritik an der „in der Fachliteratur vorherrschenden apolitischen, esoterischen Interpretation". Quellen und Abbildungen zum Thema finden sich in: Dieter Hennig / Bernhard Lauer (Hrsg.): Die Brüder Grimm. Dokumente ihres Lebens und Wirkens. Kassel o.J. [1985] (200 Jahre Brüder Grimm, 1), S. 605-631; Hans-Bernd Harder / Ekkehard Kaufmann (Hrsg.): Die Brüder Grimm in ihrer amtlichen und politischen Tätigkeit. Kassel 1985 (200 Jahre Brüder Grimm, 3,1). Textsammlungen in: Jacob Grimm: Kleinere Schriften. Bd. 8: Vorreden, Zeitgeschichtliches und Persönliches. [Hrsg. von Eduard Ippel]. Gütersloh 1890, S. 393–455; Jacob Grimm / Wilhelm Grimm: Schriften und Reden. Ausgewählt u. hrsg. von Ludwig Denecke. Stuttgart 1985, S. 153 –160, 255 – 259.

[4] So bekannte Jacob Grimm: Geschichte der deutschen Sprache. Bd. 1. 4. Aufl. Leipzig 1880 [zuerst 1848], in der Widmung an Gervinus, das Buch sei „durch und durch politisch". Siehe auch W. Bleek (wie Anm. 2), S. 7 f., sowie den Beitrag von H.-C. Kraus in diesem Band.

Eine spezielle Studie zum Verhältnis der Brüder Grimm zur hessischen Politik fehlt bisher[5]. Eine Ursache dafür ist darin zu sehen, daß einerseits die amtlich-politischen Funktionen Jacob Grimms nur bis 1829 eine Beziehung zu Hessen aufweisen und deshalb seine Ansichten zur deutschen Frage hauptsächlich untersucht wurden. Andererseits fanden lediglich Einzelaspekte, wie etwa sein Amt als kurhessischer Zensor, Berücksichtigung[6]. Einige Untersuchungen konzentrieren sich zudem aus Quellengründen ausschließlich auf die politische Einstellung von Jacob Grimm, weil er der zeitweilig politisch Berufstätige der beiden Grimms war und von ihm deshalb weit mehr politische Aussagen vorliegen. Jacob Grimm wurde 1814/15 zum hessischen Gesandtschaftssekretär berufen[7] und 1848 als Abgeordneter in die Frankfurter Paulskirche gewählt[8]. Indessen gehörten beide Brüder 1837 zu den sieben Göttinger Professoren, die gegen den Verfassungsbruch des hannoverschen Königs protestier-

[5] Ansätze dazu, aber doch mehr mit Blick auf das Verhältnis zu Hessen als Vaterland: Bernhard Lauer: „Liebe zum Vaterland". – Die Brüder Grimm und Hessen. In: Bernd Heidenreich / Klaus Böhme (Hrsg.), Hessen. Geschichte und Politik. Stuttgart/Berlin / Köln 2000 (Schriften zur politischen Landeskunde Hessens, 5), S. 277– 288.

[6] Nach älteren Arbeiten am besten: Eckhart G. Franz: Jacob Grimm in der Kasseler Zensurkommission (1816 –1829). In: Zeitschrift des Vereins für hessische Geschichte und Landeskunde 75 / 76 (1964 / 65), S. 455 – 475.

[7] Siehe Ulrich Hussong: Jacob Grimm und der Wiener Kongreß. Kassel 2002 (Schriften der Brüder Grimm-Gesellschaft, 33). Vgl. auch Werner Moritz: Jacob Grimm in Paris. In: Hanau 1985 –1986. 200 Jahre Brüder Grimm. Reden zum Jubiläum. Hrsg. von d. Stadt Hanau. Hanau 1986, S. 119 –146.

[8] Jacob Grimms Rolle in der Frankfurter Paulskirche war bereits mehrfach Gegenstand der Untersuchung, u. a. Helge Bech: Jacob Grimm und die Frankfurter Nationalversammlung. In: Euphorion 61 (1967), S. 349 – 360; Johannes Erben: Jacob Grimm als Redner in der Paulskirche. In: Zeitschrift für deutsche Philologie 105 (1986), S. 100 – 113; Horst Grünert: Vom heiligen Begriff der Freiheit – Jacob Grimm und die Revolution von 1848. In: Ludwig Denecke (Hrsg.), Kasseler Vorträge in Erinnerung an den 200. Geburtstag der Brüder Jacob und Wilhelm Grimm. Marburg 1987 (Brüder Grimm Gedenken. Sonderbd. 1987), S. 60 –74; Peter Vogel: Jacob Grimm und die Deutsche Nationalversammlung 1848. In: Hans-Bernd Harder/Dieter Hennig/Bernhard Lauer (Hrsg.), Die Brüder Grimm in ihrer amtlichen und politischen Tätigkeit. Tl. 2. Marburg o.J. [1989] (200 Jahre Brüder Grimm, 3,2), S. 33 – 44; A. Burkhardt (wie Anm. 3), S. 453 – 471.

ten[9]. Privat – und gelegentlich auch öffentlich – haben sich Jacob und Wilhelm Grimm zu politischen Zeitfragen generell und zu den hessischen Verhältnissen speziell geäußert.

Diese Ausführungen konzentrieren sich ganz auf das Verhältnis der Brüder Grimm zu den politischen Zuständen in Hessen. Der Fokus auf die hessische Politik zu Lebzeiten der Brüder Grimm bedarf der näheren Erläuterung. Mit Hessen als Heimat der Grimms war zunächst ihr Geburtsort Hanau in der Grafschaft Hanau, seit 1736 Teil der Landgrafschaft Hessen, gemeint. Das nördliche hessische Territorium mit der Hauptstadt Kassel nannte sich seit 1803, mit Unterbrechung durch die französische Besetzung zwischen 1806 und 1813, Kurfürstentum Hessen. 1866, also kurz nach dem Tod der Brüder Grimm, wurde dieser Mittelstaat von Preußen annektiert. Um den Staat zwischen Main und Fulda, Lahn und Werra geht es nachfolgend als Objekt der politischen Hoffnungen und Wünsche der Grimms, als Zielpunkt von Anhänglichkeit und Abgestoßensein. Es war ohne Zweifel eine wechselvolle Beziehung, in der die Brüder Grimm zu ihrem Heimatland standen.

Das spannungs- und abwechslungsreiche Verhältnis von Jacob und Wilhelm Grimm zu Hessen wird auf mehreren Politikfeldern verfolgt und analysiert. Zunächst soll es um die Begriffe von Heimat und Vaterland und ihre Bezüge zu Hessen und Deutschland gehen (I). Sodann wird die Einstellung zum hessischen Fürstenhaus und zu den Regierungen behandelt (II). Schließlich werden die Ansichten beider Brüder zu Revolution (III), Verfassung, Landtag und Liberalismus untersucht (IV). In einem Resümee wird zur Frage der politischen Orientierung von Jacob und Wilhelm Grimm kurz Stellung bezogen (V).

[9] Die Literatur über die „Göttinger Sieben" ist reichhaltig. Provokativ: Klaus v. See: Die Göttinger Sieben. Kritik einer Legende. Heidelberg 1997.

Quellengrundlage der nachfolgenden Darstellung sind vor allem briefliche Äußerungen der Brüder Grimm. Von besonderem Interesse sind dabei die Schreiben von Jacob und Wilhelm Grimm an einen hochrangigen hessischen Politiker. Es handelt sich dabei um den Ehemann ihrer Schwester Charlotte, den zeitweiligen kurhessischen Innen- und Justizminister Ludwig Hassenpflug[10]. Als Leitfrage steht über den Ausführungen, wie die Einstellung der Grimms zur hessischen Politik aussah, ob und wie sie sich wandelte, welche Zäsuren sich feststellen lassen und welche Ursachen und Motive dafür namhaft zu machen sind.

I. Zwei Vaterländer

Das Verhältnis der Brüder Grimm zur hessischen Politik scheint, verglichen mit ihrer Einstellung zur deutschen Politik, auf den ersten Blick eine Art Spezialfall zu sein. Dies ist es auch, aber nicht ausschließlich. Denn zum einen war natürlich die Beziehung der Grimms zu Hessen als ihrer Heimat eine besonders intensive. Zum anderen aber spiegeln sich in der Auseinandersetzung der beiden Brüder mit den Problemen der hessischen Politik auch grundsätzliche Haltungen zu politischen Personen, Richtungen und Ereignissen wider.

Aber zunächst einmal zum Verhältnis der Brüder zu ihrem Heimatland: Jacob und Wilhelm Grimm waren geborene Hanauer, aufgewachsen in Steinau, hatten die Schule dort und in Kassel absolviert, schließlich in Marburg studiert und ihre berufliche Karriere in Kassel begonnen. Bis sie 45 bzw. 44

---

[10] Ewald Grothe (Hrsg.): Brüder Grimm. Briefwechsel mit Ludwig Hassenpflug (einschließlich der Briefwechsel zwischen Ludwig Hassenpflug und Dorothea Grimm, geb. Wild, Charlotte Hassenpflug, geb. Grimm, ihren Kindern und Amalie Hassenpflug) (Brüder Grimm. Werke und Briefwechsel. Kasseler Ausgabe. Briefe 2). Kassel/Berlin 2000.

Jahre alt waren, hatten sie – abgesehen von Reisen – sich immer in der Landgrafschaft Hessen-Kassel, im Gebiet des späteren Königreichs Westphalen und des nachmaligen Kurfürstentums Hessen, aufgehalten. Hessen war für sie Herkunftsland und damit Heimat. Zugleich war es eben auch ihr Vaterland: denn es verkörperte für sie die Geschichte und Kultur, es verbanden sich damit Landschaft und Leute, es war das Land ihrer Eltern und Großeltern. Ihre Familie war seit Jahrhunderten im hessisch-hanauischen Staats- und Kirchendienst tätig gewesen. 1831 schrieb Jacob Grimm: „die liebe zum vaterland war uns, ich weisz nicht wie, tief eingeprägt, denn gesprochen wurde eben auch nicht davon, aber es war bei den ältern nie etwas vor, aus dem eine andere gesinnung hervorgeleuchtet hätte; wir hielten unsern fürsten für den besten, den es geben könnte, unser land für das gesegnetste unter allen. [...] mit einer art von geringschätzung sahen wir z. b. auf Darmstädter herab.“[11] Das Vaterland zu lieben, sei demzufolge das Natürlichste auf der Welt: „[A]uf das vaterland sind wir von natur gewiesen und nichts anderes vermögen wir mit unsern angeborenen gaben in solchem maasze und so sicher begreifen zu lernen“, bemerkte Jacob Grimm 1819 in der Widmung des ersten Bandes der „Deutschen Grammatik“ an den Lehrer und Freund Friedrich Carl von Savigny[12].

Aber nicht nur Hessen empfanden die Brüder Grimm als ihr Vaterland, auch für Deutschland hegten sie patriotische Gefühle. Doch während Hessen in der Gestalt von Landgrafschaft bzw. Kurfürstentum ein real erfahrbarer Staat mit Mon-

---

[11] Jacob Grimm: Selbstbiographie. In: ders., Kleinere Schriften. Bd. 1: Reden und Abhandlungen. [Hrsg. von Karl Müllenhoff]. Berlin 1864, S. 1– 24, hier S. 2.

[12] Ders.: Deutsche Grammatik. Erster Theil. [Vorrede]. In: ders., Kleinere Schriften. Bd. 8 (wie Anm. 3), S. 25 – 96, hier S. 27. Vgl. auch die Selbstanzeige des letzten von ihm selbst herausgegebenen vierten Bandes der „Weisthümer“. In: ders., Kleinere Schriften. Bd. 5: Recensionen und vermischte Aufsätze. Berlin 1871, S. 452 – 455, hier S. 452.

arch, Territorium und Bevölkerung war, existierte Deutschland immer nur als ein Flickenteppich aus verschiedenen souveränen Territorien. In dieser Hinsicht glichen sich das Alte Reich und danach der Deutsche Bund. Sieben Jahre lang aber bildeten beide, Deutschland und Hessen, nur eine Fiktion. In der Zeit der französischen Besetzung und der napoleonischen Kriege zwischen 1806 und 1815 kam die zweite „Variante" der Grimmschen Vaterlandsliebe besonders deutlich zum Ausdruck. 1809 kommentierte Jacob Grimm gegenüber Achim von Arnim die Verhaftung des hessischen Widerstandskämpfers Wilhelm von Dörnberg: „Du kannst Dir meine Gefühle vorstellen, wie Deutsche von Deutschen durch die Straße gefangen eingebracht wurden. [...] ich könnte nie die Waffen gegen mein Vaterland tragen das ist ein Gefühl, das jeder rechtschaffene Franzose selber in jedem Deutschen ehren muß"[13]. Hegten die Brüder Grimm für Hessen vornehmlich Heimatgefühle, so entwickelten sie gegenüber dem kulturell und sprachlich, aber nicht politisch erfahrbaren Deutschland vor allem in der Zeit der napoleonischen Kriege ein Nationalbewußtsein[14]. Jetzt erfuhr der bereits um 1800 angelegte, auf eine fiktive deutsche Nation bezogene Patriotismus jene für diese Jahre typische Überhöhung, Sakralisierung und Politisierung[15]. Keines von beiden, weder das Heimat- noch das Natio-

---

[13] Jacob Grimm an Achim von Arnim, 26. 4.1809. Reinhold Steig (Bearb.): Achim von Arnim und Jacob und Wilhelm Grimm. Stuttgart / Berlin 1904 (Achim von Arnim und die ihm nahe standen, 3), S. 31 f., hier S. 31.

[14] Greifbar ist dies u.a. in der Vorrede: Hartmann von der Aue: Der Arme Heinrich. Hrsg. von Jacob und Wilhelm Grimm, Berlin 1815 [auch in: Wilhelm Grimm: Kleinere Schriften. Bd. 2. Hrsg. von Gustav Hinrichs. Berlin 1882, S. 505].

[15] Mit der Frage der Entstehungszusammenhänge, insbesondere „dem Nationalismus vor dem Nationalismus" beschäftigt sich die derzeit expandierende neue Nationalismusforschung. Beispielhaft: Ute Planert: Wann beginnt der „moderne" deutsche Nationalismus? Plädoyer für eine nationale Sattelzeit. In: Jörg Echternkamp / Sven Oliver Müller (Hrsg.), Die Politik der Nation. Deutscher Nationalismus in Krieg und Krisen 1760 –1960. München 2002 (Beiträge zur Militärgeschichte, 56), S. 25 – 59, hier bes. S. 53.

nalbewußtsein aber genossen eindeutigen Vorrang oder bildeten den Ausgangspunkt für das jeweils andere[16]. Die Grimms besaßen somit gewissermaßen zwei Vaterländer[17].

Der Zuneigung zu Hessen und Deutschland korrespondierte auch eine definitive Abneigung. Ihr Objekt bildeten Frankreich und die Franzosen, ja überhaupt „das französische Wesen"[18]. Napoleon war schließlich dafür verantwortlich, daß Hessen als Staat (vorübergehend) von der Landkarte verschwand und hessisches Recht durch den Code Civil ersetzt wurde. In nicht wenigen privaten Äußerungen in der napoleonischen Epoche kam die Antipathie gegen den Feind, den Kriegsgegner und den Besatzer, zum Ausdruck. „[U]nser trachten und sinnen ist deutsch, nicht französisch", stellte Jacob Grimm noch 1832 fest[19]. Dennoch begab er sich in die Dienste

[16] Dagegen Günther Franz: Über Jakob Grimms Nationalgefühl. In: Festgabe für Harold Steinacker zur Vollendung des 80. Lebensjahres. München o.J. [1955], S. 301–309, hier S. 302, der höchst problematisch von einem zunächst „naiven [...], unreflektiertem Heimatgefühl [...], [einer] nativistischen, blutmäßigen, traditionsgesättigten Bindung an das Land seiner Vorfahren" spricht, das den „Mutterboden" für das Nationalgefühl gebildet habe. Ebenso problematisch ist es, Jacob Grimm als Vorläufer eines „offensiven Nationalismus" anzusehen. So aber Walter Boehlich: Aus dem Zeughaus der Germanistik. Die Brüder Grimm und der Nationalismus. In: Der Monat 18 (1966), H. 217, S. 56 – 68. Eine Neufassung dieser These: ders.: Germanien oder Europa. In: Frank Fürbeth u.a. (Hrsg.), Zur Geschichte und Problematik der Nationalphilologien in Europa. 150 Jahre Erste Germanistenversammlung in Frankfurt am Main (1846 –1996). Tübingen 1999, S. 287– 294.

[17] Der doppelte Gebrauch des lateinischen „patria" für Heimat und Vaterland, d.h. für Hessen und Deutschland, wird deutlich in Jacob Grimms Göttinger Antrittsrede vom November 1830. Als Faksimile und zweisprachig: Jacob Grimm: De desiderio patriae. Hrsg. von Wilhelm Ebel. Kassel 1967.

[18] Die eingehendere Würdigung des ambivalenten Verhältnisses der Brüder Grimm zu Frankreich wäre eine eigene Studie wert. Eine kleine Materialsammlung bietet: Wilhelm Schoof: Englische und französische Beziehungen der Brüder Grimm. In: Wirkendes Wort 16 (1966), S. 394 – 407, hier S. 399 – 407. Vgl. auch Marek Haub: „Die Menschen sind nicht gleich". Über die Auseinandersetzung Jacob Grimms mit der Devise „liberté, égalité, fraternité". In: Brüder Grimm Gedenken 10 (1993), S. 82 – 87; Ulrich Wyss: Jacob Grimm et la France. In: Michel Espagne / Michael Werner (Ed.), Philologiques I. Contribution à l'histoire des disciplines littéraires en France et en Allemagne au XIXe siècle. Paris 1990, S. 57– 67.

[19] Jacob Grimm: Über den metaphysischen Sinn der Deutschen. In: ders., Kleinere Schriften. Bd. 8 (wie Anm. 3), S. 422 f. [zuerst in Hannoversche Zeitung 1832]. Die Einstellung zu Frankreich mäßigte sich in den dreißiger und vierziger Jahren allerdings deutlich.

des Königs von Westphalen, von Napoleons Bruder Jérôme. Jacob trug nach dem Tod beider Eltern die Verantwortung für seine jüngeren Geschwister, und das setzte ihn – auch finanziell – unter Druck. Aber trotz seiner patriotischen und damit antifranzösischen Gefühle hat er loyal seinen Dienst getan.

Daß beide Brüder als hessische Patrioten dem Königreich Westphalen nicht nachtrauerten und der Rückkehr des Kur-

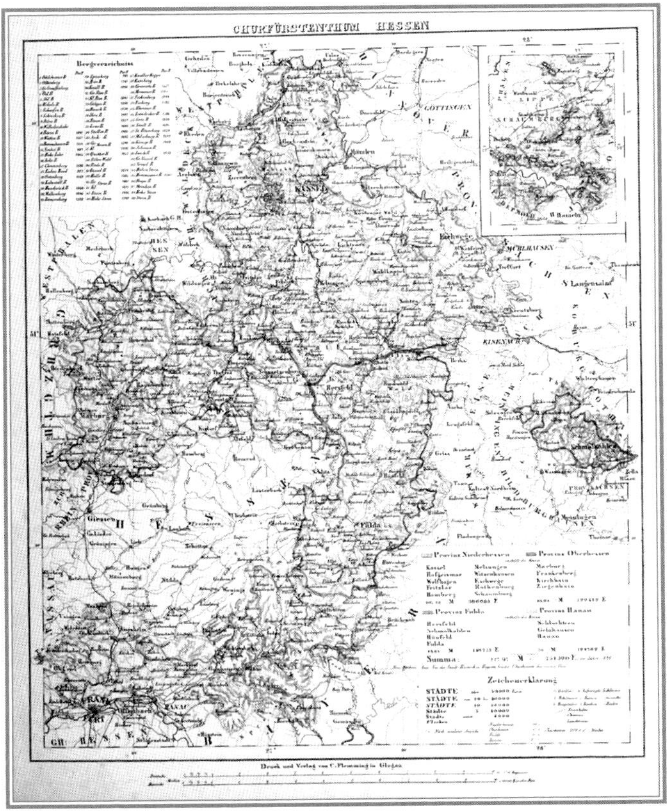

Karte des Kurfürstentums Hessen, Lithographie aus Glogau/ Niederschlesien, Mitte des 19. Jahrhunderts

fürsten im November 1813 zujubelten, stand außer Frage[20]. Seit seiner Anstellung an der hessischen Gesandtschaft hatte Jacob Grimm den Staatsdienst nicht allein als eine Aufgabe begriffen, sondern er war zugleich mit Hingabe verbunden. Seine Tätigkeit in Paris und Wien sah er als Dienst an beiden Vaterländern: Sein Auftrag lautete, hessische und deutsche Interessen zu wahren. Als es in Wien 1814 galt, die hessische Unabhängigkeit gegenüber dem scheinbar übermächtigen Preußen zu verteidigen, schrieb er an Savigny: „Wir fühlen, daß wir Hessen sind und bleiben wollen u. so besser deutsch sind, als wenn man uns einstopft“[21].

Als die patriotischen Gefühle sich auch nach 1815 nicht auf einen tatsächlichen deutschen Staat, sondern nur auf einen Bund weitgehend souveräner Einzelstaaten ausrichten ließen, suchten die Brüder Grimm den deutschen „Volksgeist“ in Geschichte und Recht, in Sprache und Sitten. In der Kultur fanden sie ihr Vaterland, das in der politischen Wirklichkeit nicht existierte. Und im sogenannten dritten Deutschland, also in den Staaten jenseits der Großmächte Preußen und Österreich, war für die Grimms die deutsche Geschichte und der deutsche „Volksgeist“ am lebendigsten spürbar[22].

II. „Das beste Volk“ und die unfähigsten Fürsten

Die Anhänglichkeit an Staat und Dynastie der Hessen reichte für die Brüder Grimm sehr weit. Das hinderte sie allerdings nicht

[20] Wilhelm Grimm: Selbstbiographie. In: Karl Wilhelm Justi, Grundlage zu einer hessischen Gelehrten- Schriftsteller- und Künstler-Geschichte vom Jahre 1806 bis zum Jahre 1830. Fortsetzung von Strieder's Hessischer Gelehrten- und Schriftsteller-Geschichte und Nachträge zu diesem Werke. Marburg 1831, S. 164–183, hier S. 179 f.

[21] Wilhelm Schoof / Ingeborg Schnack (Hrsg.): Briefe der Brüder Grimm an Savigny. Aus dem Savignyschen Nachlaß. Berlin / Bielefeld 1953 (Veröffentlichungen der Historischen Kommission für Hessen und Waldeck, 23,1), Nr. 71, S. 171–183 (29.10.1814), hier S. 182.

[22] R. Feldmann (wie Anm. 3), S. 112.

daran, auch die Schattenseiten stets im Auge zu behalten. „Die Sünden und Gebrechen, welche bei uns zu Hause sind, wollen wir anerkennen und nicht verhehlen, aber man lasse uns auch Recht, wo wir Recht haben“, bemerkte Jacob Grimm gegenüber Savigny 1819[23]. Vier Jahre zuvor hatte er seinem Bruder aus Wien geschrieben: „Ich fechte und rede für Hessen bei aller Gelegenheit [...] als für das beste Volk, wenn ich nicht zu Haus bin; komme ich nach Kassel, so wird mich wieder vieles ärgern“[24].

Bis 1829 erlebten die Brüder Grimm die hessische Politik unmittelbar vor ihrer Haustür in der Haupt- und Residenzstadt Kassel, dann – mit kurzer Unterbrechung zwischen 1837 und 1841 – aus der Entfernung: zunächst in Göttingen und anschließend in der preußischen Metropole Berlin. In den Jahren 1829/30 änderte sich, bedingt durch den beruflichen Wechsel an die hannoversche Landesuniversität, die Perspektive, aber in vieler Hinsicht auch die Einstellung. Dies galt nicht nur für die Politik, sondern hatte, nimmt man Jacob Grimm beim Wort, auch Rückwirkungen auf die Arbeitshaltung: „Gewißermaßen läßt sich's unter einer despotischen verfaßung am sichersten und ruhigsten leben und arbeiten, wiewohl dadurch zähheit und eintönigkeit der gedanken auch begünstigt wird, die öffentliche freiheit theilt dagegen den arbeiten und studien bewegung und schwung mit, die nicht zu verachten sind.“[25]

---

[23] W. Schoof / I. Schnack (wie Anm. 21), Nr. 114, S. 278 – 283 (27. 4.1819), hier S. 280.

[24] Jacob Grimm an Wilhelm Grimm, 27.1.1815. Herman Grimm / Gustav Hinrichs (Hrsg.): Briefwechsel zwischen Jacob und Wilhelm Grimm aus der Jugendzeit. Bearb. von Wilhelm Schoof. Weimar 1963, Nr. 133, S. 406 ff., hier S. 408. Die Briefausgabe von Heinz Rölleke (Hrsg.): Briefwechsel zwischen Jacob und Wilhelm Grimm. Tl. 1: Text. Stuttgart 2001 (Briefwechsel der Brüder Jacob und Wilhelm Grimm. Kritische Ausgabe in Einzelbänden, 1,1), ist vorerst wissenschaftlich nicht benutzbar, weil sie ohne den fehlenden zweiten Halbband keine Einleitung, keinen kritischen Kommentar (mit dem unentbehrlichen Standortnachweis) und auch kein Register enthält.

[25] Jacob Grimm an Hermann Hupfeld, 20.12.1830. E.[dmund] Stengel: Private und amtliche Beziehungen der Brüder Grimm zu Hessen. Eine Sammlung von Briefen und Actenstücken als Festschrift zum 100. Geburtstag Wilhelm Grimms den 24. Februar 1886. 3 Bde. 2. Aufl. Marburg 1895 /1910, hier Bd. 2, S. 260.

Die hessische Politik bis 1830 stellte sich für Jacob und Wilhelm Grimm als ein Stück Hofgeschichte, bisweilen als real inszenierte Hofintrige dar. Dies entsprach dem politischen System – in Theorie wie in Wirklichkeit. Der hessische Spätabsolutismus avancierte seit der Rückkehr des Kurfürsten Wilhelm I. aus seinem Exil als ein zuweilen skurriler Abgesang auf die Verhältnisse des Ancien régime. So schien man nach dem Ende der französischen Episode 1813 geradezu vom Regen in die Traufe gekommen zu sein. Und dies galt nicht nur für Hessen. Auch in Deutschland wurden auf und nach dem Wiener Kongreß nicht nur die nationalen Hoffnungen enttäuscht. Darüber hinaus etablierten die Großmächte als Folge von Wartburgfest und Kotzebue-Attentat mit den Karlsbader Beschlüssen ein strenges Überwachungs- und Zensursystem. In Reaktion auf die repressiven Maßnahmen gegen Universitäten, Buchhandel und Presse klagte Jacob Grimm gegenüber Savigny: „[M]an wird vor sich selbst bestürzt, wenn man sich die Möglichkeit gestehen muß, daß unsre Regierungen ganz unmittelbar auf so großartige und erhebende Begebenheiten, als wir in Deutschland erlebt haben, in ein System von Furcht und Ängsten, Mißtrauen, Beschuldigungen und allen den kleinlichen und schändlichen Handgriffen der Polizei, die in der französischen und westphälischen Periode herrschten, verfallen können."[26]

Die Brüder Grimm waren wie viele enttäuscht, daß man in Wien keinen einheitlichen deutschen Staat begründet hatte. Nun erlebten die in Kassel tätigen Bibliothekare die Restauration in ihren drastischsten Zügen leibhaftig und vor Ort. Zopf und Zensur kehrten nach Kassel zurück. Und auch die Hoffnungen auf den positiven Ausgang der Verhandlungen über

[26] W. Schoof / I. Schnack (wie Anm. 21), Nr. 117, S. 284 ff. (3.11.1819), hier S. 284 f.

Wilhelm Grimm als Kasseler Bibliothekssekretär, Bleistiftzeichnung von Ludwig Emil Grimm, 1822

eine landständische Verfassung in den Jahren 1815 /16 blieben unerfüllt. Wilhelm Grimm sah darin die Möglichkeit, daß Fürst und Volk durch eine Verfassung in „eine wohlthätige Bindung und Vermittlung“ treten könnten. Er erhoffte sich eine Begrenzung der Polizeigewalt und die Bewilligung von Pressefreiheit[27]. Beides blieb ein Wunschtraum. Jacob Grimm vermerkte 1828 in seinen „Rechtsalterthümern“: „das rechtsverhältnis berührend glaube ich, die hörigkeit und knechtschaft der vergangenheit war in vielem leichter und liebreicher“[28].

Zu den hessischen Kurfürsten Wilhelm I. und Wilhelm II., die diesen politischen Rückschritt verkörperten, haben Jacob und sein Bruder Wilhelm bei allem Respekt vor dem Landesherrn nie eine rechte Zuneigung entwickeln können. Immerhin fanden sie in der kulturell sehr interessierten und engagierten Kurfürstin Auguste eine Mentorin, der sie auch als Landesmutter ihre Anerkennung zollten. Doch gerade die

27 Wilhelm Grimm: Die Ständeversammlung in Hessen. In: ders., Kleinere Schriften. Bd. 1. Hrsg. von Gustav Hinrichs. Berlin 1881, S. 536 – 543 [zuerst in Rheinischer Merkur, 9. u. 11. 3. 1815].

28 Jacob Grimm: Deutsche Rechtsalterthümer. Göttingen 1828, S. XVI f., Anm. **.

engeren Beziehungen zu der von Kurfürst Wilhelm II. getrennt lebenden preußischen Königstochter Auguste schufen neue politische Probleme[29]. Denn durch diese Verbindung gerieten die Brüder Grimm in Kontakt mit dem Schönfelder Kreis, einer oppositionellen Gruppe, die sich im Protest gegen die Affäre des Kurfürsten mit der Berliner Goldschmiedstochter Emilie Ortlöpp, der späteren Gräfin Reichenbach, zusammenfand und die mafiösen Zustände am Kasseler Hof anprangerte[30]. „Die Reichenbach [begünstigt] ihre creaturen und es hat sich schon eine clique erzeugt, die auf die staatseinrichtung, stellenbesetzungen sichtlichen und bis jetzt unverhinderlichen einfluß übt."[31] Das Verhältnis zur Regierung bekam nach Jacob Grimms Empfinden seit 1821 einen „zuweilen peinlichen Beigeschmack [...], ohne daß wirs verschulden. [...] wir sind mit Leuten, die in Ungnade gefallen sind, wo nicht genau, doch einigermaßen bekannt gewesen."[32] Gemeint war u. a. der hessische Offizier und spätere preußische Außenminister Joseph Maria von Radowitz, der 1823 wegen Hochverrats des Landes verwiesen wurde. Im selben Jahr klagte Jacob Grimm gegenüber Savigny: „Gutes hat zwar niemand von der jetzigen Regierung erwartet, doch die betrübenden Auftritte, die nach und nach erfolgen, konnte man sich im voraus nicht so vorstellen. [...] ich glaube nicht, daß eine andere Regierung in Deutschland der unsrigen bei weitem vergleichbar ist"[33].

---

29 Bernhard Lauer (Hrsg.): Kurfürstin Auguste von Hessen (1780 –1841) in ihrer Zeit. Kassel 1995.

30 Ewald Grothe: Kurfürstin Auguste von Hessen-Kassel und der Schönfelder Kreis. In: Fürstenhof und Gelehrtenrepublik. Hessische Lebensläufe des 18. Jahrhunderts. Hrsg. von d. Hessischen Landeszentrale für politische Bildung. Wiesbaden o.J. [1996], S. 53 – 60.

31 W. Schoof / I. Schnack (wie Anm. 21), Nr. 127, S. 298 – 302 (Jacob Grimm an Savigny, 20. 8.1821), hier S. 298. Der Brief enthält eine Generalkritik an den Zuständen nach dem Regierungswechsel von Wilhelm I. zu Wilhelm II.

32 W. Schoof / I. Schnack (wie Anm. 21), Nr. 138, S. 325 – 330 (an Savigny, 9. 9.1823), hier S. 325.

33 Ebenda, Nr. 134, S. 321 f. (16. 4.1823).

Selbst Wilhelms Engagement als Erzieher des Prinzen Friedrich Wilhelm[34] oder Jacobs Tätigkeit in der Zensurkommission führten nicht dazu, daß über die bloße Loyalität als Staatsdiener hinaus eine Zuneigung zu Fürst und Regierung entstand[35]. Allein schon der schwierige Charakter der hessischen Herrscher verhinderte dies. Kurfürst Wilhelm II. leide unter einem „starren eigensinn" und „der junge Kurprinz" Friedrich Wilhelm sei „innerlich ganz leer und eitel"[36]. Das repressive Klima in Kassel trat verschärfend hinzu. Gegenüber einem Freund äußerte sich Wilhelm Grimm: Es „sah sich jeder um, wenn er das unschuldigste Wort laut auf der Strasze gesprochen hatte, das jemand hinter ihm hatte hören können und wenn er einen Bonbon in den Mund gesteckt, warf er das Papier, worin er gewickelt war, nicht weg, weil es ein Polizeidiener aufhob und eine geheime Nachricht darin zu finden hoffte."[37] Selbst aus der Rückschau zwei Jahre nach dem Wegzug nach Göttingen erinnerte er sich: „Jede Unbefangenheit, ich sage nicht einmal Freiheit der Rede war unterdrückt. Die Polizei, öffentliche und heimliche, angeordnete und freiwillige, durchdrang alle Verhältnisse und vergiftete das Vertrauen des geselligen Lebens. Alle Stützen, auf welchen das Dasein eines Volkes beruht, Religiösität, Gerechtigkeit, Achtung vor der Sitte und dem Gesetz, waren umgestoßen oder gewaltsam erschüttert." Die Revolution sei ausgebrochen nach einer Reihe von Jahren, in denen „eine wohlgefällige und über-

[34] Dazu siehe ebenda sowie E. Stengel (wie Anm. 25), Bd. 2, S. 167.

[35] Die Loyalität zeigte sich darin, daß Grimm bei allen politischen Vorbehalten gegen Kurfürst und Regierung für das Verbot von Schriften eintrat, die „unanständige und auf entstellten Thatsachen beruhende Äußerungen über Kurhessen" enthielten. E. G. Franz (wie Anm. 5), S. 467. Dokumente zur amtlichen Tätigkeit der Brüder generell: H.-B. Harder / E. Kaufmann (wie Anm. 3) und E. Stengel (wie Anm. 25), Bd. 2, S. 1–137.

[36] W. Schoof / I. Schnack (wie Anm. 21), Nr. 127, S. 298 – 302 (Jacob Grimm an Savigny, 20. 8.1821), hier S. 300 f.

[37] Wilhelm Grimm an Karl Hartwig Gregor von Meusebach, 19.12.1830. Camillus Wendeler (Hrsg.): Briefwechsel des Freiherrn Karl Hartwig Gregor von Meusebach mit Jacob und Wilhelm Grimm. Heilbronn 1880, Nr. 66, S. 134 –138, hier S. 137.

Ansicht der Stadt Kassel von Südosten, Aquarell von Ludwig Emil Grimm, 1824

müthige Schlechtigkeit sich [...] immer breiter machte, mit Consequenz das sittliche und religiöse Leben anfeindete und die Freiheit immer enger zusammenschnürte“. Es habe ein Zustand geherrscht, diagnostizierte Wilhelm Grimm rückblickend, „der alpartig auf Hessen lastete“[38].

Angesichts solcher bedrückenden Verhältnisse hielten sich Jacob und Wilhelm Grimm in den 1820er Jahren auf Distanz zur hessischen Politik. Es handelte sich dabei nicht eigentlich um eine Form von „politischem Quietismus“[39], nicht um ein bloßes Dulden und Schweigen. Aber es war eben auch nicht mehr als ein oppositionelles Murren hinter vorgehaltener Hand, in privaten Kreisen und in persönlichen Briefen[40]. Zu

[38] Wilhelm Grimm: Bericht über eine kirchliche Commission und die Landstände in Hessen. In: ders., Kleinere Schriften. Bd. 4. Hrsg. von Gustav Hinrichs. Gütersloh 1887, S. 618 – 629 [zuerst in: Hannoversche Zeitung, 3. / 4. 2.1832], hier S. 622, 632.

[39] So allerdings R. Feldmann (wie Anm. 3), S. 131.

[40] Am ausführlichsten in einem Schreiben von Jacob Grimm an Savigny, 20. 8.1821. W. Schoof / I. Schnack (wie Anm. 21), Nr. 127, S. 298 – 302.

deutlichen Worten in der Öffentlichkeit, wie sie beispielsweise der Kasseler Publizist Friedrich Murhard äußerte[41], ließen sich die Grimms jedenfalls nicht hinreißen.

Aber die Unzufriedenheit mit der politischen Situation nahm merklich zu, zumal sie bald immer deutlicher auch handfeste persönlich-berufliche Konsequenzen für die Brüder Grimm zeitigte. „Die Mißgunst, welche man uns beweist"[42], ließ die Distanz zur Regierung gegen Ende der zwanziger Jahre unüberbrückbar werden. Als nach dem Tod des Kasseler Bibliotheksdirektors Johann Ludwig Völkel die längst fällige Beförderung der inzwischen international anerkannten Gelehrten ausblieb und sie der Kurfürst auf nachgeordneten Bibliothekarsstellen beließ, war die Geduld der Brüder zu Ende. Die so lange vermißte Anerkennung und diese konkrete berufliche Zurücksetzung führten dazu, daß das Zögern, Kassel und damit die hessische Heimat zu verlassen, sich in Grenzen hielt, als sich eine Aussicht auf Anstellung in Göttingen bot. Gegenüber der Kurfürstin Auguste war Wilhelm Grimm eine Rechtfertigung besonders wichtig. Sie mündete zugleich in ein patriotisches Bekenntnis: Er wolle „die Versicherung niederlegen, dass kein Mangel an Vaterlandsliebe uns zu Schulden kommt. Mit dem tiefsten Schmerz verlassen wir Hessen, dem unsere Familie seit Jahrhunderten mit unbefleckter Ehre gedient hat, und die Anhänglichkeit an Cassel, wo wir gewiß den grösten Teil unseres Lebens zugebracht haben, wird niemals erlöschen"[43].

---

[41] Norbert Fuchs: Die politische Theorie Friedrich Murhards 1778 –1853. Ein Beitrag zur Geschichte des deutschen Liberalismus im Vormärz. Phil. Diss. (Ms.). Erlangen-Nürnberg 1973; Ewald Grothe: Die Brüder Murhard und Napoleon. Zum Echo der französischen Besatzungspolitik in der Publizistik. In: Hessisches Jahrbuch für Landesgeschichte 54 (2004), S. 163–175.

[42] W. Schoof / I. Schnack (wie Anm. 21), Nr. 138, S. 325 – 330 (an Savigny, 9. 9.1823).

[43] E. Stengel (wie Anm. 25), Bd. 2, S. 403 ff. (2.11.1829), hier S. 404.

Von Fürst und Regierung erfuhren die Brüder hingegen als Reaktion hauptsächlich ironischen Spott und demonstratives Desinteresse. Kurfürst Wilhelm II. kommentierte lakonisch: „Die Herren Grimms gehen weg! Großer Verlust! Sie haben nie etwas für mich getan."[44] Erst in allerletzter Minute erfolgte der vergebliche Versuch, die beiden Gelehrten doch noch aufzuhalten. Aber letzten Endes erfolgte ein emotionaler Abschied nur auf einer Seite. Von hessischer Politik und ihren Repräsentanten hatten die Brüder Ende 1829 buchstäblich die Nase voll. „[D]ie luft hatte", meinte Jacob Grimm gegenüber dem Marburger Theologen Hermann Hupfeld, „auch wenn alles übrige geboten worden wäre, etwas beengendes und drückendes"[45].

III. Auseinandersetzungen um „das recht des landes"

Nicht einmal ein Jahr nach dem Wegzug der Brüder Grimm aus Kassel war vergangen, da hatten sich die „hessischen Zustände", wie man sie allgemein nannte, ziemlich gründlich gewandelt. Revolutionäre Unruhen erschütterten seit September 1830 Kassel und das Hanauer Land. Das politische System stand zum Jahreswechsel 1830 / 31 unmittelbar vor einem radikalen Umbau. Noch Anfang Januar trat eine im deutschen Vergleich äußerst liberale Verfassung in Kraft. Und kurz drauf verließ der ungeliebte Kurfürst mit seiner Mätresse, der verhaßten Gräfin Reichenbach, die Residenz Kassel, und die beliebte Kurfürstin Auguste kehrte aus dem Exil zurück[46]. Es gab also Anlässe zuhauf für Jacob und Wilhelm Grimm, sich zu hessischer Politik zu äußern.

---

[44] Zit. nach Hermann Gerstner (Hrsg.): Die Brüder Grimm. Ihr Leben und Werk in Selbstzeugnissen, Briefen und Aufzeichnungen. Ebenhausen bei München 1952, S. 156 f.

[45] E. Stengel (wie Anm. 25), Bd. 2, S. 251 f. (21.12.1829), hier S. 251.

[46] Zu den Ereignissen ausführlich: Ewald Grothe: Verfassungsgebung und Verfassungskonflikt. Das Kurfürstentum Hessen in der ersten Ära Hassenpflug 1830 –1837. Berlin 1996 (Schriften zur Verfassungsgeschichte, 48), S. 25 –129.

Im Vordergrund stand nach Ausbruch der Unruhen zunächst die Sorge um die Verwandten und Freunde in Kassel. Man „erzählte die schrecklichsten Dinge“, berichtete Dorothea Grimm, Wilhelms Frau, Mitte September[47]. Und Jacob Grimm ergänzte die Befürchtungen: „Die aussichten im großen verfinstern sich immer mehr, und bricht über ganz Deutschland die noth herein, so wird es freilich wenig verschlagen, was in Hessen recht gethan oder verfehlt worden ist. Der himmel allein weiß das ende.“[48] Nach dem ersten Schreck fällten Jacob und Wilhelm Grimm ein differenziertes Urteil über die hessischen Vorgänge: Die Ursachen, die Teilnehmer und das Ziel des Aufruhrs bildeten ihre Maßstäbe. Eine Auflehnung gegen die bisherigen von ihnen als amoralisch und ungerecht beurteilten Verhältnisse schien ihnen durchaus legitim. Jacob Grimm schrieb an Savigny: „Ich kann von Hessen reden wo das treuste gutmütigste volk unverantwortlich gedrückt und verhöhnt worden ist und die regierung schamlos verfuhr. Die petition der casseler bürger vom 15. d. m., welche gewirkt hat, ist unbeholfen, aber aus tiefer bewegung hervorgegangen. [...] Es ist der lang verhaltne allgemeine unwille über den mißbrauch des fürstlichen rechts, der sich nur zuerst luft macht an bäckerläden und licenthäusern, der aber mehr will. Merkwürdig an allen diesen orten ist das benehmen der soldaten, die dem volk kein leid tun mögen.“[49] Grundsätzlich billigte Jacob Grimm den Umschwung, der mit gewaltfreien Mitteln offensichtlich nicht zu erreichen gewesen wäre. Gegenüber Hermann Hupfeld äußerte er: „es läszt sich doch unmöglich verkennen, dasz in Braunschweig, Hessen und

[47] E. Grothe: Briefwechsel Hassenpflug (wie Anm. 10), Nr. 55, S. 108 f. (an Charlotte und Ludwig Hassenpflug, 11. 9.1831), hier S. 108.
[48] Ebenda, Nr. 59, S. 113 f. (an Ludwig Hassenpflug, 27. 10. 1830), hier S. 114.
[49] W. Schoof / I. Schnack (wie Anm. 21), Nr. 158, S. 358 – 361 (29. 9.1830), hier S. 359.

Sachsen heilsames erreicht worden ist, im gewohnten gleise wäre gar nichts auszurichten gewesen, sondern es muszte in dieser etwas rauhen fractur geschrieben werden."[50]

Wilhelms und Jacobs Sympathie galt den politischen Forderungen der bürgerlichen Schichten; vom sogenannten Pöbel grenzten sie sich hingegen mit Deutlichkeit ab. Jacob Grimm kritisierte gegenüber seinem Schwager Ludwig Hassenpflug die verfehlte Regierungspolitik: „Eine hauptsorge sollte sein, das recht des landes leuchtend hervorzuheben und von dem zu unterscheiden, was das gesindel bewegt. Aber mit maßregeln gegen dieses gesindel worunter die regierung aber auch die andern bürger mit verstehen mag, wird begonnen!"[51] Jacob identifizierte das „recht des landes" ganz selbstverständlich mit den Interessen des Bürgertums. Das schnell erlassene Aufruhrgesetz tadelte er deshalb, weil die Regierung, statt die Mißstände zu beseitigen, zuerst gegen die Aufständischen vorgegangen sei. Wilhelm sah die Dinge ähnlich: „Im Ganzen betrachtet, macht den Bürgern ihr Betragen Ehre und es liegt etwas achtungswürdiges in dem Vorsatz, kein Unrecht zu begehen und doch auf dem Recht unverrückt zu halten; dabei äuszert sich ein vollkommen practischer von allen nebelhaften, politischen Theorien freier Sinn und sie verdienen es wohl, wenn sie, wie es ietzt das Ansehen gewinnt, sich einen beszern Zustand erwerben."[52]

Was den Brüdern Grimm vorschwebte, war ein in Mitteln und Absichten begrenzter Protest des Bürgertums gegen die unhaltbaren Zustände, anschließend die Durchführung von politischen Reformen und dadurch schließlich eine dauerhafte

[50] E. Stengel (wie Anm. 25), Bd. 1, Nr. 24, S. 260 (20.12.1830).
[51] E. Grothe: Briefwechsel Hassenpflug (wie Anm. 10), Nr. 59, S. 113 f. (an Ludwig Hassenpflug, 27.10.1830).
[52] C. Wendeler (wie Anm. 37), S. 134 – 138 (an Meusebach, 19.12.1830), hier S. 137.

Beruhigung der Lage. „Es wird wohl alles vorübergehen und hoffentlich auch manche gute lehre und frucht hängen bleiben“, hoffte Jacob Grimm nur wenige Tage nach den ersten Unruhen[53]. Während die Kasseler und Hanauer Bürger aus Sicht der Grimms um hehre Ziele kämpften und damit legitim vorgingen, stießen die studentischen Unruhen in Göttingen im Januar 1831 auf die scharfe Ablehnung der Brüder.

Politische Ideale um ihrer selbst willen oder zur Verwirklichung „nebelhafter, politischer Theorien“ zu verfolgen, erschien den Brüdern Grimm verfehlt. Es ging ihnen um praktische Verbesserungen bei Wahrung bzw. zügiger Wiederherstellung von Ordnung und Recht. Politische Ideen, zumal wenn sie doktrinär ausfielen, blieben ihnen nicht nur suspekt, sondern wirkten auf sie geradezu abstoßend. Daß in Hessen das moralische Recht sich auf Seiten des Bürgertums befand und die Regierung einlenken mußte, schien ihnen unzweifelhaft. Nicht Schlagworte wie Demokratie und Liberalismus seien entscheidend. „In Hessen ist die aufregung, in Cassel, in Hanau, in Steinau und überall aus demselben grund hervorgegangen, nämlich aus dem gefühl daß die regierung ungerecht und schändlich verfahren hatte. Dieses gefühl machte sich endlich luft, wo es konnte, und kann nun nicht sogleich wieder in schranken gebannt werden. [...] Was auf dem nun wieder freien platz die landstände aufbauen, kommt mir manchmal ziemlich gleichgültig vor; die kraft der regierung scheint mir so geknickt, daß sie nicht vermag gegen stöße, die von allen seiten einbrechen können, auszuhalten, und dann wird auf die jetzt gewonnene verfassung wieder eine andere, ich will

[53] Jacob Grimm an Emil Braun, 10. 9.1830. R.[udolf] Ehwald (Hrsg.): Emil Brauns Briefwechsel mit den Brüdern Grimm und Joseph von Laßberg. Gotha 1891, S. 16 f., hier S. 16.

nicht sagen, eine bessere folgen. Es kommt fortan mehr als je auf das blose deutsche princip an; siegt dieses, wie Gott gebe, so muß vieles anders werden; unterliegt es, so kann uns keine verfassung der einzelnen staaten mehr retten."[54]

Jacob und Wilhelm Grimm sahen die hessische Entwicklung seit 1829/30 aus der sicheren Entfernung Göttingens mit durchaus wechselvollen und zwiespältigen Gefühlen. Je mehr sie meinten, daß sich die „liberalen Schreier"[55] gegenüber den gemäßigten Kräften in den Vordergrund drängten, und je mehr die Unruhen zu eskalieren drohten, desto skeptischer wurden ihre Einschätzungen und Prognosen. Als im Januar 1831 die kurhessische Verfassung vom Kurfürsten erlassen wurde, änderte sich an dieser Einstellung zunächst wenig. Allerdings erhielt die weitere politische Entwicklung im Kurfürstentum Hessen für die Grimms bald darauf eine überaus persönliche, eine geradezu familiäre Note. Mit dem Amtsantritt ihres Schwagers Ludwig Hassenpflug als Innen- und Justizminister im Mai 1832 bildete der familiäre Briefwechsel ein unmittelbares Diskussionsforum über die Themen Verfassung, Regierung und Landstände in Hessen.

IV. Vom „negativen nutzen" der Verfassungen

Die Brüder Grimm und Ludwig Hassenpflug verband bereits seit langen Jahren eine intensive Freundschaft[56]. 1822 hatte

[54] Jacob Grimm an Ludwig Hassenpflug, 24.11.1830. E. Grothe: Briefwechsel Hassenpflug (wie Anm. 10), Nr. 62, S. 115 f., hier S. 116.

[55] Ebenda, Nr. 208, S. 276 ff. (an Ludwig Hassenpflug, 22. 2.1837), hier S. 277.

[56] Über ihr Verhältnis: Ewald Grothe: Persönliche Sympathie und politischer Dissens. Ludwig Hassenpflug und die Brüder Grimm. In: Hessisches Jahrbuch für Landesgeschichte 51 (2001), S. 149–167. Vgl. auch Robert Friderici: Harmonie und Dissonanz. Ludwig Hassenpflug und seine Schwäger Jacob, Wilhelm und Ludwig Emil Grimm. In: Ludwig Denecke / Ina-Maria Greverus / Gerhard Heilfurth (Hrsg.), Brüder Grimm Gedenken 1963. [Bd. 1]. Marburg 1963 (Hessische Blätter für Volkskunde, 54), S. 147–201.

Ludwig Hassenpflug (1794 –1862) in altdeutscher Tracht, Kopie von Ludwig Emil Grimm nach Ölgemälde von E. Kruse, 1817

Hassenpflug, zu dieser Zeit Obergerichtsassessor am Oberappellationsgericht in Kassel, die Schwester von Jacob und Wilhelm Grimm, Charlotte, genannt Lotte, geheiratet. In den zwanziger Jahren hatte er wie seine Schwäger dem oppositionellen Schönfelder Kreis um die Kurfürstin angehört und war dementsprechend wenig angesehen am Hof Kurfürst Wilhelms II. Seit Antritt der Mitregentschaft des Kurprinzen Friedrich Wilhelm, dem faktischen Regentenwechsel im Oktober 1831, änderte sich die Situation für Hassenpflug schlagartig und umfassend. Er agierte zunächst als einer der engsten Berater des Kurprinzen. Im Mai 1832 wurde er schließlich als Minister für die Ressorts Inneres und Justiz und damit als eine Art „heimlicher Ministerpräsident" berufen[57].

Mit einer Mischung aus beruflichem Neid, persönlicher Reserve und politischem Dissens beurteilten Jacob und Wilhelm Grimm den unaufhaltsam scheinenden Aufstieg Hassenpflugs. Jacob Grimm kommentierte: „Was du uns meldest soll

[57] Seinen raschen Aufstieg schildert knapp: Ewald Grothe: Ludwig Hassenpflug und die Brüder Grimm. In: ders.: Briefwechsel Hassenpflug (wie Anm. 10), S. 20 – 47, hier bes. S. 29 – 32.

geheim gehalten werden und ist wunderseltsam genug. Meine natur wäre es nicht, mir eine höhere stellung zu wünschen, auch ist die persönlichkeit des prinzen, man mag nun noch so mild und günstig über ihn urtheilen, auf keinen fall so, daß man mit vollem und tiefem vertrauen zu ihm gezogen würde; ich kann dir daher nicht zu einer stelle rathen, die du, deinem ehrlichen herzen nach, vielleicht auch deinem ganzen wesen nach, nicht lange einnehmen und behaupten würdest. Ich meine auch, es wäre schön in dem kreis zu verharren, in den man sich einmal behaglich gefunden hat. Dies ist mein rath, der dich übrigens weder für noch wider entscheiden soll, denn jeder muß in solchen fällen selber wissen, was er zu thun hat."[58] Zwar wünsche man ihm Glück und Erfolg, beurteile aber seine Aussichten skeptisch.

Neben privaten und beruflichen Themen hatten auch schon vor Hassenpflugs Amtsantritt als Minister politische Fragen im Briefwechsel der Schwäger eine Rolle gespielt. Denn die Brüder Grimm nutzten das Ehepaar Hassenpflug als Informanten vor Ort, um über die Kasseler Ereignisse auf dem laufenden zu bleiben. Über die Unruhen seit Herbst 1830, ihre Träger und ihre Ziele gingen die Meinungen dabei freilich weit auseinander. Und auch nach dem Erlaß der Verfassung fanden die Brüder Grimm und Hassenpflug politisch nicht mehr zueinander. Im Mai 1831 äußerte Wilhelm Grimm vorwurfsvoll: „Man sieht, wie weit die Liebhaberei bringen kann, wenn Du die gegenwärtige Lage für elender als die vormalige hältst. Ich hoffe, daß die wahren Elemente der neuen Verfassung, ich meine die wiederaufgelebten Rechte der Steuerverwaltung pp. einmal die Grundlage eines Zustandes bilden werden und das, was die durch die traurigen Umstände abgenöthigte Opposi-

[58] Ebenda, Nr. 122, S. 179 ff. (an Ludwig Hassenpflug, 6.1.1832), hier S. 179 f.

tion gegen den Fürsten hineinbrachte, in bessern Zeiten von selbst verschwindet. [...] [J]a du selbst verdankst eine beßere Lage doch der Gerechtigkeit der neuen Zeit, welche die alte dir schwerlich je würde gewährt haben. Mir gefallen die modernen Constitutionmacher so wenig, wie Dir, aber wie sollten sie ausbleiben bei dem Zuschnitte, welchen die Welt nun einmal hat“[59].

Über die Verfassung und insbesondere über die Rolle des Landtags gingen die Meinungen auseinander. Sah Hassenpflug aus streng konservativer Sicht die Verfassung als dem Buchstaben nach zwar unabänderlich, aber als insgesamt überaus lästig an, so hielten die Grimms sie alles in allem für einen politischen Gewinn mit praktischem Nutzwert. Dabei kam es ihnen nicht in erster Linie auf das Prinzip der Verfassungsmäßigkeit der Politik an, auch das gesetzte Recht als solches beanspruchte für sie keinen höheren moralischen Wert. Es ging ihnen vielmehr um die lebendigen Empfindungen des Volkes, die in Verfassungen ihren zeit- und sachgemäßen Ausdruck fänden. Für sie besaß das politisch handelnde Volk und sein Rechtsempfinden die höchste Legitimität gegenüber der Legalität eines formalen Gesetzes. „Wie die Constitutionen auch immer beschaffen seyn mögen“, schrieb Wilhelm Grimm an Hassenpflug im September 1831, „bei allen Gebrechen, die ihnen vermöge ihrer Natur ankleben, bei der Überzeugung, die ich hege, daß wenn das wahre Fürstenthum erscheint, alles künstliche darin, die unnatürliche Opposition, von selbst verschwinden wird, sie sind in diesem Augenblick das unleugbare Verlangen der Völker, sie scheinen die einzige Arznei, die möglicherweise helfen und einen bessern Zustand herbeiführen kann. [...] Betrachte ich die deutschen Constitutionen u.

[59] Ebenda, Nr. 100, S. 151–156 (an Ludwig Hassenpflug, 25. 5.1831), hier S. 153.

die, welche sie verfechten, oder gründen, sie scheinen es mir bei weitem der Mehrzahl nach ehrlich zu meinen, sie sind oft geistlos, aber häufig verständig, u. was den Erfolg betrifft, so scheinen sie wenig aufbauen zu können, aber sie hindern u. stören große u. schneidende Mißbräuche“[60]. Die Verfassung war den Grimms also nicht etwa ein bloßes Ideal, eine Doktrin, sondern sie diente als ein effektives Mittel zur Besserung von Zuständen, zur Hebung der sittlichen Haltung des Volkes und zur Stärkung des Volksgeistes. Deshalb beurteilten sie die Entwicklung im Kurfürstentum Hessen nach 1830/31 bei allen Mängeln im Detail grundsätzlich positiv. „[A]llen ständischen verfassungen in Deutschland kann der negative nutzen schwerlich abgesprochen werden, den sie seit ihrer dauer stiften. [...] der eigentliche segen geht allerdings erst von der reinen liebe des fürsten zu seinem lande aus“, resümierte Jacob Grimm in seiner Rechtfertigungsschrift nach der Göttinger Entlassung 1838[61].

Den Brüdern Grimm zufolge sollte das höchste Ziel der Politik sein, Mängel zu beheben und eine „rechtliche Ordnung [mit] natürliche[n] und ehrwürdige[n] Verhältnisse[n]“ zu schaffen[62]. Darum mußte es jenseits aller doktrinären Vorstellungen und realitätsfernen politischen Ideen allen Beteiligten gehen. Verhaßt war den Brüdern insbesondere Prinzipienreiterei und ein unangemessenes Denken und Handeln in Extremen: „Der moderne Liberalismus [wird] durch die bloße Macht u. den Drang des practischen Bedürfnisses von selbst aus dem Sattel [...] gehoben werden“, stellte Wilhelm Grimm gegen-

[60] Ebenda, Nr. 108, S. 162 –166 (an Ludwig Hassenpflug, 3. 9.1831), hier S. 165.
[61] Jacob Grimm über seine Entlassung. In: ders.: Kleinere Schriften. Bd. 1 (wie Anm. 11), S. 25 – 52, hier S. 33.
[62] W. Schoof / I. Schnack (wie Anm. 21), Nr. 159, S. 362 f. (an Savigny, 30.12.1830), hier S. 362.

über Hassenpflug fest. Aber dafür bedürfe es einer Regierung, die stark sei und „den Landständen gegenüber fest auf ihrer Würde hält". Bezeichnend ist Wilhelm Grimms Hinzufügung: „Daß sie [die kurhessische Regierung, E.G.] den elenden Pöbel zurückweisen muß, versteht sich ohnehin von selbst."[63] Jacob und Wilhelm Grimm unterschieden deutlich die verschiedenen sozialen Schichten im Volk. Dem Bürgertum komme die Aufgabe zu, die politische Führung zu übernehmen, den Unterschichten – zumal wenn sie gewalttätig würden – sei dagegen mit Entschlossenheit zu begegnen.

Mit deutlicher Abneigung beurteilten die Grimms den Liberalismus, sobald er ins Extreme neigte oder sich parteimäßig zu verfestigen schien. Die Attribute „modern" und „ultra" oder auch der Begriff des „liberalen Treibens" oder der „liberalen Partei" signalisieren mehr als nur einen einfachen Vorbehalt, sie bedeuten entschiedene Ablehnung. „Constitutionelle, liberale Schreier sind mir eckelhaft, aber", so fügte Jacob Grimm, den Schwager mahnend, sogleich hinzu, „oft schreien sie für eine nicht üble Sache, während redlich gesinnte Servile [...] oft eine faulgewordne vertheidigen"[64]. Eine sinngemäß ähnliche Haltung galt im übrigen auch gegenüber den Landständen. Sie seien, glaubte Wilhelm Grimm, „in mancher Richtung schwach", zudem „unhistorisch [...], aber nicht schlecht und nicht unredlich"[65]. Redlichkeit und Rechtlichkeit bildeten die Maßstäbe für das politische Urteil der Grimms.

Die Parlamente als auf Dauer politisch mitbestimmende Staatsorgane schienen den Grimms gerade mit Blick auf das hessische Beispiel nur mit Einschränkungen akzeptabel. Ihre

[63] E. Grothe: Briefwechsel Hassenpflug (wie Anm. 10), Nr. 131, S. 190 ff. (an Ludwig Hassenpflug, 28. 4.1832), hier S. 191.
[64] Ebenda, Nr. 208, S. 276 ff. (an Ludwig Hassenpflug, 22. 2.1837), hier S. 277.
[65] Ebenda, Nr. 131, S. 190 ff. (an Ludwig Hassenpflug, 28. 4.1832).

zunächst positivere Einstellung begann sich in den Jahren 1832/33 zu wandeln. Noch 1832 hatte Wilhelm Grimm in der „Hannoverschen Zeitung“ geschrieben: „Unsere Landstände haben einen entschiedenen Erfolg für das Wohl des Landes gehabt. Wer ihren Versammlungen beiwohnt, hat sich überzeugen können, daß sie mit Haltung, Anstand und einer nur selten gestörten Ruhe die Angelegenheiten verhandelt haben, die in ihre Hände gelegt waren. Ja, es scheint mir, als hätten sie sich darin vor allen anderen Landständen Deutschlands rühmlich ausgezeichnet.“ Vor allem müsse man anerkennen, „daß sie es waren, die auf gesetzlichem Wege uns von dem Zustande befreiten, der alpartig auf Hessen lastete.“[66] Doch im zweiten Teil dieses Artikels und noch deutlicher in einem privaten Brief gegenüber Hassenpflug äußerte Wilhelm Grimm schon deutliche Vorbehalte: Die Stände im Kurstaat hätten „des vorangegangenen traurigen Zustandes und moderner Modeansichten wegen zu viel Gewalt“ und mischten sich „in zu viele Dinge“[67]. Die Landstände litten an einer „Verdunklung des praktischen Blickes durch ein System“[68]. Aber zum einen sei die ständische Verfassung besser als das vorhergehende politische Regime, und zum anderen sei die Mitwirkung eines Landtags nunmehr zeitgemäß, während die von Hassenpflug im März 1833 durch eine Landtagsauflösung verursachte „unthätigkeit der stände“ als „eine verkehrung des natürlichen“ kritisiert wurde, die „schlimme folgen haben“ könne[69].

In ihrer Haltung gegenüber der hessischen Politik vermieden es die Brüder Grimm, einseitig Schuld zu verteilen. Während dem Landesherrn ein angeborenes historisches Recht

[66] W. Grimm: Bericht (wie Anm. 38), S. 620, 622.
[67] E. Grothe: Briefwechsel Hassenpflug (wie Anm. 10), Nr. 131, S. 190 ff. (an Ludwig Hassenpflug, 28. 4.1832).
[68] W. Grimm: Bericht (wie Anm. 38), S. 625.
[69] E. Grothe: Briefwechsel Hassenpflug (wie Anm. 10), Nr. 163, S. 230 (an Ludwig Hassenpflug, 25. 2.1833).

zustehe und er auch eine natürliche Autorität genießen solle, hätte der Landtag gleichfalls Achtung verdient, solange er sich respektvoll gegenüber der Regierung verhalte und ebenso politisch maßvolle wie sittlich gerechte Forderungen erhebe. Hassenpflugs starre antiparlamentarische Einstellung traf wegen ihrer Einseitigkeit auf deutlichen Widerspruch. „Die Geschichte läßt sich nicht in der Gestalt eines bloß aus schwarz und weißen Feldern bestehenden Schachbretts darstellen", meinte Wilhelm Grimm belehrend, und: „Wer sich berufen fühlt, seiner Zeit die Wahrheit zu sagen, der muß innere Freiheit genug besitzen, sie jeder Partei zu sagen."[70] Der Grundfehler des Kasseler Landtags liege darin, die politischen Forderungen zu übertreiben, die Probleme zu dogmatisch zu behandeln und extrem zuzuspitzen. Deshalb (und ein wenig auch aus früherer persönlicher Sympathie zu ihrem Schwager) lehnten die Grimms die mehrfachen Ministeranklagen gegen Hassenpflug vor dem Kasseler Staatsgerichtshof mit Entschiedenheit ab. Den Landständen müsse, so Wilhelm Grimm, „bei passender Gelegenheit einmal eine ernstliche Ermahnung gegeben werde[n] über den schändlichen Leichtsinn, mit welchem sie dieses letzte Mittel anwenden"[71].

Aber Hassenpflug überstand sämtliche Ministeranklagen unbeschadet[72]. Der Fürst und seine Launen kosteten ihn letztendlich sein Amt, gerade eben so, wie es ihm die Brüder Grimm bereits frühzeitig vorausgesagt hatten. Mit dem halbfreiwilligen Rücktritt, der Entlassung Hassenpflugs auf eigenen Wunsch Mitte 1837[73], kam auch der in seinen politischen Aussagen von beiden Seiten bemerkenswerte Briefwechsel fast an sein Ende. Aber das hatte ebenso persönliche wie poli-

[70] Ebenda, Nr. 195, S. 262 ff. (an Ludwig Hassenpflug, 4. 2.1836), hier S. 263 f.
[71] Ebenda, S. 264.
[72] Zu den Ministeranklagen: E. Grothe: Verfassungsgebung (wie Anm. 46), S. 248 – 262.
[73] Die Umstände der Entlassung: ebenda, S. 316 – 332.

tische Gründe. Für die Brüder Grimm indes bedeutete dies das Fehlen eines unmittelbaren persönlichen Kontakts zur hessischen Politik. Und so wurden als Konsequenz ihre brieflichen Urteile zu hessischen Themen von nun an deutlich seltener.

Aus Anlaß der heftigen hessischen Verfassungskämpfe des Jahres 1850, in denen Hassenpflug als eben zurückgekehrter Innenminister eine maßgebliche Rolle spielte und geradezu als treibende Kraft agierte, engagierten sich die Grimms ein letztes Mal aktiv für die hessische Politik. Jacob Grimm rief zu Spenden für die von Hassenpflug entlassenen kurhessischen Staatsdiener auf[74]. In der Sache selbst solidarisierte er sich uneingeschränkt, indem er in der „Constitutionellen Zeitung" schrieb: „Ein geborner Hesse bin ich jetzt stolzer geworden auf meine abkunft. was die Hessen thaten würde ich, noch unter ihnen, auch gethan haben, was sie leiden ebenso standhaft leiden und gleich ihnen mit fester seele dem uns antastenden, verabscheuungswürdigen frevel mich entgegenstemmen."[75] Wilhelm Grimms vernichtendes Urteil über die Politik Hassenpflugs lautete: „Was mich am meisten entrüstet von allem, was er getan hat, das ist die Peinigung der Gewissen, die er über die Menschen verhängt. Das ist ein Frevel und eine Grausamkeit, die ich nicht auf der Seele haben möchte!"[76]

V. Mäßigung und politische Unabhängigkeit

Das Verhältnis der Brüder Grimm zur hessischen Politik gestaltete sich wechselvoll. Zunächst zeigt sich eine deutliche Abhängigkeit des politischen Engagements von ihrer jeweili-

---

[74] Jacob Grimm: Aufforderung. In: ders.: Kleinere Schriften. Bd. 8 (wie Anm. 3), S. 452 (26.11.1850) sowie ders.: Ferner eingenommen für die Hessen. In: ebenda, S. 454 (21.12.1850).

[75] J. Grimm: Aufforderung (wie Anm. 74).

[76] Zit. nach Ludwig Emil Grimm: Erinnerungen aus meinem Leben. Hrsg. von Adolf Stoll. 2. Aufl. Leipzig 1913, S. 586 – 592 (an Ludwig Büff, 19.12.1850), hier S. 589 f.

gen privaten Lage. Als Untertanen und Staatsdiener im Kurfürstentum Hessen waren sie unmittelbares Objekt der Politik der Kurfürsten und ihrer Regierungen. Ihrem Charakter gemäß und der Zensur geschuldet, führte dies gleichwohl zu zurückhaltenden und verbal wie schriftlich eher seltenen politischen Meinungsäußerungen. An erster Stelle rangierten Treue gegenüber dem Vaterland und Loyalität gegenüber dem Landesherrn. Dies galt auch in bisweilen heiklen Tätigkeiten, wie derjenigen Jacob Grimms in der kurhessischen Zensurkommission. Erst der Eklat, daß die Brüder bei einer längst fälligen Beförderung übergangen wurden, veranlaßte ihren beruflichen Abschied aus Hessen zur Jahreswende 1829/30.

Von nun an waren Jacob und Wilhelm Grimm außenstehende, gleichwohl stets interessierte, aber mit einer Ausnahme nie aktiv eingreifende Beobachter der hessischen politischen Szene. Ihre Einstellung gegenüber den Kurfürsten blieb ablehnend. Aber nach 1832 amtierte plötzlich der Ehemann ihrer Schwester Charlotte, Ludwig Hassenpflug, als Minister in Kassel. Dies führte zu einem in seinen politischen Aussagen bemerkenswerten Briefwechsel. Darin zeigt sich eine nicht selten differenzierte, bisweilen auch ambivalente politische Haltung bei den Brüdern.

Auch in der hessischen Politik galt für sie die Achtung vor der monarchischen Autorität als höchster Wert. Doch „das rein monarchische System [ist] in sich selbst für unsere Zeit und unsere Welt zusammengefallen“[77]. Das historische Recht allein half nicht mehr weiter. Verfassung und Landstände hießen die Mittel, um eine zeitgemäße Weiterentwicklung des politischen Systems zu ermöglichen. Dies galt erst recht für Hessen. Hier beklagten die Grimms mit deutlichen Worten

[77] E. Grothe: Briefwechsel Hassenpflug (wie Anm. 10), Nr. 208, S. 276 ff. (an Ludwig Hassenpflug, 22. 2.1837), hier S. 277.

die spätabsolutistischen Mißstände bis zur Verfassungsgebung von 1831, unter denen sie selbst zu leiden hatten.

Jacob und Wilhelm Grimm äußerten deutlich ihre großen Vorbehalte gegenüber Hassenpflugs rigoros konservativ-reaktionärer Politik. Zugleich aber zeigten sich die Grenzen ihres politischen Reformverlangens: persönliche Freiheit in Maßen, politische Meinungsäußerung und Mitbestimmung in Grenzen, Änderung des politischen Systems im Notfall auch mit Gewalt, aber nicht durch jeden und nicht um jeden Preis.

„Mäßigung“ lautete überhaupt das Stichwort, das vielleicht am deutlichsten die vorsichtige Haltung der Brüder Grimm gegenüber der Politik charakterisierte. Die spürbare Ablehnung alles Doktrinären und Extremen war für eine massive Zurückhaltung gegenüber den sich verfestigenden politischen Lagern verantwortlich. So erklärt sich schließlich auch die Zurückweisung des modernen Liberalismus oder der konservativen Haltung Hassenpflugs. Wahrung historischer Traditionen, organisches Wachstum und Bewahren im Wandel, so hießen die politischen Maximen von Jacob und Wilhelm Grimm. Vorsichtige Anpassung des politischen Systems an die Zeitbedürfnisse, so lautete das Ziel. Insgesamt sind die Brüder Grimm politisch nur mit Einschränkungen als liberal einzustufen. Ihre Ansichten befanden sich vielmehr in einer Übergangszone zwischen reformkonservativ, konstitutionell und gemäßigt liberal. Ihnen kam es auf eine praktische Verbesserung der politischen Zustände in Hessen und Deutschland an. Gegen eine Etikettierung haben sich die Brüder Grimm jedoch immer wieder gewehrt. Auch und gerade in ihren Äußerungen zur hessischen Politik zeigt sich diese Haltung mehr als deutlich.

Die Brüder Grimm und Friedrich Christoph Dahlmann – Freundschaft zwischen drei Gelehrten*

Von Wilhelm Bleek

„Vollkommen ist die Freundschaft der Tugendhaften und an Tugend Ähnlichen."
(Aristoteles, Nikomachische Ethik, 1156 b 7)

I. Beginn einer Freundschaft zwischen Gelehrten

„Die hochgeehrten Herren würden mich und meine Frau gar sehr verbinden, wenn Sie uns den morgenden (Montag) Abend schenken wollten."[1] Diese Einladung erhielten Jacob und Wilhelm Grimm am 4. Januar 1830[2], acht Tage, nachdem sie am 27. Dezember 1829 an der Universität Göttingen ihr Amt als Professoren und Bibliothekare angetreten hatten. Der Einladende war Friedrich Christoph Dahlmann, der zwei Monate zuvor als ordentlicher Professor der Politik, Kameral-, Finanz- und Polizeiwissenschaft und Nationalökonomie sowie der deutschen Geschichte seine Lehre an der Georgia Augusta aufgenommen hatte. Damit begann nicht nur eine akademische Zusammenarbeit, sondern auch eine persönliche Freundschaft zwischen drei Gelehrten, die sich in gemeinsamen politischen Bedrängnissen bewähren und bei allen gelegentlichen Verstimmungen über drei Jahrzehnte bis an ihr Lebensende dauern sollte.

---

* Meinem Bochumer Freund und Kollegen Ulrich Widmaier zum 60. Geburtstag am 22. Januar 2004.

[1] Eduard Ippel (Hrsg.): Briefwechsel zwischen Jacob und Wilhelm Grimm Dahlmann und Gervinus. Bd. 1. Berlin 1885, S. 3.

[2] Vgl. die Eintragung Jacob Grimms in seinem Tagebuch: „Abends bei Dahlmanns". Wilhelm Schoof: Jacob Grimm. Aus seinem Leben. Bonn 1961, S. 245.

Dahlmann und die Brüder Grimm kamen aus ganz entgegengesetzten Regionen nach Göttingen: Während Jacob und Wilhelm Grimm in der geographischen Mitte Deutschlands im hessischen Hanau aufgewachsen waren, in Marburg studiert und in Kassel als der kurhessischen Residenzstadt eine langjährige Anstellung als Bibliothekare des Kurfürsten gefunden hatten, lagen Dahlmanns Heimatstadt Wismar, zur Zeit seiner Geburt noch unter schwedischer Herrschaft, und seine ersten akademischen Wirkungsstätten in Kopenhagen und Kiel weit im Norden an der Ostsee. Doch bereits der Grund für die Annahme des Rufes an die hannoversche Landesuniversität verband die Brüder Grimm und Dahlmann: Alle drei waren an ihren vorherigen langjährigen Wirkungsstätten bei berechtigten Beförderungshoffnungen hintangesetzt worden. Dahlmann hatte in Kiel die in Aussicht gestellte ordentliche Professur nicht erhalten, weil die dänische Regierung ihm sein

Das Kollegiengebäude der Universität in Göttingen, Stahlstich, Mitte des 19. Jahrhunderts

Eintreten für die Rechte der Schleswig-Holsteiner übelnahm, Jacob Grimm war in Kassel bei der Beförderung zum Leiter der kurfürstlichen Bibliothek übergangen worden. So verbanden alle drei mit der Aufnahme in den angesehenen Göttinger Lehrkörper die Aussicht auf bessere Zeiten sowohl in beruflicher wie finanzieller Hinsicht. Doch auch die vorausgegangenen Lebensläufe der drei neuen Göttinger Professoren zeichneten sich durch Gemeinsamkeiten aus, die zur Grundlage ihrer Freundschaft wurden. Sie waren fast gleichaltrig: Jacob Grimm war am 4. Januar 1785, Dahlmann am 13. Mai 1785 und Wilhelm Grimm am 24. Februar 1786 geboren. Ihre Väter, auf Dahlmanns Seite die Vorfahren über längere Generationen, waren juristisch vorgebildete städtische Beamte, der Vater der Grimms zuletzt Amtmann in Steinau, der Vater Dahlmanns Syndikus und Bürgermeister in der alten Hansestadt Wismar. So war allen drei späteren Freunden das Interesse am historisch gewordenen Recht und insbesondere für die überlieferten örtlichen Freiheiten in die Wiege gelegt worden. Die Brüder Grimm nahmen in der väterlichen Tradition ein Jurastudium an der Marburger Universität auf, das allerdings nur Wilhelm mit dem Advokatenexamen beendete, während Jacob ohne jeden formalen Studienabschluß berufliche und später auch akademische Karriere machte. Friedrich Christoph Dahlmann hingegen durfte sich, da bereits seine beiden älteren Brüder mit einem rechtswissenschaftlichen Studium und Beruf in die Fußstapfen der Vorfahren getreten waren, seinen Wunschtraum eines Studiums der Altertumswissenschaften erfüllen, wurde 1810 in diesem Fach in Wittenberg promoviert und habilitierte sich im folgenden Jahr in Kopenhagen.

Alle drei kamen als Autodidakten zu den akademischen Lehr- und Forschungsgebieten, auf denen sie zu Berühmtheit gelangen sollten: Während Dahlmann 1812 an die Universität Kiel als außerordentlicher Professor für Geschichte berufen wurde, obwohl er nie eine Vorlesung in diesem Fach gehört hatte, wie er in seiner Autobiographie von 1849 hervorhob[3], erwarben sich die Brüder Grimm als Herausgeber mittelalterlicher Literaturzeugnisse, Sammler von Märchen sowie Sagen und insgesamt als Begründer der literarischen Volkskunde und der germanischen Literatur- und Sprachwissenschaften noch während ihrer Kasseler Bibliothekarszeit einen großen Namen.[4] Gemeinsam war allen drei im Gefolge der historisch-romantischen Bewegung das Interesse für die kulturellen Überlieferungen des deutschen Volkes und das Eintreten für dessen Rechte, wofür bei Jacob Grimm exemplarisch die Herausgabe der „Deutschen Rechtsalterthümer" im Jahre 1828, bei Dahlmann seit 1815 der Einsatz in seinem Amt als Sekretär der „fortwährenden Deputation der schleswig-holsteinischen Prälaten und Ritterschaft" für die staatsrechtliche Einheit der beiden Herzogtümer sowie für deren gemeinsame Einbeziehung in den deutschen Nationalverband stand.

Als Persönlichkeit stand Friedrich Christoph Dahlmann zwischen den beiden Brüdern Grimm, deren lebenslange Gemeinschaft auf großer charakterlicher Unterschiedlichkeit beruhte. Jacob Grimm als der Älteste im Kreise seiner Geschwister, für die er nach dem frühen Tod der Eltern Verantwortung übernehmen mußte, zeichnete sich durch eine eigenwillige, nüchterne und zähe Gelehrtennatur aus, er tat sich eher schwer mit gesellschaftlichen Kontakten, von mitmenschlichen Bindungen ganz zu schweigen. Um so mehr

[3] Fragment einer politischen Autobiographie Friedrich Christoph Dahlmanns, 1849, gedruckt bei Anton Springer: Friedrich Christoph Dahlmann. 2 Bde. Leipzig 1870/72, S. 456 – 459, hier S. 459.

[4] Wilhelm Schoof: Wilhelm Grimm. Aus seinem Leben, Bonn 1960, und ders.: Jacob Grimm (wie Anm. 2). Ebenda, S. 244 – 248, eine Skizze der Freundschaft zwischen Jacob Grimm und Friedrich Christoph Dahlmann.

fühlte er sich seinem jüngeren Bruder zugetan, fand in dessen Familie Schutz und Geborgenheit. Wilhelm Grimm war geselliger, kontaktfreudiger und liebevoll veranlagt; es machte ihm nichts aus, im Schatten des wissenschaftlichen Ruhmes seines älteren Bruders zu stehen. Die Brüder, die sich schon 1805 geschworen hatten, „wir wollen uns einmal nie trennen"[5], waren ein gutes Beispiel für eine Lebensgemeinschaft, die auf Verschiedenartigkeit individueller Fähigkeiten und Temperamente bei gleichzeitiger Achtung füreinander beruhte. Friedrich Christoph Dahlmann ähnelte in manchem Jacob, in anderem Wilhelm Grimm: Seit seiner kränklichen Kindheit zeichnete den schon in Jugendzeiten nach eigener Aussage studierwütigen Norddeutschen eine eher introvertierte, kantige und spröde Persönlichkeit aus. So beschrieb Wilhelm Grimm ein halbes Jahr nach dem Kennenlernen seinen neugefundenen Freund in einem Brief an seinen Lehrer Friedrich Carl von Savigny: „Dahlmann ist ein wenig schwer in Fluß zu bringen, aber er hat einen freien lebendigen und eigentümlichen Geist und ein offenes und redliches Herz."[6] Dahlmann war das sechste von elf Kindern und hatte bei aller Ungelenkigkeit in gesellschaftlichen Kontakten doch ein tiefes Bedürfnis nach familiärer Geborgenheit und freundschaftlicher

---

[5] Jacob Grimm an Wilhelm Grimm, 12. 7.1805. Heinz Rölleke (Hrsg.): Briefwechsel zwischen Jacob und Wilhelm Grimm. Tl. 1: Text. Stuttgart 2001 (Briefwechsel der Brüder Jacob und Wilhelm Grimm. Kritische Ausgabe in Einzelbänden, 1,1), S. 86.

[6] Brief vom 12. August 1830. Wilhelm Schoof / Ingeborg Schnack (Hrsg.): Briefe der Brüder Grimm an Savigny. Aus dem Savignyschen Nachlaß. Berlin / Bielefeld 1953 (Veröffentlichungen der Historischen Kommission für Hessen und Waldeck, 23,1), S. 355. Ähnlich beschrieb Wilhelm Grimm Dahlmann in einem Brief an seine Märchenmitarbeiterin Jenny von Droste-Hülshoff: „Ich gehe am liebsten und meisten mit Dahlmann und seiner Familie um. Er ist ein offener, geistreicher und lebendiger Mann, der dabei einen gewissen nordischen Ernst – denn er stammt eigentlich aus Schweden – bewahrt". Karl Schulte-Kemminghausen (Hrsg.): Briefwechsel zwischen Jenny von Droste-Hülshoff und Wilhelm Grimm. Münster 1929, S. 125. Der schwedische Ursprung seiner Familie ist allerdings ein Mythos, den der im damals noch schwedischen Wismar geborene Dahlmann bis an sein Lebensende pflegte.

Nähe, wie seine baldige Wiederheirat nach dem Tod der ersten Frau mit Luise, geb. von Horn (1827), und seine sentimentalen Erinnerungen an die Wanderung im Frühjahr 1809 über das Schlachtfeld von Aspern mit Heinrich von Kleist zeigten, dessen Freitod er bis an sein Lebensende als Verlust eines frühen Freundes beklagte[7].

So kamen alle drei, Jacob und Wilhelm Grimm sowie Friedrich Christoph Dahlmann, mit dem Wunsch nach Göttingen, dort nicht nur einen neuen beruflichen Lebensabschnitt anzufangen, sondern auch eine herzliche Alltagsgemeinschaft mit Kollegen aufzubauen. Die rasche Vertiefung der Freundschaft zwischen den drei neuberufenen Göttinger Professoren wurde nicht nur durch gemeinsame wissenschaftliche Interessen, universitäre Anliegen, politische Hoffnungen und sittliche Maximen, sondern auch durch das Bedürfnis nach gemeinsamer Geselligkeit gefördert. Sehr bald wurden auch die Frauen, Wilhelm Grimms „Dortchen" und Dahlmanns Luise, sowie die Kinder der beiden Familien in das freundschaftliche Band einbezogen, ergötzte man sich an gemeinsamen Lesungen und Hampelmanniaden. Vermutlich bereits als Gegeneinladung zu der eingangs erwähnten ersten Kontaktaufnahme versprach 1830 Wilhelm Grimm im Namen seines ganzen Hauses Friedrich Christoph und Luise Dahlmann, daß man am gemeinsamen Abend „vergnügt [...] seyn und satt [...] werden" wolle.[8] Während Wilhelm Grimm in seinen Briefen an Savigny davon sprach, daß Dahlmann ihm unter den neuen Göttinger

[7] Dahlmann widmete der Erinnerung an Heinrich von Kleist und an die abenteuerliche Wanderung mit diesem nicht nur eine längere Passage in seiner Autobiographie von 1849 (in Springer [wie Anm. 3], Bd. 1, S. 456 – 458), er schilderte sie auch in einem langen Brief an den Kleist-Herausgeber Julian Schmidt vom 9. Juni 1858, der mit dem Satz schloß: „Sein [Kleists, W. B.] Tod hat eine Lücke in mein Leben gerissen, die niemals ausgefüllt ist." Julian Schmidt (Hrsg.): Heinrich von Kleists gesammelte Schriften. Bd. 1. Berlin 1859, S. XCIII-C, hier S. C.

[8] E. Ippel (wie Anm. 1), S. 4.

Kollegen am meisten gefiel, faßte es Jacob Grimm etwas nüchterner: „Dahlmann ist hier unser genauster Freund und Umgang."[9] Dorothea Grimm sprach auch ihrem Mann und ihrem Schwager aus dem Herzen, als sie ein Vierteljahrhundert später im Hinblick auf Friedrich Christoph und Luise Dahlmann schrieb: „Die Göttinger Zeit die wir dort zusammen verlebten war das beste Stück aus meinem Leben".[10]

Als Dahlmann in den beiden folgenden Jahren über lange Wochen und Monate als Deputierter der Universität bei den Verhandlungen der Ständekammer für ein neues hannoversches Staatsgrundgesetz von Göttingen abwesend sein mußte, setzte ein intensiver Briefwechsel zwischen den Grimms und Dahlmann ein, in dem man sich über Wissenschaftliches, Politisches und Privates austauschte. Ausdruck dieses engen Freundschaftsbandes waren die herzlichen Anreden: „liebster Dahlmann", „liebster Jacob" und „liebster Wilhelm", aber auch die beschwörenden Briefabschlüsse: „Behalten Sie mich lieb", so Dahlmann an Jacob Grimm in einem Brief vom 28. Januar 1833.[11] Alle drei Freunde hielten bis an ihr Lebensende an diesen Freundschaftsformeln fest. Wenn auch in späteren Jahrzehnten an die Stelle der „liebsten Freunde" oft die Beschwörung der „treuen" Zuneigung trat, behielten sie aber entsprechend dem Stil der Zeit das freundschaftliche „Sie" bei.

Für die drei Göttinger Professoren waren diese Jahre zu Beginn ihrer Freundschaft eine glückliche und produktive Zeit: Dahlmann veröffentlichte 1835 sein Werk über „Die Politik, auf den Grund und das Maaß der gegebenen Zustände zurück-

---

[9] Wilhelm Grimm an Savigny, 8. 3.1838. W. Schoof / I. Schnack (wie Anm. 6), S. 354; Jacob Grimm an Savigny, 2.1.1836. Ebenda, S. 382.

[10] Dorothea Grimm an Gertrud Simrock, 4. 3.1856. Walther Ottendorff-Simrock (Hrsg.): Die Grimms und die Simrocks in Briefen. 1830 bis 1864. Bonn 1966, S. 119.

[11] E. Ippel (wie Anm. 1), S. 48. Denselben Abschluß benutzte Wilhelm Grimm in einem Brief an Dahlmann vom 24.11.1838. Ebenda, S. 279.

geführt", mit dem er zum Vater der historischen Betrachtungsweise in der akademischen Lehre von der Politik wurde.[12] Jacob Grimm empfahl es seinem Marburger Freund und Lehrer Savigny mit den Worten: „Dahlmanns Politik müssen Sie lesen, ich bin auf Ihr Urteil begierig, das Buch enthält eine Menge Wahrheiten und ist reich an den glücklichsten Ausdrücken der Gedanken."[13] Jacob Grimm selbst publizierte im selben Jahr seine „Deutsche Mythologie", deren langes Vorwort mit einem Dank an den Wissenschaftler Dahlmann begann: „Lieber Dahlmann, als ich vor zwölf jahren Ihre schöne Abhandlung über Saxo las freute mich, dass wer das recht der geschichte gegen die sage geltend zu machen wuste nirgends die eigenthümlichkeiten dieser anzuerkennen unbereit war. Solch ein standpunct gebührten Ihnen"[14], und mit der Freundschaftsbekundung endete: „Sie aber, lieber freund, der Sie sechs jahre her freude und leid mit uns trugen, und wissen unter welchen sorgen es aufgewachsen ist, müssen natürlich finden, dass ich es Ihnen widme, sollten Sie es auch ungelesen lassen wie Olshausen zendavesta."[15] Wilhelm Grimm gab 1835 unter anderem das Hildebrandslied heraus. Seit 1830 tauschten die beiden Germanisten und der Historiker und Politiklehrer, wie man den Verzeichnissen ihrer Bibliotheken entnehmen kann, fast alle ihre Neuveröffentlichungen aus, zumeist mit persönlichen Widmungen des Verfassers an den Beschenkten.[16] Was man

---

[12] Friedrich Christoph Dahlmann: Die Politik auf den Grund und das Maaß der gegebenen Zustände zurückgeführt. Göttingen 1835 (Neuausgabe mit einem Nachwort von Wilhelm Bleek. Frankfurt a. M. 1997).

[13] Jacob Grimm an Savigny, 2.1.1836. W. Schoof / I. Schnack (wie Anm. 6), S.382.

[14] Jacob Grimm: Deutsche Mythologie. Göttingen 1835, S. III.

[15] Ebenda, S. XXX.

[16] Vgl. die 13 Veröffentlichungen von Dahlmann, die verzeichnet werden in: Ludwig Denecke / Irmgard Teitge: Die Bibliothek der Brüder Grimm. Annotiertes Verzeichnis des festgestellten Bestandes. Weimar 1989, und die 28 Veröffentlichungen von Jacob und Wilhelm Grimm, die 1861 in Bonn vom Antiquar Matth. Lempertz versteigert wurden. Katalog der von F. C. Dahlmann nachgelassenen Büchersammlung. Staatsbibliothek zu Berlin – Preußischer Kulturbesitz, Haus 2 (SBPK), Nachlaß Dahlmann, Nr. 58.

einander bedeutete, drückte auf exemplarische Weise Jacob Grimm in einem Brief vom 7. Juni 1836 an Dahlmann mit den Worten aus: „Ich hebe damit an zu bekennen, daß die Freundschaft, die Sie mir und uns erwiesen, unvergessen bei mir ist und bleiben wird.“[17]

II. Die Protestation und die Entlassung der Göttinger Sieben

Die Freundschaftsidylle kam im Jahr 1837 durch den Verfassungsbruch des neuen hannoverschen Königs und den dagegen gerichteten Protest von sieben Göttinger Professoren, darunter auch den Brüdern Grimm und Dahlmann, zu einem jähen Ende[18]. Als König Ernst August von Hannover nach seiner Thronbesteigung am 1. November 1837 einseitig das Staatsgrundgesetz von 1833 aufhob und alle hannoverschen Staatsdiener vom Eid auf diese Verfassung entpflichtete, legten am 18. November 1837 sieben Professoren der Landesuniversität Göttingen in einem Schreiben an das Universitätskuratorium Protest gegen diesen monarchischen Staatsstreich ein. Nach ihrem Wissen und Gewissen sei die Verfassung noch gültig, könnten sie daher nicht einseitig von dem Eid auf diese entbunden werden und würden daher eine nicht gemäß dem Staatsgrundgesetz von 1833 gebildete Ständeversammlung nicht als rechtmäßig anerkennen. Zu diesen sieben von damals 32 Professoren der Göttinger Universität gehörten neben den Brüdern Grimm auch der Literaturhistoriker Georg

[17] E. Ippel (wie Anm. 1), S. 65.

[18] Neuere Beiträge zu diesem zentralen Ereignis des deutschen Vormärz': Rudolf von Thadden: Die Göttinger Sieben, ihre Universität und der Verfassungskonflikt von 1837. Hannover 1987; Edzard Blanke u.a.: Die Göttinger Sieben. Ansprachen und Reden anläßlich der 150. Wiederkehr ihrer Protestation. Göttingen 1988; Klaus von See: Die Göttinger Sieben. Kritik einer Legende. Heidelberg 1997. In der Darstellung auf breiter Quellenbasis immer noch grundlegend: Hans Kück: Die „Göttinger Sieben“. Ihre Protestation und ihre Entlassung im Jahre 1837. Berlin 1934 [Neudruck Göttingen 1987].

Gottfried Gervinus, der Staatsrechtler Wilhelm Eduard Albrecht, der Orientalist Heinrich Ewald und der Physiker Wilhelm Weber; die Initiative zu diesem Protest, die Ausarbeitung der Eingabe und deren öffentliche Rechtfertigung lagen aber bei Friedrich Christoph Dahlmann.

Die königliche Strafmaßnahme folgte auf dem Fuße, alle sieben Professoren wurden umgehend aus ihren Ämtern entlassen und Dahlmann zusammen mit Jacob Grimm und Gervinus als angebliche Rädelsführer bei der öffentlichen Verbreitung der Protestation zusätzlich des Landes verwiesen. König Ernst August machte gegenüber Alexander von Humboldt die vielzitierte Bemerkung über seine „verlaufenen Göttinger Professoren“: „Professoren, Tänzerinnen und Huren kann man überall für Geld wieder haben“[19].

Die sieben Göttinger Professoren verstanden ihren Protest als eine im Wesen unpolitische Tat, er war für sie Ausdruck ihrer ethischen Gesinnung. Um keinen Zweifel an ihren mehr sittlichen als politischen, mehr konservativen und bewahrenden als liberalen oder gar revolutionären Motiven aufkommen zu lassen, verfaßten vier der sieben Professoren Rechtfertigungsschriften, die im April 1838 nach Schwierigkeiten mit den Zensurbehörden deutscher Einzelstaaten überwiegend in Basel erschienen.[20] Dahlmann verteidigte den Einspruch der Sieben als Konsequenz seiner zwei Jahre zuvor in der „Politik“ entwickelten Lehre vom passiven Widerstandsrecht von Staatsbürgern gegen verfassungswidrige Maßnahmen der

[19] Wilhelm Grimm an Gustav Hugo, 23. 4.1842. Wilhelm Schoof (Hrsg.): Unbekannte Briefe der Brüder Grimm. Bonn 1960, S. 322. Ebenfalls zitiert bei Heinrich von Treitschke: Deutsche Geschichte im neunzehnten Jahrhundert. Bd. 4. Leipzig 1889, S. 660.

[20] Vgl. Friedrich Christoph Dahlmann: Zur Verständigung. Basel 1838; Jacob Grimm: Über seine Entlassung. Basel 1838; Wilhelm Albrecht: Die Protestation und Entlassung der sieben Göttinger Professoren. Leipzig 1838; H.[einrich] Ewald: Worte für Freunde und Verständige. Basel 1838.

Obrigkeit.[21] Für ihn ging es darum, den „unsterblichen König", die verfassungsmäßige Ordnung, gegen den „sterblichen König" in Schutz zu nehmen, wenn dieser das Recht brach. Jacob Grimm seinerseits legitimierte den Protest aus der von ihm moralisch und wissenschaftlich begründeten Überzeugung von der Unverbrüchlichkeit der Eide, stellte an den Anfang seiner Schrift als Motto ein Zitat aus dem Nibelungenlied: „War sint die eide komen?" – Wohin sind die Eide gekommen? Gemeinsam war allen sieben Professoren die Auffassung, daß der Widerspruch gegen den Willkürakt des Königs eine notwendige Konsequenz aus ihrer Verantwortung als Hochschullehrer vor den Studenten war. Dieser zwar nicht politisch motivierten, aber doch politisch wirksamen Gesinnungs- und Überzeugungstreue von bürgerlichen Gelehrten, welche in der Protestation der Göttinger Sieben ihren Ausdruck fand, gab Jacob Grimm Ende 1839 in einem Brief an Bettine von Arnim nochmals beredten Ausdruck: „Es kommt dabei nur auf Recht und Gewissen an. Keine Politik und Klugheit hat mitzusprechen, was sich auch so ausdrücken lässt: Gerecht und gewissenhaft zu handeln, ist am Ende politisch und klug und wird vor Gott gerechtfertigt."[22]

Durch den Protest und die harschen Strafmaßnahmen des Königs wurden die Sieben, obwohl der Text ihrer Verwahrung zunächst nur als interne Eingabe an die akademische Aufsichtsbehörde verfaßt worden war, zu politischen Heroen der sich in Deutschland während der Vormärzzeit konstituierenden Öffentlichkeit. In- und ausländische Zeitungen berichteten über die Affäre, und es wurde, ausgehend von Leipziger

[21] F. C. Dahlmann: Die Politik (wie Anm. 11), S. 136 ff., § 203.

[22] Jacob Grimm an Bettine von Arnim, 26.12.1839. Hartwig Schulz (Hrsg.): Der Briefwechsel Bettine von Arnims mit den Brüdern Grimm 1838 –1841. Frankfurt a. M. 1985, S. 140.

Die „Göttinger Sieben", Lithographie von Carl Rohde, nach 1837

Buchhändlern und Verlegern, ein gesamtdeutscher Verein zur Unterstützung der stellungslosen Hochschullehrer organisiert. Die Brüder Grimm waren zunächst skeptisch, ob sie solche Almosen annehmen sollten, doch ihr Freund Dahlmann überzeugte sie, daß man diesen Akt bürgerlicher Solidarität nicht ausschlagen dürfe.

In diesen schweren Jahren, als die sieben Professoren mit Dahlmann und den Brüdern Grimm als dem innersten Freundschaftskern räumlich auseinandergerissen waren und sich um die materielle Zukunft ihrer Familien sorgen, ihre Bibliotheken entbehren und befürchten mußten, daß einer von ihnen unter diesem Druck vor dem hannoverschen König zu Kreuze kriechen würde, bewährte und festigte sich das Band der Freundschaft. Der Biograph Dahlmanns meinte sogar: „Die beiden Grimm und Dahlmann waren längst Freunde gewesen, das gemeinsame Schicksal machte sie nun zu Brüdern."[23] Diese Intensivierung der Freundschaftsbande durch das Göttinger Ereignis zeigte sich auch in dem nun fast täglichen Briefwechsel zwischen dem anfangs noch in Göttingen verbliebenen Wilhelm Grimm, dem nach Kassel ausgewichenen Jacob Grimm und dem in Jena seiner Zukunft harrenden Friedrich Christoph Dahlmann. So sandte Jacob Grimm am 26. Januar 1838 an Dahlmann „Tausend zärtliche Grüße"[24].

Nachdem Dahlmann und die Brüder Grimm durch den Willkürakt des hannoverschen Königs getrennt worden waren, bemühten sie sich, sich sooft wie möglich wiederzusehen. So besuchte Jacob Grimm im Sommer 1838 Dahlmann und seine Frau während ihrer Kur in Bad Kissingen. Ende Juli 1838 kehrte der ältere Grimm für 14 Tage bei Dahlmanns in Jena ein, und zum Abschied begleitete ihn Friedrich Christoph mit einigen Professoren bis nach Weimar. Einen abermaligen Besuch in Jena zu Weihnachten desselben Jahres mußte Jacob Grimm wegen einer plötzlichen Erkrankung seiner Schwägerin Dortchen Grimm schon nach einigen Tagen abbrechen. Man sah sich im Juni 1840 beim Gutenbergfest in Leipzig und bei dem anschließenden Besuch Jacobs in Jena

[23] A. Springer (wie Anm. 3) Bd. 2, S. 51.
[24] E. Ippel (wie Anm. 1), S. 76.

wieder. Doch mehr als alles andere wünschten sich die drei Freunde, daß sie und ihre Familien wieder an einem Ort vereinigt würden. So schrieb Dahlmann am 19. Juli 1838 aus Jena an den noch in Göttingen wohnenden Wilhelm Grimm: „Wird mein Lieblingswunsch, daß die Zukunft uns mit Ihnen wieder zusammenführen möge, je erfüllt werden?"[25] Jacob Grimm wiederum fragte in hoffungsvoller Erinnerung ein Jahr später in einem Brief aus Kassel an Luise Dahlmann: „Werden wir wohl wieder einmal die Geburtstage auf alte Weise zusammen feiern?" Seine Antwort auf die selbstgestellte Frage kam im folgenden Satz: „Der Ort dazu ist längst aufgebaut, nur wissen wir ihn nicht."[26] Dahlmann, der gläubigste unter den drei befreundeten Gelehrten, gab dem Wunsch nach ihrer Wiedervereinigung sogar den Charakter eines Gebetes: „Der Himmel führe uns einmahl dauernd wieder zusammen!"[27]

III. Wechselbäder der Freundschaft in den vierziger Jahren

Dieser Wunsch der Göttinger Sieben und insbesondere der Brüder Grimm und Dahlmanns, als befreundete Gelehrtengruppe bald wieder an einer Universität zusammen forschen, lehren und leben zu können, sollte sich nicht mehr erfüllen. Ernst August von Hannover verstand es, die Berufung aller sieben Professoren an die Universität Marburg und wenigstens eines Großteils von ihnen an die Leipziger Hochschule zu blokkieren. Als erster erhielt der Theologe und Orientalist Ewald im Mai 1838 eine neue Professur an der Tübinger Universität. Ab demselben Zeitpunkt konnte der Staatsrechtler Albrecht in Leipzig lehren, zunächst als Privatdozent und später wieder als

[25] Ebenda, S. 206.
[26] Ebenda, S. 325 (5. 5.1839).
[27] Dahlmann an Jacob und Wilhelm Grimm, 10.11.1840 (ebenda, S. 422), ähnlich bereits an Wilhelm Grimm, 3. 9.1840 (ebenda, S. 406).

Ordinarius. Wilhelm Weber blieb in Göttingen und setzte seine physikalische Zusammenarbeit mit dem berühmten Astronomen, Mathematiker und Physiker Carl Friedrich Gauß fort, wurde 1843 nach Leipzig berufen und kehrte von dort 1848 auf seinen Lehrstuhl nach Göttingen zurück. Gervinus nahm seine Privatdozentur an der Universität Heidelberg wieder auf und erhielt später eine Honorarprofessur, die ihm aber 1853 im Gefolge eines Hochverratsprozesses wegen Verleumdung der monarchischen Ordnung aberkannt wurde.

Für die Brüder Grimm und Dahlmann verbesserten sich die Aussichten auf Wiederanstellung erst mit der Übernahme der preußischen Krone durch Friedrich Wilhelm IV. im Jahr 1840. Auf Fürsprache Bettine von Arnims berief dieser „Romantiker auf dem Thron“ im November 1840 die Brüder Grimm als besoldete Mitglieder der Akademie der Wissenschaften nach Berlin. Am längsten mußte Dahlmann, sieht man von Gervinus ab, auf die berufliche Rehabilitierung warten. Nach der Entlassung und Ausweisung aus Hannover war Dahlmann fünf Jahre lang stellungsloser Privatgelehrter und schrieb in dieser Zeit seine dreibändige „Geschichte von Dänemark“, die als sein wissenschaftlichstes Werk gilt. Ein in Aussicht gestellter Ruf an die Universität Rostock wurde auf Grund hannoverscher und preußischer Einflußnahme verhindert; die mecklenburgische Regierung hatte sogar Angst, daß die zwischenstaatliche Anbindung ihres im Aufbau befindlichen Eisenbahnnetzes gefährdet werden könnte. Einen Ruf nach Bern sagte Dahlmann selbst ab, weil er das Vaterland nicht verlassen wollte. König Friedrich Wilhelm IV. erklärte sich schließlich bereit, den Wortführer der Göttinger Sieben an einer preußischen Universität wieder einzustellen, allerdings durfte es nicht die Hauptstadtuniversität in Berlin sein, das galt als politisch zu riskant. So übernahm Dahlmann schließlich im November 1842 an der Rheinischen

Hochschule in Bonn einen Lehrstuhl für Staatswissenschaften und deutsche Geschichte.

Nachdem das Band der gemeinsamen Stellungslosigkeit weggefallen war, aber auch in Folge der räumlichen Entfernung zwischen Rhein und Spree kam es im Frühjahr 1844 zur ersten großen Krise in der Freundschaft zwischen den Brüdern Grimm und Dahlmann. Anlaß war die Entlassung von August Heinrich Hoffmann (von Fallersleben) aus dem preußischen Staatsdienst.[28] Dieser heute nur noch als Dichter des Deutschlandliedes bekannte Literaturwissenschaftler hatte Ende 1842 seine Breslauer Professur für deutsche Sprache und Literatur verloren, weil die Obrigkeit an seinen polemisch-satirischen „Unpolitischen Liedern" aus dem Jahr 1840/41 Anstoß nahm. Bei einem Besuch am 24. Februar 1844 im Berliner Haus der Brüder Grimm, von denen er 25 Jahre zuvor für das neue Fach der Germanistik inspiriert worden war, brachte die studentische Jugend während eines Fackelzugs zum Geburtstag von Wilhelm Grimm, als sie den politischen Märtyrer erblickte, auch ein Vivat auf den heimatlosen und von der Polizei beobachteten Dichter aus.[29] Die Grimms empfanden das als Bruch ihrer Gastfreundschaft und als „undankbaren Verrath gegen den König, der sich unser angenommen hat", witterten eine Verschwörung von Seiten ihres Schülers und Freundes und veröffentlichten eine scharfe Erklärung in der halboffiziellen „Allgemeinen Preußischen Zeitung" gegen Hoffmann, der schon zwei Tage nach dem Vorfall polizeilich aus Berlin ausgewiesen worden war.

---

[28] Vgl. August Heinrich Hoffmann von Fallersleben: Mein Leben. Aufzeichnungen und Erinnerungen. Hannover 1868 und Hans-Joachim Behr / Herbert Blume / Eberhard Rohse (Hrsg.): August Heinrich Hoffmann von Fallersleben. Festschrift zum 200. Geburtstag. Bielefeld 1999.

[29] Vgl. A. Springer (wie Anm. 3), Bd. 2, S. 135 ff. und W. Schoof: Jacob Grimm (wie Anm. 2), S. 273 – 287.

Jacob und Wilhelm Grimm, die wenige Jahre zuvor im hohen Ansehen der liberal-bürgerlichen Öffentlichkeit gestanden hatten, wurden nun von deren Zeitschriften dafür kritisiert, daß sie sich mit Hoffmann als einem Opfer obrigkeitsstaatlicher Willkür nicht solidarisiert hatten. Der Briefwechsel über diesen Vorgang zwischen den Grimms und Dahlmann führte zu einer ein Jahr dauernden Verstimmung und fast zum endgültigen Bruch der Freundschaft.[30] Die Brüder Grimm erwarteten freundschaftliche Worte der Sympathie von Dahlmann und dessen öffentliche Unterstützung, zumal im Hinblick auf die verletzenden Angriffe in der „Kölnischen Zeitung".[31] Doch ihr Bonner Vertrauter antwortete zwar mit Verständnis für die Erregung seiner Berliner

Das Bibliotheksgebäude in Berlin, Radierung von Friedrich August Calau, Mitte des 19. Jahrhunderts

[30] Vgl. E. Ippel (wie Anm. 1), S. 494 – 509.

[31] Vgl. die sehr offenen Worte der Enttäuschung über Dahlmann in Jacob Grimms Brief an Gervinus, 13. 4.1844. E. Ippel (wie Anm. 1), Bd. 2, Berlin 1886, S. 75 f.

Freunde, hielt aber bei allen wohlgesetzten Worten nicht mit seiner Meinung hinter dem Berg, daß die Brüder mit ihrer harten Erklärung gegen Hoffmann überreagiert hätten und die Spannung zwischen öffentlicher Meinung und preußischer Regierung durch die scharfen Maßnahmen der Obrigkeit provoziert worden sei. Dahlmann muß wohl geahnt haben, daß dieser Brief vom 22. März 1844 den Brüdern Grimm mißfallen würde, endete er doch mit dem versöhnlichen Wunsch: „Behalten Sie Beide lieb Ihren Sie herzlich liebenden und ehrenden F. C. Dahlmann“[32]. Eine Woche später schrieb der Bonner an die Berliner Freunde, daß niemand an ihrer vaterländischen Gesinnung zweifele, riet ihnen aber, dieser nicht durch das Insistieren auf eine eher marginale Affäre, sondern durch die fortdauernde Arbeit am „Deutschen Wörterbuch“ Ausdruck zu geben: „Nun aber noch einmahl, liebste Freunde, hören Sie auf diese Sache, die uns in Ihrer Seele tiefen Kummer gemacht hat, in diesem niederschlagenden Lichte zu betrachten.“[33] Doch Wilhelm Grimm beharrte auf der Verdammung Hoffmanns und Jacob Grimm warf Dahlmann zusätzlich vor, seine Briefe nicht wie erbeten an Gervinus weitergeleitet zu haben. Wie sehr sich Jacob Grimm durch Dahlmann verletzt fühlte, aber auch wie lieblos er sich diesem gegenüber äußerte, kam in den abschließenden apodiktischen Bemerkungen und der kargen Grußformel seines Briefes vom 26. April 1844 an diesen zum Ausdruck: „Unsere Meinungen stehen doch weiter von einander ab, als ich mir sonst eingebildet hätte. Sie gestalten sich alle Verhältnisse und Lagen zu politisch und für mich nicht menschlich genug. […] Nichts von dem Gethanen gereut uns, und wir

[32] E. Ippel (wie Anm. 1), S. 498.
[33] Dahlmann an Jacob Grimm, 31. 3.1844. Ebenda, S. 501.

tragen standhaft alle Folgen und bittern Erfahrungen. Gruß an Luise, Dorothee und Hermann. Jac. Gr."[34]

Erst nach einem Jahr brieflichen Schweigens zwischen den Brüdern Grimm und Dahlmann gelang es durch die Vermittlung der Ehefrauen, das freundschaftliche Band zwischen ihnen wieder zu knüpfen. So konnte Jacob Grimm an das Ehepaar Dahlmann am 12. April 1845 schreiben: „Nun kann ich wieder an Euch beide schreiben, und Dank vor allem sei Ihnen, liebe Freundin, gebracht dafür, daß Sie mit zarter unablässiger Pflege, wie es nur Frauen vermögen, wieder zusammengerückt haben, was im härtern, uns Männern eignen Sinn fast aus der Fuge gerathen war. Gut geblieben wäre ich Dahlmann immer, hätte ihn immer geehrt, aber an seiner Freundschaft begann ich zu zweifeln. Denn Freundschaft ist mir etwas, was wie Blutsverwandschaft über alle andern, dem Menschen theuren Verhältnisse hinausgeht."[35] Jacob Grimm gestand, daß er unter dem Einfluß der Enttäuschung über Dahlmann sogar die diesem zugedachte herzliche Widmung der in der gemeinsamen Göttinger Zeit veröffentlichten ersten Auflage der „Deutschen Mythologie" von 1835 in deren zweiter Auflage von 1844 zu „ganz kalten Worten" zusammengestrichen habe, die durch die angefügte Jahreszahl noch gesteigert wurden: „Dahlmann dem Freunde 1835 Jacob Grimm"[36]. Er meinte: „Das that mir weh"[37] – doch mindestens so verletzend muß es

[34] Ebenda, S. 504. Ähnlich Jacob Grimm bereits an Gervinus, 13. 4.1844: „Ich werde Dahlmann zu lieben und achten nicht aufhören, ihm geht sein politisches Bewußtsein über alles, mir ist Privatleben ebenso heilig und noch heiliger. Am Ende beruht auch unsere öffentliche Reinheit und Tugend auf der persönlichen." E. Ippel (wie Anm. 1), Bd. 2, S. 76.

[35] E. Ippel (wie Anm. 1), S. 507.

[36] Jacob Grimm: Deutsche Mythologie. Bd. 1. 2. Aufl. Göttingen 1844, S. III.

[37] E. Ippel (wie Anm. 1), S. 507. Zur Bedeutung von Widmungen der Werke Jacob Grimms an seine Freunde vgl. Ludwig Denecke: Jacob Grimm und sein Bruder Wilhelm. Stuttgart 1971, S. 154 ff.

Jacob Grimms Berliner Arbeitszimmer, Aquarell von Moritz Hoffmann, um 1860

Dahlmann empfunden haben. Doch nun sollte nach Jacob Grimms Wunsch alles wieder gut werden: „Jetzt schließe ich die neu dargereichte Hand fest in die meine. Haben Sie mich noch lieb, so nehmen Sie diese Geständnisse mit liebendem Herzen entgegen und lassen uns nicht weiter davon reden." Und hinter den abschließenden Gruß von „Ihrem Jacob Grimm" setzte dieser noch den Zusatz „und seid mir beide gut und treu."[38]

So war die Freundschaft zwischen den Brüdern Grimm und Dahlmann wiederhergestellt, hatte aber ihre Unschuld verloren. Ihr Briefwechsel dauerte bis an ihr Lebensende an, wurde aber sporadischer, erreichte nie mehr die Intensität der Jahre vor und nach der Göttinger Protestation, lief oft über Luise Dahlmann und wurde meist mit der Versicherung wechselsei-

[38] E. Ippel (wie Anm. 1), S. 507, 509.

tiger Treue, kaum mehr durch Bekundungen der Liebe abgeschlossen. Die Freundschaft war in die Jahre gekommen, doch sie hielt. So zeigt das Aquarell von Jacob Grimms Berliner Arbeitszimmer um 1860 an der einzig bücherfreien Wand neben vielen Familienbildnissen und einer kleinen Statue Goethes auch eine Lithographie des Freundes Dahlmann.[39]

Zu dem lange ersehnten persönlichen Wiedersehen zwischen den drei seit der gemeinsamen Göttinger Zeit befreundeten Gelehrten kam es im September 1846, als im altehrwürdigen Kaisersaal des Frankfurter Römers die erste Versammlung der deutschen Germanisten zusammentrat.[40] Die Initiative zu diesem Treffen von Hochschullehrern und Intellektuellen, welche die Beschäftigung mit dem deutschen Recht, der deutschen Geschichte und der deutschen Sprache verband, ging von dem Tübinger Rechtsprofessor August Ludwig Reyscher aus, seit Ende 1844 der Schwiegersohn Friedrich Christoph Dahlmanns. Zum Vorsitzenden der Frankfurter Germanistenversammlung, der ein Jahr später ein zweites Treffen in Lübeck folgte, wurde per Akklamation einstimmig Jacob Grimm gewählt. Die Brüder Grimm und Dahlmann standen mit ihren Beiträgen nicht nur im Mittelpunkt der Verhandlungen der Germanisten, sie genossen auch das persönliche Beisammensein. So konnte Dahlmann nach der Rückkehr aus Bonn nach Berlin schreiben: „Das war ein schönes Widersehn in Frankfurt, lieber Jakob und lieber Wilhelm! Möge es noch oft sich wiederhohlen!“[41] Während

[39] Aquarell von Moritz Hoffmann des Arbeitszimmers von Jacob Grimm in Berlin, Linkstr. 7, am rechten Bildrand wahrscheinlich eine Dahlmann-Lithographie von Franz Hanfstängl nach einer Zeichnung von Friedrich Pecht aus dem Jahr 1838. Vgl. Wilhelm Hansen: Die Brüder Grimm in Berlin. In: Ludwig Denecke / Ina-Maria Greverus / Gerhard Heilfurth (Hrsg.), Brüder Grimm Gedenken 1963. [Bd. 1]. Marburg 1963 (Hessische Blätter für Volkskunde, 54), S. 227– 307, hier S. 247 und S. 301, Anm. 53.

[40] Vgl. den Beitrag von Katinka Netzer in diesem Band.

[41] Dahlmann an Jacob Grimm, 31.10.1846. E. Ippel (wie Anm. 1), S. 516.

eines Festbanketts in Travemünde zum Abschluß der Lübecker Versammlung am 29. September 1847 sank Jacob Grimm am Ende des Dankes für den auf ihn als den ehrwürdigsten Germanisten ausgebrachten Trinkspruch bewegt Dahlmann in die Arme.[42] Doch die Gefahr einer Verstimmung zwischen den Freunden lag auch dieses Mal in der Luft, tadelte doch Jacob in einem veröffentlichten Bericht das von ihm während der Frankfurter Verhandlungen abgebügelte Bestreben Reyschers, die Schleswig-Holstein-Frage nicht nur wissenschaftlich zu erörtern, sondern auch durch eine Abstimmung zu einem politischen Ergebnis zu führen. Dahlmann empfand diesen Tadel als zu hart und Jacob Grimm lenkte dieses Mal ein, auch mit Rücksicht auf Dorothee, die Tochter seines Freundes und Frau Reyschers.[43]

IV. Gemeinsam in der Paulskirche

In dieser Kontroverse auf der Germanistenversammlung um die Behandlung der Schleswig-Holstein-Frage kamen Jacob Grimms grundsätzliche Vorbehalte gegenüber der praktischen Politik, aber auch seine Überzeugung von der politischen Bedeutung wissenschaftlicher Erkenntnisse zum Ausdruck. Friedrich Christoph Dahlmann, der ja nicht nur Geschichte, sondern auch Politik lehrte, war weniger skeptisch gegenüber dem politischen Geschehen eingestellt, doch verstand er unter Politik in einem älteren, aristotelischen Sinne mehr die Sorge um die gute Ordnung der Gemeinschaft als politische Aktivitäten und Prozesse. Beide Gelehrten hatten gemeinsam, daß sie sich höchstens unter dem Zwang der Ereignisse, aus Rücksicht auf Recht und Vaterland, in die praktische Politik

[42] A. Springer (wie Anm. 3), Bd. 2, S. 185.
[43] Jacob Grimm an Dahlmann, 7.11.1846. E. Ippel (wie Anm. 1), S. 517.

verpflichten ließen.[44] Diese Scheu vor tagespolitischem Engagement hatte sich schon bei den Göttinger Ereignissen gezeigt, doch eben deren Ausstrahlungen führten dazu, daß beide Gelehrte 1848 nochmals in der Politik aktiv wurden. Waren doch durch den Protest gegen den Staatsstreich des hannoverschen Königs, die anschließende Entlassung aller sieben Professoren und die Landesverweisung von Dahlmann, Gervinus und Jacob Grimm diese während der Vormärzzeit in den Rang von gesamtdeutschen Honoratioren der bürgerlichen Bewegung aufgestiegen.

Sitzung der ersten Deutschen Nationalversammlung in der Frankfurter Paulskirche, Lithographie von Paul Bürde, 1848

[44] Zum Politikverständnis der Brüder Grimm wie Dahlmanns vgl. Wilhelm Bleek: Die Brüder Grimm und die deutsche Politik. In: Aus Politik und Zeitgeschichte B 1/1986, S. 3 –16 und ders.: Friedrich Christoph Dahlmanns Politikkonzeption. In: Hans J. Lietzmann / Peter Nitschke (Hrsg.), Klassische Politik. Opladen 2000, S. 201– 215.

So wundert es nicht, daß mit Albrecht, Dahlmann, Gervinus und Jacob Grimm gleich vier der Sieben in die verfassungsgebende Deutsche Nationalversammlung gewählt wurden, die am 18. Mai 1848 in Frankfurt am Main zusammentrat. Als Jacob Grimm am 27. Mai in das Parlament eintrat, wurde ihm vor allen anderen der über 600 Abgeordneten in der Paulskirche ein gesonderter Ehrenplatz auf einem Sessel in der ersten Reihe im Mittelgang gegenüber der Rednertribüne und dem Präsidium zugewiesen.[45] Zusammen mit seinen drei Göttinger Mitprotestanten stand er, obwohl er parlamentarischen Prozeduren wie der Notwendigkeit einer Geschäftsordnung eher skeptisch begegnete, der sogenannten Casino-Fraktion nahe. Diese Gruppierung der rechten Mitte vertrat das gemäßigte Programm einer rechtsstaatlichen und konstitutionellen Monarchie, wie es Jacob Grimm in dem Dankesschreiben vom 21. Mai 1848 an die Wahlmänner seines Wahlkreises in Essen-Mülheim kurz und bündig umrissen hatte: „Ich bin für ein freies einiges Vaterland unter einem mächtigen König und gegen alle republikanischen Gelüste. Das Nähere werden mir mein Herz und die Zeit eingeben."[46]

Viermal ergriff Jacob Grimm in der Nationalversammlung das Wort, darunter zweimal zu Verfassungsfragen. So schlug er vor, dem Grundrechtsteil einen ersten Artikel des folgenden Inhalts voranzustellen: „Alle Deutschen sind frei und deutscher Boden duldet keine Knechtschaft. Fremde Unfreie, die auf ihm

[45] Zu Jacob Grimms Mitgliedschaft in der Frankfurter Nationalversammlung vgl. Horst Grünert: Vom heiligen Begriff der Freiheit – Jacob Grimm und die Revolution von 1848. In: Ludwig Denecke (Hrsg.), Kasseler Vorträge in Erinnerung an den 200. Geburtstag der Brüder Jacob und Wilhelm Grimm. Marburg 1987 (Brüder Grimm Gedenken. Sonderbd. 1987), S. 60 –74. Siehe auch den Beitrag von Hans-Christof Kraus in diesem Band.

[46] Zit. nach Gabriele Seitz: Die Brüder Grimm. Leben – Werk – Zeit. München 1984, S. 151.

verweilen, macht er frei."[47] Dieser Antrag wurde knapp verworfen, weil vielen Abgeordneten insbesondere auf der Linken der darin enthaltende Rekurs auf alte deutsche Freiheiten und der Kontrast zur Sprache der französischen Menschenrechtserklärung fremd war. Sein Antrag auf Abschaffung von Adel und Orden, die in einer staatsbürgerlichen Vereinigung von Freien überholt seien, hingegen scheiterte, weil er der Mehrheit seiner Parlamentsgenossen zu radikal erschien.[48]

Einen größeren Einfluß auf die Beratungen und Ergebnisse der Paulskirchenversammlung hatte Dahlmann. Nachdem er in Bonn aus konfessionellen Gründen nicht gewählt worden war, trugen ihm gleich sechs Wahlkreise in Hannover und Schleswig-Holstein diese Ehre an und er akzeptierte die Wahl in Segeberg, weil sie einstimmig erfolgt war. Dahlmann wirkte vor allem durch seine Mitgliedschaft im Verfassungsausschuß, nachdem er schon für den vorgeschalteten Vertrauensmännerausschuß zusammen mit seinem früheren Göttinger Kollegen und Mitprotestanten Wilhelm Eduard Albrecht einen ersten Entwurf für ein Reichsgrundgesetz erarbeitet hatte. In der Deutschen Nationalversammlung von 1848/49 bot sich Dahlmann die Gelegenheit, seine in der „Politik" entwickelte Verfassungskonzeption einer konstitutionellen Monarchie, die gleichermaßen die Freiheitsrechte der einzelnen Bürger wie den Ordnungsgedanken der staatlichen Gemeinschaft sichern sollte, in die Wirklichkeit umzusetzen.[49]

[47] Franz Wigard (Hrsg.): Stenographischer Bericht über die Verhandlungen der Deutschen Constituirenden Nationalversammlung zu Frankfurt am Main. Bd. 1. Frankfurt a. M. 1848, S. 729. Vgl. Jacob Grimms kurze mündliche Begründung am 4. 7.1848, in der er sich gegen die französische Gleichheits- und Brüderlichkeitsformel wandte. Ebenda, S. 737.

[48] Rede Jacob Grimms in der Nationalversammlung am 1. 8.1848. Ebenda, Bd. 2, S. 1310–1312.

[49] Vgl. Wilhelm Bleek: Die Politik-Professoren in der Paulskirche. In: Jürgen Kocka / Hans-Jürgen Puhle / Klaus Tenfelde (Hrsg.), Von der Arbeiterbewegung zum modernen Sozialstaat. Festschrift für Gerhard A. Ritter zum 65. Geburtstag. München usw. 1994, S. 276 – 299.

Doch Friedrich Christoph Dahlmann wie Jacob Grimm, die beide im vierundsechzigsten Lebensjahr standen, blieb die bittere Erfahrung des Scheiterns ihrer Reformhoffnungen im Jahr 1848/49 nicht erspart. Diese Niederlage war vor allem eine Folge der erneuten Auseinandersetzung um Schleswig-Holstein, die Dahlmann an der Spitze dieser für den Kampf um die deutsche Einheit zentralen Frage einstufte, sieht man einmal von der Kontroverse um eine groß- oder kleindeutsche Lösung mit oder ohne die Einbeziehung Österreichs in den angestrebten deutschen Nationalstaat ab. Für Dahlmann, den früheren Kieler Professor und „Erfinder" der schleswig-holsteinischen Frage, wie ihn spätere dänische und englische Historiker unterschwellig kritisierten, war die Zugehörigkeit nicht nur der Holsteiner, sondern auch der ihnen verbundenen Schleswiger zu Deutschland eine Frage nicht nur der historischen Gerechtigkeit, sondern auch der Ehre des neuen Deutschen Reiches. Jacob Grimm unterstützte seinen alten Freund auf das nachdrücklichste in den Parlamentsdebatten, als die von Großbritannien angekündigte Intervention die militärische Befreiung der Schleswiger von dänischer Herrschaft zu blokkieren drohte. Dahlmann, Grimm und eine Mehrheit aus Abgeordneten auf der linken und rechten Seite des Parlaments hatten zunächst mit der sogenannten „Sistierung" des Malmöer Waffenstillstands mit Dänemark Erfolg, doch als dann konsequenterweise die von der gemäßigten Mitte der Nationalversammlung getragene Reichsregierung zurücktrat und Dahlmann bei dem Versuch scheiterte, aus der negativen Mehrheit gegen den Waffenstillstand eine positive Regierungsmehrheit zu bilden, siegte schließlich die realpolitische Einsicht der Mehrheit über die Überzeugungstreue der Minderheit, zu der auch die vier Göttinger Protestanten in der Nationalversammlung gehörten: Deutschland nahm den dänischen Anspruch auf Schleswig, jedenfalls für die nächsten anderthalb Jahrzehnte, hin.

Nach dieser Erfahrung machtpolitischer Ohnmacht war für Jacob Grimm der Augenblick zum Rückzug aus der aktiven Politik gekommen. Am 2. Oktober 1848 legte er sein Mandat nieder und kehrte nach Berlin zurück. Es war weniger ein Akt des Protestes gegen eine bestimmte Politik als vielmehr Ausdruck der Resignation vor den Überforderungen des politischen Alltags und Kompromisses. Sein Freund, der Politiklehrer Dahlmann, mühte sich auch nach dieser schweren Krise des September 1848, die in Frankfurt zu einem blutigen Barrikadenaufstand führte, das Doppelziel der politischen Mitte der Nationalversammlung einer Herstellung der nationalstaatlichen Einheit Deutschlands und der Verkündung einer freiheitlichen Verfassung noch zu erreichen, was im März 1849 durch einen Kompromiß mit der gemäßigten Linken zu gelingen schien. Doch mußte die gemäßigt-bürgerliche Mehrheit der deutschen Nationalversammlung ihre Hoffnungen endgültig begraben, als im Mai 1849 König Friedrich Wilhelm IV. von Preußen, der 1840 die Brüder Grimm nach Berlin und 1842 Dahlmann nach Bonn berufen hatte und denen er sich mit seinem historisch-organischen Denken verbunden fühlte, die ihm von einer Deputation der Nationalversammlung unter Teilnahme Dahlmanns angetragene deutsche Kaiserkrone ablehnte. Am 21. Mai traten die Abgeordneten der Casino-Fraktion und ihr nahestehende Gruppierungen aus der Nationalversammlung aus. In ihrer von Dahlmann entworfenen Austrittserklärung kam jene Mischung von Hoffnung und Resignation zum Ausdruck, welche die gemäßigte Mitte des deutschen Bürgertums, dessen Bannerträger Dahlmann und die Brüder Grimm waren, in der Mitte des 19. Jahrhunderts kennzeichnete: „Zu ihrem tiefen Schmerze haben sich die

Ereignisse anders gestaltet, und die Hoffnungen des deutschen Volkes drohen so nahe der Erfüllung zu scheitern."[50]

V. Lebensabend alter Freunde

In dem ihnen verbleibenden letzten Lebensjahrzehnt beklagten die drei Freunde immer wieder die bedrückenden Erfahrungen und trüben Aussichten ihres deutschen Vaterlandes. So schrieb Jacob Grimm 1858 in einem Brief an Georg Waitz, den Schüler und Nachfolger Dahlmanns auf dem geschichts- und politikwissenschaftlichen Göttinger Lehrstuhl, der in Göttingen auch die Wohnung seines Lehrers übernommen hatte: „Wie oft muß einem das traurige Schicksal unsers Vaterlandes in den Sinn kommen und auf das Herz fallen und das Leben verbittern. Es ist an gar keine Rettung zu denken, wenn sie nicht durch große Gefahren und Umwälzungen herbeigeführt wird."[51] Als Dahlmann im Jahr darauf sich der Höhepunkte seines politischen Lebens erinnerte, brach er das Manuskript bei der Behandlung des von ihm im April 1848 konzipierten Entwurfs für ein deutsches Reichsgrundgesetz mit der traurigen Feststellung ab: „Leider hat kein einziger der heitren Ausblicke, welche das Vorwort in die deutsche Zukunft wirft, sich erfüllt"[52].

Nachdem auch Dahlmanns Bemühungen, auf der Gothaer Versammlung Ende Juni 1849, an der auch Jacob Grimm teilnahm, in den folgenden sieben Monaten als Mitglied der Preußischen Ersten Kammer in Berlin, wo er auch öfter am Sonn-

[50] F. Wigard (wie Anm. 46), Bd. 9, S. 6697.

[51] Georg Waitz: Zum Gedächtnis an Jacob Grimm. Göttingen 1863 (Abhandlungen der Königlichen Gesellschaft der Wissenschaften zu Göttingen, 11), S. 23 f.

[52] Wilhelm Bleek / Daniela Lülfing: „Meinem edelen und mannhaften Freunde, Jakob Grimm, dem Bruder Wilhelms, in Dank + Liebe gewidmet". Das Fragment einer politischen Autobiographie Friedrich Christoph Dahlmanns. In: Jahrbuch der Brüder Grimm-Gesellschaft 3 (1993), S. 7– 28, hier S. 26.

tag im Grimmschen Haus einkehrte, und schließlich im Frühjahr 1850 im Erfurter Unionsparlament zu retten, was von den Verfassungsplänen noch zu retten war, gescheitert waren, kehrte er im Herbst 1850 endgültig nach Bonn an die Universität zurück. Der inzwischen 65jährige übernahm keine politische Aufgabe und veröffentlichte auch keine Bücher oder Artikel mehr, führte aber treu bis zu seinem Lebensende zehn Jahre später seine Lehrveranstaltungen durch. In seinen Vorlesungen verlagerte sich Dahlmanns Engagement und das Interesse seiner Studenten immer mehr auf Vorlesungen über die neuzeitliche deutsche Geschichte, auch wenn er bis zu seinem Tod in jedem Wintersemester über „Die Politik" las.

Jacob und Wilhelm Grimm hingegen waren in ihren Berliner Gelehrtenstuben weiterhin sehr produktiv, vor allem bei der Fortführung des „Deutschen Wörterbuchs". Dieses Projekt, das den gesamten neuhochdeutschen Wortbestand von Martin Luther bis Johann Wolfgang von Goethe erfassen sollte, hatten sie 1838 nach ihrer Göttinger Entlassung übernommen. Ursprünglich auf fünf Bände und fünf Jahre geplant, wurde es zur großen Verpflichtung, aber auch Last ihres Lebensabends. Als 1854 der erste Band des „Deutschen Wörterbuchs" erschien, machte Jacob Grimm in seinem Vorwort die politischen Motive und insbesondere patriotischen Hoffnungen überdeutlich, die sich mit dem philologischen Mammutwerk verbanden, fühlte er sich doch „durch erstarkte Liebe zum Vaterland und untilgbare Begierde nach seiner festeren Einigung" bewegt. Auch Dahlmann nahm, seit er 1852 den ersten Bogen des großen Werkes erhielt, regen Anteil an dessen Fortgang und schrieb Jacob Grimm ermunternde Briefe.[53]

[53] Vgl. den aufschlußreichen Antwortbrief Jacob Grimms vom 14. 4.1858 über die mühevolle Arbeit der Brüder am „Deutschen Wörterbuch". E. Ippel (wie Anm. 1), S. 536 ff.

Für die Brüder Grimm bildete die historisch überlieferte Sprache das einigende Band der Deutschen, für Dahlmann war jede politische Ordnung geschichtlich geprägt. So verstanden die drei seit Göttinger Zeiten befreundeten Gelehrten Sprache und Geschichte als eine Einheit, deren Born ihnen die aus früheren Zeiten überlieferten Quellenzeugnisse waren. Das wissenschaftliche Bemühen aller drei Freunde hatte seinen Mittelpunkt in der Suche nach den Quellen der Kultur und Verfassung des Volkes, beides verstanden in einem breiten Sinne. Ihr Ziel war die Bewahrung, sei es der schriftlichen Quellen, wie sie Dahlmann in der von ihm erstmals zu Beginn der Göttinger Zeit publizierten und später von Georg Waitz fortgeführten „Quellenkunde der deutschen Geschichte“[54] zusammengestellt hatte, sei es der mündlich überlieferten Quellen der Märchen, Sagen und Weistümer, die von den Brüdern Grimm erschlossen wurden.

Auch wenn der direkte Briefwechsel zwischen den Brüdern Grimm und Dahlmann in ihrem letzten Lebensjahrzehnt während der fünfziger Jahre des 19. Jahrhunderts fast versiegte, so wurde er doch über Dahlmanns Frau Luise, die allerdings im Februar 1856 verstarb, und später über die beiderseitigen Kinder fortgeführt. Mitte August 1853 kam Wilhelm Grimm für zweieinhalb Monate an den Mittelrhein, um Karl Simrock, seinen Verehrer und Bonner Professor für altdeutsche Literatur, auf dessen Weingut bei Rheinbreitbach zu besuchen, und hat bei dieser Gelegenheit nicht nur den in der Nähe als Kreisrichter tätigen Sohn Friedrich Christoph Dahlmanns, sondern auch seinen alten Freund selbst wiedergesehen.[55] Im Juli 1855,

---

[54] Friedrich Christoph Dahlmann: Quellenkunde der deutschen Geschichte nach der Folge der Begebenheiten für eigene Vorträge der deutschen Geschichte. Göttingen 1830.

[55] Vgl. Bernhard Lauer: „Simrocks vormittag und nachmittag ...“ Wilhelm Grimms Tagebuchnotizen zu seiner Rheinreise (1853). In: Jahrbuch der Brüder Grimm-Gesellschaft 9 (1999), S. 7–48.

als Wilhelm Grimm in Bonn seinen Sohn Herman besuchte, kam es fast täglich zu einem Treffen mit Dahlmann.[56]

Die Brüder Grimm wußten bis an ihr Lebensende, was sie an ihrer „alten und herzlichen Freundschaft" zu Dahlmann hatten.[57] Auch wenn man einander kaum mehr sah und nur noch wenig schrieb, dachte man doch aneinander und das vierzigjährige Freundschaftsband. So stellte Friedrich Christoph Dahlmann zu Beginn des Jahres 1860, seines letzten Lebensjahres, dem vorgenannten autobiographischen Manuskript über sein politisches Leben als eine letzte Freundesgabe die Widmung voran: „Meinem edelen und mannhaften Freunde Jakob Grimm, dem Bruder Wilhelms, in Dank und Liebe gewidmet."[58]

[56] Vgl. die Briefe in: W. Ottendorff-Simrock (wie Anm. 9), bes. S. 95 und 115.
[57] Wilhelm Grimm grüßte Luise und Friedrich Christoph Dahlmann am 12. 3.1853 „mit alter und herzlicher Freundschaft". E. Ippel (wie Anm. 1), S. 525. Ähnlich der Abschluß des Briefes vom 22. 7.1853. Ebenda, S. 527.
[58] W. Bleek / D. Lülfing (wie Anm. 3), S. 12.

Die Brüder Grimm und die ersten Germanistenversammlungen

Von Katinka Netzer

„Männer, die sich der Pflege des deutschen Rechts, deutscher Geschichte und Sprache ergeben, nehmen sich vor, in einer der ehrwürdigsten Städte des Vaterlandes, zu Frankfurt am Main, vom 24. September 1846 an einige Tage mit einander zu verkehren."[1] Mit diesen Worten wurde zu der ersten Versammlung der Germanisten eingeladen. Die zweite Tagung fand im September 1847 in Lübeck statt. Die Germanisten wollten mit diesen Konferenzen eine Tradition begründen, die allerdings schon 1848 abbrach: Die Märzrevolution und die anschließende Konstituierung des ersten deutschen Parlaments in der Frankfurter Paulskirche, in das einige der Germanisten als Abgeordnete einzogen, verhinderten die dritte geplante Versammlung in Nürnberg.

I. Planung und Organisation

Der oben zitierte Satz leitete eine Annonce ein, die im Januar 1846 in mehreren großen Tages- und Wochenzeitungen der deutschen Staaten sowie in wissenschaftlichen Fachzeitschriften geschaltet wurde. Sie enthielt einen Aufruf an interessierte Wissenschaftler, an der geplanten ersten Verhandlung der Germanisten teilzunehmen. Schon in diesem ersten Satz der Einladung stecken einige interessante Aspekte. Zum einen verdeutlicht er die damalige Bandbreite der germanistischen

[1] O.A.: Verhandlungen der Germanisten zu Frankfurt am Main am 24., 25. und 26. September 1846. Frankfurt a. M. 1847, S. 5.

Wissenschaft. Unter Germanistik verstand man im Vormärz nicht nur wie heute die Wissenschaft von der deutschen Sprache. Ursprünglich wurden Juristen, die sich mit dem germanischen Recht befaßten, als Germanisten bezeichnet. Diese Bezeichnung stellte eine Analogiebildung zu dem Begriff der Romanisten dar, den mit dem römischen Recht beschäftigten Juristen.[2]

Im Zusammenhang mit den ersten Versammlungen der Germanisten erfuhr der Begriff eine Ausweitung, nun umfaßte er auch Historiker und Sprachwissenschaftler, die deutsche Geschichte und deutsche Sprache erforschten. Nicht eine Definition von außen, sondern das Selbstverständnis der Wissenschaftler machte sie zu Germanisten: Germanist war zu diesem Zeitpunkt zunächst einmal derjenige, der sich als solcher verstand. So konnte sich von der öffentlichen Einladung zur ersten Verhandlung der Germanisten jeder angesprochen fühlen, der sich diesem Spektrum der Wissenschaften angehörig fühlte.

Der zweite wichtige Aspekt ist, daß die Initiatoren der Versammlung mit dieser Art der Einladung Öffentlichkeit schufen. Sie wollten, so scheint es auf den ersten Blick, keine geschlossene Tagung mit einem sorgfältig ausgewählten Teilnehmerkreis und wählten daher den ungewöhnlichen Weg einer Annonce. Auch wenn sich die öffentliche Einladung direkt an potentielle Teilnehmer wandte, weckte sie auch das allgemeine Interesse der Zeitungsleser. Dafür sorgten die Namen der achtzehn Germanisten, die die Einladung unter-

[2] Jörg Jochen Müller: Germanistik – eine Form bürgerlicher Opposition. In: ders. (Hrsg.), Germanistik und deutsche Nation 1806 –1848. Zur Konstitution bürgerlichen Bewußtseins. Stuttgart 1974, S. 5 –112, hier S. 5 –10. Vgl. auch Uwe Meves: Zur Namensgebung „Germanistik“. In: Jürgen Fohrmann / Wilhelm Voßkamp (Hrsg.), Wissenschaftsgeschichte der Germanistik im 19. Jahrhundert. Stuttgart 1994, S. 25 – 47, hier S. 27–34.

zeichnet hatten und damit öffentlich ihre Unterstützung der Versammlung bekanntgaben. Unter diesen Gelehrten waren Juristen, Historiker und Philologen gleichermaßen vertreten, so spiegelten sie die drei zur Germanistik vereinten Einzelwissenschaften wider.

Zu den Einladenden gehörten u. a. die Juristen Karl Joseph Mittermaier und Georg Beseler, die Historiker Friedrich Christoph Dahlmann, Ernst Moritz Arndt, Georg Gottfried Gervinus und Leopold Ranke, die Philologen Karl Lachmann, Ludwig Uhland sowie schließlich Jacob und Wilhelm Grimm. Insbesondere die Brüder Grimm waren zu dieser Zeit in allen deutschen Staaten bekannt, auch Ernst Moritz Arndt war wegen seines nationalpolitischen Engagements prominent, so daß ihre Unterstützung das öffentliche Augenmerk auf die Tagung lenken würde. Dieser Werbeeffekt war den Initiatoren der Versammlung wichtig. Jacob Grimm war der Ansicht, die Namen der Unterzeichner der Einladung müßten so bekannt sein, daß sie für sich sprächen und jede weitere Erklärung zu den Personen überflüssig sei.[3] Schon die Einladung sollte so einen Vorgeschmack auf die zu erwartende wissenschaftliche Qualität und die überregionale Bedeutung der Versammlung geben.

Jacob Grimm war an der Organisation der ersten Verhandlung der Germanisten beteiligt, allerdings eher am Rande. Die Initiative ging von dem Tübinger Juristen August Ludwig Reyscher aus, der im Sommer 1845 begann, befreundete Wissenschaftler für seine Idee einer die drei Einzelwissenschaften vereinenden Zusammenkunft zu begeistern. Zwar hatten schon andere vor ihm den Gedanken an eine solche Konferenz

[3] Württembergische Landesbibliothek Tübingen, Nachlaß August Ludwig Reyscher, Nr. 767 Cod. Hist. 2, Fasz. 12. Jacob Grimm an August Ludwig Reyscher, 24.1.1846.

Doppelporträt der Brüder Grimm, Radierung von Ludwig Emil Grimm, 1843

gehabt, Reyscher unternahm aber als erster konkrete Schritte zur Realisierung des Vorhabens. Er wurde dabei wesentlich von Georg Beseler unterstützt, einem germanistischen Juristen von der Universität Greifswald. Außerdem bat Reyscher seinen Schwiegervater Friedrich Christoph Dahlmann, einen Historiker und Politikwissenschaftler aus Bonn, sowie Jacob Grimm um Unterstützung, da diese über vielfältige Kontakte verfügten. Kennzeichnend für die weitere Planung war, daß sie, einmal angestoßen, zu einem Selbstläufer wurde: Die von Reyscher angeschriebenen potentiellen Teilnehmer tauschten sich wiederum untereinander aus, entwickelten Ideen, brachten weitere mögliche Redner und Teilnehmer ins Gespräch und traten dann an Reyscher mit konkreten Vorschlägen heran, der die Leitung übernahm. Alles lief auf einer persönlichen, nicht institutionellen Ebene ab, die Organisation erfolgte „durch eine Art ‚Schneeballprinzip' über Briefe und Besuche unter den bedeutendsten germanistischen Juristen, Historikern und Sprachwissenschaftlern der Zeit".[4]

[4] Ernst Erich Metzner: Geburt der Germanistik aus dem Geist der Demokratie. Vor 150 Jahren Erste Germanistenversammlung in Frankfurt. In: Forschung Frankfurt 14 (1996), H. 3, S. 38 – 52, hier S. 40.

So offen, wie die Einladung zur Versammlung zuerst erschien, war sie jedoch nicht. Der Briefwechsel zwischen den Organisatoren zeigt, daß es interne Absprachen über den Ausschluß bzw. die bewußte Nichtbeachtung möglicher Teilnehmer gab. Insbesondere Jacob Grimm hatte sehr genaue Vorstellungen, wer auf jeden Fall und wer unter keinen Umständen an der Tagung teilnehmen sollte. Er führte sowohl akademische wie politische Gründe für seine Auswahl an.

Insbesondere eine Gruppe konservativer katholischer Historiker, zumeist aus Südwestdeutschland, wollte Jacob Grimm heraushalten. „[W]ol aber dürfen Philipps und Höfler nicht geladen werden, das haben sie ihrem grellen ultramontanismus und dem geringen werth ihrer leistungen beizumessen“[5], schrieb er an Reyscher. Für Jacob Grimm standen die beiden Historiker stellvertretend für eine Entwicklung der katholischen Kirche in den deutschen Staaten, die nach den Befreiungskriegen begonnen hatte. Das Ende des Heiligen Römischen Reiches Deutscher Nation und die zunehmende Säkularisierung hatten die Organisation der katholischen Kirche zum großen Teil zerstört. Zur inneren und äußeren Erneuerung trugen in den folgenden Jahrzehnten die Entstehung eines katholischen Populismus sowie der gestärkte Einfluß des Papsttums bei. Die römische Kurie wurde zum theologischen und auch politischen Vorbild der Kirche in den deutschen Staaten.[6]

Ein Gegengewicht zu den Befürwortern dieses sogenannten Ultramontanismus und ihrer strikten Orientierung nach Rom bildeten die Deutschkatholiken, die für eine von Rom weitest-

[5] Württembergische Landesbibliothek Tübingen, Nachlaß Reyscher (wie Anm. 3), Jacob Grimm an August Ludwig Reyscher, 23.11.1845.

[6] Heinrich Lutz: Zwischen Habsburg und Preußen. Deutschland 1815 –1866. Berlin 1985 (Die Deutschen und ihre Nation, 2), S. 126 f.

gehend unabhängige Nationalkirche eintraten. Eine Orientierung auf das Ausland unter Vernachlässigung nationaler Interessen widersprach der grundlegenden Überzeugung Jacob Grimms, selbst wenn es sich um Religion handelte. Auch in religiöser Hinsicht wurde eine Befreiung von als fremd empfundenen Einflüssen angestrebt und eine Stärkung der deutschen Position gefordert. Politische Gründe waren insofern ausschlaggebend, um potentielle Teilnehmer von der Versammlung auszuschließen.

Betrachtet man die Verhandlungen der Germanisten als eine rein wissenschaftliche Veranstaltung, erscheint ein solches Verhalten unnötig. Entscheidend müßte in diesem Fall die akademische Reputation der Gelehrten sein, nicht ihre religiöse und politische Orientierung. Doch die Motivation der Organisatoren der ersten Germanistenversammlung ging über eine rein wissenschaftliche Tagung hinaus, sie wollten auch politisch Einfluß nehmen: „nichts Geringes versprechen wir uns von unserer Versammlung, wenn sie, wie nicht zu zweifeln steht, auf dem Boden wissenschaftlicher Untersuchung festhaltend sowohl den Werth als auch den Ernst der Zeit würdigen und jeden Einzelnen von dem Eifer, der das Ganze beseelt, erfüllen wird“[7], hieß es in der Einladung zur ersten Versammlung der Germanisten.

Die Veranstalter hofften, daß ein „eigenthümlicher vaterländischer Reiz“ von der Versammlung ausgehen werde. Sie stellten damit einen zwar nur angedeuteten, aber in seiner Aussagekraft dennoch deutlichen Bezug zur Nationalbewegung her. 1846, zwei Jahre vor der Revolution und der Konstituierung des ersten gesamtdeutschen Parlaments, konnte mit dem „Eifer, der das Ganze beseelt“ nur das Bemühen um eine

[7] Verhandlungen der Germanisten zu Frankfurt (wie Anm. 1), S. 5 f.

nationale Einheit gemeint sein, der Kristallisationspunkt aller politischen Aktivitäten im Vormärz. Reyscher und die anderen Organisatoren gingen damit bewußt über den engen akademischen Rahmen einer Konferenz hinaus und banden die Versammlung in die Reihe gesamtdeutscher Feste und Versammlungen ein, die seit den dreißiger Jahren des 19. Jahrhunderts mehr und mehr zu politischen Demonstrationen der entstehenden bürgerlichen Öffentlichkeit[8] wurden.

Beginnend mit dem Hambacher Fest von 1832, hatten in den folgenden Jahren bis zur Revolution von 1848 zahlreiche gesamtdeutsche Zusammenkünfte stattgefunden, die stark von der Nationalbewegung geprägt waren. Die bekanntesten waren sicherlich die Treffen der Turner und der Sänger. Die deutsche Nationalbewegung war eine gesellschaftliche Bewegung, die verschiedene Organisationen, im zeitgenössischen Sprachgebrauch als Vereinigungen bezeichnet, umfaßte; die Vereine der Turner und Sänger gehörten dabei zu den wichtigsten Trägern.[9] Die regionalen und überregionalen Feste dieser Vereinigungen standen ganz im Zeichen nationalen Engagements.[10]

Neben den Zusammenkünften der Turn- und Gesangsvereine gab es weitere überregionale Treffen, z. B. 1840 das Gutenberg-Fest und 1843 die Feier anläßlich des tausendjährigen Bestehens des Vertrags von Verdun und schließlich 1845 das erste deutsche Schriftstellertreffen in Leipzig. Gemeinsam

[8] Zur Entstehung der bürgerlichen Öffentlichkeit im 19. Jahrhundert Jürgen Habermas: Strukturwandel der Öffentlichkeit. Untersuchungen zu einer Kategorie der bürgerlichen Gesellschaft. Neuwied / Berlin 1962 (Politica, 4).

[9] Dieter Düding: Organisierter gesellschaftlicher Nationalismus in Deutschland (1808 – 1847). Bedeutung und Funktion der Turner- und Sängervereine für die deutsche Nationalbewegung. München / Wien 1984 (Studien zur Geschichte des neunzehnten Jahrhunderts, 13), S. 1.

[10] Thomas Nipperdey: Deutsche Geschichte 1800 –1866. Bürgerwelt und starker Staat. München 1998, S. 312.

war diesen Versammlungen, daß hier ein deutscher Kulturnationalismus verbreitet und gefördert wurde, der sich mehr und mehr nationalstaatlichen Vorstellungen annäherte.[11] Die Kleinstaaterei wurde bei diesen Begegnungen überwunden, gesamtdeutsche kulturelle Traditionen wurden gepflegt, teilweise auch erst etabliert. Daraus wurden politische Forderungen abgeleitet. Die kulturelle Einheit sollte Vorläufer der nationalstaatlichen Einheit sein.

Entscheidend war bei diesen Treffen immer die Einbeziehung der Öffentlichkeit. Die Treffen fanden nicht in einem geschlossenen Kreis nur für die Vereinsmitglieder statt, sondern die Bürger der Stadt wurden einbezogen. Es war auch den Germanisten wichtig, dieser neuen Öffentlichkeit Rechnung zu tragen und sie in die Versammlung einzubinden. Dafür sorgte die ausführliche Berichterstattung in der Tagespresse, die häufig die Reden der Gelehrten im Wortlaut abdruckte. Außerdem waren die Versammlungen selbst öffentlich, interessierte Bürger konnten Karten erwerben. Die vollständigen Protokolle, die von einem Redaktionskollegium herausgegeben wurden, erschienen jeweils ein Jahr nach der Versammlung.

In dieser Zeit fanden auch die ersten gesamtdeutschen Treffen von Wissenschaftlern statt, so z. B. seit 1822 die Versammlungen deutscher Naturforscher und Ärzte, seit 1838 die Treffen der Philologen und Lehrer. Diesen Konferenzen lag ebenso wie den Versammlungen der Germanisten der Gedanke zugrunde, den wissenschaftlichen Diskurs ihrer Fächer zu dokumentieren und zu fördern sowie vor allem die durch die Kleinstaaterei bedingte Beschränkung des wissenschaftlichen

---

[11] Hans-Ulrich Wehler: Deutsche Gesellschaftsgeschichte. Bd. 2: Von der Reformära bis zur industriellen und politischen „Deutschen Doppelrevolution". München 1987, S. 406.

Diskurses zu überwinden. Dabei mußten die Gelehrten, um eine Zensur durch die Behörden zu vermeiden, in ihren politischen Äußerungen vorsichtig sein. Sie vermieden daher in der Regel die Diskussion konkreter tagespolitischer Ereignisse, „aber im Vormärz, unter den politischen Bedingungen jener Zeit und im Zeichen des sich verschärfenden Kampfes des liberalen Bürgertums um die politische Macht, war es an sich schon eine Tatsache von unbestritten politischer Bedeutung, daß sich Universitätsprofessoren und Lehrer der höheren Schulen aus ganz Deutschland zusammenfanden und zum Zwecke des wissenschaftlichen Disputs die deutsche Kleinstaaterei überwanden“[12].

Die Verhandlungen der Germanisten standen in dieser Tradition der nationalpolitisch motivierten gesamtdeutschen Feste und Tagungen. Die Parallelen ließen sich schon am Ablauf der Veranstaltungen erkennen. Wie bei den Festen der Turner und Sänger gab es auch bei den Germanistenversammlungen ein ausgedehntes Rahmenprogramm mit Konzerten, gemeinsamen Mahlzeiten und Treffen mit den Honoratioren des jeweiligen Tagungsortes. Neben gemeinsamen Mittagessen wurde vor allem für die Abendunterhaltung gesorgt. Am ersten Tag der Tagung in Frankfurt am Main, dem 24. September 1846, gab der Cäcilienverein, ein Gesangsverein, eine Aufführung. Das Programm bestand aus Stücken mit religiösem Inhalt von Bach, Händel und Mendelssohn-Bartholdy.[13] Am Abend des zweiten Sitzungstages fand eine „gemeinschaftliche Unterhaltung auf der Mainlust“[14] statt. Am 26. Septem-

[12] Klaus Röther: Die Germanistenverbände und ihre Tagungen. Ein Beitrag zur germanistischen Organisations- und Wissenschaftsgeschichte. Köln 1980, S. 14.

[13] Württembergische Landesbibliothek Tübingen, Nachlaß Reyscher (wie Anm. 3), Blatt Programm zu der in den Tagen vom 24. – 26. September stattfindenden Germanisten-Versammlung.

[14] Ebenda. Euler an Reyscher, 17. 9.1846.

ber trafen sich die Germanisten im Gasthof Weidenbusch, wo ebenfalls ein Gesangsverein eine Soirée gab. U. a. wurde das Lied „Des Deutschen Vaterland“ gesungen, das Ernst Moritz Arndt 1813 verfaßt hatte.[15] Entstanden in der Zeit der Befreiungskriege, drückt es voller Pathos die nationalen Ambitionen aus, die mit dem Ende der französischen Herrschaft verbunden wurden: Deutschland sollte an Territorium und Macht gewinnen. Die letzte Strophe lieferte die Antwort auf die Frage „Was ist des Deutschen Vaterland?“: „Das ganze Deutschland soll es sein.“ Gemeint war damit der mythisch überhöhte deutsche Sprachraum.

Hier artikulierte sich schon früh die Forderung nach einem „Großdeutschland“, die in konservativen Kreisen im Vormärz zum Konsens wurde. Gleichzeitig dokumentiert die Tatsache, daß dieses Lied zum Standardrepertoire der Gesangsvereine gehörte, wie sehr die bürgerliche Gesellschaft in Deutschland in den dreißiger und vierziger Jahren vom nationalen Gedanken durchdrungen war. Daß dieses Stück gleichwertig neben klassischen Gesangsstücken von Bach und Händel aufgeführt wurde, zeigt seine Zugehörigkeit zum allgemeinen deutschen Kulturgut jener Zeit, in dem Inhalte ihren Platz hatten, die vehement die Größe der Nation beschworen.

Die Frankfurter Tagung wurde am Abend des 27. September mit einem gemeinsamen Festessen im Gasthaus Weidenbusch beendet, bei dem eine Reihe von Trinksprüchen ausgebracht wurde. Georg Beseler erfaßte die Quintessenz der Germanistenversammlung, indem er einen Toast auf „Volksthümlichkeit der Wissenschaft, insbesondere der Rechtswissenschaft“ ausbrachte. Ein anderer Teilnehmer drückte die Aufbruchsstimmung und die politischen Hoffnungen jener Zeit aus. Er

[15] Ebenda. Blatt Programm der Soirée im Weidenbusch.

trank darauf, „daß die Alten das neue Deutschland erleben möchten". Es wurde auf die „ungehemmte deutsche Einheit" und auf „Freiheit und Ordnung" angestoßen. Natürlich durfte ein Toast auf die deutschen Frauen nicht fehlen, ebensowenig ein Hoch auf „deutsche Gemüthlichkeit"[16].

Auch im Rahmen der zweiten Germanistenversammlung 1847 in Lübeck war ein begleitendes Unterhaltungsprogramm organisiert worden. Der spätere Lübecker Senator Wilhelm Brehmer berichtete in seinen Jugenderinnerungen über einen gemeinsamen Umtrunk der Gelehrten mit Bürgern der Stadt. Er war zu diesem Zeitpunkt 19 Jahre alt und verfolgte die Konferenz mit großem Interesse. „Meine Eltern nahmen mich auch zu einem Festtrunke mit, der in den Räumen des Ratskellers veranstaltet wurde. Um Platz zu gewinnen, wurde der Theil desselben, der unter dem langen Hause liegt und seitdem den Namen Germanistenkeller [führt], von den in ihm lagernden Weinfässern befreit. Da es ihm an jeder Ventilation fehlte, so wurde bei dem starken Tabaksqualm, der die Räume füllte, die Luft eine so schlechte, daß die Lichter, nur sie waren zur Beleuchtung verwandt, zu verlöschen drohten und doch blieben alle Frauen und Männer bis zum frühen Morgen in eifrigen Gesprächen dort versammelt."[17] Diese Weinstube im Lübecker Rathaus heißt übrigens bis heute Germanistenkeller.

Besonders erwähnenswert ist das Festbankett in Travemünde, das im Rahmen der Lübecker Tagung stattfand. Die Teilnehmer wurden mit Kutschen und Pferdeomnibussen in das wenige Kilometer entfernte Seebad gebracht, wo sie schon von Bürgern und Militär erwartet wurden. „Wehende Flaggen

---

[16] O.A.: Bericht über das abschließende Festessen der Germanisten 27. 9. im Weidenbusch. In: Frankfurter Journal. Jg. 1846, H. 270, erste Beilage.

[17] Wilhelm Brehmer: Erinnerungen aus meiner Jugendzeit. In: Zeitschrift des Vereins für Lübeckische Geschichte und Altertumskunde 14 (1912), S. 3 – 40, hier S. 13.

hatten den Germanisten bei der Abfahrt nachgewinkt, wehende Flaggen begrüßten sie bei ihrer Einfahrt in Travemünde und bei ihrer Ankunft [...] empfingen sie die Trompeten der Dragoner und die Hörner der Füsiliere."[18] Der Dampferfahrt unter dröhnenden Salutschüssen folgte ein Festmahl im Travemünder Badehaus, das von Tischreden begleitet wurde. Jacob Grimm hielt eine Laudatio auf Lübeck. Er erhoffte sich einen Aufstieg der alten Hansestadt als künftige Handelsmetropole. Voraussetzung dafür seien eine mächtige deutsche Flotte und ein politisches Bündnis zwischen Deutschland und den skandinavischen Ländern, um so ungehinderten Zugang zu Ost- und Nordsee zu haben.[19]

Doppelporträt der Brüder Grimm, Kreidezeichnung von Elisabeth Jerichau-Baumann, 1855

Der „Toast-Master" des Banketts, Oberappellationsrat Carl Wilhelm Pauli, würdigte Jacob Grimm als geistigen Kopf aller drei bei der Versammlung vertretenen Wissenschaften.[20] Grimms Erwiderung bedeutete einen emotionalen Höhepunkt der Veranstaltung: „‚Lange wird es nicht dauern', sagte er, ‚so wird Gras auf meinem Grabe wachsen und ich selber vergessen sein.' (‚Nein, nein!' riefen die Zuhörer). ‚Ich liebe mein Vaterland,' fuhr er fort, ‚mein Vaterland ist mir immer über alles

[18] O.A.: Die Versammlung der Germanisten, 1.10.1847. In: Lübecker Bürgerfreund 5 (1847), H. 40, S. 336 – 340, hier S. 337.
[19] Ebenda, S. 338.
[20] Ebenda, S. 339.

gegangen' – da brach die Stimme des alten Mannes unter aufquellenden Tränen, und er sank in die Arme Dahlmanns. Die Versammlung verharrte in ehrfürchtigem Schweigen."[21]

Der Ablauf des Banketts entsprach dem Ritual der vormärzlichen Turner- und Sängerfeiern, feste Bestandteile waren auch hier Musik, Fanfaren, Salutschüsse, gemeinsames Essen sowie das Zeigen von nationalen Symbolen. Die Germanistenversammlungen wurden in dieser Tradition gesehen; zum einen von den Teilnehmern selbst, indem sie quasi als Darsteller dieses Ritual mittrugen, aber auch von außen, indem die Stadt ihnen den gleichen Empfang bereitete wie den Teilnehmern anderer nationalpolitisch motivierter Treffen.

Die Organisatoren betonten selbst diese Traditionslinie. Reyscher bezeichnete in seiner Eröffnungsrede der Frankfurter Versammlung die Treffen der Naturforscher und Klassischen Philologen als Vorbild. Er ging hier auch auf die Erwartungen ein, die er und seine Kollegen an die Versammlung stellten. Sie hofften, die drei Einzelwissenschaften „in ein großes Ganzes zu vereinigen, zum Frommen der Wissenschaft und zur Ehre unseres gemeinsamen Vaterlandes"[22]. Wissenschaftlicher Austausch und politisches Engagement waren die erklärten Ziele der Veranstalter. Die Konferenzen gingen damit über die rein wissenschaftliche Ebene hinaus, hier wurde der Anspruch formuliert, „für eine bürgerliche Öffentlichkeit aus wissenschaftlichem Ethos ein Mandat zur politischen Positionsbestimmung zu gewinnen"[23]. Die Germanistenversammlungen

[21] Gustav Radbruch / Hermann A. Stolterfoht: Die Lübecker Germanistenversammlung. In: Verein für Lübeckische Geschichte und Altertumskunde (Hrsg.), Ehrengabe dem deutschen Juristentage überreicht vom Verein für Lübeckische Geschichte und Altertumskunde. Lübeck 1931, S. 103 –121, hier S. 119.

[22] Verhandlungen der Germanisten zu Frankfurt (wie Anm. 1), S. 9.

[23] Frank Fürbeth u.a.: Vorwort. In: ders. u.a. (Hrsg.), Zur Geschichte und Problematik der Nationalphilologien in Europa. 150 Jahre Erste Germanistenversammlung in Frankfurt am Main 1846 –1896. Tübingen 1999, S. XI–XIV, hier S. XI.

boten sich für diese selbst auferlegte Aufgabe besonders an. Das lag an der Funktion, die den Geisteswissenschaften im Vormärz zukam.

Die Humboldtsche Universitätsreform hatte die ungenauen Wissenschaften, wie sie im Gegensatz zu den exakten Naturwissenschaften genannt wurden, nicht marginalisiert, sondern ihnen im Gegenteil einen Aufschwung und eine beherrschende Stellung innerhalb der Universität für fast ein Jahrhundert beschert. Es wurden Impulse aus den historisch-philologischen Geisteswissenschaften gebraucht, um eine Legitimationsbasis für die Bildung einer bürgerlichen Nation zu schaffen, die es in Deutschland, anders als in anderen westeuropäischen Staaten, noch nicht gab.[24] Diese legitimatorische Funktion der Geisteswissenschaften galt in noch stärkerem Maße für die Germanistik. Das Konzept der Germanistik als spezifisch deutsche Wissenschaft, die drei anerkannte und grundlegende Geisteswissenschaften in sich vereinte, erstreckte sich nicht nur auf den thematischen Anspruch, sondern verfolgte auch ein politisches Ziel: Die Einheit der Wissenschaften sollte der Einheit der Nation dienen.

Die Einheit der drei Wissenschaften, die bei den Versammlungen vertreten waren, zeigte sich auch in der Wahl des Vorsitzenden. Zu Beginn der ersten Sitzung in Frankfurt schlug der Schriftsteller Ludwig Uhland vor, Jacob Grimm zum Präsidenten zu wählen. Dieser sei der Mann, „in dessen Hand schon seit so vielen Jahren alle Fäden der deutschen Geschichtswissenschaft zusammenlaufen, von dessen Hand mehrere dieser Fäden zuerst ausgelaufen sind, namentlich der Goldfaden der Poesie, den er selbst in derjenigen Wissenschaft, die man sonst

[24] Eberhard Lämmert: Die Herausforderung der Geisteswissenschaften in einer Industriegesellschaft. In: Gerhard Rupp (Hrsg.), Was leisten die Geisteswissenschaften für die Zukunft? Beiträge zum Modellversuch geisteswissenschaftliches Studium fundamentale an der Ruhr-Universität Bochum. Bochum 1992, S. 37– 55, hier S. 39.

als eine trockene zu betrachten pflegt, im deutschen Recht, gesponnen hat“[25]. Jacob Grimm, der studierte Jurist, der sich später hauptsächlich mit deutscher Geschichte und natürlich vor allem mit der Sprachwissenschaft befaßte, war der Prototyp des Germanisten, und zwar nicht nur als Verfasser des deutschen Wörterbuches, als Begründer der modernen, rein sprachlichen Germanistik, sondern vor allem der Germanistik im damaligen, weiten Sinne. Er wurde bei der zweiten Versammlung in Lübeck erneut zum Vorsitzenden gewählt.

Die Wahl zeigt deutlich Jacob Grimms Funktion als Symbolfigur der Germanistenversammlungen. Er besaß überregionale Prominenz und Popularität und erhöhte so als Präsident der Versammlung deren Prestige. Zudem galt er als einer der „Göttinger Sieben“ als ein Beispiel für moralische und politische Integrität sowie als einer der Vorkämpfer für die nationale Einheit Deutschlands. Jacob Grimm trat bei den beiden Versammlungen der Germanisten zwar nicht sonderlich häufig mit Reden in Erscheinung, gab den Konferenzen aber nach außen wie innen ein Gesicht.

Exemplarisch für die beiden Versammlungen der Germanisten typische Verbindung von wissenschaftlichem und politischem Ziel war die erste Rede von Jacob Grimm, die er als soeben gewählter Präsident der Frankfurter Tagung hielt. Zu Beginn führte er an, daß er die Wissenschaften von der Sprache aus betrachte, da diese ihm am geläufigsten sei, auch wenn er sich mit Recht und Geschichte ebenfalls beschäftigt habe. Von der Einheit der Wissenschaften ging er auf die Einheit der Nation über. „Lassen Sie mich mit der einfachen Frage anheben: was ist ein Volk? Und ebenso einfach antworten: ein Volk ist der Inbegriff von Menschen, welche dieselbe Sprache

[25] Verhandlungen der Germanisten zu Frankfurt (wie Anm. 1), S. 11.

reden.“ Er hoffe, daß diese Erklärung in Zukunft anerkannt werde: Grenze zwischen Staaten könne nur das natürliche Gesetz sein, daß die Sprache allein die Zugehörigkeit zu einem Volk bestimme, und nicht willkürlich festgesetzte Grenzen. Die Sprache konstituiere die Nation. Der Bezug auf Herder ist hier offenkundig, der die gemeinsame Sprache als kulturstiftenden Beweisgrund bezeichnet, ein Prinzip, das für alle Völker gelte.

Jacob Grimms Rede zeigt deutlich, daß die Germanistenversammlungen im Kontext der nationalen Bewegung standen, sie griffen deren Diskurs auf und untermauerten ihn wissenschaftlich. Der Jurist Gaupp brachte die Erwartungen der Germanisten auf den Punkt: Die Wissenschaft möge Prophetin der Zukunft sein.[26] In der Wissenschaft besaß man bereits die Einheit, die es in der Nation erst noch zu schaffen galt. Wichtig ist allerdings, daß dieser politische Auftrag für die Germanisten zeitlich begrenzt galt und nicht generell für die Disziplin.

Am Rande sei bemerkt, daß die Versammlungen heute in der Wissenschaftsgeschichte der Germanistik kaum eine Rolle spielen. Man war sich der bis in den Vormärz reichenden Tradition lange nicht bewußt; das zeigt deutlich die Tatsache, daß es insgesamt drei erste Germanistentage gab. 1913 fand in Marburg der „Erste Verbandstag der deutschen Germanisten“ statt. Ein Neuanfang wurde nach dem Zweiten Weltkrieg gemacht, 1954 kam in Nürnberg der „Deutsche Germanisten-Verband“ zum ersten Mal zusammen. Eine Kontinuität zu 1846 wurde nicht gesehen, sie betrachteten sich jeweils als die ersten Tagungen ihres Faches.

Jacob Grimm bezog sich später in seiner Rede noch eindeutiger auf die gesellschaftliche und politische Situation seiner

[26] Ebenda, S. 125.

Zeit, als er den Zweck der Veranstaltung benannte. Er spielte auf die politische Zersplitterung Deutschlands in Klein- und Mittelstaaten an sowie auf die Glaubensunterschiede in den verschiedenen Staaten, die mit Hilfe dieser Versammlung überwunden werden sollten: „Fern unserer Zusammenkunft sei jener Unterschied zwischen Nord- und Süddeutschen, den man einen törichten, die Gemüter verletzenden nennen darf [...]. Kein solcher Unterschied kann hier bei uns auftauchen, eben so wenig darf etwas in unsere Versammlung einfließen von jenem unseligen Glaubenshader, der in unserer Zeit die Menschen verwirrt und von einander abwendet. Unsere Vorfahren sind Deutsche gewesen, ehe sie zum Christentum bekehrt wurden; es ist ein älterer Zustand, der uns als Deutsche in ein Band vereint hat, das durch die Scheidung der Katholiken und Protestanten nicht zerrissen werden darf."

Er ließ die Geschichte des Sitzungssaales Revue passieren. Die Germanisten kämen an einem ebenso geschichts- wie symbolträchtigen Ort zusammen, im Kaisersaal des Frankfurter Römer. Die Stadt habe eine viele Jahrhunderte lange Geschichte als Freie Reichsstadt, Karl der Große habe dort erstmals eine Reichsversammlung abgehalten. Jacob Grimm erinnerte daran, daß Frankfurt das Herz deutscher Geschichte sei, hier sei schon viel Bedeutendes für Deutschland entschieden worden. Das solle den Versammelten eine Mahnung sein. Er beendete die Rede mit den Worten: „In solchen Räumen darf nur Deutsches und nichts Undeutsches geschehen!"[27]

Besonders die Differenzierung zwischen Deutschem und „Undeutschem", die Grimm in seinem Appell an die Teilnehmer vornahm, ist von Bedeutung. Daß die Versammlung Deutsches bedenken solle, lag in der Natur der Germanistik. Die

[27] Ebenda, S. 17.

Warnung vor dem „Undeutschen" bezog sich vor allem auf die politische Teilung Deutschlands. Wissenschaftler aus sämtlichen Staaten des Deutschen Bundes nahmen an der Tagung teil. Die Unterschiede zwischen den einzelnen Staaten Deutschlands sollten bei der Tagung ebenso wie die religiösen Differenzen überwunden werden. Mit „undeutsch" war damit vor allem die den Regionalinteressen der Fürsten dienende Zersplitterung gemeint. Das Bindeglied zwischen den versammelten Gelehrten war die Germanistik, nicht nur als Forschungsgegenstand, sondern vor allem als wissenschaftliches und politisches Prinzip, das alles, was deutsch ist und der Einheit dient, in den Mittelpunkt des Interesses rückt. Über Deutschland konnte die Versammlung nicht entscheiden, wohl aber über Deutsches. Die zentrale Frage der Germanistenversammlungen lautete dementsprechend: Was ist deutsch? Und darüber konnten die Versammelten besonders kompetent beraten, waren sie doch laut Gervinus „potenzierte Deutsche"[28].

Wie Grimm in seiner Rede darlegte, wolle man bei den Beratungen die eigentliche Politik außen vor lassen. Das war keineswegs als Absage an politische Debatten zu verstehen. Vielmehr war den Wissenschaftlern klar, daß es ihnen zwar möglich war, politische Aussagen zu treffen, ihnen aber jegliche Legitimation fehlte, diese Beschlüsse gegebenenfalls in die Tat umzusetzen. Jacob Grimm als Vorsitzender der Versammlung betonte aber, daß es für die Germanisten unvermeidlich sei, die Grenze zwischen Wissenschaft und Politik zu überschreiten – somit stellte er diese Grenze selbst in Frage. Als Kern der Aussage muß die Überlegung verstanden werden, wie

[28] Verhandlungen der Germanisten zu Lübeck am 27., 28. und 30. September 1847. Lübeck 1848.

die Politik wissenschaftlich zu fundieren sei und wie umgekehrt die Erkenntnisse der Wissenschaft in Politik transportiert werden könnten.[29]

Die Themen, die auf den Versammlungen debattiert wurden, waren häufig auch von politischer Bedeutung, darunter nicht nur die, die im Plenum diskutiert wurden. Bei der Frankfurter Versammlung der Germanisten fanden die Plenarsitzungen vormittags im Kaisersaal des Frankfurter Römers statt, hier tagten die ca. 200 Teilnehmer gemeinsam. Nachmittags trafen sich die juristische, historische und sprachwissenschaftliche Sektion getrennt, wobei die juristische die zahlenmäßig größte war. Bei der zweiten Tagung in Lübeck wurde auf die Sektionssitzungen verzichtet, um so mehr Möglichkeiten für einen allgemeinen Gedankenaustausch und das gegenseitige Kennenlernen zu schaffen. Den Antrag auf Programmänderung hatte der Literaturhistoriker Georg Gottfried Gervinus zu Beginn der Lübecker Versammlung gestellt. Er hatte den engen Zeitplan beanstandet, der das eigentliche Ziel der Tagung, das gegenseitige Kennenlernen und den persönlichen Umgang, behindere: „Wir wollen aber nicht blos Germanisten, wir wollen Menschen sein." Sein Antrag zur Geschäftsordnung wurde angenommen, die Begegnung mit anderen Germanisten lag allen Teilnehmern am Herzen.

Auch Jacob Grimm spielte auf diesen Aspekt in seiner Eröffnungsrede der Frankfurter Tagung an. Das Ziel der Versammlung sah er vor allem im gegenseitigen Kennenlernen, in der Beratung und dem Gedankenaustausch, auf konkrete Ergebnisse komme es weniger an.[30] Der gesellige Aspekt mag banal erscheinen, genießt doch die Pflege von Kontakten auch

[29] Jörg Jochen Müller: Die ersten Germanistentage. In: ders. (Hrsg.), Germanistik und deutsche Nation 1806–1848. Stuttgart 2000, S. 297–318, hier S. 303.
[30] Verhandlungen der Germanisten zu Frankfurt (wie Anm. 1), S. 17.

heute noch hohe Priorität bei Konferenzen. Im Vormärz jedoch hatte diese Institutionalisierung eine gewichtigere Bedeutung, zumal bei einer so jungen Wissenschaft wie der sich auf der Frankfurter Tagung etablierenden Germanistik. Die beiden Versammlungen der Germanisten dienten der „Institutionalisierung einer besseren wissenschaftlichen Kommunikation“[31] und waren somit Foren einer sich etablierenden Wissenschaft. Der wissenschaftliche Diskurs übernahm eine Ersatzfunktion für die fehlende öffentliche Diskussion über politische Themen. Die Universitäten wirkten als Diskussionsforen, sie waren oft Sammelstätten der nationalen Bewegung, insbesondere wegen der dort agierenden Burschenschaften, in denen viele spätere Vertreter der deutschen Nationalbewegung erstmals mit diesen Ideen in Berührung kamen.[32] Auch die Versammlungen der Germanisten standen in dieser Tradition, hier diskutierten Gelehrte politische Themen und schufen eine Ersatzöffentlichkeit. Sie verliehen so den von der Nationalbewegung getragenen Ideen ein wissenschaftliches Fundament.

II. Debatten

Die auf den Germanistenversammlungen verhandelten Themen spiegeln die Bandbreite der germanistischen Wissenschaft ebenso wider wie das für die Germanisten prägende Spannungsverhältnis von Wissenschaft und Politik. Insgesamt wurden auf beiden Tagungen acht Debattenthemen verhandelt, dazu kamen einige einzelne Reden. Thema der ersten

[31] Jürgen Habermas: Was ist ein Volk? Bemerkungen zum politischen Selbstverständnis der Geisteswissenschaften im Vormärz am Beispiel der Frankfurter Germanistenversammlung von 1846. In: Frank Fürbeth u. a. (Hrsg.), Zur Geschichte und Problematik der Nationalphilologien in Europa. 150 Jahre Erste Germanistenversammlung in Frankfurt am Main 1846 –1896. Tübingen 1999, S. 23–39, hier S. 23.

[32] Th. Nipperdey (wie Anm. 10), S. 479 – 482.

langen Debatte auf der Frankfurter Tagung war die Schleswig-Holstein-Frage, hier ging es um die staatliche Zugehörigkeit der drei Elbherzogtümer Holstein, Schleswig und Lauenburg. Danach wurde das Verhältnis von römischem zu deutschem Recht diskutiert, diese Debatte wurde in den Sitzungen der juristischen Sektion fortgesetzt. Die Historiker beschäftigten sich in ihrer Sektion mit der Bildung eines deutschen Geschichtsvereins. Die Plenarsitzungen der Lübecker Versammlung begannen mit einer Beratung über die Situation der Auslandsdeutschen, d.h. der deutschen Emigranten. Diese zweite Versammlung wurde von der Debatte über die Einführung von Geschworenengerichten dominiert, daneben wurde noch über deutsche Kolonisation und deutsches Bürger- und Eherecht diskutiert. In verschiedenen Einzelreden wurden die Konzeption der Germanistik und ihr Verhältnis zur Romanistik thematisiert, dieser Gegenstand klang auch in den Debatten immer wieder an.

Die erste Sitzung der Frankfurter Tagung stand ganz im Zeichen der Schleswig-Holstein-Frage. Das Thema war von immenser politischer Bedeutung. Knapp zwei Jahre nach der ersten Germanistenversammlung wurde diese Problematik zum Prüfstein für die Macht und das öffentliche Ansehen des ersten deutschen Parlaments in der Frankfurter Paulskirche, sie kennzeichnete den Höhepunkt der nationalen Bewegung in Deutschland.

Die Wurzeln dieser Problematik, die personelle und politische Verflechtung der Herzogtümer mit dem dänischen Königshaus, reichen bis ins Mittelalter zurück. Seit dem 15. Jahrhundert war der dänische König zugleich Herzog von Schleswig und Graf von Holstein. Dennoch waren die beiden Gebiete geteilt: Schleswig gehörte zum Königreich Dänemark, während Holstein Teil des Heiligen Römischen Reiches Deutscher Nation war. Aus dieser Zeit stammt ein Vertrag, den die Stände der Herzogtümer mit dem dänischen König als ihrem neuen Landesherrn geschlossen hatten. Die wichtigste Formulierung des Ripener Vertrags von 1460 lautete: „bliwen ewig tosamene ungedeelt“[33]. Gegen die so garantierte Untrennbarkeit von Schleswig und Holstein stand der berechtigte politische Anspruch des Königreichs Dänemark, zumindest auf Schleswig.

Bis zum Beginn des 19. Jahrhunderts waren die beiden Herzogtümer semi-autonom mit einer engen Verbindung zu Dänemark. Es bestanden aber auch starke Verbindungen zum Deutschen Reich. Der Einfluß des deutschen Adels prägte lange die dänische Politik, am Hof und beim Adel galt die deutsche Kultur bis ins späte 18. Jahrhundert hinein als maßgeblich.[34] Dies wurde zum zentralen Argument national-deutscher Kräfte, die von der Zugehörigkeit der Herzogtümer zum deutschen Kulturkreis den Anspruch auf eine politische Vereinigung ableiteten. Akut wurde die Frage der staatlichen Zugehörigkeit gegen Ende der dreißiger Jahre des 19. Jahrhunderts, da sich nun ein Wechsel der Thronfolge abzeichnete. Es war abzusehen, daß die männliche Linie des dänischen Königshauses aussterben würde. Die Verfechter des deutschen Anspruches hofften, daß in diesem Falle ein deutscher Herzog die Erbfolge antreten und damit die Herzogtümer wieder ganz zu Deutschland gehören würden. Der dänische König betonte dagegen 1846 nochmals den unverminderten Herrschaftsanspruch Dänemarks.

Nun war die Schleswig-Holstein-Frage zu einem gesamtdeutschen Problem geworden, die Einbeziehung der Herzogtümer

[33] Zit. nach Ernst Rudolf Huber: Deutsche Verfassungsgeschichte seit 1789. Bd. 2: Der Kampf um Einheit und Freiheit 1830–1850. 2. Aufl. Stuttgart / Köln / Mainz 1968, S. 661.

[34] William Carr: Schleswig-Holstein 1815 – 48. A Study in National Conflict. Manchester 1963, S. 26 – 32.

in die angestrebte nationalstaatliche Einheit Deutschlands war Konsens zwischen allen liberalen und demokratischen Kräften. Hervorgegangen aus einem Streit rein dynastischer Natur, hatte sich der Konflikt um die Thronfolgeregelung in den Augen vieler politisch engagierter Kräfte in Deutschland zu einer Bewährungsprobe nationaler Selbstbehauptung entwickelt, die internationale Auswirkungen zeigte.

Zu diesem Zeitpunkt schalteten sich die Germanisten in die öffentliche Debatte ein. Acht Redner meldeten sich in der Diskussion zu Wort, die, was nicht erstaunlich ist, alle den deutschen Anspruch auf die Elbherzogtümer verteidigten. Der Jurist Georg Beseler, der die erste Rede hielt, argumentierte, seiner Profession gemäß, ganz aus rechtlicher Perspektive. Auch die folgenden Beiträge zeigten im wesentlichen eine juristische Betrachtungsweise. Dagegen war die Rede Friedrich Christoph Dahlmanns ganz auf der kulturellen Ebene angesiedelt, er beschäftigte sich mit der historischen, religiösen, kirchlichen und vor allem sprachlichen Verbundenheit zwischen den Herzogtümern und den übrigen deutschen Staaten. So verschieden die argumentativen Ansätze der Reden auf den ersten Blick erscheinen, lassen sich doch vier Themenkomplexe ausmachen, die im Verlauf der Debatte immer wieder angesprochen wurden.

Die Problematik der Erbfolge war im Zusammenhang mit der Schleswig-Holstein-Frage von größter Bedeutung, entschied sie doch über die staatliche Zugehörigkeit der Elbherzogtümer. Die Redner versuchten die Gültigkeit der männlichen Erbfolge in den Herzogtümern zu beweisen. Da der dänische Mannesstamm bald aussterben würde, wäre in diesem Fall der deutsche Anspruch gesichert.

Ein weiterer Argumentationsstrang betraf die Landesrechte der Herzogtümer. Für Georg Beseler waren sie das stärkste

Argument, das gegen eine Inkorporation Schleswigs in den dänischen Gesamtstaat sprach, da der dänische Monarch den Herzogtümern Unteilbarkeit garantiert habe. Die Trennung von Holstein habe also die im Herrschaftsvertrag zugesicherten Privilegien in eklatanter Weise verletzt.[35] Der Aspekt der kulturellen Verbindung von Schleswig und Holstein untereinander und mit dem gesamten deutschen Kulturraum wurde von Dahlmann in die Debatte eingebracht. Der Ausgangspunkt seiner Argumentation war die Sprachentwicklung, der „unblutige sprachliche Sieg" des Deutschen habe das deutsche Dasein der Gebiete besiegelt, die Sprache also die Zugehörigkeit zu einer Nation begründet. Das Motiv der Stammeszugehörigkeit lag dem Großteil der Beiträge zugrunde. Die Annahme, daß Schleswig und Holstein zum Gebiet des Deutschen Bundes gehören sollten, basierte auf der Vorstellung der gemeinsamen Abstammung von einem deutschen oder germanischen Volk. Diese Annahme beruhte ebenso wie die der sprachlich konstituierten Nation auf einem ethnisch begründeten Nationalismus, eine Vorstellung, die allen Rednern gemeinsam war. Eine weitere Gemeinsamkeit ist die historische Argumentationsweise. Der Blick auf die Geschichte liegt bei diesem Thema, das seine Wurzeln im Mittelalter hat, natürlich nahe, er ist aber darüber hinaus typisch für die Germanisten: Sie ergründeten die Vergangenheit, um aus ihr Forderungen für die Gegenwart abzuleiten.

Neben den inhaltlichen Aspekten ist der Ablauf der Debatte aufschlußreich, da er viel über die Diskussionskultur und das Selbstverständnis der Germanisten aussagt. Jacob Grimm hatte in seiner Eröffnungsrede als Vorsitzender der Versammlung die Teilnehmer eindringlich an die Grenze zwi-

[35] Verhandlungen der Germanisten zu Frankfurt (wie Anm. 1), S. 29 f.

schen Wissenschaft und Politik, die nicht überschritten werden dürfe, erinnert. Die Redner beherzigten zunächst diese Mahnung. Dann aber löste August Ludwig Reyscher in der moderat verlaufenden Debatte eine heftige Diskussion aus, als er am Ende seiner Rede die Teilnehmer zu einer Abstimmung über den deutschen Anspruch auf Schleswig-Holstein bewegen wollte. Die Versammlung solle nach dem Gehörten „wie eine Jury im Stande sein auszusprechen: wir sind überzeugt, die drei Herzogthümer gehören, wenn der jetzige dänische Mannesstamm ausstirbt, den Agnaten der Nebenlinien, den Herzogen von Schleswig-Holstein."[36]

Abgesehen von der rechtlichen Fragwürdigkeit von Reyschers Ausführungen war besonders der Begriff der Jury interessant: Er implizierte eine juristische Entscheidungsbefugnis, die dieser Versammlung von Gelehrten nicht zukam. Der Vorschlag des Initiators der Germanistenversammlung stieß auf heftige Gegenwehr, drei Teilnehmer, unter ihnen Jacob Grimm, legten sogleich Widerspruch ein. Diese Auseinandersetzung wirkte über die Frankfurter Konferenz hinaus fort, was die Berichte in der größten zeitgenössischen Tageszeitung, der „Augsburger Allgemeinen Zeitung", sowie Äußerungen in Briefen, beispielsweise von Dahlmann und Jacob Grimm, bezeugen. Reyschers Vorschlag kam einem „Stich ins Wespennest"[37] gleich, er löste eine grundsätzliche ideologische Debatte über das Verhältnis von Politik und Wissenschaft aus. Während der Tübinger Jurist mit seinem Plan einer Abstimmung die Verbindung der politischen und wissenschaftlichen Ebene herzustellen suchte, von der Theorie direkt in die Praxis übergehen wollte, beharrten die Gegner seines Vorschlages

---

[36] Ebenda, S. 50.
[37] Joachim Rückert: August Ludwigs Reyschers Leben und Rechtstheorie 1802 –1880. Berlin 1974, S. 171.

auf der schon zuvor mehrfach postulierten Trennung beider Bereiche.

So sprach sich der Berliner Oberbibliothekar Georg Heinrich Pertz im Interesse der Freiheit der Wissenschaft gegen die Abstimmung aus.[38] Er befürchtete, Wissenschaft könne im Interesse der Politik instrumentalisiert werden und damit ihre Objektivität verlieren, die sie als Beraterin der Politik benötige. Es ging nicht darum, Politik per se abzulehnen, sondern um eine methodische Frage: Die Themen, von eindeutig politischem Charakter, sollten mit Mitteln der Wissenschaft behandelt werden, nicht mit politischen. Eine Abstimmung gehörte in den Bereich der institutionalisierten Politik, nicht in den der Wissenschaft. Jacob Grimm betonte diese Argumentation. Er verwies auf seine Äußerung zu Beginn der Debatte, mit der er die Anwesenden an die „Klippe" zwischen Politik und Wissenschaft erinnert und sie ermahnt hatte, die „eigentliche Politik" aus den Zusammenkünften, „die nicht darüber zu beschließen haben", herauszuhalten.[39] Die Auseinandersetzung über die aktuelle politische Situation, die Stellungnahme und öffentliche Äußerung dazu – es darf nicht vergessen werden, daß die Versammlungen im Plenum öffentlich waren und die Reden direkt in der Presse abgedruckt wurden – , quasi die gesamte inhaltliche Ebene, gehörte für den Großteil der Germanisten nicht zur „eigentlichen Politik", während sie dem heutigen Verständnis nach eindeutig in das Gebiet politischer Betätigung fiele. Die Germanisten lehnten für sich die institutionelle Ebene als zu politisch ab, den Bereich, in dem es um konkrete Entscheidungen und Handlungen ging. Dafür fehlte ihnen auch jede Legitimation.

[38] Verhandlungen der Germanisten zu Frankfurt (wie Anm. 1), S. 51.
[39] Ebenda, S. 18.

Allerdings war schon die Versammlung selbst Signal genug für die Öffentlichkeit. Es hatte einen hohen politischen Symbolwert, wenn annähernd 200 Gelehrte zusammenkamen und dann über ein Thema von derartiger Bedeutung für die deutsche Nationalbewegung debattierten. Dabei muß die Rolle berücksichtigt werden, die Akademiker, noch dazu Professoren, wie sie hier in großer Zahl vertreten waren, in der bürgerlichen Gesellschaft ab der Mitte des 19. Jahrhunderts spielten. Sie stellten die intellektuelle und gesellschaftliche Elite ihrer Zeit und wirkten meinungsbildend auf das Bildungsbürgertum. Eine Abstimmung wäre als klares politisches Bekenntnis wahrgenommen worden und hätte möglicherweise die Zensurbehörden auf den Plan gerufen. Dies hätte die folgenden Versammlungen gefährden können. Alle wissenschaftlichen Konferenzen mußten im voraus von der Regierung des jeweiligen Staates genehmigt werden.[40] Und Gelehrte, die auf einem wissenschaftlichen Kongreß vor Publikum eine politische Proklamation abgaben, lagen keinesfalls im Interesse der Regierungen. Vor diesem Hintergrund ist die mitunter etwas spitzfindige Argumentation, was denn nun Politik sei und was nicht, zu verstehen. Die Germanisten zeigten Einsicht in die Situation ihrer Zeit und versuchten dennoch, im Rahmen ihrer Möglichkeiten politisch zu wirken, wozu sie sich aufgrund ihrer gesellschaftlichen Stellung als Intellektuelle verpflichtet fühlten.

Die zweite Sitzung in Frankfurt eröffnete Jacob Grimm mit einer Rede „Über den Wert der ungenauen Wissenschaften“[41]. Im zeitgenössischen Sprachgebrauch wurden so die Geisteswissenschaften im Gegensatz zu den Naturwissenschaften mit

[40] K. Röther (wie Anm. 12), S. 32.
[41] Verhandlungen der Germanisten zu Frankfurt (wie Anm. 1), S. 58 – 62.

ihrer exakten Methodik bezeichnet. Damals wie heute glaubten sich Geisteswissenschaftler gegenüber ihren Kollegen aus den Naturwissenschaften und deren praktisch nutzbaren Forschungsergebnissen rechtfertigen zu müssen. Auch Jacob Grimm waren die Vorteile einer exakten, auf unmittelbare Verwertbarkeit der Ergebnisse gerichteten Forschung bewußt. Um so vehementer hob er den politischen Vorteil hervor, den die ungenauen Forschungsgebiete, insbesondere die Germanistik, bringen könnten. Sie habe durch ihren breiten geisteswissenschaftlichen Ansatz eine identitätsstiftende Wirkung.[42] Die wissenschaftliche Beschäftigung mit dem Deutschen sollte eine kulturelle Einheit begründen, die als Vorläufer der politischen Einheit verstanden wurde und letztendlich zur Bildung einer staatlichen Nation beitragen sollte. Aus dem Selbstverständnis der Germanisten als deutsche Wissenschaftler ist ihre Tendenz zu erklären, ihre Forschung sowohl methodisch wie inhaltlich zu germanisieren und die Themen bevorzugt zu behandeln, die zur Nationsbildung beitragen konnten. Sie versuchten, das vermeintlich typisch Deutsche zu definieren, und grenzten sich dabei von dem als fremd Empfundenen ab.

Auch in Wilhelm Grimms Bericht „Über das deutsche Wörterbuch“[43], seiner einzigen Rede bei den Versammlungen der Germanisten, klang eine moderate Abgrenzung gegen fremde Kulturen an. Er mokierte sich über den übermäßigen Gebrauch von Fremdwörtern. Im Wörterbuch wollten die Brüder Grimm die Entwicklung der deutschen Sprache vom 3. Jahrhundert an nachzeichnen. Als Begründung für das ehrgeizige Projekt führte Wilhelm die immense Bedeutung der Schriftsprache für das deutsche Volk an, sie sei „das gemein-

[42] Ebenda, S. 60.
[43] Ebenda, S. 114 –124.

Jacob Grimm / Wilhelm Grimm: Deutsches Wörterbuch. Bd. 1. Leipzig 1854, Titelblatt

same, das die Stämme verbindet“[44]. Durch die Beschäftigung mit der Sprache erfasse der Forscher zugleich den „Geist des deutschen Volkes, der sich am klarsten in der Sprache bewährt“[45]. Die Bemühungen um eine einheitliche deutsche Sprache, die sich im „Deutschen Wörterbuch“ manifestierten, wurden so zur Auseinandersetzung mit dem deutschen Nationalcharakter. Die Sprache nahm die Politik vorweg, in der Sprache existierte schon die Einheit, die es in der Politik erst zu schaffen galt.

Wissenschaftstheoretisch war vor allem die Auseinandersetzung mit den Romanisten bedeutsam, die sich in den juristischen Debatten niederschlug. So löste ein Beitrag über das Verhältnis von deutschem und Römischem Recht eine grundlegende Debatte über Germanisten und Romanisten aus. Der Ton verschärfte sich im Laufe der Diskussion, das Eigene wurde dem als fremd Empfundenen, hier dem Romanischen, übergeordnet.[46] Der Heidelberger Privatrechtler Karl Joseph Mittermaier sprach sich gegen das Römische Recht als Grundlage des Rechtssystems der deutschen Staaten aus. Das derzeitige „Rechtskleid“ sei nicht „gemacht worden

[44] Ebenda, S. 117.
[45] Ebenda, S. 115.
[46] Vgl. E. Lämmert (wie Anm. 24), S. 13.

für dieses Volk"[47]. Das gültige Recht müsse immer der Nation entsprechen, für die es zur Anwendung komme, die Nationalität der Römer sei aber eine grundlegend andere gewesen als die der Deutschen und daher nicht übertragbar. Die Unzufriedenheit der Deutschen mit ihrem Rechtssystem basiere auf diesem Widerspruch. Der Redner forderte die Versammelten auf, sich für einen allmählichen Wandel vom römischen zum deutschen Recht zu engagieren, es sei an der Zeit, „den deutschen Nationalgeist heraufzubannen, damit er unser Recht durchdringe"[48].

Der Ministerialrat Joseph Anton Christ aus Karlsruhe lehnte ebenso wie Mittermaier das Römische Recht ab, er argumentierte vor dem Hintergrund des Sprachpurismus. Sprache und Recht gehen bei ihm eine untrennbare Verbindung ein, beide seien „der lebendige Ausdruck des Volks"[49]. Eine Wiederbelebung des Römischen Rechts würde die Wiederbelebung der lateinischen Rechtssprache nach sich ziehen und die deutsche verdrängen. Dies komme einem „Nationalzerfall" gleich. Wenn die Germanisten das Römische Recht ablehnten, müßten sie sich auch von der Sprache emanzipieren, in der es niedergelegt ist.[50] Auch auf der Lübecker Versammlung wurde über das Verhältnis beider Disziplinen debattiert.

Bei den Juristen dominierte neben der Auseinandersetzung über das Römische Recht die Diskussion über Geschworenengerichte. Für deren Einrichtung stritten sie auf beiden Zusammenkünften. Der Vortrag von Friedrich Christoph Dahlmann über den Ursprung der Geschworenengerichte in Skandina-

[47] Verhandlungen der Germanisten zu Frankfurt (wie Anm. 1), S. 63 f.
[48] Ebenda, S. 71.
[49] Ebenda, S. 79.
[50] Ebenda, S. 79 f.

vien gab den Anstoß.[51] Die auf der Frankfurter Versammlung eingesetzte Kommission berichtete in Lübeck sehr ausführlich über die Ergebnisse ihrer Beratungen.[52] Es waren zwar auch kritische Stimmen zu hören, die Bedenken gegen eine Einrichtung dieses Rechtsinstituts hegten[53], insgesamt überwog aber die positive Haltung. Durch die Gründung von Schwurgerichten nach dem Vorbild der englischen Gerichte sollte ein „volkstümliches Element" in die Rechtsprechung eingeführt werden. So könne für größere Gerechtigkeit gesorgt werden, da nicht nur nach der „Formel des Gesetzes", sondern nach der „Stimme des Landes" geurteilt werde.[54]

Zusammenfassend galt für die juristischen Beratungen, daß die Germanisierung des geltenden Rechts angestrebt wurde, Vorbild war dabei das englische „common law". Die Geschworenengerichte erinnerten an die altgermanischen „ting"-Versammlungen. Das Ziel war die Einbindung von Laien in die Rechtsprechung, um so Recht von unten zu schaffen, nicht von oben oktroyiert. Dies sollte aber nicht als Prozeß der Demokratisierung mißverstanden werden, eher der Germanisierung. Das als fremd empfundene Römische Recht sollte nach und nach einem spezifisch deutschen Recht weichen.

Neben der Debatte über die Geschworenengerichte, die die Lübecker Versammlung dominierte, wurde bei dieser zweiten Zusammenkunft ausführlich über die sogenannten Auslandsdeutschen, d.h. über deutsche Emigranten, diskutiert. Das Thema war schon bei der ersten Versammlung angesprochen worden. Der Hamburger Archivar Johann Martin Lappenberg

---

[51] Ebenda, S. 90–100.

[52] Verhandlungen der Germanisten zu Lübeck (wie Anm. 28), S. 68–109.

[53] Vgl. beispielsweise die Beiträge von Souchay und von Wächter. Ebenda, S. 118–135.

[54] Ebenda, S. 111 f.

hatte vorgeschlagen, einen „Verein zur Erhaltung der deutschen Nationalität“ zu gründen. Dessen Arbeit sollte dafür sorgen, daß Emigranten, auch wenn sie endgültig ins Ausland ausgewandert waren, stets ihr Bewußtsein als Deutsche bewahren sollten. Auf der Frankfurter Versammlung wurde eine Kommission eingesetzt, deren Ergebnisse in Lübeck vorgetragen und diskutiert wurden.

Mit dieser Debatte griffen die Germanisten in eine höchst aktuelle Diskussion ein. Die Auswanderung aus dem Gebiet des Deutschen Bundes war seit den dreißiger Jahren des 19. Jahrhunderts kontinuierlich gestiegen. Hintergrund dieser Entwicklung war die Pauperismus-Krise, die zu großer sozialer und wirtschaftlicher Not in weiten Teilen der Bevölkerung geführt hatte. Die Kommission hatte eine Reihe von Vorschlägen erarbeitet, wie die Nationalität bei den im Ausland lebenden Deutschen erhalten werden sollte. Daß sie nach wie vor als Deutsche angesehen wurden, zeigte schon die Begriffswahl: Auslandsdeutsche anstelle der wertneutralen Bezeichnung Auswanderer oder Emigranten.

Die Maßnahmen, die die Kommission unter Leitung von Johann Martin Lappenberg vorschlug, lagen vor allem im kulturellen und politischen Bereich. Insbesondere forderte sie die Pflege der Muttersprache auch im Ausland, um so die Verbundenheit mit dem Heimatland zu erhalten. Deshalb sei es wichtig, die Einrichtung deutscher Schulen und Bibliotheken zu fördern, auch die deutsche Kirche in den USA diene als Stütze der Nationalität. Ein Kultur- und Wissenstransfer von den deutschen Staaten in die Siedlungen der Deutschen im Ausland solle etabliert werden, um die Bindung an das Heimatland zu festigen. Die Verbreitung deutscher Literatur und deutschen Liedguts durch die Einrichtung von Lese- und

Gesangsvereinen wurde vorgeschlagen, auch die Produktion von Andenken als „Vergißmeinnicht der deutschen Heimath“[55].

Die weitaus gewichtigere Forderung als der Kulturtransfer war der von der Kommission angeregte politische Reformkurs. Die Lage in den deutschen Staaten sei verantwortlich für die steigende Auswanderung. Damit bezog sie sich nicht wie die offiziellen deutschen Stellen auf die schwierige wirtschaftliche Situation, sondern auf die politische. In Deutschland gebe es keine Möglichkeit zur politischen Partizipation, in den USA, dem Zielland der Mehrzahl der Auswanderer, dagegen schon. Dies bewege die Auswanderer zum schnellen Verzicht auf ihre deutsche Identität. Gerade die Repräsentativverfassung und die Beteiligung der Bürger am öffentlichen Leben stellten eine große Versuchung für die Deutschen dar, sich der neuen Heimat so schnell wie möglich anzuschließen. Das Übel der Emigration habe seinen Ursprung vor allem „in der ungestillten Sehnsucht zur Theilnahme am staatsbürgerlichen Leben“[56]. Die Kommission gab ihrer Hoffnung Ausdruck, daß die beginnende Verfassungsbewegung und die Einberufung von Landtagen „die Deutschen in allen Ständen und Verhältnissen mit ungetrübter, kräftigster Liebe zu dem Vaterlande“ erfüllen[57] und damit auch die Auswanderung verringern würden.

Die Verknüpfung politischer Reformen mit der Frage der Auslandsdeutschen ist sehr aufschlußreich. Vaterlandsliebe könne Auswanderung verhindern, das ist der Ausgangspunkt dieser Argumentation. Also muß die Liebe zum Vaterland geweckt werden, und das geschieht nach Ansicht der Kommission am geeignetsten durch die Konstituierung einer Ver-

[55] Ebenda, S. 33.
[56] Ebenda, S. 32.
[57] Ebenda, S. 21.

fassung. Damit gaben sich die Mitglieder der Kommission klar als Vertreter der liberalen, konstitutionellen Bewegung zu erkennen. Ihre Argumentation gibt eher Auskunft über den politischen Standpunkt der Berichterstatter als über die wirklichen Gründe der steigenden Emigration: Die Emigration aus politischen Motiven war marginal, die überwiegende Mehrheit der Auswanderer floh vor den Folgen des Pauperismus. So scheint es offensichtlich, daß der Bericht genutzt wurde, um eigene politische Prioritäten zu artikulieren.

Als letzten Punkt schlug die Kommission die Erleichterung der Remigration vor. Sie forderte, daß die im Ausland lebenden Deutschen weiterhin das heimische Bürgerrecht behalten und im Falle einer Rückkehr ohne Probleme wieder aufgenommen werden sollten. Dazu wollte sie eine Eingabe bei der Bundesversammlung machen. Friedrich Christoph Dahlmann widersprach entschieden. Zu Beginn seiner kurzen Rede betonte er, daß er sich in scharfem Dissens zu dem Bericht befinde und er daher auch nicht mehr Mitglied der Kommission sei. Zwar erkenne er die grundlegenden Bemühungen an, die Lage der Auswanderer zu verbessern, generell stehe er aber der Erhaltung der deutschen Nationalität unter Emigranten kritisch gegenüber. Diese barg für ihn die Gefahr, die Integration im neuen Heimatland zu erschweren. Er betonte, daß seine Vaterlandsliebe ohne Zweifel sei, er aber auch nicht blind gegenüber den negativen Aspekten in Deutschland sei. Dahlmann warnte davor, die Pflege dieser und die Anhänglichkeit an diese „halben Zustände", wie er sie nannte, mit in die neue Heimat zu nehmen. Daher empfahl er den Auswanderern als Schutz vor dieser „traurige[n] Mitgabe", den einmal gefaßten Entschluß zur Emigration mit allen Konsequenzen zu tragen, auch wenn das manches Opfer fordere. Dahlmann forderte die Emigranten auf, ihrer Staatsbürgerpflicht in dem

Land nachzukommen, in dem sie lebten. Das beinhaltete auch die Aufgabe der deutschen Nationalität, formal gesprochen der Staatsbürgerschaft, und die Annahme der neuen.

III. Fazit

Auf den Germanistenversammlungen wurden nationalpolitische Fragen, die im Vormärz öffentlich diskutiert wurden, wissenschaftlich fundiert. „Alle praktische Tätigkeit ist bedingt durch den geistigen Standpunct und die Kenntniß wie die Einsicht des Handelnden; auf diesem geistigen Gebiet unmittelbar zu wirken, ist die hohe Aufgabe der Wissenschaft."[58] Zur unmittelbaren Einwirkung fehlten den Germanisten allerdings die strukturellen Möglichkeiten und vor allem die parlamentarische Legitimation. Die theoretische Vorbereitung aber, die dem Handeln vorausgeht, sollte die Wissenschaft übernehmen. Das Ziel ihrer Bemühungen war die Einheit der Nation; das war schon in dem Konzept der Germanistik als deutsche Wissenschaft, welche die Kleinstaatlichkeit überwinden solle, angelegt.

Nationale Erwägungen lagen fast immer den Argumentationen zugrunde. Das Entscheidende an den Germanistentagen ist das Konstrukt von Nation, das die Gelehrten hier schufen. Sie reagierten so auf die politische Problematik Deutschlands als einer „verspäteten Nation"[59], in der die Entwicklung zur Staatsnation im Gegensatz beispielsweise zu England und Frankreich verzögert war. Als Ersatz für die fehlende nationalstaatliche Einheit konstruierten die Wissenschaftler eine

[58] Ebenda, S. 22.

[59] Helmut Plessner: Die verspätete Nation. Über die politische Verführbarkeit bürgerlichen Geistes. Frankfurt a.M. 1974 [zuerst 1935].

nationale Gemeinschaft, die auf kulturellen bzw. ethnischen Merkmalen beruhte. Diese Konstruktion geschah beispielsweise durch den Rückgriff auf die altgermanische Vergangenheit oder durch den Verweis auf die Stammesverwandtschaft, die als Argument für den deutschen Anspruch auf Schleswig und Holstein angeführt wurde. Neben der auf diese Weise entworfenen Volksnation wurde eine kulturelle Gemeinschaft entwickelt. Die Gemeinsamkeiten in Verhaltensweisen, Sprache, Literatur und Kunst dienten der Identitätsstiftung, die kulturelle Einheit begründete die nationale Einheit. Das Argument der Kultur- bzw. Sprachnation wurde insbesondere auf die Auslandsdeutschen angewendet, um deren unvermindertes „Deutsch-Sein" zu belegen.

Die Germanisten „erfinden" – im Sinne Benedict Andersons[60] – quasi die deutsche Nation, sei es durch die Beschwörung einer gemeinsamen Vorgeschichte der germanischen Völker oder durch den Verweis auf die Sprachnation. Ihnen kommt so eine wichtige Rolle im Prozeß der deutschen Nationsbildung im 19. Jahrhundert zu.

Auf den Germanistenversammlungen war ein großer Teil der damaligen intellektuellen Elite vertreten. Die Germanisten bündelten die Ideen der Zeit und strukturierten sie, sie wirkten meinungsbildend. Die Teilnehmer bezogen eindeutig Stellung, sie engagierten sich in einem nationalpolitischen

[60] Die Konstruktion einer nationalen Gemeinschaft, wie sie die Gelehrten zur Legitimation ihrer nationalstaatlichen Forderungen schufen, bezeichnet Benedict Anderson als die „Erfindung" von Nation. Er geht davon aus, daß Nationen vorgestellte politische Gemeinschaften sind. Vorgestellt seien sie deshalb, „weil die Mitglieder selbst der kleinsten Nation die meisten anderen niemals kennen, ihnen begegnen oder auch nur von ihnen hören werden, aber im Kopf eines jeden die Vorstellung ihrer Gemeinschaft existiert." Diese Vorstellung werde bewußt kreiert. Insbesondere den Intellektuellen spricht Anderson in dieser Hinsicht eine bedeutsame Funktion zu. Benedict Anderson: Die Erfindung der Nation. Zur Karriere eines folgenreichen Konzepts. Erweiterte Ausgabe. Berlin 1998, S. 14 f.

Rahmen zu einer Zeit, als die Nation noch keine politische Realität war. In gewisser Weise können ihre Zusammenkünfte als Vorläufer für die Debatten der Paulskirche gesehen werden. Dies gilt insbesondere für die parlamentarische Diskussion um den Konflikt in den Elbherzogtümern. Die Persönlichkeiten, die mit ihren programmatischen Reden die Beratung in der Nationalversammlung prägten, hatten auch die Verhandlungen der Germanisten zu diesem Thema bestritten. 28 Teilnehmer der Germanistentagungen erhielten ein Mandat für die Nationalversammlung. Dazu gehörte Jacob Grimm, der auch in der Paulskirche vor allem eine symbolische Position erfüllte. Das zeigte schon seine Plazierung: Sein Stuhl stand vor den Sitzreihen der anderen Abgeordneten direkt vor dem Rednerpult. Im Parlament meldete er sich wie bei den Germanistenversammlungen nicht häufig zu Wort, aber wenn er dies tat, dann mit programmatischen Reden, die sowohl die Verhandlungen der Germanisten wie auch die Sitzungen der Nationalversammlung prägten.

III. Ludwig Emil Grimm

Ludwig Emil Grimm als Autor

Von Egbert Koolman

I. Sein Leben

Ludwig Emil war der jüngste der fünf Söhne von Dorothea und Philipp Wilhelm Grimm. Er wurde von seinem ihm nur mäßig zugeneigten Landesherrn nach Jacob und Wilhelm als „Grimm tertius" einrangiert, in der populären, aber auch in der wissenschaftlich-kritischen Literatur gern und nicht selten als „Malerbruder" bezeichnet, obgleich man vielleicht von der künstlerischen Bedeutung wie vom Umfang der Sparten seines Œuvres her eher etwas umständlich vom Zeichnerbruder oder vom Radiererbruder sprechen möchte.

Der Titel dieser Ausführungen ist sofort und nachdrücklich mit einem Fragezeichen zu versehen. Ludwig Emil Grimm verstand sich nämlich weder als Verfasser von Lebenserinnerungen noch als Texter von meist karikierenden Bildsequenzen und Bildrollen, aber auch nicht bei der Abfassung seiner von ihm niemals für eine Veröffentlichung gedachten brieflichen Mitteilungen und schon gar nicht als Kompilator von Erziehungsmaximen für seine Tochter Friederike, das vielgeliebte Idekechen, als Autor, als Schriftsteller, als Literat, der mit seinen Texten eine vielleicht sogar recht breite Öffentlichkeit zu erreichen suchte. Ludwig Emil Grimm schrieb für und an Verwandte und Freunde, auch an ihm fernstehende Korrespondenz- oder Geschäftspartner. Seine Lebenserinnerungen notierte er wohl ausschließlich für sich selbst auf in einem Akt der Selbstvergewisserung, der nur ihn etwas anging. Man darf und kann in den Radierer / Zeichner / Maler allerdings keine Doppelbegabung hineinprojizieren. Diese Talentdoppelung war ihm gewiß nicht zu eigen, wie etwa Hermann Hesse, Ernst Barlach oder auch Günter Grass, alle gleich sicher im Umgang mit Pinsel und Zeichenstift oder der Radiernadel und dem Schnitzmesser wie mit der Schreibfeder, der Schreibmaschine, der Letzte vielleicht schon mit dem Laptop.

Wer war dieser Ludwig Emil Grimm? In dem vom Königlich Bayerischen Polizeidirektor von Steffen in München am 30. Mai 1816 ausgestellten Reisepaß für den „Churfürstl. Hess. Leutenant [...] welcher nun eine Kunstreise über Innsbruck nach Italien und Rom macht" finden wir eine „Beschreibung des Reisenden", also das amtliche Signalement des vierundzwanzigjährigen Münchener Akademiestudenten Ludwig Emil Grimm: „Größe: – , Haar: dunkelbraun, Stirn: mitter [!], Augenbraunen [!]: braun, Augen: grau, Nase: proportioniert, Mund: desgleichen, Bart: braun, Kinn: oval, Angesicht: oval, Gesichtsfarbe: gesund, besondere Kennt-zeichen: – ."[1]

Ludwig Emil Grimm (1790-1863), Selbstporträt, Radierung, 1815

Die Daten, die das äußere Leben des Studenten Ludwig Emil Grimm markieren, sind schnell abgehandelt. Geboren am 14. März 1790 in Hanau, erfolgte 1791 der Umzug der Familie nach Steinau und schließlich nach Kassel zum Besuch des Lyzeums. 1806 wurde Ludwig Emil Schüler der Zeichenklasse von Johann Gottlieb Kobold in der Kasseler Kunst-

[1] Brüder Grimm-Museum Kassel (BGM), Autogr. 274.

akademie, bevor er zwischen 1809 und 1813 ein Akademiestudium in München bei Carl Ernst Christoph Heß aufnahm. 1814 diente er als Leutnant der kurhessischen Landwehr und nahm am Feldzug in Frankreich teil. Nach seiner Rückkehr betrieb er Studien in Kassel, dann wieder in München und reiste 1816 nach Italien. Seit 1817 lebte Ludwig Emil Grimm als freier Künstler in Kassel. 1832 erfolgte seine Berufung als Professor an die Kasseler Kunstakademie. Kurz darauf heiratete er Marie, die Tochter des verstorbenen Kasseler Hofmalers und Akademieprofessors Wilhelm Böttner. Am 23. Juli 1833 kam die Tochter Friederike (Ideke) zur Welt. Nach dem Tod der ersten Ehefrau am 15. August 1842 heiratete Grimm am 14. April 1845 Friederike, die Tochter des Kasseler Superintendenten Christoph Ernst. Ludwig Emil Grimm starb am 4. April 1863 in Kassel.

Doch was war für ihn selbst in seinem Leben erwähnenswert? Die in der Hauptsache von Friedrich Carl von Savigny und den Brüdern Grimm getragene künstlerische Ausbildung an der Akademie in München wurde vom Frankreichfeldzug 1814, an dem Grimm als freiwilliger Landwehroffizier teilnahm, und einer auf Einladung Georg Brentanos ohne besondere Vorbereitung spontan angetretenen Italienreise 1816 unterbrochen. Im Anschluß an die Münchener Studienjahre zwischen 1809 und 1817 verlief Ludwig Emil Grimms Leben in Kassel stetig, ohne für ein bürgerliches Dasein außergewöhnliche Katastrophen, aber auch ohne glanzvolle Höhepunkte. Man ist versucht zu behaupten, Ludwig Emil Grimms Leben war weitgehend bestimmt von den Dimensionen der Stadt Kassel, vielleicht sogar nur von denen der Kasseler Oberneustadt, deren Architektur er allerdings wenig liebte. Hier lebte er von 1818 bis 1863, hier heiratete er zweimal, hier lagen seine Arbeitsstätten, das private Atelier und die Kunstakademie. Hier wohnten seine Kollegen, zu denen er mit wenigen Ausnahmen Abstand hielt. Hier wohnte die Mutter der ersten Frau in enger Hausgemeinschaft mit der Grimmschen Familie und hier lebten auch die Verwandten seiner zweiten Frau. Und doch war Ludwig Emil Grimm nicht eigentlicher Kasselaner.

Daß er wie die Mitglieder seiner Familie ein Hesse war, geprägt und bestimmt von den Einflüssen der hessischen Heimat und vom Miteinanderleben im Heimatort und in der Nachbarschaft, ist nicht zu übersehen und zu überhören. Dafür finden sich zahlreiche Beispiele in Ludwig Emil Grimms Briefen und Erinnerungen. Aber welches war denn seine Heimat im engeren Sinn? Wenn er nicht Kasselaner war, war er dann Hanauer? Will man die Frage auf die Stadt beziehen, muß sie wohl eindeutig verneint werden. Meint die Frage die Grafschaft, die Region, dann kann man sie bejahen. Seine Beziehungen zur Stadt Hanau konnten sich durch Erleben, durch bewußte Eindrücke der Kindheit nicht festigen, weil er sie einjährig schon verließ. Um so mehr ist denn auch das an der alten Handelsstraße zwischen Frankfurt und Leipzig gelegene Steinau an der Straße mit seiner Umgebung prägend für ihn geworden. Hierher kehrte er, auch nach länger Zeit noch, gern zurück. Es lag ihm sehr daran, seiner jungen Frau 1832 die Spielplätze der Kindheit zu zeigen. Aber er fuhr mit ihr nur nach Steinau, nicht auch nach Hanau. Und später wiederholte er die Reise mit der zweiten Frau, der erwachsenen Tochter und der Nichte, die auch das Kinderparadies der Geschwister Grimm erleben sollten.

Besuche in Hanau wurden eher wie Pflichtübungen absolviert, und die wenigen Eindrücke, die Ludwig Emil Grimm in seinen Lebenserinnerungen und in seinen Briefen wiedergibt, bleiben blaß und verschwommen. Ein Stadtbewohner ist Ludwig Emil Grimm eigentlich nie geworden. Frankfurt am Main und den Frankfurtern gegenüber behielt er, trotz aller freundlichen Aufnahme, die er dort bei der Familie Brentano und ihren Freunden erfuhr, immer eine gewisse kritische Distanz, obwohl er hier das Glück hatte, von Goethe, dem verehrten, umworbenen Dichter, eine anerkennende, günstige Beurteilung zu erlangen. Gegen Berlin sträubte sich Grimm sein Leben lang, wenn auch die ermunternden, ja zuweilen eindringlichen Aufforderungen von Seiten Savignys, Arnims und Brentanos, nach Berlin zu gehen, etwa seit 1810 unüberhörbar waren. Die Möglichkeit, dort Aufträge zu erhalten, aber auch die Ausstellungssituation wären in Berlin sicherlich unvergleichlich viel besser gewesen. Aber Ludwig Emil blieb, ähnlich wie seine Brüder, skeptisch gegen die Großstadt. Erst 1843 und Anfang der 1850er Jahre unternahm er Reisen nach Berlin, um die Brüder zu besuchen. Am ungezwungensten war Grimms Verhältnis zur damals noch ländlich geprägten Großstadt München, ungezwungen wie die unbeschwerte, burschikose Lebensweise der Akademieschüler. Nürnberg aber war für den Künstler zeitlebens das Idealbild einer Stadt. Die ausführlichen, fast überschwenglichen Berichte von der Dürerfeier von 1828 belegen das Schlüsselerlebnis[2], und noch viel später wird das verwinkelte altdeutsche Stadtbild gepriesen[3].

Wenn schon nicht über Ludwig Emil Grimm als Schriftsteller zu handeln ist, sondern über Ludwig Emil Grimm als Autor, so heißt das für den Historiker, es ist zu berichten über die Hinterlassenschaft des Autors, die Texte, die ausgewertet werden

[2] Ludwig Emil Grimm: Erinnerungen aus meinem Leben. Hrsg. von Adolf Stoll. Leipzig 1911. 2. Aufl. 1913 [Nachdruck Bern 1971], S. 391–457.

[3] Ludwig Emil Grimm: Briefe. Hrsg. von Egbert Koolman. 2 Bde. Marburg 1985 (Schriften der Brüder Grimm-Gesellschaft Kassel, 12), S. 306 (an Werner Henschel, 26.6.1843).

können als aussagekräftige Quellen zu seinem Leben und auch zu seinem künstlerischen Werk[4]. Es geht dabei um einen in verschiedenen Staats- und Literaturarchiven, Bibliotheken und Museen verwalteten Handschriftenbestand im Umfang von etwa 810 Blättern, nämlich: die Lebenserinnerungen[5], etwa 470 überlieferte Briefe, ein Werkverzeichnis, ein Spezialverzeichnis der Druckgraphik, eine Sammlung von Kritiken und eine von Exzerpten, nützlichen Sprüchen, Aphorismen, Lebensmaximen.

II. Die Erinnerungen

Die Hervorhebung des Privaten, die Ansprache des persönlichen und vertrauten Umfeldes, beides gilt nicht nur für die Masse der Briefe Ludwig Emil Grimms und seine bisher nicht beachtete Sammlung von Erziehungs- und Lebensmaximen für die Tochter, sondern ausdrücklich auch für die seit etwa neunzig Jahren in zwei recht unterschiedlichen Editionen im Druck veröffentlichten Memoiren[6]. Ludwig Emil Grimms Erinnerungen, von ihm vermutlich in seinen mittleren Lebensjahren, also zwischen 1835 und 1850, aufgezeichnet, waren nicht zur Veröffentlichung bestimmt, wie sein eigenhändiger Nachtrag zum Beginn des zweiten Abschnitts (Jugend in Kassel, Heidelberg, Landshut und München 1803 – 1813) eindeutig belegt: „Meine Brüder Jacob u Wilhelm wer-

[4] Vom Œuvre des Künstlers sind bisher die Gemälde und Zeichnungen in einem differenziert eingerichteten Katalog nachgewiesen: Ingrid Koszinowski / Vera Leuschner: Ludwig Emil Grimm. Zeichnungen und Gemälde. Werkverzeichnis. Bd. 1: Porträt, Historie, Illustrationen, Alben, Varia, Ölbilder. Bd. 2: Genre, Landschaft, Skizzenbücher, Karikatur, zweifelhafte Werke. Marburg 1990 (Quellen zur Brüder Grimm-Forschung, 3). Ein abschließendes Verzeichnis der Druckgraphik steht noch aus.

[5] BGM Kassel, Autogr. 291.

[6] L. E. Grimm: Erinnerungen (wie Anm. 2). Ders.: Erinnerungen aus meinem Leben. Hrsg. von Wilhelm Praesent. Kassel / Basel 1950. Eine textkritische Neuausgabe durch den Verfasser nach dem Kasseler Manuskript befindet sich in Vorbereitung.

den dieses (in freien Stunden) Zusammengetragene aus meinem Leben als Eigenthum in ihre Bibliotheck legen u in keine anderen Hände geben. Sie können es auch zerreißen, wenn sie wollen. Cassel im Octob 1845 in Cassel.“ Grimm setzte eine weitere Notiz über den einleitenden Satz des zweiten Kapitels seiner Erinnerungen: „Dieses Tagebuch habe ich mir aufgeschrieben, um selbst als allerlei nachzulesen, was ich sonst wohl vergeßen haben würde, u höchstens ein par gute alte Freunde würden es lesen, aber die sind nur zu entfernt.“[7]

Ein Tagebuch im wörtlichen Sinn stellt der mit etwa 480 erhaltenen Seiten recht umfängliche Text nun freilich nicht dar. Vielmehr handelt es sich um meist eher weniger ausgefeilte späte Notate von autobiographischen Texten, zwischen die der Verfasser gelegentlich zeitgleich zu den Ereignissen entstandene tagebuchähnliche Berichte und briefliche Mitteilungen an Verwandte und Freunde montierte.

Ludwig Emil Grimm begann mit der Niederschrift seiner autobiographischen Texte unter dem Titel „Erinnerungen aus meinem Leben“ nach Adolf Stoll, dem ersten Herausgeber, „als etwa vierundvierzigjähriger Mann“, also um 1834, als er schon zwei Jahre mit Marie Böttner, seiner ersten Frau, verheiratet war, und etwa ein Jahr nach der Geburt der Tochter Friederike.

Stoll bleibt zwar einen Beleg für seine Behauptung schuldig, immerhin wäre aber der Beginn der autobiographischen Aufzeichnungen mit einer Selbstreflexionsphase nach der Geburt der Tochter Friederike 1833 zu erklären. Nicht unmöglich erscheint aber eine durchaus spätere Ansetzung der Erinnerungen, nämlich nach dem Tod der ersten Frau Marie Böttner am 15. August 1842. Der Beginn der Niederschrift wäre dann

[7] BGM Kassel, Autogr. 291, fol. 17r.

in die einsamen Herbst- und Wintermonate 1842/43 zu setzen. Für eine frühere Datierung spricht nicht das längere Zitat aus einem Brief vom 20. November 1835, das Ludwig Emil Grimm im ersten Abschnitt „Erinnerungen aus meinen frühsten Kinderjahren" einfügte. Dieses erste Kapitel ist aus inneren Gründen erst auf frühestens 1844 zu datieren. Adolf Bode „jetzt Amtman in Neustadt" ist nämlich als solcher erstmals im Kurfürstlich Hessischen Hof- und Staatshandbuch für 1845 nachgewiesen. Ludwig Emil Grimms Aufzeichnungen enden mit dem Tod seiner Schwiegermutter Friederike Böttner am 3. Januar 1848.

Die wiederholte Betonung, die Niederschrift diene der eigenen Erinnerung, auch die Kennzeichnung des handschriftlichen Konvoluts als Eigentum der beiden ältesten Brüder, lassen die Vermutung, die Aufzeichnungen seien wenigstens auch für die eigene engere Familie bestimmt gewesen, nicht zu. In der Tat müssen die Blätter, wenn nicht bereits zu Lebzeiten, dann doch bald nach dem Tod des Verfassers an Jacob Grimm oder seine Erben übergeben worden sein. Nachdem sie sich „lange in seines Neffen Hand befand", wurde die Handschrift (testamentarisch?) von Herman Grimm oder dessen Schwester Auguste „den Nachkommen zurückgestellt", wie Reinhold Steig in seiner Besprechung der Stollschen Edition anmerkt[8]. Der Übergang an die Nachkommen Ludwig Emil Grimms muß kurz vor oder nach der Wende vom 19. zum 20. Jahrhundert, also zum Ende des Lebens oder doch bald nach dem Tode von Herman Grimm (1901) stattgefunden haben. Stoll nennt in der Einleitung zu seiner Ausgabe der Erinnerungen die damaligen (also um 1910) Besitzer nicht. Die jetzt als

[8] Reinhold Steig: Der Maler und Radierer Ludwig Grimm. In: Deutsche Rundschau 150 (1912), S. 307 ff.

Eigentum der Brüder Grimm-Gesellschaft Kassel im dortigen Grimm-Museum ausgestellte Handschrift trägt den nach 1918 als Besitzzeichen gesetzten Adreßstempel des Generals der Artillerie a. D. Viktor Kühne (1857–1945), des Ehemannes von Maria v. Eschwege (1862 –1935), einer Enkelin von Ludwig Emil Grimms Tochter Friederike. Von Therese Kühne, verheiratete v. Bose, der Tochter des Ehepaares, erwarb die Kasseler Brüder Grimm-Gesellschaft später das Erinnerungskonvolut[9].

Der 1969 erschienene Teilband von Georg Mischs „Geschichte der Autobiographie" behandelt die Zeit „von der Renaissance bis zu den autobiographischen Hauptwerken des 18. und 19. Jahrhunderts"[10]. Das Stichwort „Grimm" im Register trägt zu Ludwig Emil Grimm nichts bei. Misch bemerkt allein über Jacob und Wilhelm Grimm, deren kurze autobiographische Texte allerdings weder referiert noch überhaupt mit Erscheinungsbelegen nachgewiesen werden, daß sie sich wie Richard Wagner oder auch Friedrich Theodor Vischer an der Übung der Aufzeichnung von autobiographischen Texten zwar beteiligten, jedoch „für die Entwicklung der Gattung nicht Epoche machend" wirkten[11].

Ludwig Emil Grimms Lebenserinnerungen, die beim Tode von Georg Misch 1965 in zwei Ausgaben von zusammen mehr als 10 000, vermutlich wenigstens 12 000 Exemplaren vorlagen, fanden in der „Geschichte der Autobiographie" jedoch keine Erwähnung, vielleicht waren sie dem Verfasser nicht einmal bekannt. Mit der äußeren Biographie von Georg Misch kann dessen Schweigen zu Ludwig Emil Grimms Erinnerun-

[9] BGM Kassel, Autogr. 291, fol. 1r.
[10] Georg Misch: Geschichte der Autobiographie. Bd. 4,2. Frankfurt a.M. 1969.
[11] Ebenda, S. 978.

gen kaum erklärt oder gedeutet werden. Misch, der den ersten Band seiner „Geschichte der Autobiographie“ bereits 1907 als Berliner Privatdozent veröffentlicht hatte[12], erhielt 1911 ein Extraordinariat an der Universität Marburg und erfuhr vermutlich aus der nordhessischen Tagespresse und aus der regionalen Publizistik von der im gleichen Jahr vom Kasseler Gymnasialprofessor Adolf Stoll veranstalteten Erstausgabe der Grimmschen Erinnerungen. 1933 von dem Ordinariat für Philosophie in Göttingen, das er seit 1919 innehatte, verdrängt und 1939 nach England emigriert, kehrte Misch 1946 nach Göttingen zurück, wo er die dritte Auflage des ersten Bandes seiner „Geschichte der Autobiographie“ und die weiteren Bände vorbereitete. Er erlebte also die zweite Ausgabe von Grimms Lebenserinnerungen aus dem Jahr 1950 wiederum in räumlicher Nachbarschaft und konnte, wenn er aufmerksame Zuarbeiter hatte, auch eine allerdings nur als Typoskript zugängliche Freiburger Dissertation zur Kenntnis nehmen: 1953 legte Hermann Leuthe aus Baden-Baden seine „Studien zu den Autobiographien Ludwig Emil Grimms, W. v. Kügelgens, L. Richters und Fr. Wasmanns“ vor, bisher die einzige Untersuchung der Produktion Ludwig Emil Grimms als Autor[13].

Ludwig Emil Grimms Erinnerungen entstanden in einer Zeit, in der die entwicklungsgeschichtlichen Autobiographien eine sprunghafte Entwicklung und Ausbreitung erfuhren. Georg Misch billigte den damals entstandenen Texten, und das mag auch eine Erklärung seines Schweigens zu Ludwig Emil Grimm sein, eine im allgemeinen geringere Bedeu-

[12] Ders.: Geschichte der Autobiographie. Bd. 1: Das Altertum. Leipzig / Berlin 1907.
[13] Hermann Leuthe: Studien zu den Autobiographien L. E. Grimms, W. v. Kügelgens, L. Richters und Fr. Wasmanns. Phil. Diss. (Ms.). Freiburg 1953.

tung zu, weil „diese Aufzeichnungen nicht mehr eine Hauptbeschäftigung der Autoren bildeten, sondern als gelegentliche Mitteilungen an das Publikum hervortraten, schon in ihrem Umfang begrenzt durch die Bestimmung für Taschenbücher, periodische Zeitschriften oder Biographiensammlungen"[14]. Die letzte Beobachtung trifft wohl auf die autobiographischen Notate der Brüder Grimm zu, nicht aber auf Ludwig Emil Grimms Lebenserinnerungen. Der Verfasser muß auch nicht die Bemerkung Barthold Georg Niebuhrs auf sich beziehen, „daß der bloße Entschluß, sich auf die eigene Vergangenheit zu kehren, der Beweis sei, daß man für Gegenwart und Zukunft verloren ist und mit ganzer Wurzel nicht mehr lebt"[15].

Ludwig Emil Grimms Lebenserinnerungen haben ihren festen Platz in der Memoirenliteratur des 19. Jahrhunderts eingenommen und behauptet. Sie bewahren wertvolle Mitteilungen zum Leben und künstlerischen Werk ihres Verfassers. Als größere Komplexe schälen sich heraus: Kindheit in Steinau, Studienzeit in Kassel, Heidelberg und vor allem München, Frankreichfeldzug 1814, Italienreise 1816, Umgang mit den Familien Brentano, Savigny, Arnim, Schwertzell (Willingshausen), Haxthausen (Westfalen), Kasseler Persönlichkeiten und Künstlerfreunde wie Ruhl, Henschel, Reutern, Reisen – etwa nach Nürnberg zur Dürerfeier 1828 – und schließlich familiäre Angelegenheiten. Der Quellenwert der Erinnerungen für die regionale Geschichte Hessens, speziell für die lokale Überlieferung von Steinau und Kassel, den beiden zentralen Orten für die Biographie aller Grimm-Geschwister, ist kaum zu überschätzen.

[14] G. Misch (wie Anm. 10), S. 977.
[15] Ebenda.

III. Die Briefe

Ein gleich hoch anzusetzender Quellenwert für die Biographik der Familie Grimm wie für die Lokalgeschichte der Lebensstationen des Schreibers ist für die Briefe Ludwig Emil Grimms festzustellen[16]. Ganz abgesehen von der Aussagekraft dieser Briefe in sachlich-historischer Hinsicht, bereitet es dem Leser ein besonderes Vergnügen, den Künstler sozusagen privat kennenzulernen als talentierten Briefschreiber und als humorvollen, witzigen, ja zuweilen bissigen, andererseits aufrichtigen, hilfsbereiten und liebevollen Menschen.

Neben den Familienangehörigen, zu denen auch die „erheirateten" Verwandten zu zählen sind, erweisen sich die Adressaten aus dem westfälischen Freundes- und Bekanntenkreis sowie die Mitglieder der Familien Brentano, von Arnim, von Savigny als bedeutendere Briefpartner, während der schriftliche Kontakt zu den in den Lebenserinnerungen ausgiebig geschilderten Münchener Studienfreunden anhand von Briefen kaum darstellbar ist. Die Briefe an Gerhardt von Reutern sind anscheinend verloren, und der von Grimm vielfach bedauerte Weggang seines engsten Freundes in Kassel, Werner Henschel, nach Rom hat nicht zu einem umfangreichen Briefwechsel geführt. Gleichwohl bieten diese schriftlichen Zeugnisse – in ihrer vom Zufall mit abhängigen Überlieferung – jedem Biographen die glückliche Gelegenheit, den Künstler „durch Anführung von Zitaten seine Meinung sagen zu lassen"[17], ein Versuch, dem Ludwig Emil Grimm selbst wohl schwerlich zugestimmt haben dürfte: „Es ist fatal, wenn jetzt alle häuslichen Kleinigkeiten, die in Goethes Haus passiert sind, aufge-

[16] L. E. Grimm: Briefe (wie Anm. 3). Eine Edition der Briefe an Ludwig Emil Grimm ist in Vorbereitung.

[17] Hermann Uhde-Bernays: Mittler und Meister. München 1948, S. 95.

tischt werden. So las ich neulich, daß er einen großen Appetit gehabt, des Tags drei Flaschen Wein getrunken, zum Nachtisch gern Budin und Zuckerwerk gegessen. Daß er zuletzt hochmütig und abgeschieden von der Gesellschaft gelebt usw. Es wundert einem, daß ihn die Spürhunde nicht bis auf den Abtritt verfolgt haben, um davon ferner berichten zu können – anstatt sich über die Dichtungen des großen Mannes zu freuen."[18]

Mit diesen ironischen Seitenhieben auf Journalisten und Biographen beantwortet Ludwig Emil Grimm eine Zuschrift des Neffen Herman Grimm, in dem dieser Bedenken gegen die hemmungslose Edition von Briefen und biographischen Materialien äußert[19]. Eine Folgerung liegt nahe: Ludwig Emil Grimms Briefe sind ganz gewiß nicht mit einem Seitenblick auf das Interesse der Öffentlichkeit geschrieben, das sie in gleichem Maße auf sich gezogen hätten wie seine Erinnerungen. Die Spontaneität und Intimität mancher brieflicher Mitteilungen machen sie uns jedoch als Quelle so wertvoll und lassen es geraten erscheinen, Grimms Einwände gegen die Durchleuchtung des persönlichen Bereichs nicht gelten zu lassen.

Für die Beurteilung des Künstlers und seiner Beziehung zu den älteren Brüdern, überhaupt für die Einschätzung der Familie Grimm als ein soziales Phänomen, sind die Briefe und die Erinnerungen unverzichtbar. Sie verdeutlichen die enge Wechselbeziehung unter den Geschwistern, die Einflüsse vom einen auf den anderen, aber auch das Sichentziehen und Sichisolieren, die Harmonie und die Dissonanz, dazu die Ausstrahlung, die von diesem Kreis auf die Umgebung ausging, wie die Außeneinflüsse, denen diese Familie ausgesetzt war.

[18] Ludwig Emil Grimm an Herman Grimm, 10.11.1856. L. E. Grimm: Briefe (wie Anm. 3), S. 463.

[19] Ludwig Emil Grimms Brief reagiert u.a. auf die Zusendung von des Neffen Arbeit über „Lord Byron und Leigh Hunt". Herman Grimm: Essays. Hannover 1859, S. 47–62.

Unter den Familienbriefen nehmen die Mitteilungen an Wilhelm und Dorothea Grimm an Zahl, Umfang und Komplexität des Inhalts den ersten Platz ein. 174 Briefe sind an Wilhelm Grimm und seine Frau gerichtet, deren zeitliche Schwerpunkte in der Göttinger Zeit, also von 1830 bis 1837, und nach der Übersiedlung nach Berlin 1841 liegen. Alle diese Briefe waren selbstverständlich zugleich stillschweigend an Jacob Grimm mit gerichtet, so daß sich ein sonst auffälliger Umstand leicht erklärt: Von nur 23 Briefen an Jacob Grimm aus der Zeit von 1830 bis 1859 sind nämlich die weitaus meisten sozusagen offizieller Natur, knapp und formell gehaltene Anschreiben mit der Anzeige eines Familienereignisses, beispielsweise der Mitteilung von der Geburt der Tochter Friederike vom 23. Juli 1833: „Lieber Jacob! Als Senior des Hauses teile ich Dir die Nachricht mit, daß uns der liebe Gott heute Mittag ein Uhr ein Töchterchen geschenkt hat. Nach Umständen ist alles wohl“[20].

Wollte man diese Mitteilungen als typische Form der Korrespondenz mit dem ältesten Bruder verstehen, könnte man leicht zur Vermutung eines etwas kühlen und distanzierten Verhältnisses zwischen den beiden Brüdern gelangen. Das wäre ein Fehlschluß. Jacob Grimm hatte vielmehr nicht nur im Haushalt der Geschwister Grimm in Kassel im Torhaus an der Wilhelmshöher Allee und den anderen Wohnungen, sondern auch später noch die Position des pater familias inne. Und an diesen richtete Ludwig Emil Grimm eben die Familienanzeigen, sozusagen an den „Chef des Hauses Grimm“.

Für ein ebenso gutes und vertrautes Verhältnis zu Jacob wie zu Wilhelm und Dorothea Grimm sprechen zudem die regelmäßigen Geburtstagsgratulationen, die an Jacob außer der

[20] L. E. Grimm: Briefe (wie Anm. 3), S. 185.

Reihe der Familienbriefe abgingen, meist begleitet vom traditionellen Geschenk, dem Kasseler Wickelkuchen, dessen Rezept im „Hessischen Kochbuch" zu finden ist[21]. An den lieben Bruder und „Großpapa" Jacob ist auch ein origineller Geburtstagsbrief in Reimform gerichtet, an dem ebenfalls Tochter und Schwiegersohn sich beteiligten. Neben allerlei guten und nützlichen Dingen sollte ein Stück Wildbret das Hauptgeschenk zum 73. Geburtstag Jacob Grimms sein[22]:

„Bei Nacht u Nebel war ich im Wald
hatte geschossen dass es schallt
die Jagd war mir aber nicht gerathen
drum nim verlib mit dem Hamelsbraten"

wird Rudolf von Eschwege, Grimms Schwiegersohn, in den Mund gelegt, und auch die andern Geschenke bekommen einen gutgemeinten und schlecht gereimten Kommentar und werden in kleinen Bildchen vorgestellt. Die Bagatelle paßt zu der Serie von zahllosen Zeichnungen und Karikaturen mit Beischriften, in denen Ludwig Emil Grimm sein Leben lang das häusliche und öffentliche Leben festgehalten hat.

Das gute und enge Verhältnis auch zu Jacob kommt gleichfalls immer wieder in den Reaktionen Ludwig Emil Grimms auf die Übersendung von Schriften des Bruders, auf Berichte über die Brüder in der Presse oder auch Nachrichten von Bekannten zum Ausdruck. Als Beispiel diene die Mitteilung über die Aufnahme der „Deutschen Grammatik" in Frankfurt am Main: „Überall hört man dem Jacob seine Deutsche Grammatik loben. Der Minister vom Stein hat sie immer vor sich liegen und studiert drin. Die Tony Brentano hat mir gesagt, der Herr vom Stein habe ihr gesagt, das wäre ein zum Erstaunen

---

21 Hessisches Kochbuch. Marburg 1840, S. 215 f.

22 L. E. Grimm: Briefe (wie Anm. 3), S. 468 f.

grundgelehrtes Werk und das allerbeste, was seit langer Zeit erschienen wäre."[23] Mit ähnlich naiver und ursprünglicher Freude begleitet er die wichtigsten Werke seines ältesten Bruders. Am 4. November 1848 machte Ludwig Emil Grimm sich gar die Mühe, die Rezension der „Geschichte der Deutschen Sprache" in der Frankfurter „Didaskalia" für Jacob komplett abzuschreiben[24].

Die Feststellung, daß die an Wilhelm und Dorothea Grimm gerichteten Briefe auch für Jacob bestimmt waren, ist dadurch abgesichert, daß in ihnen Jacob, wenn auch nicht in der Anrede, so doch stets in der Grußformel und häufig im Text auch direkt angesprochen wird. Es kommt überhaupt vor, daß ein Brief in Anrede und Einleitung zunächst an das eine Glied des Berliner Grimm-Haushalts gerichtet ist, während er dann auf einmal mitten im Text auf ein anderes gemünzt wird, manchmal deutlich abgehoben durch die Formen „Noch eine Mitteilung für ..." oder „Dann noch eine Frage an..." oder eine ähnliche Wendung.

Unter den Familienbriefen nehmen diejenigen, die Grimm während seiner Studienzeit oder später von Reisen und Ausflügen an seine Schwester Lotte (Charlotte Amalie) schrieb, einen besonderen Platz ein. Häufig stecken sie voller Heiterkeit und Kurzweil und lassen erkennen, daß der Künstler zu seiner Schwester in einem besonders vertrauten Verhältnis stand. Sicher waren die Briefe geeignet, Lottes mitunter anstrengenden und eintönigen Alltag in Kassel aufzuhellen. Bis 1822 führte sie den Brüdern, nach ihrer Heirat mit Ludwig Hassenpflug den eigenen Haushalt, der sich von Jahr zu Jahr durch die Geburt von sechs Kindern (von denen zwei

[23] Ludwig Emil Grimm an Charlotte Hassenpflug, 1. 2.1820. Ebenda, S. 29.
[24] Ebenda, S. 394 f.

sehr bald starben) vergrößerte. In den Jahren vor seiner Verheiratung verkehrte Grimm fast täglich im Hause Hassenpflug und nach der Rückkehr von Reisen war Lotte die erste, die er aufsuchte. Der frühe Tod der Schwester 1833 war für ihn ein harter Schicksalsschlag. Die Entfremdung zwischen Ludwig Hassenpflug und Jacob und Wilhelm Grimm seit den dreißiger Jahren, die hauptsächlich Gründe im politischen Dissens hatte, berührte naturgemäß auch die Beziehungen Ludwig Emils zu dem Schwager, besonders solange dieser noch in Kassel lebte[25]. Trotz aller kritischen Bemerkungen über den arrivierten Beamten und Politiker Hassenpflug, z. B. über seine Schulden, über das Wappen an der Kalesche, über den notwendigen Hauslehrer für die Neffen, „den Hofmeister für die Junkers", lag Ludwig Emil Grimm daran, die Beziehung zum verwitweten Schwager nicht abreißen zu lassen. Gleich nach Hassenpflugs erneutem Eintreffen in Kassel im Februar 1850 erreichte den Minister ein Billet mit der Einladung: „Es wird uns Vergnügen machen, wenn Du die Suppe bei uns essen willst. Laß es uns nur tags zuvor wissen und bestimme die Stunde. Diese Einladung soll nicht für das eine Mal gelten, sondern ich verstehe darunter: Wenn Du Zeit und Lust hast, wird es uns lieb sein. Dein treuer Ludwig Grimm."[26]

In der Zeit der Witwerschaft Hassenpflugs und auch später nach dessen Wiederverheiratung mit Agnes von Münchhausen berichtet Ludwig Emil Grimm den Geschwistern regelmäßig von der Entwicklung der Neffen und der Nichte, die zu festlichen Gelegenheiten auf die Bellevue eingeladen wer-

[25] Ewald Grothe: Persönliche Sympathie und politischer Dissens. Ludwig Hassenpflug und die Brüder Grimm. In: Hessisches Jahrbuch für Landesgeschichte 51 (2001), S. 149–167.

[26] L. E. Grimm: Briefe (wie Anm. 3), S. 406.

den. Wenn er auch zeitweilig mit der Entwicklung des Neffen Carl Hassenpflug als Bildhauer gar nicht einverstanden war, so verfolgte er dessen Arbeiten doch mit Interesse, kritisierte, ermunterte und lobte ihn. Dazu haben wir als Beispiel einen sehr kritischen Brief über Carl Hassenpflugs zahlreiche Entwürfe, die unausgeführt blieben, und seine passive und abwartende Einstellung gegenüber dem Studium. Der Brief ist an Wilhelm Grimm gerichtet und datiert vom April 1853[27], während diese Kritik dem Neffen selbst gegenüber in einem Brief vom 1. November 1852 zurückhaltender ausgedrückt wurde[28]. Die Nichte Dorothea Hassenpflug begleitete ihren Onkel und seine kleine Familie auf die Reise nach Frankfurt und mainaufwärts nach Nürnberg im Juni 1850, der Unternehmung, von der die lange Rolle des Reisetagebuches in Bildern berichtet.

Dem nicht abgebrochenen engen Kontakt zu Hassenpflug verdanken wir auch einen zweiten, bisher unbekannten Beleg für einen nur kurz vom 27. März bis zum 29. April 1836 lebenden Sohn Ludwig Emil Grimms, über den in den Lebenserinnerungen lediglich verzeichnet steht: „Im Jahre 1836 schenkte uns der liebe Gott ein Söhnchen, das aber leider nach vier Wochen wieder starb."[29] Vermutlich war das Kind schon bei der Geburt schwach, denn die für Ludwig Hassenpflug bestimmt Anzeige lautet: „Lieber Ludwig: Heute Mittag ein Uhr hat uns der liebe Gott ein Söhnchen geschenkt. Er wolle es uns erhalten und ihm beistehn."[30] Schon am 30. April folgt die ebenso knappe Mitteilung vom Tode des Kindes[31].

[27] Ebenda, S. 438 – 441.
[28] Ebenda, S. 432 f.
[29] Ebenda, S. 448.
[30] Ebenda, S. 219.
[31] Ebenda.

Die Kinder von Charlotte und Ludwig Hassenpflug (v. l.n.r. Carl, Friedrich, Ludwig Werner, Dorothea) sowie Ludwig Emil und Marie Grimms Tochter Friederike, Radierung von Ludwig Emil Grimm, um 1838

Die Bedeutung der Briefe an die Geschwister für die intime Kenntnis der inneren Beziehungen in der Familie Grimm sei weiterhin wenigstens andeutungsweise belegt durch den Hinweis auf die Berichte über das einschichtige Leben von Carl Grimm in seinen letzten Lebensjahren in Kassel[32]. Erschütternd sind die Mitteilungen über die lange Krankheit und den qualvollen Tod von Ludwig Emil Grimms erster Frau Marie Böttner[33].

Die Familienbriefe, besonders die an Jacob und Wilhelm gerichteten, erfüllen eine doppelte Funktion. Einmal ziehen wir aus der Tatsache, welche Ereignisse der Verfasser für erwähnenswert hält, Informationen über die subjektive Sicht

[32] Ludwig Emil Grimm an Wilhelm Grimm, 4. 6.1852. Ebenda, S. 426 – 430.
[33] Ludwig Emil Grimm an Jacob, Wilhelm und Dorothea Grimm, 17.– 24. 8.1842. Ebenda, S. 277– 283.

Ludwig Emil Grimms. Dabei darf nicht außer acht gelassen werden, daß versehentlich Fehlinformationen, kaum aber absichtliche Desinformationen vorkommen können. Aber auch das Nichtmelden von Nachrichten ist zu beachten. Als Primärinformationen haben die Briefe sicher, neben Zeitungsartikeln und Nachrichten aus anderen Quellen, das Urteil der Brüder Grimm über die kurhessischen Zustände, über Ereignisse und Persönlichkeiten stark beeinflußt. Zum anderen müssen die Briefe in objektiver Hinsicht als eine im weiteren Rahmen recht wertvolle Bereicherung der Quellenaussagen zur Geschichte von Kurhessen, insbesondere seiner Haupt- und Residenzstadt Kassel, im zweiten Drittel des 19. Jahrhunderts gewertet werden. Zwar berichten sie über soziale und politische Verhältnisse keine bisher nicht schon bekannten Grundfakten, wohl aber zahlreiche Details in besonders aktueller Version. Mochte auch der Schreiber mehr am Rande des öffentlichen Lebens stehen, so war er doch durch Nachbarschaft oder alte Beziehungen mit vielen Größen der höfischen und der kommunalen Öffentlichkeit der Residenz gut bekannt. Zudem unterrichtete er sich regelmäßig aus mehreren Zeitungen gleichzeitig über die aktuellen Ereignisse.

Äußerungen des jungen Ludwig Emil Grimm zu politischen Ereignissen liegen nicht vor. Selbst der ausführliche, in den Erinnerungen aufgezeichnete Bericht über die Teilnahme am Frankreichfeldzug enthält keinen Kommentar über Anlaß und Ausgang des ganzen Unternehmens. Briefe aus den zwanziger Jahren, die gelegentlich von gesellschaftlichen Ereignissen, z. B. in Frankfurt, berichten, lassen auf ein nicht unkritisches Verhältnis zum Adel schließen, das aber durch seinen späteren Umgang mit westfälischen und hessischen Adelsfamilien wieder an Aussagekraft verliert. Ausführlichere briefliche Mitteilungen über die Zustände in Kurhessen setzen erst in den

1830er Jahren ein. Die Verhältnisse der Jahre 1830/31, später der Jahre 1848/49 werden so ausführlich beschrieben, daß der politische Standort des Künstlers dahinter fast verschwindet[34]. Merkwürdig blaß und nur in Andeutungen werden die Bundesexekution von 1850 und der damals in Kurhessen herrschende Verfassungskonflikt geschildert[35]. Dabei darf man allerdings nicht vergessen, daß mit Rücksicht auf die Postzensur Mitteilungen unterdrückt, verschlüsselt oder absichtlich irreführend ausgedrückt sein können: „Ich könnte Dir noch genug schreiben. Aber ich glaube, es sind zu viel Lügen darunter. Aber das soll wahr sein, daß hier und in Frankfurt alle Briefe erbrochen und durchgelesen werden“[36], eine Mitteilung, die nicht nur für den Empfänger des Briefes, sondern auch für den Zensor bestimmt war.

Aus Mitteilungen zum Tagesgeschehen und aus nicht wenigen Nebensätzen und beiläufigen Wendungen erschließt sich uns der politische Standort Ludwig Emil Grimms annähernd. Seine Anschauungen wandelten sich mit der Zeit von einer Position patriotischer Gesinnung als Freiwilliger im Frankreichfeldzug 1814 über einen bürgerlichen Liberalismus während des hessischen Verfassungsstreits 1830/31 bis hin zu einem gemäßigten Konservativen mit deutlich nationaler Gesinnung – umgekehrt zur Positionsänderung von Jacob Grimm, der mit zunehmendem Alter eine immer liberalere Einstellung vertrat[37]. Die nationale Haltung Grimms führt zuweilen zu antifranzösischen Äußerungen. Als äußerliches, aber doch bezeichnendes Merkmal sei angeführt, daß Grimm

[34] Ludwig Emil Grimm an Wilhelm Grimm, 1.– 3. 2.1831, an Dorothea Grimm, 20. 6.1848. Ebenda, S. 130 –135, 391 ff.

[35] Ludwig Emil Grimm an Wilhelm Grimm, 27.10.1850. Ebenda, S. 412.

[36] Ebenda.

[37] Vgl. dazu die Beiträge von Ewald Grothe und Hans-Christof Kraus in diesem Band.

es in den – bewußt oder zufällig – vom 18. Oktober, dem Tag der Leipziger Schlacht von 1813, datierten Briefen in späteren Jahren nicht versäumte, seine Neffen und Nichten auf den Erinnerungsgehalt dieses Datums hinzuweisen mit der Floskel „wichtiger Tag“, „wichtiges Datum“ oder einer ähnlichen Formel. Im Grunde genommen war Ludwig Emil Grimm aber wohl ein weitgehend apolitischer Mensch, der besonders seit 1848 häufig in der Haltung des mißvergnügten und desinteressierten Staatsbürgers anzutreffen ist. In diesem Zusammenhang kann lediglich auf die recht unterschiedliche Berichterstattung über die Ereignisse 1830/31 und 1848 hingewiesen werden.

Die Briefe über die Verfassungskämpfe vom September 1830 bis Januar 1831 bringen wiederholt in lebhaften Farben gehaltene Berichte über die Ereignisse, soweit sie auf der Straße vor sich gingen. Sie geben die Aufbruchstimmung in der Bürgerschaft gut wieder. Einen gewissen Höhepunkt bildet der Brief an Wilhelm Grimm mit der ausführlichen Schilderung der erfolgreichen Demonstration gegen die verhaßte Gräfin Reichenbach am 12. Januar 1831[38]. In lebhaften Worten, unter Verwendung der direkten Rede als dramatischem Moment berichtet Grimm von der Erregung der Bürger über die Rückkehr der kurfürstlichen Mätresse. Abgerundet wird der Bericht durch die Charakterisierung des Küfers Karl Herbold, eines Anführers der bürgerlichen Opposition in Kassel.

Unübersehbar macht sich Ludwig Emil Grimm die Abneigung der Bürger gegen die Gräfin Reichenbach zu eigen, die als Symbol der absolutistischen und reaktionären Herrschaft gewertet wurde, als Hindernis der Verständigung zwischen Kurfürst und Volk. Aufgrund der Mißstände kam es in Kassel

[38] L. E. Grimm: Briefe (wie Anm. 3), S. 125–129.

1830 zu Unruhen, die jedoch schnell niedergeschlagen wurden. Das Bürgertum konnte gewisse Erfolge erzielen, indem es dem Kurfürsten das Versprechen auf eine Verfassung abrang. Grimm hat dieses Ereignis in seiner berühmt gewordenen Lithographie „Der 15. September“[39] festgehalten. Damit stellte er sich in die Reihe der bürgerlichen Liberalen, die eine konstitutionelle Monarchie befürworteten. Bemerkenswert blaß, verständnislos, gewissermaßen misanthrop gestimmt bleiben dagegen die Berichte Grimms von den Bürgerversammlungen und der politischen Bewegung in Kassel im März 1848. Anstelle des liberalen Engagements steht da eine abwartende, ja ablehnende Haltung, gekennzeichnet durch die mit anekdotischen Zügen karikierende Hervorhebung der Artikulationen von politisch unerfahrenen Kleinbürgern und Arbeitern.

Sprechend für die abwertende Schau ist das Hochspielen von unangenehmen Vorkommnissen, wie sie als Begleiterscheinungen von Massenversammlungen vorkommen: Alkoholkonsum am Rande der Menge, undisziplinierter Verlauf von Diskussionen. Durchaus zustimmend erklärt Grimm die Notwendigkeit der Märzrevolution in Kurhessen mit der angestauten Abneigung gegen das konservative, das „fromme“ Ministerium. Aber die deutlichen Anzeichen republikanischer Tendenzen bei einzelnen Volksrednern lehnte Grimm ab, zumal sie auf ausländischem, d.h. französischem Vorbild beruhten. Der Einsicht in den notwendigen Regierungswechsel folgt, als die politischen Forderungen der Radikalen verbal weiter vorangetrieben werden, der Rückzug ins Private, die Schau der Dinge aus dem Abstand: „Das hiesige Treiben geht

[39] Petition einer Kasseler Bürgerdelegation bei Kurfürst Wilhelm II. am 15. 9.1830. L. E. Grimm: Erinnerungen (wie Anm. 2), S. 599 – 627; Verzeichnis von Ludwig Emil Grimms Werk; ebenda, S. 626, E 3. Vgl. Ingrid Koszinowski / Vera Leuschner (Hrsg.): Ludwig Emil Grimm 1790 –1863. Maler – Zeichner – Radierer. Kassel 1985 (200 Jahre Brüder Grimm, 2), S. 119.

noch so fort. Man gewöhnt sich so nach und nach daran. Die hiesigen Freischärler, Republikaner und Herren Jungens marschieren bald zum Exerzieren, zu Landpartien, wo sie Butter und Käse und saure Milch essen. Dann gehts manchmal durch die Stadt mit Fahnen. Das gewöhnliche Hauptquartier sind auf dem Weinberg die Biergärten (oder Felsenkeller), wo ich dann die Woche ein paarmal, sonntags aber ganz gewiß auf meiner Stube das Singen oder Brüllen aus der Ferne hören kann. [...] Die Mehrzahl der Bürger sind für die Ordnung und haben ihre Last, unnützes Gesindel in Zaum zu halten. Eine Anzahl Lumpenkerls schlendern hier herum. Und ich möchte nur wissen, wo sie das Geld herkriegen, womit sie sich abends besaufen."[40]

Hinter den Schilderungen mit Spott und Ironie steht eine resignierende Haltung gegenüber der Anteilnahme am öffentlichen Leben. Die Gründe hierfür liegen nicht zuletzt in Grimms sozialer Stellung und seinen äußeren Lebensumständen. Bis 1832 ohne feste Anstellung und ohne bedeutsamere öffentliche Aufträge, z. B. durch den Kasseler Hof, war der Künstler zu einer bescheidenen Lebensführung gezwungen, die eine Beteiligung am öffentlichen Leben kaum erlaubte. Erst 1832 erschloß sich für den 42jährigen eine sichere berufliche Existenz als Professor an der Kasseler Akademie. Die ihm jetzt gegebene Möglichkeit, eine Familie zu gründen – Familie war ihm ein unverzichtbarer Bestandteil seines Lebens – wurde nach wenigen Ehejahren und der Geburt einer Tochter durch den frühen Tod der ersten Frau wieder zerstört. Auch die gesundheitliche Labilität der zweiten Frau, Friederike, geb. Ernst, lenkte die Aufmerksamkeit immer wieder auf das Private, und seine eigene gefährdete Gesundheit zwang den

[40] Ludwig Emil Grimm an Dorothea Grimm, 20. 6.1848. L. E. Grimm: Briefe (wie Anm. 3), S. 391 ff.

Künstler zur Zurückgezogenheit, die nur durch wenige Reisen unterbrochen wurde.

Neben den Aussagen über Alltag, Bekanntschaften, Begegnungen, Umwelt, Reisen, Politik beanspruchen in den Briefen und Erinnerungen Ludwig Emil Grimms Äußerungen über Kunst einen geringeren Raum. Eher kann man sie als Notizen bezeichnen, zumeist fern aller theoretischen Fragestellung, über eigene Bilder und Werke sowie auch die seiner Freunde Reutern, Henschel und anderer. Zuweilen kommen Bemerkungen über den 1835 gegründeten Kunstverein und dessen Wirken vor, über auswärtige Ausstellungen, sofern er sich an ihnen beteiligte, über Märchenillustrationen, die er für die Brüder anfertigt, über künstlerische Erlebnisse in Nürnberg, Frankfurt und München, über Radierungen, die er den Empfängern meistens gleich in mehreren Exemplaren zusandte, und über Naturerlebnisse, die in Studien ihren Niederschlag fanden.

Einen Briefpartner beim Austausch über künstlerische Probleme fand er als alter, der aktuellen Kunst schon etwas entrückter Künstler in seinem Neffen Herman Grimm, seinem ersten Biographen[41]. In den späteren Briefen an Herman Grimm und Bettine von Arnim finden sich auch mehrfach Hinweise auf die Anerkennung, die Grimm dem Spätwerk von Peter Cornelius zollte. Von einem Schreiben mit einigen grundsätzlichen Mitteilungen an Bettine von Arnim, deren Urteil er schätzte, kennen wir zugleich das Briefkonzept. Die genaue Vorbereitung der Mitteilung läßt die Äußerungen als grundsätzlich und wohlbedacht erscheinen. In Gegenüberstellung mag als Beispiel die Äußerung über den Karton „Der Sieg über den Tod" von 1846 in einem Brief an Bettine vom

[41] Herman Grimm: Ludwig Emil Grimm. In: Johann Samuel Ersch / Johann Gottfried Gruber, Allgemeine Encyklopädie der Wissenschaften und Künste. Sekt. 1. T. 91. Leipzig 1871, S. 308 – 311.

November 1851 dienen: „Warum ich glaube, daß sich das ernste Bild nicht gut in Farben machen würde, mag daher kommen, weil die gemalten Jüngsten Gerichte, die ich gesehn, auch die von Rubens, mir einen unangenehmen Eindruck gemacht haben und ich sogar einen Umriß vorziehen wollte. Außerdem glaube ich auch, daß jeder ernste Gegenstand mit Farbe gemalt sein kann."[42] In der Ausfertigung dann ist der Passus über die Umrißzeichnung weggelassen und damit der hinter der ganzen Aussage liegende Nachdruck etwas abgemildert: „Warum ich glaube, daß sich der ernste Gegenstand nicht gut in Farbe machen würde, mag daher kommen, daß die gemachten Jüngsten Gerichte, die ich gesehn, auch die von Rubens, mir einen unangenehmen Eindruck gemacht haben. Damit will ich aber nicht sagen, daß ernste Bilder nicht in Ölfarben gemalt werden sollen."[43] Eine deutliche Anlehnung Grimms an Peter Cornelius ist bei dieser seiner letzten größeren Arbeit festzustellen, wie auch seine Gedanken immer um den Fortgang der Arbeiten des „Feldmarschalls", wie er ihn nennt, kreisen. Grimm erkundigte sich regelmäßig beim Neffen Herman, dem Biographen von Cornelius, nach den gerade fertiggestellten Kartons für die Fresken an der projektierten Grablege der Hohenzollern im Berliner Dom.

Im Gedankenaustausch mit dem Neffen Herman trat allmählich eine spürbare Verengung der Interessen ein. Die Äußerungen zu Arbeiten auswärtiger Künstler und zu den auf Ausstellungen vorgeführten Werken wurden seltener. Die Distanz, die er auch zum örtlichen Kasseler Kunstbetrieb nie ganz überwunden hatte, wurde wieder größer, wie er sich schon früh ohne Vernachlässigung seiner Lehrverpflichtungen

[42] L. E. Grimm: Briefe (wie Anm. 3), S. 711.
[43] Ebenda, S. 423.

bei der Verwaltungsarbeit in der Akademie und bei sonstigen Aktivitäten der Kollegen zurückgehalten hatte.

In der kleinen überschaubaren Welt seines Ateliers an der Kasseler Bellevue, in der Familie und bei wenigen engen Freunden und guten Bekannten fand Ludwig Emil Grimm im Alter Erfüllung. „Auf derselben Stelle aber standen alle Dinge und alle unverändert. Derselbe kleine Eichbaum, der nicht zu wachsen schien und nur knorriger wurde, zitterte draußen am Fenster im Winde hin und her, dieselben blauen Berge lagen als Aussicht weitausgestreckt über dem Thal, durch das die Fulda fließt“[44].

IV. Bildrollen und ihre Texte

1985 behandelte Ingrid Koszinowski einige von Ludwig Emil Grimms Bildsatiren und humoristischen Bildgeschichten[45]. Zu den Texten, die – wenn hier nicht eingehender zu untersuchen – so doch wenigstens zu benennen sind, gehören wenigstens sechs Bildsequenzen aus dem umfangreichen Fundus seiner Karikaturen sowie zwei lange Bildrollen:[46] 1. Auszug der Brüder Grimm aus Kassel nach Göttingen (1829/30)[47]. Außer den die Bildstationen erläuternden Texten hat es vermutlich einen weiteren Text auf einem Beiblatt gegeben, der die mit Zahlen bezeichneten Personen beschrieb. 2. Kurze Lebensbeschreibung einer merkwürdigen und liebevollen Sau (1850)[48]. 3.

[44] Herman Grimm: Ludwig Emil Grimm. In: ders., 15 Essays. 3. Folge. Berlin 1882, S. 306 – 321, hier S. 320. Erweiterte Fassung des zuerst in J. S. Ersch / J. G. Gruber (wie Anm. 41), erschienenen Beitrags.

[45] Ingrid Koszinowski: Karikatur – „verrucht Ding“. Bildsatiren und humoristische Bildgeschichten. In: dies. / Vera Leuschner (Hrsg.), Ludwig Emil Grimm 1790 –1863. Maler – Zeichner – Radierer. Kassel 1985 (200 Jahre Brüder Grimm, 2), S. 235 – 271.

[46] Zu den nachfolgend aufgezählten Bildsequenzen und -rollen vgl. I. Koszinowski / V. Leuschner: Werkverzeichnis (wie Anm. 4) unter den angegebenen Nummern (K = Karikatur, S = Skizzenbuch).

[47] Ebenda, Bd. 1, S. 301– 305, K 100.

[48] Ebenda, S. 239 – 244, S 12.

Reisetagebuch in Bildern (Steinau / Nürnberg, 1850)[49]. 4. Wanderung von Kassel nach Göttingen mit Heinrich Straube (Oktober 1823)[50]. 5. Wanderung von Kassel nach Ziegenhain und zurück mit Werner Henschel (1824). 6. Reise nach Celle und Hannover (1827)[51]. 7. Bökendorfer Karikaturenfolge (1827)[52], sowie 8. Italienische Reise des Reinhard v. Dalwigk (1858/59)[53].

Die Bildsequenzen umfassen jeweils gleichformatig angelegte und mit die Situation erläuternden Beischriften und Dialogen versehene Zeichnungen auf bis zu 18 Blättern. Die auffällige, dreißig Jahre umfassende Lücke in der Datierung zwischen der ersten und den folgenden Bildrollen läßt die Vermutung naheliegen, daß eine eingehendere Musterung der Gruppen Skizzenbücher und Karikatur im zweiten Band des Werkverzeichnisses von Ingrid Koszinowski und Vera Leuschner weitere fragmentarisch erhaltene Beispiele von Bild-/Text-Serien zutage fördern könnte.

Eine karikierende Darstellung der Herstellung eines Fasses auf der im strengen Winter 1844 /45 bis Ende März zugefrorenen Fulda in Kassel[54] gehört zwar als fast zwei Meter langes, mehrfach gefaltetes Leporello von fünf zusammengeklebten Blättern in die Nähe der genannten Arbeiten. Diese Bilderzählung wird aber nicht von Begleittexten verdeutlicht oder ergänzt und zählt somit nicht zu den Werken Ludwig Emil Grimms als Autor[55].

---

[49] Ebenda, S. 244 – 248, S 13.

[50] Ebenda, S. 189 f., S 4.

[51] Ebenda, S. 210 – 218, S 7.

[52] Ebenda, S. 218 – 228, S 8.

[53] Ebenda, S. 254 – 258, S 16.

[54] Ebenda, S. 312 – 315, K 127.

[55] Gleichfalls nicht zum Thema gehören die eigenhändigen Werkverzeichnisse von 1854 und 1860. Verwaltung der Staatlichen Schlösser und Gärten Bad Homburg, Inv.-Nr. 1.6.46. Sie verdienen aber als eine bisher nicht ausgeschöpfte Quelle für Ludwig Emil Grimms druckgraphische Arbeiten Beachtung.

V. Lebensmaximen

Von der Grimm-Forschung bisher überhaupt nicht beachtet wurde eine Textsammlung, die Ludwig Emil Grimm gemeinsam mit seiner ersten Frau Marie, geb. Böttner, für die Tochter Friederike aufzeichnete[56]. Die vom Vater im Vorderdeckel in akkurater Rundschrift eingetragene Widmung bezeichnet das Ende der Sammeltätigkeit: „Dem geliebten Kind Friedericke L. M. A. Grimm von seinen treuen Eltern Marie E. und Ludwig E. Grimm zum Angedenken. 1842. H. Cassel." Ein genaueres Datum dieses Eintrags dürfte wohl im Herbst dieses Jahres zu suchen sein, als der Witwer den persönlichen Nachlaß seiner am 15. August 1842 nach langer Krankheit verstorbenen Frau sichtete und ordnete.

Die ohne Titel gebliebene Sammlung von Sprüchen, Gedichten und kurzen Prosatexten gibt auf achtzig Seiten einen Überblick über Inhalte, die der damals erst zwölfjährigen Tochter als beherzigenswerte Maximen auf den weiteren Lebensweg mitgegeben werden sollten, und bietet zudem einen vermutlich repräsentativen Querschnitt durch die Lektüre der Eltern. Die Namensliste der exzerpierten Autoren reicht in alphabetischer Folge von Ariost bis Ludwig Uhland und umfaßt mit vierzig Namen des 16. bis 19. Jahrhunderts gewiß nur einen Ausschnitt von Ludwig Emil Grimms lebenslanger Lektüre. Bei einer Untersuchung seiner schriftlichen Hinterlassenschaft, insbesondere des Abschnitts „Meine Neigungen" in den Lebenserinnerungen und der darin niedergelegten eigenen Lebensmaximen, sind die für die Tochter notierten Texte zur Entschlüsselung des Bildungsganges des Vaters vielleicht mit Gewinn heranzuziehen.

[56] BGM Kassel, Autogr. 296.

Ludwig Emil Grimm als Künstler

Von Karin Mayer-Pasinski

Der jüngste Bruder von Jakob und Wilhelm Grimm fand zu Lebzeiten Beachtung als „Grimm, der Dritte“ und als „Malerbruder“ der beiden berühmten Gelehrten und Märchensammler. Als Künstler war Ludwig Emil Grimm geschätzt, und vor allem durch seine Radierungen, die er teilweise in Mappen herausgab, wurde er den Zeitgenossen ein Begriff. Seine Zeichnungen blieben ihnen jedoch weitgehend unbekannt – sie erreichten nur den Familien- und Freundeskreis, und auch die Gemälde hatten nur begrenzt ein Publikum. Spätere Epochen zählten sein Œuvre nicht zu den prägendsten Leistungen des 19. Jahrhunderts, es blieb relativ unentdeckt, abgesehen von Ludwig Emil Grimms Stellenwert als Chronist des Familien- und Freundeskreises.

Seit der Gedächtnisausstellung zum 100. Todestages des Künstlers im Jahre 1963 in Hanau[1] erfuhr sein Werk zunehmende Aufmerksamkeit und wurde mehr und mehr erschlossen. Nach den Radierungen[2] liegt seit 1990 auch der Katalog der Zeichnungen und Gemälde[3] vor, so daß ein umfassendes Bild seines Schaffens gewonnen werden konnte. Die Themenbreite ist erstaunlich: Bildnisse, Genrebilder, Architek-

---

[1] Ludwig Emil Grimm 1790 –1863. Handzeichnungen, Aquarelle, Ölbilder und ausgewählte Radierungen aus dem Historischen Museum Hanau. Bearb. von Hans Vogel. Hanau 1963.

[2] Ludwig Emil Grimm: Erinnerungen aus meinem Leben. Mit 34 Bildnissen, 5 Abbildungen und einer Kartenskizze sowie einem Verzeichnis von Grimms Werk. Hrsg. von Adolf Stoll. 2. Aufl. Leipzig 1913.

[3] Ingrid Koszinowski / Vera Leuschner: Ludwig Emil Grimm. Zeichnungen und Gemälde. Werkverzeichnis 2 Bde. Marburg 1990 (Quellen zur Brüder Grimm-Forschung, 3).

turdarstellungen, Landschaften, Naturstudien, Buchillustrationen, Satiren, Karikaturen, Historienbilder und religiöse Darstellungen. An Techniken finden wir die Ölmalerei, die Radierung und die Feder-, Bleistift,- Tusche-, Kohle- und Aquarelltechnik.

Versucht man, Ludwig Emil Grimms Werk stilgeschichtlich einzuordnen, dann würde man es im Spannungsbogen zwischen Frührealismus und Romantik sehen. Die ausgeprägte Naturnähe des Künstlers, sein Motto „ad vivum" (nach dem Leben), das wir so oft auf den Darstellungen finden, zeigen eine starke Tendenz zum Sachlichen, zur Wiedergabe des Sichtbaren, aber auch die gedankenvolle idealisierende Note romantischer und klassizistischer Kunstauffassung.

Die künstlerische Begabung des jungen „Louis" wie er in der Familie genannt wurde, zeigte sich schon während der Schulzeit und seine Ausbildung wurde im Familien- und Freundeskreis liebevoll bedacht und gefördert. Seit 1806 absolvierte er Zeichenkurse an der Kasseler Kunstakademie, dort erhielt er auch 1807 (übrigens zusammen mit Bettine Brentano) privaten Malunterricht bei Professor Ernst Friedrich Ferdinand Robert[4], und bereits 1808 übertrugen ihm Clemens Brentano und Achim von Arnim Illustrationsaufträge. Brentano und Arnim hatten ein Jahr zuvor den zweiten und dritten Band der berühmten Sammlung „Des Knaben Wunderhorn" redigiert und Kassel zu einem Zentrum der Romantik werden lassen, in engem Zusammenwirken mit den Brüdern Grimm, die zum „Wunderhorn" auch Beiträge lieferten. Ludwig Emil Grimm kam auf diese Weise mit dem Gedankengut der Romantik in Berührung, was durch Aufenthalte in Heidelberg und Landshut bei den Savignys und Brentanos vertieft wurde.

[4] Ebenda, Bd. 1, S. 9.

Nicht nur von den älteren Brüdern, auch von den Familien Savigny und Brentano wurde sein Talent unterstützt, und man führte lange Diskussionen darüber, welche Stadt, welche Akademie und welche Lehrer für „den Louis" am sinnvollsten seien, wobei alle diese Überlegungen auch von den knappen Finanzen der Familie Grimm diktiert waren. Von 1809 bis 1813 studierte Ludwig Emil Grimm in München an der Akademie, vorrangig bei dem Kupferstecher Carl Heß, eine Entscheidung, die im wesentlichen von Clemens Brentano beeinflußt war.[5] Der angehende junge Künstler erhielt eine sehr sorgfältige Ausbildung in der Radiertechnik. Er wurde zum sogenannten „Malerradierer" ausgebildet, d.h. nicht zum Reproduktionsgraphiker, sondern zum Künstler, der eigene Zeichnungen und Kompositionen umsetzt.

Mit dieser Technik und den Kenntnissen in der Ölmalerei, die er ständig erweiterte und vertiefte, hatte Ludwig Emil Grimm eine solide Grundlage. In einer Zeit zunehmender künstlerischer Auftragslosigkeit war er damit gerüstet für die Zukunft. Zeitweise muß er sich auch mit eher ehrgeizigen Plänen beschäftigt haben, sich stärker der Historienmalerei zuzuwenden. Eine sehr aufschlußreiche Stelle dazu finden wir in seinen „Lebenserinnerungen", wenn er von seinem Aufenthalt in Birstein 1820 berichtet. Die junge Gräfin Wächtersbach, in die er sich verliebt hatte, bittet ihn, noch eine Weile in Birstein zu bleiben: „Nein, antwortete ich, das ginge nicht, da ich alles, was zur Historienmalerei gehöre, in Kassel hätte. Sie meinte, das wäre ja bald hergeschafft". Auf ihre Frage: „Malen Sie auch Bildnisse?" antwortete Ludwig Emil Grimm: „Zuweilen, das wäre aber nicht mein Fach."[6] Der Künstler ver-

[5] Ebenda.

[6] Ludwig Emil Grimm: Erinnerungen aus meinem Leben. Hrsg. von Wilhelm Praesent. Kassel / Basel 1950, S. 207.

stand sich also in dieser Zeit als Historienmaler, obwohl seine Ausbildung diesen Weg eigentlich nicht vorgab.

Historische, religiöse, gedankliche Themen haben ihn während seines Schaffens weiter beschäftigt, und in seiner späteren Schaffensperiode konzentrierte er sich stärker darauf. 1816 unternahm Ludwig Emil Grimm auf Einladung Georg Brentanos eine Italienreise. In Rom begegnete er den Werken der Nazarener, bewunderte die Landschaften von Joseph Anton Koch und traf die Kasseler Künstler Ludwig Sigismund Ruhl und Johann Martin von Rhoden. Nach dem zweieinhalbmonatigen Studienaufenthalt in Italien kehrte Ludwig Emil Grimm mit einer großen Anzahl von Reiseskizzen nach München zurück, um seine Ausbildung abzurunden. Resümiert man die Münchner Akademie-Zeit, so war ihr Ergebnis vor allem ein geschärfter Wirklichkeitssinn. Landschaften, Naturerscheinungen, Menschen und Genreszenen lernte er mit großer Sachtreue wiederzugeben. Zur Ausbildungspraxis gehörten damals schon Exkursionen in die Umgebung Münchens, wo man vor der Natur zeichnete während bis zum Ende des 18. Jahrhunderts Landschaften noch weitgehend im Atelier entstanden, orientiert an überlieferten Vorbildern.

Dieser neue „Münchner Realismus" prägte Ludwig Emil Grimms Sicht- und Darstellungsweise entscheidend. Sein künstlerisches Credo formulierte er einmal im Zusammenhang mit seiner Begegnung mit dem Landschaftsmaler Samuel Rösel folgendermaßen: „Seine [Rösels, K. M.-P.] Zeichnungen geben jedes Mal ein schönes Bildchen, aber alles war wie über einen Leist geschlagen, es war kein Charakter in den Zeichnungen. Dutzendweise hat er in einem Tag solche Zeichnungen mit nach Haus gebracht, und wo die Zeichnung kein Bild werden wollte, setzte er aus seiner Idee zu. „Solche Naturzeichnungen kommen mir vor wie Lügen – ich verlange alles treu nach der Natur, ohne eigenen Zusatz, ohne alle Manier. Dies ist der Weg, um die herrliche Natur kennenzulernen."[7] Grimms Position ist damit klar umrissen. Er bekennt sich zum Landschafts-Realismus, immer von der vorgefundenen Natur ausgehend, voraussetzungslos nur die Sinnes-Wahrnehmung wiedergebend, ohne zu stilisieren und ohne etwas hineinzuphilosophieren, ohne Zutat der Phantasie.

Grimms Seherlebnis war zugleich von gewissen ästhetischen Konstanten geprägt, die in Vorbildern der Vergangenheit wurzelten. Einerseits lag ihm die Unbefangenheit des Sehens am Herzen, das direkte, unvermittelte Arbeiten vor der Natur, andererseits schätzte er geistige Anreicherung durch ältere Bildtraditionen und durch bedeutende Vertreter der Gegenwartskunst.[8] Ganz konkret formulierte er dies 1820 in seinen pädagogischen Empfehlungen an die Damen des Birsteiners Hofes. Die Fürstin, ihre Tochter und Nichte dilettierten in der Zeichenkunst, und die Damen wünschten Kritik und Orientierung. Grimm empfahl ihnen: „Landschaften nach Poussin zu betrachten, die Landschaften nach Koch in Rom anzuschaffen, die Blätter von Waterloo, Schwanfeld zu sehen, die Blätter nach Claude Lorrain und dgl. zu studieren, Pflanzen und Kräuter nach der Natur zu zeichnen, den Charakter der Bäume zu betrachten – das sei der Weg, um etwas zu lernen"[9].

Während seiner Italienreise erhielt Ludwig Emil Grimm wesentliche Impulse von den Nazarenern und von Joseph Anton Koch, den er als den „geistreichsten von allen, als einen poetischen Künstler"[10] empfand. Die Teilnahme am

---

7 Ebenda, S. 157 ff.

8 Karin Mayer-Pasinski: Landschaftszeichnungen und Naturstudien. In: Ingrid Koszinowski / Vera Leuschner (Hrsg.), Ludwig Emil Grimm. 1790 –1863. Maler – Zeichner – Radierer. Kassel 1985 (200 Jahre Brüder Grimm, 2), S. 175 – 200.

9 L. E. Grimm: Erinnerungen (wie Anm. 2), S. 353 ff.

10 Ebenda, S. 255.

Dürer-Fest in Nürnberg anläßlich des 300. Todestages im Jahre 1828 gab ihm weitere Anregungen im Hinblick auf historisch-poetische Themen.[11] Insgesamt finden wir also in Ludwig Emil Grimms Werk neben eindeutig realistischen auch idealisierende und romantisierende Züge, mit denen er auf seine Weise die geistigen Strömungen der Zeit verarbeitete.

1817 kehrte Ludwig Emil Grimm nach Kassel zurück und blieb hier bis zu seinem Tode ansässig. Zunächst arbeitete er als freier Künstler, er unternahm Reisen zu Freunden, die er vielfach durch die älteren Brüder Jacob und Wilhelm kennengelernt hatte. Zu nennen ist vor allem die Familie von Haxthausen in Westfalen, die Brentanos in Frankfurt und Rödelheim und die Familie von Schwertzell in Willingshausen, wo es 1825 zu einer überaus fruchtbaren Begegnung mit Gerhardt von Reutern kam. Beide Künstler wurden mit ihren Schwälmer Bildern zu den Begründern der Willingshäuser Malerei.[12]

Für den Familien- und Freundeskreis entstanden zahllose Gelegenheitsarbeiten, Bildnotizen gewissermaßen, in denen er Alltagsszenen festhielt oder besondere Feste und herausgehobene Situationen darstellte. Damit wurde Ludwig Emil Grimm zum Chronisten; er überlieferte der Nachwelt eine überaus lebendige Anschauung vom Leben der Familie und der Freunde. Diese Arbeiten haben häufig eine innige, einfühlsame Note, andere sprühen vor witzigen Einfällen und bestechen durch Komik, Humor, durch satirische und karikierende Tendenzen. Das erzählerische Moment ist darin entscheidend, und so ent-

[11] Vera Leuschner: Ludwig Emil Grimm und die Romantik. Religiöse, historische und allegorische Kompositionen. In: I. Koszinowski / V. Leuschner (Hrsg.), Ludwig Emil Grimm. 1790 –1863. Maler – Zeichner – Radierer. Kassel 1985 (200 Jahre Brüder Grimm, 2), S. 273 – 314.

[12] Karin Mayer-Pasinski: Der Maler Gerhardt von Reutern. Kunst- und geisteswissenschaftliche Aspekte seines Frühwerks. In: Gerhardt von Reutern. Willingshausen 1994 (Willingshäuser Hefte, 4), S. 18.

Ludwig Emil Grimms erste Ehefrau Marie Böttner (1803 –1842), Federzeichnung von Ludwig Emil Grimm, 1830

standen auch ganze Bildrollen, in denen der Handlungsfaden sich in epischer Breite entwickelt. Bei diesen Werken haben wir es mit einer Vorform der bewegten Bilder des Films zu tun. Die Geschichten, die der Künstler in solchen Darstellungen erzählt, sind meist noch mit eigenhändigen Texten versehen, so daß Bild und Text zur Einheit werden – eine Fülle von originellen Bildnotizen ist mit großer zeichnerischer Freiheit und Sicherheit vorgetragen, hinzu kommen die pointierten sprachlichen Einfälle des Künstlers.

1832 erhielt Ludwig Emil Grimm endlich die langersehnte Professur an der Kasseler Kunstakademie, die ihm nun ein regelmäßiges Einkommen sicherte und es ihm ermöglichte, eine Familie zu gründen. Im gleichen Jahr heiratete der Künstler Marie Böttner, die Tochter des ehemaligen Kasseler Akademiedirektors und Hofmalers Wilhelm Böttner, 1833 wird ihnen die Tochter Friederike geboren. Nach dem Tod seiner ersten Frau heiratete er 1845 Friederike Ernst, die Tochter des Kasseler Superintendenten Christoph Friedrich Wilhelm Ernst.

Grimms Leben in Kassel verlief in geregelten Bahnen, und durch die Akademieprofessur war er auch mit kunstpolitischen Tätigkeiten beschäftigt, so z.B. mit der Teilnahme an der Gründung des Kunstvereins im Jahre 1835. Die Gründung des

Kunstvereins für Kurhessen steht in einer Reihe neben anderen zur gleichen Zeit entstandenen Gründungen in Deutschland, mit denen sich das Bürgertum ein Forum schuf, Ausstellungen organisierte und einen neuen Markt erschließen wollte.

Die Förderung der Künste durch den Hof war in der Residenzstadt Kassel sehr zurückgegangen. Während z.B. Johann Martin von Rhoden noch eine Ernennung zum Hoflandschaftsmaler erfuhr, ergab sich für Ludwig Emil Grimm keine vergleichbare Stellung. Das Kasseler Kulturleben profitierte in der ersten Hälfte des 19. Jahrhunderts noch von der glanzvollen Kulturepoche unter den Landgrafen Wilhelm VIII. und Friedrich II. mit der Künstler-Trias Johann Heinrich Tischbein (Hofmaler), Johann August Nahl (Hofbildhauer) und Simon Louis du Ry (Hofarchitekt).

Seit der Gründung der Kunstakademie im Jahre 1777 hatte Kassel bedeutende Maler und Bildhauer hervorgebracht. Das Kasseler Kulturleben wies zu Lebzeiten des Künstlers ein weitgespanntes Spektrum auf, in dem Ludwig Emil Grimm als Gebender und Nehmender beteiligt war: Gustav Kaupert, erfolgreichster Grimm-Schüler, schuf den bildhauerischen Schmuck für die Frankfurter Oper; Grimms Genre-Szenen inspirierten den führenden Portrait-Maler Kassels, August von der Embde; und das Nazarenertum in Kassel, vertreten durch Ludwig Sigismund Ruhl, Wilhelm Müller und Karl Aubel, verstärkte Grimms Hinwendung zu religiös-historischen Themen in seiner späten Schaffensperiode.

Künstlerische Anregungen fand er auch in verschiedenen schöngeistigen Zirkeln der Stadt – der Kreis um die Kurfürstin Auguste im Schlößchen Schönfeld läßt sich als führender „Musenhof" der Stadt begreifen, wo sich Diplomaten, Dichter, Gelehrte, Musiker und bildende Künstler einfanden, ein Kreis, zu dem die drei Brüder Grimm gehörten.[13] Ein Treffpunkt des Geistes war auch das Haus des Tapetenfabrikanten Johann Christian Arnold, dessen Sohn Karl Heinrich mit dem Berliner Maler Adolph Menzel befreundet war. Menzel hielt sich 1841 für mehrere Wochen, 1847 für acht Monate in Kassel auf und traf auch mit Ludwig Emil Grimm zusammen. Ludwig Emil wiederum besuchte Menzel während seiner Berlinreise 1843. Daß beide Künstler Interesse aneinander bekundeten, ist verständlich: Die Parallelen zwischen Grimms Aquarellen und dem Berliner Frührealismus eines Carl Blechen und Adolph Menzel sind offensichtlich – ein vergleichbares Wahrnehmungsvermögen und Stilempfinden ist hier zu spüren. Es zielt auf die spontane Erfassung eines Wirklichkeitsmomentes, ganz individuell gesehen und erlebt.

Auf dieser Linie äußerte sich Ludwig Emil Grimm auch im Hinblick auf seine Überzeugungen als Akademielehrer. 1832, nachdem er seine Professur erhalten hatte, heißt es: „Eine Freiheit und Lebendigkeit ist durchaus für die Kunst erforderlich. Man soll die Eigentümlichkeiten und Talente, wo es sich besonders hinneigt, begünstigen, nur dem Fehlerhaften entgegenwirken, nicht aber dem inneren Trieb durch angenommene Kunstregeln schaden [...] wir sollen fern sein von einer gedankenlosen Fertigkeit wie von großer peinlicher Ausführung ohne Geist und Tiefe! Was in uns liegt, wird doch hervortreten, in welcher Gestalt es auch sein mag, und die Akademie wird es alsdann, um früher ans Ziel zu gelangen, am Unterricht nicht fehlen lassen. Gegen das viele Kopieren bin ich ganz und gar [...] aus folgenden Gründen: die einmal angewöhnte

[13] Philipp Losch: Schönfeld. Bilder aus der Geschichte eines hessischen Schlößchens und seiner Besitzer. Leipzig 1913; Ewald Grothe: Kurfürstin Auguste von Hessen-Kassel und der Schönfelder Kreis. In: Fürstenhof und Gelehrtenrepublik. Hessische Lebensläufe des 18. Jahrhunderts. Hrsg. von d. Hessischen Landeszentrale für politische Bildung. Wiesbaden o. J. [1996], S. 53 – 60.

Manier geht auf die Arbeit über, es folgt der Verlust der Eigentümlichkeit, es wird aus der Erinnerung gearbeitet und der Weg zum Manieristen ist eröffnet.“[14]

Wir finden hier noch einmal Ludwig Emil Grimms künstlerisches Credo, wie er es 1817 formuliert hatte – aber im Kontext seines späten Werkes scheint es auch einen Widerspruch zu enthalten. Während Blechen und Menzel fast ausschließlich nur das malten oder zeichneten, was sie real sahen (mit Ausnahme der historischen friderizianischen Thematik bei Menzel), hat Ludwig Emil Grimm durchaus auch „aus der Erinnerung“ gemalt und Bilder geschaffen, die an die überlieferte christliche Ikonographie anknüpfen und komplexe gedankliche Inhalte entfalten, so in der Zeichnung „Der Sieg über den Tod“ von 1848.[15]

Diese Komposition diskutierte er brieflich mit Bettine von Arnim, häufiger jedoch tauschte er sich mit seinem Neffen Herman Grimm aus. Herman Grimm war sein eigentlicher Briefpartner in künstlerischen Fragen. Eine Erörterung dieses scheinbaren „Widerspruchs“ in Ludwig Emil Grimms Schaffen fand nicht zwischen ihnen statt – er wurde wohl auch gar nicht als solcher empfunden. Die eigentlichen Grabenkämpfe zwischen Realismus und Idealismus wurden erst in der zweiten Hälfte des 19. Jahrhunderts ausgetragen. Dieses so gar nicht zwiespältige, sondern völlig selbstverständliche Nebeneinander von realistischen und romantisierenden Werken im Schaffen Ludwig Emil Grimms gibt seinem Œuvre einen ganz eigentümlichen Reiz und seine spannungshafte Geschlossenheit.

Fragt man nach der Beurteilung des Künstlers in der späteren kunsthistorischen Literatur, dann begegnet man Vorstel-

[14] Zit. nach Heinrich Knackfuß: Geschichte der Königlichen Kunstakademie zu Kassel. Kassel 1908, S. 167.

[15] I. Koszinowski / V. Leuschner (wie Anm. 3), Bd. 1, H 256, S. 299.

lungen vom weltabgewandten, stillen, bescheidenen, naiven, biedermeierlichen Künstler, der „liebe Kleinkunst" schuf und dessen hervorragendste Eigenschaft es war, „Bruder der Brüder" zu sein, während er von seinen Zeitgenossen noch unvoreingenommener gesehen wurde.[16] Ganz sicher hat zu diesem Bild der Neffe Herman Grimm wesentlich beigetragen, der in seinem Beitrag „Ludwig Emil Grimm" zur „Allgemeinen Encyklopädie der Wissenschaften und Künste" feststellte: „Seine künstlerische Tätigkeit wurzelte von Anfang an in der eigenen Familie und ist in gewissem Sinne nie darüber hinausgegangen."[17]

Dieses sehr zugespitzte Urteil, das Ludwig Emil Grimm letztlich auf den Familien-Chronisten reduziert hat, ist allerdings auch aus dem Geist der wilhelminischen Gründerzeit zu verstehen, die auf das Monumentale ausgerichtet war, auf die große Form, den großen Einzelnen. Es war eine Zeit, die den Sinn für die leisen Töne und die kleine Form verloren hatte und der es schwerfiel, das Große im Kleinen zu entdecken und das Naive im Zusammenhang mit dem Erhabenen zu sehen.

Wesentlich sensibler reagierte Bettine von Arnim, als sie die Zeichnung „Sieg über den Tod", die der Künstler ihr zugesandt hatte, besprach. Sie trennt die Thematik, die ihr nicht zusagt, von der künstlerischen Behandlung. Bemerkenswert ist in diesem Brief der künstlerisch hochinteressierten und feinfühligen Bettine auch die Tatsache, daß sie Grimms Formensprache den Vorzug vor Peter Cornelius gibt, der damals einer der führenden, meistdiskutierten deutschen Künstler war: „Lieber Grimm! Sie schicken mir ihre Komposition zur Ansicht und

[16] Zeitgenossen über Ludwig Emil Grimm. In: I. Koszinowski / V. Leuschner, (Hrsg.), Ludwig Emil Grimm. 1790 –1863. Maler – Zeichner – Radierer. Kassel 1985 (200 Jahre Brüder Grimm, 2), S. 339 f.

[17] Johann Samuel Ersch / Johann Gottfried Gruber: Allgemeine Encyclopädie der Wissenschaften und Künste. Sektion 1, Tl. 91. Leipzig 1871, S. 308 – 311.

fordern mein Urteil darüber zugleich. Entschuldigen Sie es, wenn mir manches darin nicht gefallen sollte, da Sie wissen, daß ähnliche Kompositionen mir nicht zusagen – mich hat Michelangelos Jüngstes Gericht nie interessiert – sehen Sie darin meine Antipathie gegen Darstellungen dieser Art. Ich habe dennoch Ihre Komposition nicht mit dem Interesse für den Gegenstand, aber mit der alten Liebe zu Ihren Darstellungen, in denen sich das Naive in so frommer Lieblichkeit spiegelt, durchwandert und in einzelnen Gruppen es selbst in erhabenen Maßstab wiedergefunden – überall sonst finde ich Grazie und edlern Stil als in dem wenigen, was ich von Cornelius gesehen habe."[18]

Blick auf Neapel mit Vesuv, Bleistiftzeichnung von Ludwig Emil Grimm, 1816

[18] Raimund Pissin: Zehn ungedruckte Briefe von Bettina und Achim von Arnim an Ludwig Emil Grimm. In: Preußische Jahrbücher 240 (1935), S. 109–127, hier S. 124 ff.

IV. Herman Grimm

Die Grimms ganz privat – Herman Grimm als Zeitzeuge, Schriftsteller und Nachlaßverwalter

Von Holger Ehrhardt

Wilhelm Waetzold greift in seinem 1924 erschienenen Werk „Deutsche Kunsthistoriker" zum Unsagbarkeitstopos, wenn er schreibt: „Es ist nicht leicht, das Bildnis Herman Grimms zu zeichnen. Die Zeitgenossen überschätzten ihn [...]. Wir laufen heute Gefahr, in den entgegengesetzten Fehler einer Unterschätzung der Persönlichkeit Grimms zu verfallen."[1] René Strasser beruft sich 1972 in seiner Dissertation zu Herman Grimm und dem Problem des Klassizismus auf den ersten Teil dieser Aussage und kommt zu der methodischen Schlußfolgerung, daß „durch die unergiebige Sammlung seiner Lebensdaten und durch Häufung mehr oder weniger belangloser Fakten [...] der Blick auf seine Persönlichkeit eher verstellt denn erleichtert [wird]."[2] Hierin kommt die Methodologie des 20. Jahrhunderts mit ihrem quellenscheuen Antipositivismus zum Ausdruck, die bis in dieses Jahrhundert hinein ihre Wirkungen zeitigt. Verwunderlich angesichts der stupenden Quellen, die unausgewertet in den Archiven lagern, ist dies schon. So werden bestimmte Sachverhalte und Aspekte immer wieder ausgeblendet bzw. marginalisiert, auch das zu behandelnde Thema, die Bedeutung Herman Grimms im Verhältnis zu seiner Familie. Diese lange nur selektiv wahrgenommene Beziehung muß aus heutiger Sicht unter Auswertung der vorliegenden Zeugnisse auf drei

[1] Wilhelm Waetzold: Deutsche Kunsthistoriker. Bd. 2. Leipzig 1924, S. 214.

[2] René Strasser: Herman Grimm. Zum Problem des Klassizismus. Zürich / Freiburg i. Br. 1972 (Zürcher Beiträge zur deutschen Literatur- und Geistesgeschichte, 40), S. 11.

Ebenen untersucht werden: Herman Grimm als Zeitzeuge ersten Ranges für die Biographie der Brüder Grimm (I), der Ideengehalt seines Œuvres und die „Grimmschen" Spuren darin (II) und schließlich Herman Grimm als Erbe der Brüder Grimm und – ungleich wichtiger – als Nachlaßverwalter, der durch sein Zutun bzw. Verhindern die Grimm-Forschung in der zweiten Hälfte des 19. bis hinein in die erste Hälfte des 20. Jahrhunderts uneingeschränkt steuern konnte und steuerte (III).

I. Herman Grimm und die Biographie der Brüder Grimm

Herman Grimm hat die Brüder Grimm von seiner Geburt (1828) an bis zu seiner Heirat (kurz vor dem Tode Wilhelm Grimms 1859) begleitet; ihre Biographie ist mit allen Brüchen und den damit verbundenen Konsequenzen auch seine Biographie. Die erste muß der gerade zwei Jahre alt gewordene Herman erfahren, als er am 20. Januar 1830 von der prachtvollen Kasseler Bellevue in die etwas dörfliche Allee Nr. 6 nach Göttingen umziehen muß. Vater und Onkel, altgediente kurfürstliche Bibliothekare, hatten den Ruf nach Göttingen angenommen, weil sie in Kassel bei der Neubesetzung der Bibliotheksdirektion demonstrativ zurückgesetzt wurden. Kaum ins Göttinger Gymnasium eingeschult, brachte der nächste Paukenschlag im Leben der Brüder Grimm – die Entlassung der sieben Göttinger Professoren – die zweite Konsequenz für das Leben des frischgebackenen Sextaners: ein erneuter Umzug nach Kassel stand bevor. Doch zunächst mußte Jacob Grimm – bis dahin immer in häuslicher Gemeinschaft mit seinem Bruder und dessen Familie lebend – das Königreich Hannover verlassen, während Wilhelm, Dorothea, Herman, Rudolf und Auguste Grimm in Göttingen verblieben. Aus dieser Zeit erhielt sich ein eigenartiger Briefwechsel zwischen Herman Grimm und seinem Onkel, dem sogenannten Apapa. Nach der eiligen Abreise Jacobs aus Göttingen schrieb Herman Grimm, der die Verabschiedung versäumt hatte, nach Kassel: „Ich bin sehr traurig darüber gewesen daß ich nicht habe von dir Abschied nehmen können weil ich bei Eberleins war, denn ich kam gerade als der Wagen über die Brüke fuhr. Die Mama kam den Montag Abend halb 11 Uhr an ich schlief aber und sah sie erst den Mittag weil sie den Andern Morgen noch sehr müde [war] und ich aber konnte nicht zu ihr gehn weil ich schon um 8 Uhr in die Schule musste. Als du weg warst weinte daß Gustel sehr aber als ihm die Frau Professor Wöhler einen Kristbaum schickte hörte es bald aufzuweinen. Wir haben den Mittwoch Ferien bekommen welche bis Januar Donnerstag dauern werden, deine Lampe wirst du von dem Baron de Rodschild erhalten haben er ist die Nacht um drei Uhr abgereist und wahrscheinlich um 8 Uhr in Cassel angekommen. Weiter wüste ich dir nichts zu schreiben als das der Pappa die Mama und wir alle lassen dich herzlich grüßen."[3]

Überhaupt berichtete der Neffe seinem Onkel Göttinger neueste Nachrichten, am 18. Januar 1838 beispielsweise: „Es ist hier jetzt sehr kalt aber heute sind doch 6 Grad weniger[.] es ist der Frau Schmidten auf dem Gurkenkruge einem Wirths-Hause ein Kind welches erst 2. Jahr. alt war erfrohren. Mühlenbruchs wollten einen Ball geben aber weil es zu kalt war, [...] bei Schicks im Prinzenhause hat es gebrannt es wurde aber gleich gedämpft, die Hulda Dietrich stand mitten zwischen den Studenten und trug Wasser zum löschen."[4]

---

[3] Holger Ehrhardt (Hrsg.): Brüder Grimm: Briefwechsel mit Herman Grimm (einschließlich des Briefwechsels zwischen Herman Grimm und Dorothea Grimm, geb. Wild). Kassel / Berlin 1998 (Brüder Grimm. Werke und Briefwechsel. Kasseler Ausgabe, Briefe, 1), S. 37 f. Dort auch alle Nachweise zu den in den Briefen erwähnten, für diesen Zusammenhang aber unwichtigen Personennamen.

[4] Ebenda, S. 39 f.

Oder er präsentiert dem Onkel seine ersten Lateinkenntnisse, dieser – durch die Herausgabe der „Lateinischen Gedichte des X. u. XI. Jh.“ (1838) bestens präpariert – schreibt liebevoll und doch pedantisch zurück: „An Deinem Brief, der neulich an mich geschickt wurde, habe ich gesehen, daß Du schon angefangen hast, auf Latein zu schreiben, und hoffe, es wird sich ergeben, daß Du Dich über diese Art der Übung mehr und mehr freust. Obgleich gewisse Dinge gut genug von Dir ausgedrückt worden sind, wimmelt dennoch Dein Ausdruck bis jetzt von vielen Fehlern, die Du durch Zeit und Übung herausfinden und ausmerzen wirst. Sorge also dafür, daß Du Dich lieber in Büchern als in den Gassen aufhalten willst, und daß Du alles, was Dir von Deinen Lehrern übermittelt werden wird, sorgfältig bewahrst und es Dir in Fleisch und Blut übergeht.“[5]

Im Herbst 1838 war die Familie wieder vereint, diesmal zu einem zweijährigen Intermezzo in der Kasseler Bellevue, bis der Ruf durch Friedrich Wilhelm IV. an die Preußische Akademie nach Berlin kam. Herman Grimm wechselte zum zweiten Mal das Gymnasium. Auch hier mußte er – wie schon in Göttingen – durch Krankheiten dem Unterricht häufig fernbleiben, weshalb ihm das Reifezeugnis erst nach einem zusätzlichen halben Jahr erteilt werden konnte.

Für diese letzte Berliner Station im Leben der Brüder Grimm ist Herman Grimm der lange unbeachtet gebliebene Zeitzeuge. Es waren die Jahre, in denen beide ihre Vorlesungstätigkeit an der Berliner Universität eingestellt hatten, gelegentlich Akademievorlesungen hielten und die meiste Zeit mit der akribischen Arbeit am „Deutschen Wörterbuch“ verbrachten; Dorothea Grimm nannte sie in dieser Zeit einmal „verwörterbucht“[6]. Vor

[5] Ebenda, S. 43 f.

[6] Walther Ottendorff-Simrock (Hrsg.): Die Grimms und die Simrocks in Briefen. 1830 bis 1864. Bonn 1966, S. 114.

allem die Briefe und Tagebücher im Nachlaß der Brüder Grimm und Herman Grimms tragen hier zur Aufhellung bei. Zwar sind die spektakulären Ereignisse – sieht man vom Revolutionsjahr 1848 ab – vorüber, doch findet sich neben vielen Interna aus dem Familienleben eine ganze Reihe von Ergänzungen und Nuancierungen des Grimm-Bildes. So erfährt man bei aufmerksamem Lesen, daß beispielsweise der häufig sentimental beschworenen ewigen Treue des Brüderpaars Jacob Grimms Auszugsgedanken aus der Wohnung in der Linkstraße gegenüberstehen oder daß das Verhältnis zu Bettine von Arnim nach der Hoffmann-von-Fallersleben-Affäre doch etwas komplexer oder die Beziehung zu Savigny doch etwas spannungsreicher zu betrachten ist, als bisher in der Forschung geschehen. Ganz zu schweigen von der authentischen Zeitzeugenschaft Herman Grimms in bezug auf die revolutionären Ereignisse im Berlin des Jahres 1848.

Nach seiner Rückreise vom Bonner Jurasemester mit Zwischenaufenthalt beim Paulskirchenabgeordneten Jacob Grimm finden sich einige Briefe Herman Grimms an seinen Onkel, die den Alltag der Berliner Revolution sehr farbig und mit großer Detailtreue illustrieren. Herman Grimms Bemühen, dem anspruchsvollen Onkel aktuelle und brillant geschilderte Ereignisse aus der preußischen Hauptstadt mitzuteilen, läßt den Leser dieser Briefe die Ungeheuerlichkeiten und das Unerhörte hautnah miterleben. „Berlin habe ich gefunden wie ich es verliess, allein der unterschied dass keine fahnen mehr von den dächern wehn. ein kranker der ein wenig mager geworden hat darum noch nicht die physionomie verändert. ebensowenig hat es Berlin gethan. vornehme equipagen mag man wohl einige weniger zählen, geputzte fröhlige gesichter jedoch füllen noch immer strassen, thor und thiergarten, ganz wie sonst in den guten zeiten. morgen zum 6ten erwartet man nicht viel von der parade der bürger und studenten. mit meinem wiederaufnehmenlassen unter letzteren werde ich es noch etwas anstehen lassen. der schade ist ein toller krakehler, man kann nicht sagen republikaner doch revolutionär er raisonnirt über alles was geschieht. die constabler stehen in grosser anzahl auf der strasse. karrikaturen und witze verhöhnen sie. die zahl der anschläge hat übrigens sehr abgenommen. sogenannte reactionäre altpreussische bilden den hauptfond dieser eckenverkleisterungen. die gruppen der lesenden reden laut und heftig untereinander. überhaupt ist die scheue förmlichkeit der leute untereinander sehr gewichen."[7]

Hinter der folgenden Schilderung der Verwüstungen in der vornehmen Wilhelmstraße, der Wohnung von Friedrich Carl von Savigny, steckt allerdings nicht nur das am Ende beschworene Korrespondentenethos, sondern vor allem die nur mit Mühe verhohlene Schadenfreude über das Ende der Herrlichkeit der Familie von Savigny und ihren bestraften Standesdünkel, deren Schatten sich auch über das Verhältnis der Brüder zu ihrem Lehrer Savigny legten. „Ich ging um 12 durchs brandenburger thor in die stadt. zahlreiche piquets bürgerwehr, ihnen gegenüber haufen demonstrirender arbeiter

Herman Grimm als Student, Radierung von Ludwig Emil Grimm, 1848

[7] H. Ehrhardt (wie Anm. 3), S. 142 f.

deckten die linden. die wilhelmsstrasse war gesperrt. patrouillen von bürgern, oft mit ausgerissenen eisenstangen beladen zogen vorüber. alle welt lag in den fenstern oder stand vor den thüren. an der kranzlerschen ecke hielt freilich von bürgerwehr umringt der permanente lindenklub seine stehende sitzung. durch die behrenstraße ging ich vor Savigny's haus das, weil die gaslaternen nicht brannten unheimlich düster abstach. die fenster waren theilweise von innen mit weissen läden geschlossen, alles dunkel, keine scheibe war ganz, die zerbrochenen stücken glitzerten auf dem pflaster. das ganze eiserne gitter der rampe sammt den laternen war mit grossen sandsteinen die noch dran hingen auf die strasse gerissen, am hause gegenüber war dasselbe geschehen. das freie gas verpestete die strasse und zog durch die leeren fenster in die säle wo sonst nur parfüms sanft hin und hergezogen. o herrlichkeit dieser welt dachte ich mit König David wie gehst du schnell vorüber. man stiess beim gehen immer an ausgerissene steine, an holzstücke oder sonstige geschichten. die commando's der bürger schnarrten ans ohr, es war keine angenehme stimmung kann ich dir versichern die der himmel gesandt hatte. so kam ich denn nach hause und wie ein ächter correspondent ruhe ich nicht eher als bis die affaire zu papier gebracht ist."[8]

Eine interessante Schilderung vom 11. August 1848 zeigt die Genauigkeit der Momentaufnahmen Grimms, wie eine Parallele zu einem Passus der Autobiographie Theodor Fontanes zeigt: „auch den thiergarten in dem man oft von leuten die was ihnen an kleidern abgeht durch einen desto dickeren knüppel ersetzen um almosen gebeten wird, und das mit einer gewissen unparlamentarischen dringlichkeit, wird gesäubert von diesen freiheitshelden."[9]

---

[8] Ebenda, S. 152 –154.
[9] Ebenda, S. 144 f.

Fontane beschreibt in seiner Autobiographie „Zwischen Zwanzig und Dreißig" das unfreiwillige Wiedersehen mit seinem früheren Bekannten Julius Faucher: „Eines Abends, auf dem Heimwege, sah ich mich, keine dreißig Schritt mehr von meiner Wohnung entfernt, von sechs, acht Strolchen, die sofort einen Kreis um mich schlossen, angebettelt. Alle hatten die Rockkragen in die Höhe geklappt und die Mützen und Hüte tief runtergezogen; ein paar humpelten, einer schien bucklig oder wenigstens mit sehr hoher Schulter. Dieser trat an mich heran, streckte mit gemachter Ängstlichkeit seine hohle Hand gegen mich aus und sagte: ‚Herr Jraf, bloß Zweigroschen.' Es war Faucher."[10]

Wer sich überhaupt der Mühe unterzieht, die Details des Briefaustausches der Brüder Grimm mit Herman näher in Augenschein zu nehmen, wird nicht nur die Revolutionsgeschichte durch authentische Berichte erweitert finden, die für den und vermutlich auf Wunsch des Abgeordneten Nr. 1 der Frankfurter Nationalversammlung verfaßt wurden, sondern – gerade wegen der sehr dünnen Quellenlage des Briefwechsels zwischen Jacob und Wilhelm Grimm nach 1848[11] – einen in seiner Kleinteiligkeit relevanten Beitrag zur Grimm-Forschung erblicken. Natürlich lassen sich bei der anhaltenden wissenschaftlichen Wertschätzung der Brüder Grimm 140 Jahre nach ihrem Tode keine biographischen Enthüllungsspektakel mehr erwarten. Wie sollten ein „vertiefte[r] Einblick etwa in die wissenschaftliche Arbeit"[12] und Informationen von

---

[10] Theodor Fontane: Zwischen Zwanzig und Dreißig. In: ders., Autobiographische Schriften. Bd. 2: Berlin und Weimar 1982, S. 37. Fontane datiert sein Erlebnis allerdings in die Jahre 1845/46.

[11] Im Briefwechsel zwischen Jacob und Wilhelm Grimm finden sich gerade 18 Briefe nach 1848. Vgl. Heinz Rölleke (Hrsg.): Briefwechsel zwischen Jacob und Wilhelm Grimm. Tl 1: Text. Stuttgart 2001 (Briefwechsel der Brüder Jacob und Wilhelm Grimm. Kritische Ausgabe in Einzelbänden, 1,1), Nr. 558 – 575, S. 771–786.

[12] Lothar Bluhm: Der Briefwechsel der Brüder Grimm mit Herman Grimm. Zum ersten Band der „Kasseler Ausgabe". In: http://www.literaturkritik.de (Oktober 2001).

„bedeutende[r] Relevanz“[13] im hundertfach durchgesehenen und um die Blüten geplünderten Briefnachlaß unentdeckt geblieben sein? Was dieses von Florilegienmentalität geprägte Editionsethos in mehr als einem Jahrhundert angerichtet hat, kann man eindrucksvoll in der Bibliographie der Briefe von und an Jacob und Wilhelm Grimm[14] nachlesen. Sollte man etwa, um es polemisch zuzuspitzen, die Korrespondenzen mit weniger gewichtigen Persönlichkeiten oder die von einigen galligen Rezensenten zur Ridikülisierung herbeizitierten, bei Familienbriefwechseln dieser Zeit allenthalben zu findende kulinarische Passagen[15] weglassen? Zudem müßte doch dem auch nur in Ansätzen mit der Nachlaßgeschichte Vertrauten – um auf den dritten Teil dieses Aufsatzes vorzugreifen – klar sein, daß das, was die argwöhnische Zensur der Kinder Wilhelms in ihren eigenen Korrespondenzen mit Vater und Onkel überdauert hat, in keinem Widerspruch zu dem genehmigten Bild stehen würde, daß durch große Sorgfalt und lange über den Tod währende Vorsorge ebendieser Erben konstruiert wurde.

Gelingt es, die „Andacht zum Unbedeutenden“ des biedermeierlichen Alltags aufzubringen, enthüllen sich weitaus mehr Informationen, als es dem Auge des Lesers erscheinen will. Durch eine – nicht ganz aufrichtige – selektive Wahrnehmung, Banalisierung oder gar zweckgebundene Denunziation des (nebenbei bemerkt: nicht vom Herausgeber zu verantwortenden) Inhalts der Grimmschen Familienbriefe wird das

[13] Heinz Rölleke: Rez. zu Holger Ehrhardt (Hrsg.), Brüder Grimm. Briefwechsel mit Herman Grimm. In: Zeitschrift für deutsches Altertum und deutsche Literatur 130 (2001), S. 119 –122, hier S. 121.

[14] Ludwig Denecke: Bibliographie der Briefe von und an Jacob und Wilhelm Grimm. In: Aurora. Jahrbuch der Eichendorff-Gesellschaft 43 (1983), S. 169 – 227.

[15] Vgl. Hans-Albert Koch: Pasteten, Braten u. Würste. „Kritisch kommentiert“: Die Kasseler Ausgabe der Brüder Grimm. In: Frankfurter Allgemeine Zeitung, Nr. 81, 8. 4. 2002, S. 44.

Potential der Informationen unterschätzt, beispielsweise für die Textkonstitution (die heilige Kuh des Editors) „gewichtigerer“ Briefwechsel. Auch sieht man zwischen der „Atemlosigkeit“[16] von Dorothea Grimms Briefen an Herman Grimm etwa Fakten, von denen gleich vier Fontane-Ausgaben für den Kommentar profitieren könnten. Weder die „Nymphenburger“ noch die „Hanser“-, noch die „Aufbau“- oder die „Große Brandenburger Ausgabe“ kommentieren den Passus aus Fontanes „L'Adultera“ richtig: „Ein wahrer Jubel begleitete den Schluß der Ansprache, Melanie sprang auf, um ihm einen Kuß zu geben, und Fräulein Riekchen erzählte, daß es nun gerade dreiunddreißig Jahre sei, seit sie zum letzten Mal in Treptow gewesen, an einem großen Dobremontschen Feuerwerkstage – derselbe Dobremont, der nachher mit seinem ganzen Laboratorium in die Luft geflogen.“[17]

Herman Grimm erhält Ende Juni 1857 in Rom einen Brief von seiner Mutter, in dem genau dieses Unglück beschrieben (und kommentiert) wird: „Bei dem Dobermontschen Unglück sind fier Menschen tod, er, 2 Arbeiter und eine Frau die Cartoffeln hackte seine Frau dicht neben ihm ist wunderbar bewahrt, die Tochter verwundet, der Sohn war nicht zu hause, das Laboratorium war schon ein paar Stunden geschlossen es soll sich von selber entzündet haben. heute spricht noch jeder davon, morgen ist es nach Berlinerart vorbei.“[18]

Es ließen sich die Beispiele um ein Erkleckliches vermehren, die zeigten, daß sich der Briefaustausch am Lebensabend der Grimms eben nicht nur um Belanglosigkeiten dreht, wenn man denn anerkennte, daß sich der Zuwachs an Erkenntnis

[16] Klaus Weimar: Die Atemlosigkeit der Mutter. Die Familie Grimm schreibt sich Briefe. In: Frankfurter Allgemeine Zeitung, Nr. 164, 19. 7.1999, S. 42.
[17] Theodor Fontane: L'Adultera. In: ders., Romane und Erzählungen in acht Bänden. Bd. 3. 3. Aufl. Berlin / Weimar 1984, S. 157.
[18] H. Ehrhardt (wie Anm. 3), S. 344.

hier nicht mehr in Spektakeln, sondern in weitaus bescheidener daherschreitenden, unzähligen Details einstellt. Davon abgesehen widerspiegelt sich in diesen Briefen eine geistige Entwicklung des jungen Herman Grimm, der noch als forscher Studiosus juris im Juni 1848 Jacob Grimms Zustimmung zum Friedensvertrag mit Dänemark als „unerklärliche handlung", die er „nicht mit seinen grundsätzen [...] vereinigen" könne, bezeichnete. Sein Onkel schien ihm „in der holsteiner sache befangen zu sein und nicht auf dem höchsten standpuncte von dem aus sie zu betrachten ist."[19] – Zwei Monate später erläuterte Herman Grimm den Berliner Bekannten Jacob Grimms Rede „Über Adel und Orden", in der dieser neben der Abschaffung des Adels gefordert hatte, „keinen orden an zivilisten auszuteilen, [...] was soll unter zivilisten ein ritter, der nie zu rosse steigt, ein komtur, der nichts zu kommandieren hat?"[20] Ein eindrucksvolles Beispiel, wie die übermütige Kritik eines Zwanzigjährigen durch den charismatischen Jacob Grimm in kämpferische Loyalität umgewandelt wurde. Wie denn generell in der Übergröße des Onkels die Impulse für die Formung des geistigen Profils seines Neffen zu erblicken sind, eben die Jacob Grimmschen Spuren im Œuvre Herman Grimms.

II. „Grimmsche" Spuren im Œuvre Herman Grimms

1850 beendete Herman Grimm sein Jurastudium ohne Abschluß. Eine nur in einem Briefentwurf erhaltene Äußerung Wilhelm Grimms – „du bist schon längst in der zeit wo du eine bestimmte u feste stellung für das ganze leben einnehmen mußt"[21] – muß bei seinem Sohn lange nachgewirkt haben.

[19] Ebenda, S. 118.
[20] Jacob Grimm: Kleinere Schriften. Bd. 8. Gütersloh 1890, S. 439 – 443.
[21] H. Ehrhardt (wie Anm. 3), S. 200.

Denn er brachte sich durch die vollmundige Ankündigung, als freier Schriftsteller bestehen zu wollen, unter enormen Erfolgsdruck. Unglücklicherweise wählte er die dramatische Dichtung als das Feld, auf dem er seinen Erfolg mit allen Mitteln erzwingen wollte. Und, um es vorwegzunehmen, – er scheiterte. Jedoch sollen hier nicht die Geschichte und die Gründe dieses Scheiterns interessieren, sondern die Werke selbst, ihre Ideen und die Frage, ob es eine Verbindung zwischen dem wissenschaftlichen Arbeiten der Brüder Grimm und dem Schaffen Herman Grimms gibt.

Herman Grimms dramatischer Erstling erschien 1851 unter dem Titel „Armin“. Es geht um den Konflikt germanischer Stammesfürsten nach der siegreichen Schlacht gegen die Römer im Teutoburger Wald. Welche Waghalsigkeiten er in dieser Tragödie unternommen hatte, erfahren wir von ihm selbst – wenige Monate nach Erscheinen des „Armin“, ungebrochen durch ablehnende Rezensenten oder mahnende Freundesstimmen – in einem Brief an Faust Pachler: „daß ich gern ein weiteres über den ‚Armin‘ von Ihnen hörte, versteht sich von selbst. für das theater war er von anfang an nicht bestimmt. dergleichen nimmt auf der bühne einen schein von absichtlicher beziehung an, welcher es für unsere zeiten von den brettern verbannen muß, und die zukunft mag für sich selber sorgen. schreiben Sie mir ja, was Sie noch über das stück zu bemerken haben. der Ihnen anstössige engel ist andern auch nicht ganz recht gewesen, der ausdruck, o Gott, lässt sich allerdings durch nichts rechtfertigen, wenn man auf seiner motivirung besteht. es ist aber gewiss auch gut, nicht zu scrupulös zu sein und den leuten im allgemeinen den schnabel wachsen zu lassen, wie er es jetzt zu thun pflegt. sehr willkommen ist mir Ihre absicht, einige worte über das ganze in einem Ihrer blätter zu sagen."[22]

Ohne den weiteren Kontext zu kennen, kann man erahnen, wie weit es mit Herman Grimms Originalität in diesem Drama bestellt war. Interessanter ist Reinhold Steigs Äußerung im „Deutschen Nekrolog", die davon kündet, Herman Grimm wollte mit seinem „Armin" auf die Wirren während und nach der 48er Revolution anspielen.[23] Aus zweierlei Erwägung heraus erscheint dieser Hinweis interessant: zum einen, weil ihm durch die „Eckermann-Stellung" Steigs zu Herman Grimm in späteren Jahren ein sehr hoher Authentizitätsgrad zukommt. Es steht nachgerade zu vermuten, daß Grimm, der seinen dichterischen Erzeugnissen im Alter keineswegs mit genügend kritischer Distanz gegenüberstand (oder wie Wilhelm Waetzold es ausdrückte: „bis in sein Alter glaubte er an sein poetisches Vermögen"[24]), durch Steig eine postume Interpretationsvorgabe liefern wollte, die das zeitgeschichtliche Potential des Dramas dadurch erhöhen sollte, daß im Scheitern des germanischen Stammesfürsten Arminius das politische Scheitern Jacob Grimms im Jahre 1848 dargestellt wurde. Wir finden hier also einen doppelten Bezug auf Jacob Grimm, wenn wir die Widmung zum „Armin" – „Meinem Oheim Jakob Grimm als Zeichen reinen Willens und herzlicher Liebe zugeeignet" – bedenken.

In einem Skizzenbuch Herman Grimms findet sich der Entwurf für eine weitere Widmung an Jacob Grimm: „Ich schreibe

---

[22] Österreichische Nationalbibliothek Wien, Autogr. 304/9.5 (Herman Grimm an Faust Pachler, 9. 5.1852). Bei dem erwähnten Engel handelt es sich um einen Traum des römischen Feldherrn Germanicus, bei dem ihm der Geist Varus' erscheint.

[23] Reinhold Steig: Grimm, Herman Friedrich. In: Biographisches Jahrbuch und Deutscher Nekrolog. Hrsg. von Anton Bettelheim. Bd. 4. Berlin 1904, S. 97–111, hier S. 101.

[24] W. Waetzold (wie Anm. 1), S. 222.

deinen namen zu anfang dieses buches weil du am besten herauslesen wirst was ich sagen wollte. von der welt in welche ich es sende darf ich es nur hoffen von dir weiß ich bestimmt. du hast den grössern theil einer laufbahn zurückgelegt deren schönstes und in jedermans munde angemessene lob das ist ohne wanken und nebenwege ein schönes ziel verfolgt zu haben. hätte ich nur deinen ruhm vor augen so würde ich mich schämen dir nach[zu]eifern, doch der liegt mir so wenig am herzen wie er es dir jemals gethan hat. auf deinem wege zum idealen aber darf dir jeder nachgehn und in dem gedanken allein wage ich es deinen namen neben den meinigen zu setzen. dein dich liebender neffe Herman Grimm“[25]. Jacob Grimm, mit herbem Urteil nie sparsam, meinte vor allem den „Armin“, als er sich gegenüber Karl Goedeke zu seines Neffen „früheren versuche[n] (die zum theil hätten ungedruckt bleiben sollen)“[26] äußerte. Dies war – abgesehen vom Fragment des epischen Gedichts „Die Cimbern und die Teutonen“ – der einzige poetische Ausflug in die Gefilde des Vaters und Onkels.

Auf wissenschaftlichem Gebiet kam es hingegen häufig zu umfangreicher Hilfe und Unterstützung weit über selbstverständliche Bücherbesorgungen hinaus. Schon als Kind während vieler Kuraufenthalte und Reisen sammelte Herman Grimm Märchen und Sagen, die er notierte und nach Hause schickte, so als Vierzehnjähriger das Märchen zweier Wanderer, dessen Schluß er souverän abkürzt: „und dann die gewöhnliche Entwikelung.“[27] Oder die Sage der untergegangenen Stadt Remunde, die Herman Grimm 1844 von seinem Stiefel-

[25] VSSG Bad Homburg, Inv.-Nr. 1.3.14: Skizzenbuch von Herman Grimm.
[26] Johannes Bolte (Hrsg.): Briefwechsel zwischen Jacob Grimm und Karl Goedeke. Berlin 1927, S. 81.
[27] H. Ehrhardt (wie Anm. 3), S. 60.

putzer Gierke in Heringsdorf auf der Insel Usedom erzählt bekam. Darüber hinaus wies Heinz Rölleke auf weitere vier Märchen hin, die Herman Grimm als Kind seinem Vater vermittelte: „Die Silberpappel", „Die tanzenden Hasen", „Die Erbsenprobe" und „Der arme Müllerbursch und das Kätzchen",[28] wovon das letztere 1843 in den „Kinder- und Hausmärchen" bzw. als Kontaminationsbestandteil im Märchen Nr. 106 erschien. Sogar noch im Februar 1862, sieben Monate vor Jacob Grimms Tod, sammelte Herman Grimm in Rom neapolitanische Märchen auf dessen ausdrücklichen Wunsch. Diese Märchen wurden unter den Titeln „Die drei Brüder und die befreiten Königstöchter" und „Der Vertrag zwischen Herren und Diener wegen der Reue" im „Jahrbuch für romanische und englische Literatur" publiziert[29].

Als wichtigsten Beitrag zum Werk der Brüder Grimm sah Herman Grimm selbst seine Mitarbeit beim „Deutschen Wörterbuch" an. Aus einem Brief an Jacob Grimm vom 24. April 1854 erfahren wir nicht nur Herman Grimms ersten Lektüreeindruck vom bekenntnishaften Vorwort zum „Deutschen Wörterbuch", auch mit Hinblick auf den dritten Teil, die Rolle Herman Grimms als Bewahrer und Überlieferer des Grimmschen Nachlasses, ist dieser Brief, der an einer signifikanten Stelle abbricht, ein illustratives Indiz. „Lieber apapa Dahlmann hat mir die letzten aushängebogen des ersten bandes [des „Deutschen Wörterbuchs", H.E.] gegeben. ich las die vorrede in einem zuge durch. es scheint mir ich hätte niemals etwas gelesen das mir so schön und rein zu herzen ging. gewiss ich habe mir manches vorgenommen zu thun das wohl nicht ganz unnütz ist aber dass ich euch mit meinen geringen kräften

[28] Heinz Rölleke (Hrsg.): Märchen aus dem Nachlaß der Brüder Grimm. 4. Aufl. Bonn 1989, S. 100. Vgl. auch ders.: Rez. Ehrhardt (wie Anm. 13), S. 120.

[29] Jahrbuch für romanische und englische Literatur 8 (1867), S. 241–246.

Herman Grimm, Fotografie von Carl Günther, um 1859

bei der arbeit zur hand gehn durfte soll immer mein grösster stolz sein. gebe Gott dass mir noch lange vergönnt sei so fortzufahren. Dahlmann's eindruck ist ganz derselbe. er sprach lange mit mir darüber und rühmte sich dich zu dem beginne mitangetrieben zu haben. er sagte auch die beispiele wären so schön und passend gewählt dass er in dem buche gern wie in einem andern d. h. zusammenhängenden läse. Dahlmann ist sehr freundlich und mittheilsam gegen mich. näheres darüber und vieles andere von alle denen die ich sah und die euch von herzen anhänglich sind erzähle ich mündlich. lass mich zu einem andern thema kommen, zu einem dass mich mit dem ärgsten unmuthe erfüllt und mir mit seinem ärger gewiss lange ankleben wird. aber ich will es auch nur kurz aussprechen, es ist mir kaum möglich die dinge [...]."[30]

Herman Grimm besorgte also die Auszüge aus den Werken von Lessing und Hans Sachs, nachdem sich Moriz Haupts Lieferungen als ungenügend erwiesen hatten. Es finden sich auch verstreut Belegzettel aus Werken anderer Dichter für das „Deutsche Wörterbuch" von der Hand Herman Grimms, auf denen er seltene Bedeutungsvarianten von Wörtern verzeichnete, wie zum Beispiel in einem Brief vom 13. September

[30] H. Ehrhardt (wie Anm. 3), S. 260.

1856: „machen[:] ich schwieg auch hier, zeigte nicht das geringste verlangen, keine spur von ehrgeiz – und war ganz das ding das mit sich machen lässt. Klinger. (Cotta 1842) 9, 100.“[31]

Im Juni 1852 arbeitete er in der Bibliothek von Wiepersdorf, um dort vorhandene Rara zu exzerpieren. Bemerkenswert hier Herman Grimms Bereitschaft, Bettine v. Arnim zu hintergehen, die seit der Hoffmann-Affäre mit den Grimms, besonders mit Wilhelm, auf einem gespannten Fuß stand. „Lieber papa, ich schicke dir hier einige zettel, vielleicht weniger als du erwartet hast. indessen die ausbeute der biblischen tragödien ist weit geringer als der, von mir beendeten, fastnachtspiele im dritten theile, und ausserdem habe ich nicht immer den kopf recht bei der hand gehabt, wenn ich arbeiten wollte. [...] ich schicke dir hier die abschrift zweier capitel aus einem alten buche, dessen titel du auch findest. es enthält die streiche eines bauers, die in dieser gegend spielen und viel ähnlichkeit mit denen Eulenspiegels haben. wenn es dich interessirt bringe ich das buch heimlich mit, (und ebenso wieder hierher zurück.) es ist vorne ein gereimtes gedicht, der grobian, angebunden, das in Wormbs ende des 16ten secl erschien und eine vortreffliche satire auf die ungeschliffenheit ist. (erstmals in latein von Dedekind verdeutscht v. Caspar Scheidt in Worms.) auch habe ich den hier allein vorhandenen ersten theil der correspondenz zwischen Herder und seiner nachmaligen frau ausgezogen, der bei aller überschwänglichkeit doch sehr originell geschrieben ist. die andern theile kann ich leicht in Berlin auftreiben.“[32]

Ein anderer Gedanke, der im Leben der Grimms immer wieder eine Rolle spielt, ist die Standesfrage. Jacob Grimm forderte in seiner Rede „Über Adel und Orden“ in der Paulskirche die Abschaffung des Adels, in seiner „Rede auf Schiller“

[31] Ebenda, S. 319.
[32] Ebenda, S. 222 f.

griff er das Thema erneut auf, um das zu wiederholen, was er 1848 schon vorgebracht hatte: Geistiger Adel stehe durch seine eigene Leistung über dem historisch überlebten Erbadel. „Nicht einmal drei volle jahre vorher wurde Schillern der adel zu teil und seitdem erscheint der einfache, schon dem wortsinn nach glanz streuende name durch ein sprachwidrig vorgeschobnes von verderbt. kann denn ein dichter geadelt werden? man möchte es im voraus verneinen, weil der dem die höchste gabe des genius verliehen ist, keiner geringeren würde bedürfen wird, weil talente sich nicht wie adel oder krankheiten fortpflanzen."[33]

Genau diese Gedanken klangen in Herman Grimms „Novellen" (1856) an und verfolgten den Neffen noch über den Tod des Onkels hinaus. Denn 1864 begann er an seinem großen Roman „Unüberwindliche Mächte" zu schreiben. Wie dieser Roman aufgenommen wurde, zeigt eine zeitgenössische Rezension: „Er [Herman Grimm, H.E.] hat den Vorwurf zu seiner Arbeit unseren modernsten Gesellschaftszuständen entnommen und die Standesfrage zum Ausgangspunkte seiner Darstellung gemacht. Gewisse aufgerichtete Schranken erscheinen ihm nicht mehr als zulässig, und wenn wir ihn recht interpretieren, so vertritt er in dem uns vorliegenden Roman den [...] Gedanken: Verschmelzung der unteren Schicht des Adels mit der oberen Schicht des Bürgerstandes, Herstellung einer Gentry; Gentlemanschaft anstelle der Kavalierschaft. [...] Man hat den Eindruck, daß der Roman weniger aus der Lust am plastischen Gestalten als aus dem unwiderstehlichen Drange hervorwuchs, eine große Anzahl von Fragen sich und anderen zurechtzulegen. Der Roman schien dem

[33] Jacob Grimm: Rede auf Schiller. In: Jacob und Wilhelm Grimm, Über das Deutsche. Schriften zur Zeit-, Rechts-, Sprach- und Literaturgeschichte. Hrsg. von Ruth Reiher. Leipzig 1986, S. 334.

Verfasser dazu die bequemste Form, der weiteste Rahmen. Er hatte in erster Reihe weder einen Helden noch eine Geschichte, sondern er hatte zunächst nur eine Fülle von Gedanken, die er aussprechen wollte, und diesen Gedanken zuliebe entstand der Roman."[34] Der Rezensent war kein Geringerer als Theodor Fontane, und er hatte – ohne Kenntnis der näheren Zusammenhänge – die psychologische Disposition Herman Grimms vollkommen richtig erfaßt.

Damit sind die unmittelbaren Grimmschen Spuren im Schaffen Herman Grimms aufgezeigt; sie lassen sich ungeschönt und authentisch darstellen, denn sie gehörten zum Selbstverständnis des Sohnes und Neffen, zeichnen sie doch ein Bild der Kontinuität, der familiären und geistigen Harmonie. Anders verhält es sich mit dem – diese wenigen Bereiche weit übersteigenden, umfangreichen – Erbe der Brüder Grimm. Damit wird der letzte Aspekt des Verhältnisses zwischen dem Sohn bzw. Neffen und dem Vater bzw. Onkel berührt, die Bemühungen, der Nachwelt ein solches Bild der Brüder Grimm zu überliefern, wie es dem Zeitgeschmack und Willen der Erben entsprach.

III. Herman Grimm als Erbe und Nachlaßverwalter der Brüder Grimm

Nach dem Tode Wilhelm Grimms (1859) und Jacob Grimms (1863) fiel ihr gesamter Nachlaß den Kindern Wilhelms zu: Herman, Rudolf und Auguste Grimm.[35] Es handelte sich um einen der größten und bedeutendsten Gelehrtennachlässe des

[34] Theodor Fontane: Rez. zu Herman Grimm, Unüberwindliche Mächte. In: ders., Sämtliche Werke. Bd. 21/1: Literarische Essays und Studien. Tl. 1. München 1963, S. 275 – 280, hier S. 275, 278.

[35] Ausführlicher dazu Ingeborg Stolzenberg: Der schriftliche Nachlaß der Brüder Grimm. In: Dieter Hennig / Bernhard Lauer (Hrsg.), Die Brüder Grimm. Dokumente ihres Lebens und Wirkens. Kassel o.J. [1985] (200 Jahre Brüder Grimm, 1), S. 113 –132, hier S. 119 –129.

19. Jahrhunderts, vierzig laufende Meter in ca. 1900 Konvoluten. Herman Grimm war nicht nur als der älteste der Grimm-Nachfahren, sondern auch als Dichter und kunstgeschichtlicher Schriftsteller im Vergleich zu seinem Bruder Rudolf, einem Juristen und Regierungsangestellten in Potsdam, oder gar zu seiner unverheirateten Schwester Auguste prädestiniert für die Aufgabe des Nachlaßverwalters. Und so wurde – wie er selbst berichtete – „die verantwortliche behandlung des gesammten nachlasses nach Jacobs tode [...] von den erben" ihm übertragen.[36]

Im folgenden soll sein Umgang mit dem brieflichen Nachlaß näher beleuchtet werden, da dieser als privatester und intimster Teil einer Hinterlassenschaft Begehrlichkeiten verschiedenster Gruppen weckte und exemplarisch für den gesamten Nachlaß stehen kann. Uns interessiert, da es um die Nachlaßverwaltung geht, nur der Teil des Briefnachlasses, der sich im Besitz der Brüder Grimm befand. Die Geschichte ihrer (viel wichtigeren) eigenen, in die ganze Welt versandten Briefe sind für unsere Betrachtung belanglos, da ihre Überlieferung meist nicht den Umständen unterworfen war wie die in Familienbesitz vorhandenen.[37] Die Feststellung jedoch, daß „die Grimmsche wissenschaftliche Korrespondenz mit Elementen des Privatbriefs (im engsten Sinn) stark durchsetzt ist"[38], und dementsprechend auch Anstrengungen seitens der Grimm-Erben unternommen wurden, nach dem Tode der Brüder Grimm Teile ihrer Korrespondenz zum Zwecke einer Zensur zurückzutauschen, hebt die exemplarische Betrachtung auf eine prinzipiellere Ebene.

---

[36] Herman Grimm: Schluszwort. In: Jacob Grimm, Kleinere Schriften. Bd. 5. Berlin 1871, S. 503 – 506, hier S. 504.

[37] Ausnahmen bilden lediglich diejenigen Briefe, die die Familie nach dem Tode der Brüder und ihrer Korrespondenzpartner zurücktauschte bzw. die späteren Einzelerwerbungen der Königlichen Bibliothek.

[38] Berthold Friemel: Die Göttinger Adversarienhandschrift Benecke-Grimm. In: Zeitschrift für Germanistik, NF 5 (1995), H. 1, S. 96 –103, hier S. 96a.

Herman Grimm äußerte sich im Schlußwort zu den „Kleineren Schriften“ Jacob Grimms zum Briefnachlaß und zu seinen Absichten, wie dieser wissenschaftlich aufgearbeitet werden sollte: „von den briefschaften ist gelegentlich einzelnes zur benutzung dargeboten worden. die correspondenz zwischen meinem vater und Lachmann ist von herrn professor Zacher in seiner zeitschrift zum abdrucke gebracht worden. Dahlmann's briefe wurden für seine biographie ausgeliefert. Für die zukunft nun liegen mir drei dinge ob: [...] ordnung und zum theil herausgabe der briefe und anderen aufzeichnungen, welche dazu geeignet sind; sorge für die zukünftige sicherstellung des gesammten schriftlichen nachlasses. [...] in betreff des schriftlichen nachlasses habe ich meiner pflicht bis jetzt am wenigsten nachkommen können. die masse der papiere ist sehr grosz. das meiste liegt geordnet da, collectaneen sowohl als briefwechsel: [...] die briefe [...] hätten zum theile schon gedruckt sein sollen, allein es war mir noch nicht möglich mich in diese arbeit zu versenken.“[39]

Mit dem 1865 vertraglich abgeschlossenen Verkauf der Grimm-Bibliothek gelangte eine Reihe von eingelegten Manuskripten in den Besitz der Universitätsbibliothek, wurde aber auf Anordnung des Kultusministers vom 16. Juni 1865 in den Besitz der Königlichen Bibliothek überführt. Zu diesen Handschriften zählten u. a. auch an die Brüder Grimm gerichtete Briefe, die in den Büchern ihrer Bibliothek eingelegt waren. Sie wurden in die Sammlung Autographa der Königlichen Bibliothek eingeordnet, welche 1867 durch eine Schenkung[40]

---

[39] H. Grimm: Schluszwort (wie Anm. 36), S. 505 f.

[40] Ingeborg Stolzenberg nennt über 200 verschiedene Briefschreiber in dieser Schenkung, vgl. I. Stolzenberg (wie Anm. 35), S. 119. Bei Ralf Breslau: Der Nachlaß der Brüder Grimm. Katalog. 2 Tle. Wiesbaden 1997 (Staatsbibliothek zu Berlin – Preußischer Kulturbesitz, Kataloge der Handschriftenabteilung, Zweite Reihe, Nachlässe, 3), hier Tl. 1, S. 757–780, lassen sich 377 nachweisen. Die Briefe befinden sich infolge der Kriegsauslagerungen z. Zt. in Krakau.

Herman Grimms angereichert wurde. Zur Sammlung kamen schließlich auch Einzelerwerbungen der Königlichen Bibliothek, in der Hauptsache Briefe der Brüder Grimm an verschiedene Empfänger.[41]

Zur ferneren Aufbewahrung des umfangreichen Briefnachlasses der Brüder Grimm ließen die Grimms einen Eichenschrank entwerfen, der 1867 in der Königlichen Bibliothek aufgestellt wurde. Er verblieb vorerst im Eigentum der Familie und war auch nur ihr zugänglich. Vermutlich hing diese seltsame Vereinbarung mit Platzmangel der Grimm-Erben zusammen, die nach dem Tode von Jacob und Wilhelm (1867 auch von Dorothea) Grimm die große Berliner Wohnung in der Linkstraße 7 nicht aufgeben wollten.

Herman Grimms Vorstellungen über die weitere Behandlung der Grimm-Autographen legte er in einem Brief an den Oberbibliothekar Georg Heinrich Pertz dar. Danach sollten sowohl der in der Bibliothek aufgestellte Schrank als auch die darin befindlichen Autographen Eigentum der Erben bleiben, und nur diese sollten den Zugriff und die Verfügungsgewalt (den Schlüssel) haben. Sie durften den Schrank nur während der Öffnungszeiten der Bibliothek benutzen und äußerten die unverbindliche Absicht, den Schrank der Bibliothek eines Tages zu schenken. Wenn dies unterbliebe, falle er im Erbfalle der Bibliothek anheim.[42] Als Pertz Versuche unternahm, die sehr kapriziösen Bestimmungen auf zehn Jahre zu beschränken, verblieben die Autographen vorerst in den Händen der Familie. Doch schon 1872 versuchte Herman Grimm erneut,

---

[41] Vgl. R. Breslau (wie Anm. 40), Bd. 1, S. 761–773: u. a. 71 Briefe an Achim v. Arnim, 41 Briefe an Bettine v. Arnim, 13 Briefe an Clemens Brentano, 43 Briefe an Johann Martin Lappenberg, 26 Briefe an Joseph v. Laßberg.

[42] Vgl. Herman Grimm an Georg Heinrich Pertz, 9.1.1868. Hans Daffis: Inventar der Grimm-Schränke in der Preußischen Staatsbibliothek. Leipzig 1923 (Mitteilungen aus der Preussischen Staatsbibliothek, 5), S. 7 f.

die Papiere in die Bibliothek zu verbringen. Er schrieb an das Kultusministerium: „Besondere Verhältnisse zwingen mich jetzt jedoch, für diese äusserst werthvolle Masse einen meiner persönlichen Fürsorge entrückten Aufenthaltsort suchen zu müssen.“[43] Mit dem für diese (eigentlich banale) Angelegenheit zu gestelzten Stilregister und dem anthropomorphisierenden Vokabular verriet der Absender sein übersteigertes Selbstbewußtsein und seine Neigung zur Überhöhung des Nachlaßwertes. Da damit jedoch die erneute Versicherung verbunden war, der Inhalt des Schrankes werde später der Bibliothek zufallen, stimmte man von seiten des Ministeriums zu. Beide Teile des Nachlasses, der in der Bibliothek und der noch in Privatbesitz befindliche, waren also nur den Erben frei zugänglich.

1899 übertrug Herman Grimm seinem Vertrauten, dem Gymnasiallehrer und Grimm-Forscher Reinhold Steig, die Verhandlungsführung mit der Bibliothek, um die bis dahin geltende Vereinbarung von 1879 durch eine neue Schenkungsurkunde ersetzen zu lassen. Diese besagte, daß die Erben nur diejenigen Druck- und Handschriften der Königlichen Bibliothek schenken, „die sie selbst oder ihre Rechtsnachfolger dazu bestimmten.“[44] An dem alleinigen Verfügungsrecht der Erben änderte sich im übrigen nichts, es sollte bis zum Tod des Letztlebenden aufrechterhalten werden und dann dreißig Jahre an die Zustimmung des Rechtsnachfolgers gebunden sein. Reinhold Steig wurde die Sichtung des Briefnachlasses übertragen, und nach dem Tod Herman Grimms im Jahre 1901 hatte er die praktische Verfügungsgewalt über den Grimm-Nachlaß, war jedoch an die formale Zustimmung Auguste Grimms gebunden.

[43] Zit. nach I. Stolzenberg (wie Anm. 35), S. 121.
[44] Ebenda, S. 124.

Auguste Grimm hatte zum Erstaunen vieler Uneingeweihter ihre Haushälterin, Agnes Oestreich, als Universalerbin eingesetzt. Damit verhinderte sie, daß der Grimm-Nachlaß an die Familie von Arnim überging, die durch die Heirat Herman Grimms mit Gisela von Arnim als nächste Erben in Frage gekommen wäre. Aus einem Verhältnis zwischen Rudolf Grimm und Agnes Oestreich war nämlich eine uneheliche Tochter hervorgegangen, deren Zukunftssicherung Auguste Grimm wichtiger erschien. Zwar prozessierte die Familie von Arnim nach Auguste Grimms Tod gegen diese Verfügung, konnte jedoch nichts erreichen. So kam der im Besitz Auguste Grimms verbliebene Teil des Nachlasses nach Haldensleben, wo Wilhelm Grimms Enkelin Albertine Oestreich, später verehelichte Plock, als Lehrerin tätig war. „Hiervon bot Marko Plock (geb. 1916), der Sohn Albertine und Otto Plocks, in der unsicheren Situation der Nachkriegsjahre erstmals 1947 einen wesentlichen Teil dem Hessischen Staatsarchiv Marburg zum Kauf an."[45] Doch verblieb ein Rest in Haldensleben und wurde 1963 von Albertine Plock dem dortigen Kreismuseum übergeben. So sind die Berliner Staatsbibliothek, das Hessische Staatsarchiv in Marburg und das Museum in Haldensleben die drei Orte, die den Nachlaß direkt aus den Händen der Familie bekamen.

Auf den ersten Blick erscheint diese Überlieferungsgeschichte sehr glücklich verlaufen zu sein, und wenn auch viele – nie im Familienbesitz befindlichen – Briefe der Brüder Grimm „bruchlos als Teil von Nachlässen in öffentliche Verwahrung übernommen"[46] wurden, kann von einer sehr günsti-

[45] Werner Moritz (Bearb.): Verzeichnis des Nachlaßbestandes Grimm im Hessischen Staatsarchiv Marburg. Marburg 1988 (Quellen zur Brüder Grimm-Forschung, 1; Repertorien des Hessischen Staatsarchivs, Bestand 340 Grimm), S. XIX.

[46] Berthold Friemel: Verzeichnis von Jacob und Wilhelm Grimms Briefwechsel (Torso-Fassung). Mit wissenschaftsgeschichtlichen und editionskritischen Einleitungen. Phil. Diss. (Ms.). Berlin 1992, S. 42.

gen Ausgangssituation für die Forschung gesprochen werden. Eine genauere Besichtigung – besonders der Überlieferungssituation der hier interessierenden Familienbriefe – verrät jedoch, daß es auch zu Dezimierungen des Nachlasses kam.

Es besteht kein Zweifel darüber, daß die Erben der Brüder Grimm die Vernichtungen von Briefen vornahmen, wobei eingeräumt werden muß, daß es sich dabei vorwiegend um Familienkorrespondenzen handelte.[47] Schon ein kurzer Blick auf die entsprechenden Nachlaßnummern des Berliner Bestandes verrät, wie sehr die Familie darauf bedacht war, daß keine unliebsamen Details das Bild der beiden Gelehrten trüben konnten. Wohl nicht zuletzt dieser Rücksicht war das Insistieren Herman Grimms auf alleinige Verfügungsgewalt über den Grimm-Schrank und der 1899 erfolgte Widerruf der Schenkung, die mit einer bis dreißig Jahre nach dem Tod des letzten Erben währenden Verfügungsgewalt des Rechtsnachfolgers verbunden wurde, geschuldet. Mehrere Briefe, die in die Grimm-Schränke (1901 kam ein zweiter Schrank hinzu) bereits eingeordnet waren, wurden wieder entnommen und verblieben bis zur Übergabe an das Hessische Staatsarchiv in Familienbesitz.[48] Aber es wurden auch Teile von Briefen abgeschnitten oder abgerissen. Soweit auf den fehlenden Inhalt geschlossen werden kann[49], wird bestätigt, daß es meist um

[47] Daß gerade diesen Briefen zu Lebzeiten Jacob und Wilhelm Grimms hohe Aufmerksamkeit zuteil wurde, beweist eine Passage in H. Ehrhardt (wie Anm. 3), S. 381: „Rudolf schreibt selten, er schreibt aber dem Gustchen ich schicke deine Briefe immer dem Gustchen und das schickt sie dem Rudolf und der schickt sie uns dann wieder denn sie werden sehr sorgfältig aufgehoben." Auch Jacob Grimms entsprechende Äußerungen zeigen, daß man bis zum Jahre 1863 noch dem Gedanken eines „Familienarchivs" verpflichtet war.

[48] Nur so lassen sich die Stempelungen „Grimm-Schrank" auf einigen Briefen des Marburger Bestandes erklären; vgl. H. Ehrhardt (wie Anm. 3), Nr. 1, 27, 40, 56, 168, 178, 227, 380, 387, 390 und 391.

[49] Vgl. ebenda, Nr. 40 und 221. Besonders zu beachten ist Brief Nr. 40, der zunächst aus dem Berliner Bestand aussortiert wurde, weil Dorothea Grimm offensichtlich etwas Nachteiliges über Wilhelm geschrieben hatte. Diese Passage wurde dann ausgeschnitten.

unangenehme familiäre Begebenheiten ging. Auch ein Blick auf den Umfang der Briefe einzelner Familienmitglieder offenbart, daß vor allem die rein auf private Dinge bezüglichen Korrespondenzen vernichtet wurden. Aus den Familienbriefen haben sich lediglich dann größere Teile erhalten, wenn sie entweder mit Jacob und Wilhelm Grimm oder bedingt auch mit Herman Grimm verbunden waren. Solche Beobachtungen bekräftigen die mündlichen Berichte, nach denen Auguste Grimm große Teile des Nachlasses vernichtet habe. Doch ist auch davon auszugehen, daß Herman Grimm selbst an einer „bereinigten" Hinterlassenschaft nach seinem und Auguste Grimms Tod gelegen war.

Herman Grimm kannte die Bedeutung von Briefen für die Literaturwissenschaft sehr gut aus seiner eigenen Tätigkeit. Schon lange bevor die Frage für ihn relevant wurde, stellte er bei der Beurteilung der Briefe Byrons allgemeine Betrachtungen zu Briefnachlässen an: „Es ist soweit gekommen, daß der Einzelne, welcher wichtige Denkmale dieser Art besitzt, kaum mehr das Recht zu haben scheint, sie zurückzuhalten. Ich würde mir dieses Recht trotzdem vindiciren. [...] Nichts ist momentaner als ihr Werth und Inhalt, nichts größerem Mißbrauche ausgesetzt in den Händen dessen, für den der Brief nicht bestimmt war. [...] Ich glaube, daß das deutsche Volk durchaus keinen Anspruch auf die Enthüllung solcher Dinge hat, und daß ihm jeder einen Dienst erweist, der sie zurückhält."[50]

Kein Wort davon in seinem zwei Jahre später erschienenen Versuch einer Vorrede zum Briefwechsel zwischen Schiller und Goethe.[51] Dafür um so lauter, als er bei der Veröffentlichung

[50] Herman Grimm: Lord Byron. In: Morgenblatt für gebildete Leser, Nr. 19, 11. 5.1856, S. 434 f.

[51] Ders.: Versuch einer Vorrede zum Briefwechsel zwischen Schiller und Goethe. In: Morgenblatt für gebildete Leser, Nr. 17–19, 25. 4., 2. 5. und 9. 5.1856, S. 385 – 393, 415 – 423, 433 – 442.

seiner Michelangelo-Monographie im Jahre 1860 durch die Weigerung florentinischer Archive, ihm Originalbriefe Michelangelos zur Einsicht vorzulegen, Lücken in Kauf nehmen mußte.[52] 1875 wies er in seinen Goethe-Vorlesungen auf dessen Briefe „als unverfänglichste Dokumente für die einzelnen Tage und Stunden hin“[53] und bedauerte Goethes Briefverbrennung im Jahr 1797. Ebenso beklagte er das Gebaren der Goethe-Enkel: „Die Goetheschen Erben halten den Nachlaß ihres großen Vorfahren unter Verschluß und erschweren dadurch die auf eine genügende Ausgabe der Werke gerichtete Arbeit.“[54] Auf eine Anfrage von Bettina Ringseis „bezüglich der Verwendung [ihrer] Briefschaften und anderer Papiere und Schriften“ konnte er mit konservatorischen Hinweisen aufwarten: „Er gab […] den Rat, es zu machen, wie er es im Sinne habe: nämlich die Besitztümer dieser Art nach verschiedenen Seiten zu geben, damit, wenn allenfalls das eine verloren ginge, das andere erhalten bleibe.“[55]

Herman, Auguste und Rudolf Grimm, Daguerreotypie von Carl Gustav Oehme (?), 1850

[52] Ders.: Nachträge zum Leben Michelangelo's. In: Über Künstler und Kunstwerke 2 (1867), H. 3, S. 1.
[53] Ders.: Goethe. Vorlesungen gehalten an der Kgl. Universität zu Berlin. 2 Bde. 11. Aufl. Stuttgart / Berlin 1923, hier Bd. 1, S. 23.
[54] Ebenda, Bd. 1, S. 26. Ferner dazu ebenda, Bd. 2, S. 275.
[55] Bettina Ringseis (Hrsg.): Briefe von Herman und Gisela Grimm an die Schwestern Ringseis. Berlin 1905, S. 64 f.

1892 fand sich eine ganz andere Tonart, als Herman Grimm dem Verwalter des Arnimschen Gutes Wiepersdorf über die zufällige Entdeckung von Papieren Arnims und Brentanos berichtete: „Denken Sie sich, es hat sich herausgestellt, daß auf der hiesigen Bibliothek aus einem Vermächtnis des Herrn von Varnhagen ganze Stöße Arnim'scher und Brentano'ischer Papiere sich befinden, die Varnhagen wahrscheinlich eigenmächtig sich vor vielen Jahren angeeignet hat, und die wieder in den Besitz der Familie zu bringen, oder zu vernichten, von höchster Wichtigkeit ist. Ich bin mit dem Ministerium darüber schon in Verhandlungen und hoffe, daß mir diese Briefe und Actenstücke ausgehändigt werden.“[56]

Der Reizname „Varnhagen“ war gefallen, welcher die durch eigenes Forschungsinteresse gewachsenen, liberaleren Auffassungen Herman Grimms wieder zunichte gemacht und eine Rückkehr zu den frühen Positionen von 1856 verursacht hatte. Mit der „Erfahrung Varnhagen“ verwischte sich auch der Unterschied zwischen wissenschaftlich bzw. wissenschaftsgeschichtlich relevantem und privatem, d. h. biographisch relevantem Briefnachlaß. Herman Grimm war zum argwöhnischen Wächter über den ihm zugefallenen Nachlaß geworden und begriff Briefvernichtung als Teil seiner Aufgabe.[57]

Berthold Friemel wies zu Recht darauf hin, daß die 1866 in der „Germania“ vorgenommene Veröffentlichung einiger Briefe Jacob Grimms, mit denen der österreichische Germanist Franz Pfeiffer seine Position in einem Streit mit Julius

---

[56] Gertrud Meyer-Hepner: Das Bettina von Arnim-Archiv. In: Sinn und Form 6 (1954), S. 603 f.

[57] Das galt in besonderem Maße für den ihn persönlich betreffenden Briefnachlaß. Johannes Joachim berichtete, daß Herman Grimm nach dem Tod Gisela v. Arnims (1889) ihre Briefe an Joseph Joachim vermutlich vernichtet habe. Vgl. Johannes Joachim (Hrsg.): Joseph Joachims Briefe an Gisela von Arnim. 1852 –1859. Göttingen 1911 [Privatdruck], S. 177.

Zacher stärken wollte, für die weitere Editionsgeschichte der Grimm-Briefe nicht ohne Folgen blieb.[58] Eine gegen Zacher gerichtete briefliche Äußerung Jacob Grimms[59] führte noch vor ihrer Publikation zu einer öffentlichen Auseinandersetzung, in der Herman Grimm ankündigte, er werde „verhindern, daß Jacob und Wilhelm Grimm's Briefe nicht in so unwürdiger Weise ans Licht treten."[60] Selbstredend hatte diese Affäre nicht nur Konsequenzen für die Editionsgeschichte der Grimm-Briefe, sondern, da sie genau zu dem Zeitpunkt einsetzte, als die Grimm-Erben die Briefe ihres Vaters und Onkels an die Königliche Bibliothek übergeben wollten, in hohem Maße für die Nachlaßgeschichte. Doch war diese Auseinandersetzung nur ein Nebenschauplatz, der die einsetzenden Restriktionen auf unverdächtigem Gebiet legitimieren sollte. Pfeiffers Eröffnungen beschädigten den Ruf der Brüder Grimm lediglich in einem bescheidenen Maße, er mißbrauchte ihre Autorität nur, um seine wissenschaftlichen Gegner bloßzustellen.

Der wahre Grund lag woanders: in Ludmilla Assings Veröffentlichung der Tagebücher ihres Onkels Karl August Varnhagen von Ense. Schon bald nach dessen Tod (1858) zeigte die Nichte, daß sie sich um Rücksichten auf noch lebende Zeitgenossen wenig kümmerte: 1860 gab sie die Briefe von Alexander von Humboldt an Varnhagen von Ense aus den Jahren 1827 bis 1858 heraus und löste damit einen handfesten literarischen Skandal in Preußen aus. Der weltberühmte Naturforscher und Kammerherr des preußischen Königs sprach sich darin ungeschminkt über seinen (wenn auch geistig verwirr-

---

[58] B. Friemel (wie Anm. 46), S. 57–67.

[59] Germania 11 (1866), H. 2, S. 260: „Zacher ist mir von jeher unbedeutend vorgekommen, doch so einen elenden und dabei sich übernehmenden aufsatz hätte ich ihm nicht zugetraut."

[60] Literarisches Centralblatt 16, 14. 4.1866, Sp. 438.

ten, aber immerhin noch lebenden) Monarchen aus – ein für das nachmärzliche Preußen von 1860 beispielloser Vorgang. Dieser Tabubruch ebnete aber nur den Weg für eine weitere unerhörte Publikation Ludmilla Assings, den 1861 erschienenen ersten Band der Tagebücher von Karl August Varnhagen von Ense, in denen der seit 1825 pensionierte preußische Diplomat seinen Tagesablauf minutiös festgehalten hatte. Durch seine umfangreichen Kontakte zum preußischen Hof und zur Gelehrten- und Literatenwelt war die Betroffenheit eines breiten Spektrums Berliner Persönlichkeiten zu erwarten. Ludmilla Assing verhinderte zwar die öffentliche Bloßstellung bestimmter Personen durch Auslassungen, doch wurden diese bestimmt von ihrem persönlichen Verhältnis zu Varnhagen bzw. zu ihr.[61] Daß die Familie Grimm nicht in diesen erlauchten Kreis aufgenommen worden war, mußte selbst noch Jacob Grimm erfahren, als er sich durch die Eröffnungen des ersten Bandes um zwei Lebensfreundschaften betrogen sah. 1861 las er dort über Intrigen gegen seine und seines Bruders Berufung nach Berlin. Varnhagen schrieb über Bettine von Arnim: „die Brüder Grimm sind ihre Leidenschaft, das Hieherkommen derselben ist ihr um der Sache willen wichtig, um Grimm's willen, aber auch eine Ehrensache der eignen Persönlichkeit, eine gewonnene Schlacht gegen den Schwager Savigny, ein Sieg über Lachmann und Ranke."[62] Ein Brief Jacob Grimms an Carl Gustav Homeyer zeigt dessen herbe Enttäuschung: „Varnhagens tagebuch hat mich hart betroffen. ich ersehe daraus die gewiszheit, dasz Savigny und Lachmann,

[61] Vgl. dazu Nikolaus Gatter: „Gift, geradezu Gift für das unwissende Publicum". Der diaristische Nachlaß von Karl August Varnhagen von Ense. Bielefeld 1996, S. 147–170, 176 –189.

[62] Ludmilla Assing (Hrsg.): Tagebücher von K. A.Varnhagen von Ense. 15 Bde. Leipzig 1861, hier Bd. 1, S. 233 (Eintrag vom 28.10.1840).

die ich für meine treuen freunde gehalten habe, im j. 1838. 1839 hier gegen mich operiert haben. ich ahnte höchstens, blieb aber immer geteuscht. 1850 liesz ich drucken (s. 5 wort des besitzes) ‚ich glaube nicht ohne Ihr mitwirken', wozu ich nun füge ein ‚ach nein'. 1851 über Lachmann s. 15 ‚allen seinen freunden getreu', das könnte nicht mehr aus meiner feder flieszen."[63]

Die Befürchtungen Herman Grimms, selbst von diesen pikanten Eröffnungen getroffen zu werden, steigerten sich in dem Maße, in dem sich Publikationen dem Zeitpunkt seiner Bekanntschaft mit Varnhagen näherten.[64] Präventiv ging Herman Grimm in der „Vossischen Zeitung" vom 4. Januar 1862 ungewöhnlich scharf mit Varnhagen ins Gericht.[65] Sein scheinbares Hauptaugenmerk, die Frage, „ob was geschehen ist Varnhagen's Wille war"[66], wich sehr schnell einer Betrachtung von dessen Charakter, die im Vergleich zu Alexander von Humboldt vernichtend ausfiel. Er sah das Verletzende weniger darin, daß die Tagebücher „über viele Personen böse Dinge enthalten", sondern darin, daß der Hauptinhalt von Varnhagens Aufzeichnungen „aus dem was Andere ihm gesagt haben"[67] bestand. Zielgerichtet relativierte Herman Grimm Bettines Aussagen, wohl ahnend, daß sie in späteren Publika-

[63] Jacob Grimm an Carl Gustav Homeyer, 8.11.1861. Staatsbibliothek zu Berlin – Preußischer Kulturbesitz, Nachlaß Homeyer, K. 11, J. Grimm, fol. 19. Zit. nach Ludwig Denecke u. a.: Die Bibliothek der Brüder Grimm. Nachträge und Berichtigungen zum annotierten Verzeichnis. In: Brüder Grimm Gedenken 12 (1997), S. 17 f.

[64] Briefliche Zeugnisse dieses Kontaktes finden sich in der Jagiellonischen Bibliothek Krakau, Slg. Varnhagen: Herman Grimm an Ludmilla Assing, 24. 5.1855 und 1. 6.1855; vgl. auch Tagebucheinträge Herman Grimms am 3. 8.1854, 29. 3.1855, 28. 5.1855, 2. 6.1855 und 30. 6.1855. Hessisches Staatsarchiv Marburg, Best. 340 Grimm, Ms 64.

[65] Herman Grimm: Einige Gedanken über Herr von Varnhagen's Tagebücher. In: Vossische Zeitung, Nr. 4, 5.1.1862, S. 1 ff., ebenfalls in ders.: Neue Essays über Kunst und Literatur. Berlin 1865, S. 164 –176 und ders.: Fünfzehn Essays. Berlin 1874, S. 362 – 374.

[66] H. Grimm: Neue Essays (wie Anm. 65), S. 175.

[67] Ebenda, S. 172.

tionen auch ihn treffen würden. Er mußte indes noch bis 1868 warten, bis der zehnte Band mit einer langen Reihe von ungünstigen Darstellungen über ihn veröffentlicht wurde.[68]

Die Bemerkungen Varnhagens bzw. in der Mehrzahl Bettines über Herman Grimm, die auf dessen charakterliche Defizite, besonders seine Eitelkeit, abzielten, mußten ihn trotz aller äußeren Gefaßtheit und anscheinender Objektivität vernichtend getroffen haben. Vielleicht mochte es noch angehen, daß seine dramatischen Versuche durchweg ungünstig beurteilt wurden, die zynischen Urteile Bettines jedoch, mit deren Tochter er seit 1859 verheiratet war, waren eine Exekution vor der literarischen Öffentlichkeit Berlins. Der Mythos, an dem er zu weben begonnen hatte, nämlich daß er als nächster Verwandter von Sophie und Maximiliane Laroche, Clemens Brentano, Achim und Bettine von Arnim und der Brüder Grimm zum Mittler zwischen seiner Zeit und der Goethezeit berufen sei, schien gefährdet. Herman Grimms repetitive Publikationsstrategie, die er mit seinem Varnhagen-Essay verfolgte[69], zeigte gerade durch ihr gebetsmühlenartiges Dementi der veröffentlichten Charakterisierungen, wie stark er getroffen war.

Wenngleich festgestellt werden muß, daß die Varnhagen-Affäre keinen – oder doch nur einen geringen – Vernichtungseffekt auf den wissenschaftlichen Briefnachlaß der Brüder Grimm hatte, so trugen die damit verbundenen Erfahrungen des maßgeblichen Nachlaßverwalters Herman Grimm wesentlich dazu bei, daß die Benutzung des Grimm-Nachlasses bis 1949 sehr restriktiv gehandhabt wurde. Der unglückliche

---

[68] L. Assing (wie Anm. 62), Bd. 8 (1865), S. 245; Bd. 10 (1868), S. 359 f., 364, 382, 437, 461; Bd. 11 (1869), S. 128, 454; Bd. 12 (1870), S. 21, 34, 342 f.; Bd. 13 (1870), S. 28 f., 95 f., 153, 194, 197, 218, 231, 233, 364; Bd. 14 (1870), S. 283 f., 370 f.

[69] Allerdings müßte noch verglichen werden, inwieweit der Essay in den jeweiligen Abdrucken von Herman Grimm modifiziert wurde.

Zufall, daß die Veröffentlichung der Tagebücher in eine entscheidende Phase der Überlieferungsgeschichte fiel, bewirkte, daß sich die Grimm-Forschung im letzten Drittel des 19. Jahrhunderts nicht frei entfalten, sondern nur solche Wege einschlagen konnte, die die Aufsicht Herman Grimms (später Auguste Grimms bzw. Reinhold Steigs) erlaubte. Für den Familienbriefnachlaß wirkte sich diese Affäre verhängnisvoll aus, denn die Aussortierungen und Vernichtungen hätten nicht diese Ausmaße angenommen.

So ist das von der Kindergeneration gezeichnete und beeinflußte Bild der Grimms alles andere als ausgewogen. Zum einen wurden aus nachvollziehbaren Rücksichten gegenüber Zeitgenossen Aussortierungen vorgenommen und der Öffentlichkeit nur Teilwahrheiten präsentiert, zum anderen fanden im Hause Grimm Vernichtungen statt, die kleinlichen Eitelkeiten geschuldet waren, weil man nicht über den Tellerrand der Selbstbezogenheit hinauszublicken vermochte. Lange wurden solche Verzeichnungen unkritisch fortgeschrieben, und vermutlich sind sie nicht immer zu korrigieren gewesen. Herman Grimm ist also nicht nur – wie eingangs erwähnt – eine tragische Figur, die von den Zeitgenossen überschätzt und von der Nachwelt unterschätzt wurde, er ist auch insofern eine tragische Figur, da er in dem Konflikt, als Zeitzeuge konservierend und gleichzeitig als Betroffener vernichtend vorgehen zu müssen, sich für die schlechtere Variante entschied.

Herman Grimm und die deutsche Literatur

Von Peter Staengle

I. Familie(n)

Selbst unter gebildeten Zeitgenossen ist Herman Grimm (1828 –1901) heute weitgehend vergessen. Erwähnt man seinen Namen, so ist es inzwischen fast unerläßlich, zunächst und vor allem die berühmtesten Mitglieder der Familie zu erwähnen, der Grimm entstammt, und sodann zu konstatieren, daß Herman Grimm die Rolle des Sohnes, die ihm genetisch zugefallen ist, in seinem intellektuellen Habitus durchaus selbstbewußt ausgebildet hat.

Um die biographischen Ursprünge dieser Rolle besser zu sehen, sollte das Verständnis von Familie freilich nicht zu eng gefaßt werden. Hinzu gehören die engen Freunde von Vater und Onkel. In diesem Sinn hat Grimm etwa in sein Porträt Bettine von Arnims, seiner späteren Schwiegermutter[1], das Geständnis eingeflochten, er habe sie „von Kind auf als eine ganz nahe Verwandte höherer Ordnung angesehen,

Rudolf, Herman und Auguste Grimm, Daguerreotypie, 1856

[1] Grimm war seit 1859 mit Bettine von Arnims jüngster (und Lieblings-)Tochter Gisela (1827–1889) verheiratet, die, während einer gemeinsamen Italienreise schwer erkrankt, in Florenz starb; die Ehe blieb kinderlos.

eine Art Doppelgängerin meiner Mutter, wie ich meinen Onkel Jakob, der stets bei uns gelebt hatte, als den Doppelgänger meines Vaters ansah."[2] Und noch weiter reichte der Kreis. In dem sozialen Milieu, dem Herman Grimm angehörte, wurden zu seiner Zeit Formen der Geselligkeit und der Freundschaft gepflegt, die weit über das bloß Zeremonielle hinausgingen und alle Beteiligten in einer Weise involvierten, die im wesentlichen familiale Züge getragen hat.

Die Reihe der aufzuzählenden Namen wäre lang – eine Auswahl mag genügen. Sie beschränkt sich auf solche Personen, deren Lebensumstände und geistige Physiognomie Herman Grimm in eindrucks- und nicht selten auch gefühlvollen Aufsätzen gezeichnet und gewürdigt hat. Zum einen sind dies die Freunde: der nationalliberale Literaturkritiker Julian Schmidt, der Archäologe und Leiter der Ausgrabungen von Olympia Ernst Curtius, der Historiker Heinrich von Treitschke und der Geigenvirtuose und Komponist Joseph Joachim, durch den Grimm auch nahe Bekanntschaft mit Clara Schumann und Johannes Brahms gemacht hat, außerdem der Schriftsteller Ernst von Wildenbruch, Enkel des Prinzen Louis Ferdinand, der Maler Arnold Böcklin und der Germanist Wilhelm Scherer.

Weitere Farbe und Kontur gewinnt das Familiengemälde, nimmt man die gesellschaftlichen Zirkel Berlins hinzu, deren regelmäßiger Gast Grimm gewesen ist. Auf Außenstehende mochte Grimm wie eine in nobler Zurückgezogenheit lebende Gelehrtenexistenz gewirkt haben; auch hat er in vielen seiner Arbeiten über Goethe nachdrücklich dessen eigentliche Einsamkeit behauptet. Man wird indes annehmen dürfen, daß hierbei Selbststilisierung im Spiel war, denn in Wirklichkeit

[2] Herman Grimm: Das Jahrhundert Goethes. Erinnerungen und Betrachtungen zur deutschen Geistesgeschichte des neunzehnten Jahrhunderts. Hrsg. von Reinhard Buchwald. Stuttgart 1948, S. 25.

bildete Herman Grimm über Jahrzehnte hinweg eine feste Größe in der Berliner Salongesellschaft.[3] In den vierziger und frühen fünfziger Jahren zählte Grimm zum Salon Bettine von Arnims und zum heiteren literarisch-musischen Kreis, den die Malerin Caroline Bardua, die einst Goethe porträtiert hatte, und deren Schwester Wilhelmine unterhielten und dem u.a. die Arnim-Töchter angehörten sowie zum Zirkel um Varnhagens Nichte und Mitarbeiterin Ludmilla Assing. Ebenso war er Mitglied des berühmten Salons der Hedwig von Olfers, deren Mann seit Ende der dreißiger Jahre als Generaldirektor den Königlichen Museen vorstand; hier fanden sich Berlins maßgebende Maler, Bildhauer und Dichter regelmäßig ein. Ab den siebziger Jahren nahm er an der Gelehrtengeselligkeit teil, zu der Clara Curtius, die Frau des bereits erwähnten Gräzisten, im Nachbarhaus von Herman Grimms Wohnung, Matthäikirchplatz 4, einlud und war Gast der Dienstagsgesellschaften bei Anna von Helmholtz, einem der wichtigsten Berliner Salons und gesellschaftlicher Mittelpunkt für Gelehrte, Politiker, Künstler, Musiker und Angehörige des Hofes.

Herman Grimm hatte also in der Tat eine sehr weitreichende Verwandtschaft. Seine eigentliche Vorliebe aber galt der älteren Generation. Kaum strittig dürfte sein, daß er die folgende Äußerung über Georg Gottfried Gervinus, mit dem er eine Korrespondenz über Shakespeare geführt hat, auch als ein ad se ipsum hätte gelten lassen: „Gervinus nahm von Anfang an eine besondere Stellung dadurch ein, daß der Kreis, in dem er, als junger Mann […] seine Freunde fand, aus Männern zusammengesetzt war, welche bei weitem älter waren als er. […] nachdem sie gegangen waren, ließen sie ihn einsam zurück. Die jüngeren erschienen nun viel zu jung für ihn.“[4]

[3] Zum Folgenden vgl. Petra Wilhelmy: Der Berliner Salon im 19. Jahrhundert (1780 – 1914). Berlin / New York 1989.

[4] H. Grimm: Das Jahrhundert Goethes (wie Anm. 2), S. 195.

Unter diesen Männern, „welche bei weitem älter waren als er“, finden wir insbesondere Franz Liszt, Ludwig Uhland, den Maler Peter Cornelius, bei dem Grimm in Italien und in Berlin aus und ein ging, und die Kunstsammler Boisserée, die er 1848 als Student in Bonn kennenlernte; allen voran aber Alexander von Humboldt. In einer Reminiszenz an den ersten Besuch, den er als Student bei dem Gelehrten machen durfte, schrieb er später: „ich war von dem erhebenden Gefühle erfüllt, daß unter allen Formen des Daseins nur einzig diejenige die reale sei: an der großen gelehrten Forschung sich zu betheiligen, die, als Aufgabe der Menschheit von Anfang an, ewig fortbestehen werde [...]. Die großartige Gesinnung war es, die in mich einfloß, die jenes Jahrzehnt vor der französischen Revolution belebt hatte. Das letzte Aufblühen der großen humanistischen Gedanken, die ohne Rücksicht auf Alter und Reichtum und Adel und bürgerliches Amt nur den Menschen forderten. [...] Man glaubte in eine unsichtbare Verbindung einzutreten.“[5] Und zwar in eine Verbindung mit jemandem, der für den Nachgeborenen wie kein anderer die vorangegangene Epoche verkörpert hat: in eine Verbindung mit Goethe.

II. Umwege zum Lehrstuhl

Dank Holger Ehrhardts Edition des Briefwechsels von Herman Grimm mit Vater, Mutter und Onkel, die 1998 erschienen ist, sind wir über die ersten 35 Lebensjahre nahezu lückenlos informiert.[6] Wenn wir Grimm glauben dürfen – und es gibt wohl keinen Grund, dies nicht zu tun – , so hat er seine ent-

[5] Zit. nach René Strasser: Herman Grimm. Zum Problem des Klassizismus. Zürich / Freiburg i. Br. 1972, S. 21. Dieser grundlegenden Monographie, die auch Grimms weitverzweigtes Werk bibliographisch erfaßt, verdanke ich wertvolle Hinweise und Anregungen.

[6] Holger Ehrhardt (Hrsg.): Brüder Grimm. Briefwechsel mit Herman Grimm (einschließlich des Briefwechsels zwischen Herman Grimm und Dorothea Grimm, geb. Wild). Kassel / Berlin 1998 (Brüder Grimm. Werke und Briefwechsel. Kasseler Ausgabe. Briefe, 1).

scheidende Prägung durch ein Kindheitserlebnis erfahren. In dem biographisch wie auch werkgeschichtlich aufschlußreichen Vorwort zu dem 1900 erschienenen Band „Fragmente" lesen wir: „Es hat Nachtheile und Vortheile für mich gehabt, daß man mich in dem was mein Lernen und Studiren anging von Jugend auf durchaus gewähren ließ, und sodann, daß ich meist mit Leuten in geistigem Verkehre stand, welche viel älter waren als ich. 1837 erfolgte die Entsetzung der sieben Göttinger Professoren, ich war damals noch nicht zehn Jahre alt. Dieses Ereigniß hatte seiner Zeit eine Bedeutung, für die heute das Verständniß schwer ist. Organisirte politische Parteien im heutigen Sinne existirten damals nicht, sondern die Eidesverweigerung der Sieben dem neuen Könige von Hannover gegenüber war eine rein menschliche Handlung, zu der Jedermann aus seinem innersten nationalen Gefühle heraus Stellung nahm. Unser Haus wurde seitdem von Vielen besucht, die das Wohl des in unbestimmter Zukunft eintretenden Einigen Deutschlands im Herzen trugen. Ich hörte immer wieder darüber sprechen und wurde, da auch einem Kinde fühlbare wirthschaftliche Folgen eingreifender Art mit der Dienstentlassung meines Vaters und Onkels verbunden waren, in eine selbstständige Betrachtung des Geschehenden hineingenöthigt: ich gewann historische Überzeugungen ohne von Geschichte zu wissen, hatte das Gefühl, für mein Theil politische Schicksale des Vaterlands mitzuerleben". Und Grimm fährt fort: „Ich spreche von diesen weitzurückliegenden Jugendzeiten, weil mir öfter der Unterschied zwischen der historischen Anschauung derer aufgefallen ist, welche als Kinder schon aus persönlichen Erlebnissen heraus in eine gewisse nothwendige Position geschichtlichen Überblicks gebracht wurden, und denen, die, auf Gymnasium und Universität erst mit der Historie schulmäßig bekannt geworden, sich in freier

Neigung das wissenschaftlich begrenzte Gebiet wählten, dem sie ihre jugendliche Arbeitskraft widmen wollen. Einflüsse dieser Art habe ich niemals erfahren, in diesem Sinne niemals Lehrer gehabt".[7]

Im Sommersemester 1847 nahm Grimm in Berlin ein Jurastudium auf, das er – das dritte Semester absolvierte er in Bonn – 1850 aus gesundheitlichen Gründen jedoch abbrechen mußte, u. a. wegen eines Augenleidens, das auch dem späteren Professor für Kunstgeschichte wiederholt zu schaffen machte. Nach dem Studienabbruch blieb Grimm überwiegend in Berlin, wo er in den fünfziger Jahren sich hauptsächlich seinen Dichtungen widmete und Aufsätze für diverse Blätter schrieb und wohl seit Ende des Jahrzehnts, nach seiner ersten Italienreise, zielstrebig auf eine Professur als Kunsthistoriker hinarbeitete. 1868 wurde Grimm in absentia als Kunsthistoriker an der Universität Leipzig promoviert, zwei Jahre später folgte die Habilitation an der Berliner Universität, an der er 1873 den für ihn neu eingerichteten Lehrstuhl für Neuere Kunstgeschichte erhielt.

Daß Kunstgeschichte als akademische Disziplin sich noch nicht fest etabliert hatte und verschiedentlich noch als unwissenschaftlich abgelehnt wurde, dürfte Herman Grimm kaum irritiert haben. Eher im Gegenteil. Der etwas fragwürdige Ruf des Faches hatte ihn wohl besonders gereizt, zumal er anfangs nicht vorgehabt zu haben schien, auf Dauer eine Position innerhalb der Universität zu bekleiden. An den mit ihm freundschaftlich verbundenen Wilhelm Scherer, der die Germanistik nach dem Leitbild der modernen Naturwissenschaft etablierte, schrieb er schon 1870 in einem Brief: „Meine Absicht ist, das Studium der neueren Kunstgeschichte hier als

[7] Herman Grimm: Fragmente. Berlin / Stuttgart 1900, S. VII f.

legitim einzunisten und dann wieder ruhig meiner Wege zu gehn. Daß ich einmal nicht die Louisd'or für Facultätsabende als Greis verdienen werde, scheint mir ziemlich sicher."[8] – Herman Grimm sollte sich irren.

III. Elend der Nachgeborenen

Um Herman Grimms Leistungen als Dichter, als wissenschaftlicher Schriftsteller und als Literaturhistoriker angemessen zu würdigen, tut man gut daran, kurz an den literarischen Kontext oder, um den seinerzeitigen Terminus zu bemühen, an die geistige Situation der Zeit zu erinnern, welche der Generation Grimms ihr Profil verlieh. Karl Immermann hat diesem im Titel seines 1836 erschienenen Romans „Die Epigonen" – übrigens mit einem Helden namens Hermann – das Stichwort geliefert.

Die deutschsprachige Literatur zu Lebzeiten Herman Grimms, also ungefähr in der Spanne zwischen 1840 und der Jahrhundertwende, hat keinen sonderlich guten Ruf, und das sehr zu Recht, wenn man die kleine Zahl kanonisch gewordener Texte außer acht läßt. Mit Blick auf Frankreich, England und Rußland ist der deutsche Beitrag zur Weltliteratur in diesen Jahrzehnten denkbar mager – um das mindeste zu sagen. Und so verwundert auch kaum, daß der erste Deutsche, der mit dem Nobelpreis für Literatur ausgezeichnet wurde – der Althistoriker Theodor Mommsen war.

Die deutsche Literatur stagnierte, der Anschluß an die europäische Literatur war verlorengegangen. Ihre Themen fand sie jenseits der Aktualität, in historischen Stoffen oder, wie die Dorfgeschichte, in vormodernen Lebensformen. Wo sie sich der Gegenwart stellte, tat sie dies unter strikter Vermeidung

[8] Zit. nach R. Strasser (wie Anm. 5), S. 15.

alles Extremen, blendete das Politische aus, stellte sich blind gegenüber Technik oder Sexualität, ganz zu schweigen von der Modernität der Großstadt. Harmonie, Vermittlung dominierten, das bürgerliche Leben erschien nicht in realistischen Farben, sondern stilisiert. Sprache, Stil und Motive der deutschen Literatur dieser Epoche entstammten im wesentlichen der Literatur der ersten Hälfte des 19. Jahrhunderts. Die Literatur der deutschen Epigonen hatte einen klar erkennbaren, mal mehr, mal weniger prononciert konservativen Grundzug: Es ging in ihr um die Bewahrung eines idealen Bildes der alten Zeit, und zwar in dem sicheren Bewußtsein, daß diese für immer verschwinden werde. Dieser Zug grundiert Grimms dichterisches, sein schriftstellerisches und auch sein literaturhistorisches Werk.

IV. „Dichtern nachahmen“

Herman Grimm ist, ehe er sich ausschließlich auf die gelehrte Publizistik verlegt hat, in allen drei poetischen Gattungen mit Büchern hervorgetreten – mit sehr geringem Erfolg und ohne nennenswerte Wirkung. Als Dichter ist er zu Recht vergessen. Grimms erstes veröffentlichtes Theaterstück, „Armin“[9], das von den Machtkämpfen zwischen Arminius und Germanicus nach der Schlacht im Teutoburger Wald handelt, blieb ebenso bloßes Papier wie das dreiaktige Lustspiel „Schnacke und Schnibberndorf“[10]. Hingegen aufgeführt wurden Grimms einziger Achtungserfolg, „Demetrius“[11] – nach vorheriger Ablehnung des Münchner Hoftheaters auf der Bühne des Königlichen Schauspielhauses zu Berlin an drei Abenden im Frühjahr

---

[9] Herman Grimm: Armin. Ein Drama in fünf Aufzügen. Leipzig 1851.

[10] Ders.: Schnacke und Schnibberndorf. In: Hessisches Jahrbuch für 1854. Hrsg. von Julius Rodenberg. Kassel 1854, S. 254 –301.

[11] Ders.: Demetrius. Drama in fünf Aufzügen. Leipzig 1854.

1854, übrigens nach einer Intervention des Königs – , sodann die dramatische Novelle „Ein ewiges Geheimnis“[12], die, in Celle gespielt, sogleich wieder abgesetzt wurde, sowie das in Berlin 1857 ohne Resonanz gegebene Drama „Verlorenes Spiel“. Für das Drama „Rotrudis“[13] nützte selbst Alexander von Humboldts Fürsprache beim König nicht – das Stück wurde als unaufführbar abgelehnt, und erfolglos blieb auch das zwei Jahre lang betriebene Vorhaben, das Wiener Burgtheater und seinen Direktor Heinrich Laube für eine Aufführung zu gewinnen. Karl August Varnhagen hat über Grimms „Rotrudis“ geurteilt – und dieses Urteil mag für Grimms Dramenproduktion wie für sein dichterisches Œuvre insgesamt zutreffend sein – : „Ohne Knochen, ohne Wahrheit. Er dichtet nicht aus erster Hand, er hat nicht die Natur vor Augen, sondern das von Andern vor ihm Gedichtete; Dichtern nachahmen ist aber nicht dichten“[14].

Kaum besser fiel das Urteil über den Lyriker aus. Die nachmalige Schwiegermutter, Bettine von Arnim, der man als Schwester eines der virtuosesten deutschen Poeten ganz gewiß ein lyrisches Gehör nachrühmen darf, hat sich beispielsweise über Grimms Kleinepos „Traum und Erwachen“[15] nachgerade enragiert ausgelassen. Varnhagen notiert: „Grimm, sagte sie, sei die Hoffahrt selbst, glaube in ‚Traum und Erwachen‘ das Höchste der Poesie erreicht zu haben, halte sich für den größten Dichter und benehme sich als solcher; da doch ihres Erachtens jenes Gedicht überaus gebildet und fein, aber auch ganz leer und wirkungslos sei, man brauche nur anzufangen es

[12] Ders.: Ein ewiges Geheimnis. Dramatische Novelle. Berlin 1855.
[13] Ders.: Rotrudis. Schauspiel in fünf Aufzügen. Berlin 1854.
[14] Aus dem Nachlaß Varnhagen's von Ense. Tagebücher von K. A. Varnhagen von Ense. Bd. 11. Hamburg 1869, S. 454.
[15] Herman Grimm: Traum und Erwachen. Ein Gedicht. Berlin 1854.

zu lesen, so höre man gleich daß es die Langeweile anrufe, die denn auch sofort komme und zuhöre!"[16]

Die noch bedeutendste dichterische Leistung Herman Grimms – darin ist sich die literarische Kritik einig – sind seine Novellen. Die in Zeitschriften, meistenteils in Cottas „Morgenblatt für gebildete Leser" vorabgedruckten Novellen erschienen 1856 als Buch im renommierten Berliner Verlag Wilhelm Hertz und erlebten 1862 eine zweite, 1897 eine dritte Auflage[17]. Keine geringeren als Julian Schmidt und Heinrich von Treitschke haben die Novellen ihres Freundes gerühmt. Blind für die Schwächen der Texte waren sie freilich nicht. So heißt es in einem Brief Treitschkes, der Grimms Novellen sogar über die des späteren Nobelpreisträgers Paul Heyse stellte: „Es sind kleine anspruchslose Erzählungen, durchaus keine Werke großer Erfindungsgabe, aber voll feiner Bemerkungen und treffender, dem innersten Seelenleben abgelauschter, Züge; die Form ist schön, beinah übermäßig gefeilt."[18]

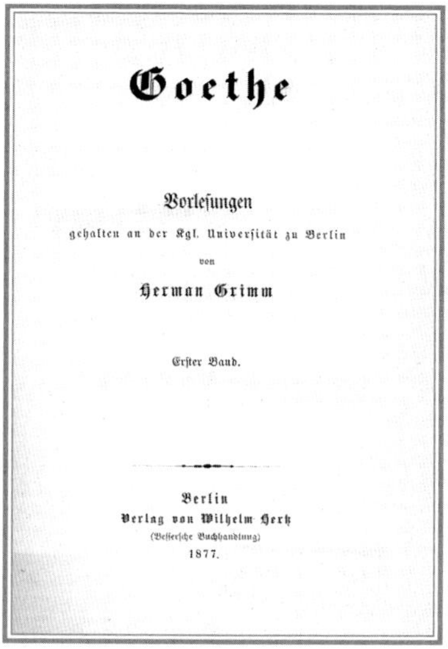
Goethe

Vorlesungen
gehalten an der Kgl. Universität zu Berlin
von
Herman Grimm

Erster Band.

Berlin
Verlag von Wilhelm Hertz
(Bessersche Buchhandlung)
1877.

Herman Grimm: Goethe. Vorlesungen gehalten an der Kgl. Universität zu Berlin. Berlin 1877, Titelblatt

[16] K. A. Varnhagen (wie Anm. 14), S. 128.
[17] Herman Grimm: Novellen. Berlin 1856.
[18] Max Cornicelius (Hrsg.): Heinrich von Treitschkes Briefe. 3 Bde. Leipzig 1912 –1920, hier Bd. 1, S. 366.

Dieselbe formale Noblesse, dieselbe sprachliche Erlesenheit bei gleichzeitigem Mangel an darstellerischer Intensität kennzeichnet auch Grimms einzigen Roman „Unüberwindliche Mächte", der 1867 in drei Bänden herauskam und, wie zwei Neuauflagen andeuten, sein Publikum fand[19]. Das Buch handelt – in gewisser Weise die Romane von Henry James vorwegnehmend – von der Tragik einer Liebe zwischen Menschen der unterschiedlichen Kulturkreise Alteuropa und Amerika. Amerika und dessen moderne Lebensform, vom Autor als Ideal der Tüchtigkeit bewundert und verklärt – Grimms Bewunderung des amerikanischen Lebens trennt ihn übrigens entschieden von den zahlreichen antimodernen und allem Englischen und Amerikanischen, gelinde gesagt, reserviert gegenüberstehenden Kulturdiagnostikern im Deutschland seiner Zeit –, werden im Roman in einen Gegensatz gebracht zu dem nachgoethischen Europa, der Epoche einer, wie es im Text heißt, „alles idealen Lebensgenusses entwöhnten niedrigen Gewöhnlichkeit".

Das Thema des Aufeinanderprallens zweier Kulturen wird nicht unmittelbar anschaulich gemacht und erzählt, sondern in Salongesprächen, geistreichen Unterhaltungen eines Kreises überaus kultivierter schöner Seelen umworben. Hier der alteuropäische Adel (in Gestalt eines deutschen Grafen mit Namen Arthur), der an den überkommenen Vorrechten festhalten möchte, untätig und genießend in vornehmer Zurückgezogenheit und verfeinertem Lebensstil, und auf der anderen Seite das arbeitsame und gebildete Bürgertum, das von einer jungen Amerikanerin deutscher Abstammung verkörpert wird. Das ganze Buch atmet den Hauch verblichener

[19] Herman Grimm: Unüberwindliche Mächte. Roman. 3 Tle. Berlin 1867; 2. Aufl. 1870; 3. Aufl. 1902.

Zeiten. Einen zeitgenössischen Kritiker hat es an „weiche Pastellmalerei“ erinnert, was wohl besagen soll, daß dem Roman zwar eine gewisse ästhetische Delikatesse nicht abgesprochen werden kann, ihm aber doch alles das mangelt, was die Leser an den großen europäischen Realisten der Zeit goutiert haben.

Ein Resümee der poetischen Leistungen Herman Grimms ist schnell gezogen: Er war ein Nachgeborener, ein Epigone des inzwischen erschöpften literarischen Paradigmas der Goethezeit – und er war sich dessen durchaus bewußt. Dieses Bewußtsein teilte er mit fast allen deutschsprachigen Autoren, die bald nach Goethes Tod zu schreiben begonnen und einen vorläufig nicht zu überbietenden Reichtum an poetischen Formen und literarischen Ausdrucksmitteln vorgefunden hatten. Zwar verstand man es, sich dieser Mittel virtuos zu bedienen, sie mit neuem Leben zu erfüllen vermochte diese Autorengeneration aber nicht. Was ihr gelang, waren in den überwiegenden Fällen bestenfalls museale Sprach- und Formzitate bei gleichzeitigem Geltungsverlust des Ästhetischen. Anläßlich seiner Homer-Übersetzung hat Grimm diesen Umstand präzise namhaft gemacht: „Unser heutiges Deutsch stellt uns eine solche Überfülle nachahmungswürdiger Muster zur Verfügung, daß die Herstellung tadelloser Schularbeiten möglich wird. Aus jeder fein durchgebildeten Sprache [...] findet ein feines Ohr und eine geschickte Feder [...] einen Schatz von Wendungen und Worten heraus, mittels deren sich täuschende Producte herstellen lassen. Inneres eigenes Leben können solche Dichtungen aber nicht haben“[20].

[20] Ders.: Homer's Ilias. 2 Bde. Berlin 1890/95, hier Bd. 2, S. 147.

V. Monographien

Als gelehrter Schriftsteller hat Herman Grimm ein umfangreiches Werk geschaffen, das sich in zwei Teile gliedert, seine biographischen Monographien und eine nahezu unüberschaubare Zahl von Essays. Den ersteren Werkteil bilden vier voluminöse Bücher, zwei zur Kunst- und zwei zur Literaturgeschichte. Sie waren, wie sich an den Auflagenzahlen ablesen läßt, wohl in fast allen Bücherschränken des gebildeten Bürgertums vertreten: das zweibändige „Leben Michelangelo's“[21], „Das Leben Raphaels“[22], der Zweibänder „Goethe. Vorlesungen gehalten an der Kgl. Universität zu Berlin“[23] sowie, ebenfalls in zwei Bänden, „Homer's Ilias“[24].

Die beiden kunsthistorischen Titel sind von unterschiedlichem Rang. Unter seinen Zunftkollegen galt Herman Grimm als nicht sonderlich seriös. Von Anton Springer, seit 1873 Inhaber des ersten Lehrstuhls für Kunstgeschichte an der Universität Leipzig, ist der bissige Ausspruch überliefert, daß Grimm die Kunstwerke mit dem Rücken zu betrachten pflege. Erwähnt werden sollte allerdings auch, daß Grimm den Diaprojektor, das „Skioptikon“, als Lehrmittel eingeführt hat.

Herman Grimm war, wie der Freiburger Kunsthistoriker Wilhelm Schlink in einem maßgeblichen Aufsatz[25] zum Thema darlegt, „kein Kunstkenner; Reisen und Museumsbesuche waren seine Sache nicht. [...] Grimm war vor Kunstwer-

---

[21] Ders.: Leben Michelangelo's. 2 Bde. Hannover 1860/63; 15. Aufl. 1912.

[22] Ders.: Das Leben Raphaels. Berlin 1872; 4. Aufl. 1903.

[23] Ders.: Goethe. Vorlesungen gehalten an der Kgl. Universität zu Berlin. Berlin 1876. Zu Grimms Lebzeiten erschienen sechs Auflagen.

[24] Ders.: Homer (wie Anm. 20), 2. Aufl. 1907.

[25] Wilhelm Schlink: Herman Grimm (1828 –1901). Epigone und Vorläufer. In: Jutta Osinski / Felix Saure (Hrsg.), Aspekte der Romantik. Zur Verleihung des „Brüder Grimm-Preises“ der Philipps-Universität Marburg im Dezember 1999. Kassel 2001 (Schriften der Brüder Grimm-Gesellschaft, NF 32), S. 73 – 93.

ken, wenn er sie denn überhaupt ansah, ungeduldig; er vertiefte sich selten in die künstlerischen Phänomene und nur oberflächlich in das Dargestellte. [...] das Sehen, das Vergleichen, das Urteilen aus Anschauung kommt bei Grimm zu kurz; denn er ist Literat, – auch als Kunsthistoriker. Künstlerbriefe und Lebensbeschreibungen von Künstlern sind ihm wichtig, aber das Kunstwerk bleibt ihm als Medium eigener Art verschlossen."[26]

Der Erstling, das „Leben Michelangelo's", über weite Strekken lediglich die Paraphrase eines kurz vorher in England erschienenen Buches, war vermutlich aus karrierestrategischen Gründen geschrieben worden. Grimm spickte seine Darstellung ausgiebig mit Rekursen auf seinen engen Freund, den Nazarener Peter Cornelius, und suggerierte damit eine kulturoptimistische Entwicklungstrias, die, ausgehend von Athen, über Florenz führte und in Berlin kulminierte. Kein Zweifel: Eine solche Perspektive konnte, zehn Jahre nach Erscheinen des Buches, in der Hauptstadt des neuvereinigten Reichs nur mit höchstem Wohlgefallen zur Kenntnis genommen werden. Welche Rolle spielte es da schon, daß der wissenschaftliche Ertrag praktisch keiner war: „Grimms ‚Leben Michelangelo's' täuscht eine Vertrautheit des Verfassers mit den Personen, den Zeitläufen, der Politik und den Kunstwerken des 15. und 16. Jahrhunderts in Rom und Florenz vor, die näherer Kritik fast nirgends stand hält."[27]

Ungleich gewichtiger ist Grimms Monographie über Raffael. Sie darf heute als ein „Meilenstein der Kunstgeschichte im 19. Jahrhundert"[28] gelten. In ihr zeigt Grimm, daß er inzwischen die Fähigkeit entwickelt hatte, „Kunstwerke intensiver anzuschauen und zu vergleichen [und] seine Sprache so zu

[26] Ebenda, S. 75.
[27] Ebenda, S. 90.
[28] Ebenda, S. 89.

modulieren und fortzuentwickeln, daß er Bilder und Bildphänomene anschaulich vermitteln kann."[29] Allein, um wesentliche Entdeckungen bereichert hat Grimm die Kunstwissenschaft auch mit dieser Arbeit nicht. Dazu blieb er zeitlebens viel zu stark auf literarische Quellen fixiert.

VI. „Vorreden zu ungeschriebenen Büchern"

Den zweiten und ungleich bedeutenderen Schwerpunkt des schriftstellerischen Werks bilden die Essays. Herman Grimm zählt zu den Klassikern des deutschen Essays. Sein Rang als Autor beruht auf diesem Genre. Mag Grimms Œuvre heute nur noch historisches Interesse wecken – eine Ausnahme machen diese Arbeiten. Grimm hat sie, in immer neuen Zusammenstellungen, in Buchform herausgegeben und die Bände, Verwirrung stiftend und Reprisen kaschierend, nüchtern betitelt als „Essays" (1859), „Neue Essays über Kunst und Literatur" (1865), „Zehn ausgewählte Essays zur Einführung in das Studium der Modernen Kunst" (1871), „Fünfzehn Essays" (1874), „Fünfzehn Essays. Neue Folge" (1875), „Fünfzehn Essays. Dritte Folge" (1882) usw.

Der Essay hat in der deutschen Literatur des 19. Jahrhunderts eine große Blüte erlebt. Man denke nur an die politisch-historischen Essays eines Jacob Philipp Fallmerayer oder an die kulturgeschichtlichen Essays von Ferdinand Gregorovius, Viktor Hehn und Ferdinand Kürnberger. Allerdings haben diese großartigen Prosaschriftsteller ihre Arbeiten nicht als Essays bezeichnet, sondern sie nannten sie Aufsätze oder allenfalls Fragmente. Erst Grimm hat den Begriff mit seinem ersten nicht-dichterischen Buch, dem 1859 erschienenen Sammelband, in Deutschland einzubürgern begonnen.

[29] Ebenda, S. 90.

Was ist nun das Charakteristische des Essays in Grimms Verständnis? Eine Positionsbestimmung findet man in der Einleitung zu dem Band „Fünfzehn Essays. Vierte Folge: Aus den letzten fünf Jahren“: „Was meine Aufmerksamkeit auf den Essay als literarische Form zuerst hinlenkte, waren weder Montaignes, noch Bacons, noch die Essays Addisons, Lockes, Humes und der andern, sondern die Emersons. Ralph Waldo Emerson hat dem Essay eine wiederum andere Bedeutung gegeben. Die früheren Essayisten waren Schriftsteller, Emerson war Prediger. Seine Essays könnte man als kurze niedergeschriebene Predigten charakterisieren, die an jedermann gerichtet sind. Zum wirklichen Essay ist heute erforderlich“ – nun nennt Grimm vier Bestimmungen – , „daß er in fließenden, individuell gehaltenen Gedankenreihen etwas allgemein Verständliches rasch behandle.“[30] Und es folgt noch eine fünfte Bestimmung: In allen Essays Emersons sowie in den Essays von Thomas Carlyle, Emersons englischem Spiritus rector, des „bête noire“ des 19. Jahrhunderts, und von Matthew Arnold „steht die Sache selbst nicht höher oder niedriger als ihre eigene Person, in deren Geiste sie sich spiegelt. Es lag in ihrer Natur, so zu schreiben.“[31] Der Essay hat für Grimm demnach folgende Merkmale: Seine Struktur ist assoziativ, nicht argumentativ; die Perspektive ist persönlich, nicht generalisierend – Grimm hat sich oftmals in persona mit in den Text gesetzt – ; der Adressat ist das gebildete Publikum, nicht der Spezialist; die Themenbehandlung ist intensiv, nicht extensiv und der Bezug zum Objekt existentiell, nicht distanziert.

Gegen Ende seines Lebens hat Grimm es bedauert, ein von der Fülle seiner Interessen Getriebener gewesen zu sein, und

[30] Herman Grimm: Fünfzehn Essays. Vierte Folge: Aus den letzten fünf Jahren. Gütersloh 1890 (Einleitung).

[31] Zit. nach H. Grimm: Das Jahrhundert Goethes (wie Anm. 2), S. XXVI f.

aus diesem Umstand seine Vorliebe für den Essay erklärt: „Ich für mein Teil habe diese Form oft gewählt, um Studien, die ich nach verschiedenen Richtungen gemacht hatte, mehr anzudeuten, als ihrem gesamten Inhalt nach mitzuteilen. Ich suchte einstweilen Proben dieser Studien zu geben, zusammenfassende Vorreden gleichsam zu ungeschriebenen Büchern."[32] Diese „ungeschriebenen Bücher", so verrät er dem Leser, hätten in das eine große, zusammenfassende Werk münden sollen, „das die Geschichte des geistigen Wachsthums der Deutschen enthielte"[33]. Ein solches Werk aber ist ihm versagt geblieben.

Sein schriftstellerisches und intellektuelles Vorbild hat der Essayist Grimm in Ralph Waldo Emerson (1803 –1882) gesehen, dem führenden Vertreter des amerikanischen Transzendentalismus.[34] Emersons Denken war für ihn zeitlebens das Beispiel einer möglichen Synthese von Idealismus und modernem Leben. Emerson, dem Grimm im Frühjahr 1873 in Florenz persönlich begegnete, verkörperte für ihn weltbürgerliche Gesinnung. „Die früheren Essayisten waren Schriftsteller, Emerson war Prediger." Diese Charakterisierung trifft auch auf Grimm selbst zu. Thomas Carlyle, von dem Emerson bekanntlich wesentliche Impulse empfangen hat, schrieb zornige, unerbittliche Bußpredigten. Emerson hingegen, und ebenso Grimm, waren keine Bußprediger, sie schrieben Erbauungspredigten – zur Festigung des Glaubens an die Humanität durch Belehrung, Ermahnung und Trost.

---

[32] Ebenda, S. XXVII.

[33] H. Grimm: Fragmente (wie Anm. 7), S. XIV.

[34] Grimm kannte schon früh Emersons 1849 erschienenes Buch „Representative Men", eine Galerie mit den Biographien von Plato, Swedenborg, Montaigne, Shakespeare, Napoleon und Goethe, übersetzte daraus den Shakespeare-Essay und publizierte ihn zusammen mit einem Aufsatz über Emerson 1856 im „Morgenblatt für gebildete Leser". 1858 meldete Grimm seinem Vater, daß ihm Emerson alle seine Werke übersandt habe. H. Ehrhardt (wie Anm. 6), S. 421 f. Vgl. auch Frederick W. Holls: Emerson's Correspondence with Herman Grimm. In: The Atlantic Monthly 91 (1903), S. 467– 479.

Das Klima, das in Herman Grimms Essays vorherrschend ist, läßt sich vielleicht am besten mit einem Blick auf Grimms Persönlichkeit illustrieren. Das dem französischen Naturforscher Buffon zugeschriebene Wort „Le style est l'homme même" darf auf Grimm durchaus angewendet werden. So schreibt Rudolf Steiner, der Grimm wie wohl wenige andere verehrt hat, in seinen postum veröffentlichten Memoiren „Mein Lebensgang": „Geistige Vornehmheit zog in das Archiv [das Weimarer Goethe-Schiller-Archiv, P.St.] ein, wenn Herman Grimm erschien. [...] Der ganze Mann war die Offenbarung eines einheitlichen Stiles. Wenn er seine schönen Sätze im mündlichen Gespräche prägte, so hatte ich die Vorstellung: das könnte genau so in einem Aufsatze von ihm stehen; und wenn ich, nachdem ich ihn kennen gelernt hatte, einen Aufsatz von ihm las, so vermeinte ich, ihn sprechen zu hören. Er liess sich keine Lässigkeit im mündlichen Gespräche durch; aber er hatte das Gefühl, man müsse im künstlerisch-schriftstellerischen Darstellen der Mensch bleiben, als der man alltäglich herumwandelt."[35]

Herman Grimm war eine repräsentative Figur des deutschen Bildungsbürgertums in der zweiten Hälfte des 19. Jahrhunderts. Seine Arbeit war die eines Vermittlers; in einem zweifachen Sinn. Zum einen als Vermittler der Tradition: Er betrachtete sich als Erbe einer untergegangenen Epoche, mit der er durch deren letzte Zeugen und nicht zuletzt durch einen reichen Fundus schriftlichen Materials noch in naher Verbindung stand, und er widmete sich der Aufgabe, diese Überlieferung nicht abbrechen zu lassen. Und zum zweiten war Grimm ein Vermittler zwischen den Extremen, die sich in seiner Zeit

[35] Rudolf Steiner: Mein Lebensgang. Mit einem Nachwort von Marie Steiner. Dornach 1925, S. 145 f.

immer weiter ausdifferenzierten. Das geistige Signum seines Werks ist die Vermittlung von Tradition und Fortschritt, von universalem Wissen und Einzelforschung, von Kunst und Wissenschaft. Das Krisengefühl, das seine Zeitgenossen artikulierten – etwa sein großer Basler Kollege Jacob Burckhardt – , teilte er nicht.

VII. „Unberührtbleiben von fremden Gedanken"

Auch als Literaturhistoriker repräsentierte Herman Grimm einen Gelehrtentyp jenseits der Universität. Die akademische Forschung, die er vorfand, hat er mit distanziertem Widerwillen betrachtet. „Die Dinge", schrieb er im Februar 1873 an Wilhelm Scherer, „tragen hier den Stempel des Herabkommens und niemand widerspricht wenn das scharf ausgesprochen wird. Es ist von keiner Universitas litterarum, sondern von einer Specialitas philologicarum rerum hier die Rede und jede Facultätssitzung liegt mir wie ein großer Pflaster auf der Brust."[36]

Positivismus und Systematik hat er gleichermaßen abgelehnt, methodische Forschung war ihm suspekt. Für ihn zählte einzig und allein die Persönlichkeit des Forschers. Die Mehrzahl von Grimms akademischen Kollegen wird gewiß mit Kopfschütteln reagiert haben, als er an den Schriften des Archäologen Heinrich Brunn rühmte: „Alle mit dem stillschweigenden Proteste gegen die Meinung geschrieben, daß Gelehrsamkeit ohne die hinzutretende Kraft persönlicher Anschauung Werth habe, und durchdrungen von der Ueberzeugung, daß diese Persönlichkeit nicht blos sich zeigen dürfe, sondern müsse. Immer hat es Leute gegeben, denen ‚Persönlichkeit' ein Dorn im Auge ist. Die unruhig werden, wenn

[36] Zit. nach R. Strasser (wie Anm. 5), S. 16.

von ‚Schönheit', von ‚begeisterter Betrachtung' gesprochen wird."[37]

Über Einwände, Kritik, über den Vorwurf des Dilettantismus, ja selbst über neue Erkenntnisse, die seinen eigenen Standpunkt anhand von Dokumenten entkräfteten, hat sich Grimm souverän hinweggesetzt. Sein Verständnis von Wissenschaft war, wenn man so will, aristokratisch, nicht aber demokratisch. Exemplarisch war dies verkörpert in der Schilderung von Jacob Grimm: „Mochten andere anders denken als er. Er blieb bei seiner Meinung. Nur das erstaunte ihn, daß man von ihm erwartete, er könne auf das hin, was andere dagegen sagten, von ihr abgehen. Er zwang ja niemanden. Dieses Unberührtbleiben von fremden Gedanken war das, was seine Gegner so sehr erbittert, diese germanistischen bloßen Politiker, welche meinten, es könnten auch hier Abstimmungen maßgebende Resultate schaffen."[38] – In eigener Sache gesagt, meinte das, daß Grimm etwa seine große Goethe-Monographie als definitiv betrachtet hat, als ein Werk, das keiner weiteren Änderungen oder Präzisierungen mehr bedurft hätte.[39]

VIII. „Statthalter Goethes auf Erden"

Neben der Goethe-Monographie und den kaum zählbaren, fast ausschließlich biographisch angelegten Aufsätzen verdanken wir dem Literaturhistoriker Herman Grimm vor allem eine Reihe wichtiger, viele Jahre lang unverzichtbarer Quelleneditionen, darunter der aus dem Familiennachlaß herausgegebene „Briefwechsel zwischen Jacob und Wilhelm Grimm aus der Jugendzeit"[40] und die dreibändige Briefausgabe „Achim

[37] H. Grimm: Fragmente (wie Anm. 7), S. 276.
[38] Ders.: Das Jahrhundert Goethes (wie Anm. 2), S. 225.
[39] Vgl. R. Strasser (wie Anm. 5), S. 77.
[40] Herman Grimm / Gustav Hinrichs (Hrsg.): Briefwechsel zwischen Jacob und Wilhelm Grimm aus der Jugendzeit. Weimar 1881.

Herman Grimm, Photographie, um 1860

von Arnim und die ihm nahe standen“[41], deren Bearbeitung Grimm Reinhold Steig anvertraut hatte. Genuin literaturwissenschaftliche Ziele verfolgte Grimm mit diesen Aktivitäten freilich nicht.

Das Interesse des Literaturhistorikers Grimms galt „geistiger Größe“, den Heroen des Geistes. Sein Verständnis von Literatur war nicht auf die schöne beschränkt, ja es ist geradezu auffallend, wie wenig Augenmerk er der formalen Verfaßtheit dichterischer Text schenkte. Die zeitgenössische Literatur scheint er kaum zur Kenntnis genommen zu haben, die literarischen Revolutionen der beginnenden Moderne zu Ende des Jahrhunderts fanden in seinen Aufsätzen kein Echo.

Deutsche Literaturgeschichte war für Herman Grimm gleichbedeutend mit deutscher Geistesgeschichte – heute würden wir vielleicht sagen: mit Mentalitätsgeschichte. Und deren Verlauf hatte, so Grimms oberster Glaubenssatz, vier Kraftzentren, vier Kulminationspunkte: „Luther, Friedrich, Goethe und Bismarck bilden die Sukzession der Herrscher des geistigen Deutschen Reiches“[42]. Des Näheren liest sich dieses

[41] Reinhold Steig (Bearb.): Achim von Arnim und die ihm nahe standen. 3 Tle. Stuttgart / Berlin 1894 –1913.

[42] Herman Grimm: Aufsätze zur Literatur. Hrsg. von Reinhold Steig. Gütersloh 1915, S. 267.

Schema so: „Unser Charakter hat seine eigenen Umgestaltungen erfahren. Das in uns fest gewordene Gefühl der Selbstverantwortlichkeit in religiösen Dingen [...] ist durch Luther dem deutschen Volke neu eingeflößt worden. Das Gehorchen [...] ist erst in der Fridericianischen Zeit in unsere Natur eingedrungen. Das ästhetische Element unserer geistigen Erziehung ist durch Goethe erst zu einem natürlichen Bestandteil unseres Wesens geworden, und die uns heute völlig beherrschende Gewißheit unserer Einheit, verbunden mit dem Gefühle politischer Souveränität, hat Bismarck uns verliehen. Sollte uns plötzlich wieder fehlen, was Luther, Friedrich, Goethe und Bismarck uns geschenkt, so würden wir als unserer besten Güter beraubt hülflos inmitten der anderen Nationen dastehen.“[43]

Behauptet wird also nichts weniger als ein kultureller wie politischer Wachstumsprozeß, der ohne Um- und Abwege von der Weimarer Klassik direkt zur Reichsgründung geführt habe. Aus einer solchen Basisüberzeugung sollte sich in der Folge ein nationaler Klassikerkult entfalten, den Grimm selbst mit Schlagworten unermüdlich befördert hat: „Goethe und Shakespeare werden für die zukünftige Welt sein, was Homer und Aristoteles für die vergangene gewesen sind: der Inbegriff der dichterischen Kraft und der Lebensweisheit.“[44] Oder gar: „Faust ist der Vertraute der Menschheit. [...] Welches andere Buch erschiene uns denn als auch für die Zukunft maßgebend? Ausgenommen das Neue Testament.“[45] Mit derlei Formulierungen hat es Grimm späteren Kritikern leichtgemacht. Deren Hauptvorwürfe richteten sich zum einen dagegen, daß Grimm dem „Faustischen“ als der Chiffre deutscher Wesensart und

---

[43] Ebenda, S. 268.
[44] Ebenda, S. 7.
[45] Ebenda, S. 9.

dunkler Schicksalsverfallenheit den Weg gebahnt habe, und zum anderen gegen die Stilisierung Goethes zum Dichterkaiser und Bismarcks zu dessen legitimem Erben.

Grimms Berliner Goethe-Vorlesungen im Winter- und Sommersemester 1874/75 fanden, was ihre Wirksamkeit anging, am richtigen Ort und, im Hinblick auf ihren Gegenstand, zur richtigen Zeit statt. Seinerzeit hatte Goethes Ansehen, wie verschiedentlich bedauernd konstatiert wurde, einen Tiefpunkt erreicht. Die Vorlesungen, aus denen die erste Biographie seit Goethes Tod überhaupt erwuchs, haben die entscheidende Wende gebracht und ihrem Verfasser – insbesondere bei dessen Studenten – den Ehrentitel „Statthalter Goethes auf Erden" eingetragen.

Grimms Goethe-Monographie ist vergleichsweise nüchtern gehalten[46]. Sie glänzt nicht mit einer chronologischen Abfolge biographischer Daten – das besorgten später die Schüler aus Wilhelm Scherers positivistischer Schule – , vielmehr zielt sie darauf, wie es in der Einleitung heißt, „nur dasjenige [zu] besprechen, was auf Goethe's Entwicklung von unmittelbarem Einflusse gewesen" ist. Entfaltet werden soll die folgende These: „Goethe hat unsere Sprache und Literatur geschaffen." Und zwar indem Goethe eine Kontinuität zwischen den Deutschen und der Antike sowie der italienischen Renaissance gestiftet habe.

Biographisch-Anekdotisches bietet das Goethe-Buch nicht; derlei findet man vielmehr in den über zwanzig Aufsätzen, die Grimm Goethe gewidmet hat – bezeichnend für Grimms Erkenntnisinteresse ist freilich, daß weniger als eine Handvoll sich auf einzelne Werke konzentrieren. Der in philologischer Hinsicht gewiß wertvollste dieser Aufsätze ist „Goethe und

[46] H. Grimm: Goethe (wie Anm. 23).

Suleika", erstmals 1869 veröffentlicht[47]. Mit ihm wurde nicht nur publik, daß die Frankfurter Bankiersgattin Marianne von Willemer im „Divan" die Besungene war, sondern vor allem – und das war keine kleine Sensation – , daß einige der schönsten Gedichte im „Buch Suleika", darunter die Lieder an den Ostwind und den Westwind, von ihr selbst verfaßt worden sind. Grimm hatte Marianne von Willemer 1849 kennengelernt und blieb mit ihr bis zu ihrem Tod 1860 in Frankfurt in engem freundschaftlichen Kontakt.[48]

Im Zusammenhang mit Goethe muß schließlich Herman Grimms Engagement für die Rettung und wissenschaftliche Edition des Goetheschen Nachlasses erwähnt werden. Grimm war einer der geistigen Väter und eine der treibenden Kräfte hinter der sogenannten „Sophien-Ausgabe", die, nach dem Tod des letzten Goethe-Enkels Walter Wolfgang begonnen, 1919 zum Abschluß gebracht wurde. Grimm war denn auch der Autor des Vorworts im 1887 erschienenen ersten Band dieser Ausgabe.

IX. „Ideale Construction der Thatsachen"

Literaturgeschichte in Herman Grimms Verständnis war eingebettet in Kontexte, die abschließend mit einigen Thesen skizziert werden sollen.

Die Jahre 1775 bis 1825, beginnend mit Goethes Übersiedlung nach Weimar, bildeten nach Grimms Ansicht die bislang letzte große Epoche nicht nur der deutschen, sondern der Kultur Europas überhaupt. Das Signum dieser Epoche war „eine Gelehrsamkeit höchster Art"[49] bei gleichzeitiger „Abwesenheit

[47] Ders.: Göthe und Suleika. Zur Erinnerung an Marianne von Willemer. In: Preußische Jahrbücher 24 (1869).
[48] Hans Joachim Mey (Hrsg.): Im Namen Goethes. Der Briefwechsel Marianne von Willemer und Herman Grimm. Frankfurt a. M. 1988.
[49] H. Grimm: Das Jahrhundert Goethes (wie Anm. 2), S. 258.

des politischen Lebens im heutigen Sinne"[50]. Die Gehalte dieser Gelehrsamkeit sollten in Grimms eigener Zeit bewahrt werden.

Für Grimm, der Literaturgeschichte als Geistesgeschichte betrieb und für den Kunstwerke historische Offenbarungen waren, stellte es keinen Widerspruch dar, daß die geistige Entwicklung zwar von der gesamten Kultur mitvollzogen wurde, aber nur in einigen wenigen Persönlichkeiten ihre Pioniere und Wortführer hatte. Bezeichnenderweise sind für ihn selbst die „Ilias" und die „Odyssee" Werke eines Individuums.

Der Würdigung, ja Huldigung der großen Persönlichkeit und dichterischer Größe widmete Grimm seine Arbeit. Sein Konzept der Heldenverehrung unterscheidet sich jedoch grundsätzlich von der kunstreligiösen Position der Frühromantiker und setzt sich gleichermaßen ab von der Sammeltätigkeit der späteren Romantik, wie sie Grimm in den Arbeiten von Vater und Onkel, aber auch in den gewaltigen historischen Werken seiner Lehrer, Leopold Rankes etwa, entgegengetreten war.

Wie Thomas Carlyle – Verfasser des berühmten Buches „On heroes and hero-worship" – und der an ihn anschließende Transzendentalist Emerson, so hatte auch Grimm den unumstößlichen Glauben, daß der Kanon der großen Persönlichkeiten (ausnahmslos Männer) über jeden Zweifel erhaben sei und historische Größe keiner Relativität unterliege. Die große Persönlichkeit ist nach Grimm dadurch ausgezeichnet, daß sie für den Betrachter ein abgeschlossenes Bild ergibt. Ihre Größe bemißt sich nicht an einzelnen Werken, sondern sie bemißt sich daran, inwieweit die geistigen Impulse einer Epoche in einem Individuum zur Synthese gelangen. Genuin ästhetische oder künstlerisch-formale Aspekte von Literatur finden bei Grimm keine Berücksichtigung.

[50] Ebenda, S. 186.

Grimms literaturhistorische Arbeiten sind allesamt biographisch – sofern sie die Goethezeit betreffen, sind sie Biographien einer oral history. Allerdings gehorchen sie in keiner Weise dem, was üblicherweise von Biographien zu erwarten ist. Grimm ging es nicht um historische Erkenntnis, ihm ging es – durchaus zeittypisch – um die Aufrichtung von Denkmälern. Dies hat er anläßlich eines Essays über Schleiermacher am Unterschied von Porträt und Plastik deutlich ausgeführt. Es ist der Unterschied von Dokumentation und Denkmal: „Ein Porträt hat das Bild eines Mannes zu geben, wie er in der Erinnerung der Mitlebenden sich gestaltet, eine Statue ihn darzustellen, wie er in der Phantasie der Nachwelt gleichsam auferstehen und fortleben soll." Statuen stellen „nur die körperliche Hülle der geistigen Kraft eines Mannes" dar, sie „behelligen" den Betrachter nicht „mit individuellen Zufälligkeiten [...]. Statuen haben nichts zu tun mit den Launen der Natur." – „Je weiter wir uns von einem solchen Manne entfernen, um so einfacher wird sein Umriß."[51]

Das Telos von Grimms Biographien ist also nicht das möglichst getreue, charakteristische, chronologisch entfaltete Porträt einer Persönlichkeit. Biographien in Grimms Verständnis sind vielmehr das Ergebnis einer mythenbildenden Tätigkeit, sie sind eine „ideale Construction der Thatsachen". Die Heroen des Geistes „müssen früher oder später ganz im Allgemeinen construirt werden."[52]

[51] Ebenda, S. 164.
[52] Zit. nach R. Strasser (wie Anm. 5), S. 78.

V. Anhang

Die Brüder Grimm-Gesellschaft e.V. und die literarischen Grimm-Stätten in Hessen

Von Bernhard Lauer

Die Brüder Jacob und Wilhelm Grimm gehören mit ihren 1812 und 1815 in zwei Bänden erstmals erschienenen „Kinder- und Hausmärchen" zu den weltweit bekanntesten Vertretern der deutschen und europäischen Kulturgeschichte. Als Begründer der Germanistik und als politisch handelnde und denkende Gelehrte sind sie jedoch weitgehend nur engeren Fachkreisen bekannt.

I. Wissenschaft und Politik

Die Brüder Grimm haben nicht allein für ihre Wissenschaft gelebt und gearbeitet, sondern aktiv teilgenommen an den politischen Auseinandersetzungen ihrer Zeit, wobei sie auch Stellung bezogen zu brennenden verfassungsrechtlichen, politischen und ethischen Fragen. Die durch sie wesentlich initiierte Wiederentdeckung der „schlafenden Schrift" der altdeutschen Literatur und ihre aufwertende Würdigung und Aufsammlung der „Volkspoesie" ist als Gegenreaktion zu den Ereignissen und Folgen der Französischen Revolution von 1789 nicht zuletzt auch politisch motiviert gewesen.

Es ging den Brüdern Grimm nicht nur um die „Worte" der von ihnen untersuchten und edierten deutschen und europäischen Sprach- und Literaturdenkmäler, sondern sie suchten immer auch „die Worte um der Sachen willen" zu ergründen. Sprache und Dichtung betrachteten sie folgerichtig in ihrer jeweiligen historischen Dimension und Entwicklung.

Insofern müssen die philologischen Leistungen beider Brüder auf den größtenteils von ihnen erst begründeten bzw. mitbegründeten Gebieten der Literarischen Volkskunde, der Germanischen Sprach- und Literaturwissenschaft sowie der Rechts-, Geschichts- und Mythenkunde auch im Kontext der politischen und kulturellen Umbrüche in Deutschland und Europa zwischen dem Untergang des Heiligen Römischen Reiches Deutscher Nation (1803/06) und der Begründung des deutschen Nationalstaates (1870/71) verstanden werden. Die Brüder Grimm haben mit ihren volkskundlichen Sammlungen und ihren literarischen Editionen sehr entscheidend zur nationalen Bewußtwerdung der Deutschen (aber auch anderer europäischer Völker) beigetragen und einen nicht zu unterschätzenden Anteil an der deutschen Einigungsbewegung genommen.

Die kritische Würdigung der Brüder Grimm und die aktuelle Rezeption ihrer Werke kann nur im Kontext der Geistesgeschichte und der politischen Geschichte des 19. Jahrhunderts erfolgen; nur so entziehen sie sich nationalistischer Vereinnahmung und gewaltsamer ideologischer Verengung, wie dies für das Grimm-Bild im „Dritten Reich“ oder – mit anderer Zielsetzung – teilweise auch in den kommunistischen Staaten des 20. Jahrhunderts charakteristisch gewesen ist. Das geistige und ethische Grundkonzept der Brüder Grimm wurzelt zutiefst in den philosophischen und ästhetischen Strömungen des späten 18. und frühen 19. Jahrhunderts (vor allem Herder, Fichte, Schelling, Savigny, Creuzer, Brüder Schlegel, Arnim, Brentano u. a.) und ist nur von hier erklärbar.

Alle diese Aspekte des Lebens und Werkes der Brüder Grimm haben ihnen schon zu ihren Lebzeiten über Deutschland hinaus weltweite Anerkennung verschafft. Gerade weil sie die Eigenart und Geschichte ihres eigenen Volkes wie nur wenige kannten, waren sie anderen Kulturen und Ländern gegenüber aufgeschlossen und haben über den Bereich der Germanistik hinaus u. a. auch für die Keltistik, die Romanistik, die Slawistik und die Finno-Ugristik wichtige Beiträge geliefert. Mit zahlreichen Schriftstellern, Wissenschaftlern und Gelehrtengesellschaften standen sie im Briefwechsel und beide Seiten befördernden Austausch. „Die wissenschaften erkennen keine grenzen, im gegentheil ihr streben geht dahin, die abgesteckten unterschiede der völker zu überschreiten und das band zu festigen, das in weitem umkreis zwischen allen geschlungen werden soll", schrieb Jacob Grimm am 20. November 1853 an den niederländischen Kulturminister.

II. Frühe Würdigungen

Schon zu ihren Lebzeiten wurden die Brüder Jacob und Wilhelm Grimm in ganz Europa und teilweise noch darüber hinaus als bahnbrechende Volkskundler und Sprachforscher über ihre eigentlichen Fachkollegen und -kreise hinaus geachtet und gewürdigt. Einer breiteren deutschen und europäischen Öffentlichkeit wurden sie besonders durch ihre Teilnahme am Protest der „Göttinger Sieben" (1837) sowie durch ihre anschließende Berufung an die Königliche Akademie der Wissenschaften zu Berlin (1840) bekannt. Von noch größerer Wirkung beim Publikum war schließlich ihre Sammlung der „Kinder- und Hausmärchen", deren Erfolg sich jedoch zu ihren Lebzeiten anfangs nur zögernd, seit der Mitte des 19. Jahrhunderts jedoch um so durchschlagender einstellte.

III. Der persönliche und wissenschaftliche Nachlaß

Nach dem Tode der Brüder Grimm (Wilhelm 1859; Jacob 1863) gab es eine Reihe von persönlichen und akademischen Würdigungen, die das Andenken an die Begründer der literarischen Volkskunde und der germanischen Philologie wachhalten sollten und z. T. bis heute ihr Bild geprägt haben. Schon 1865 gelangte der größte Teil der Bibliothek der Brüder Grimm in die Universitätsbibliothek Berlin, während seit 1869 umfangreiche Teile ihres persönlichen und wissenschaftlichen Nachlasses sowie Handschriften und seltene Drucke allmählich in den sogenannten Grimm-Schränken der Königlichen Bibliothek zu Berlin Verwahrung fanden, bis sie schließlich in das Eigentum dieser Bibliothek, der heutigen Staatsbibliothek zu Berlin – Preußischer Kulturbesitz, übergingen. Herman Grimm, der älteste Sohn Wilhelm Grimms, gab in der Folge die letzten Berliner Arbeitstische der Brüder Grimm mit allen zugehörigen Schreibutensilien an das Germanische Nationalmuseum zu Nürnberg, während er die Handexemplare von Jacob Grimms „Deutscher Grammatik“ (1819), die Handexemplare der Märchen sowie zahlreiche weitere Dokumente aus dem Grimmschen Nachlaß den Kasseler Grimmsammlungen in der ehemaligen Landesbibliothek vermachte, wo Jacob und Wilhelm Grimm von 1814 bzw. 1816 bis 1829 als kurfürstliche Bibliothekare gewirkt hatten. Durch die schon bald erfolgende Sammlung und Herausgabe ihrer „Kleineren Schriften“ (1864–1890 in acht Bänden für Jacob Grimm; 1881 bis 1887 in vier Bänden für Wilhelm Grimm), durch – meist von Herman Grimm angeregte – Editionen ihres Briefwechsels sowie durch zahlreiche Nach- und Neudrucke ihrer großen monographischen Werke wurde noch im letzten Drittel des 19. Jahrhunderts eine solide erste Grundlage für die Erforschung ihres Lebens, ihres Werkes und ihrer Wirkung gelegt, während ihr größtes wissenschaftliches Projekt, das „Deutsche Wörterbuch“, das den gesamten neuhochdeutschen Wortschatz von Luther bis Goethe umfassen sollte, nach ihrem Tode von ihren Schülern und Fachgenossen tatkräftig fortgeführt wurde. Der breite

Jacob Grimm mit dem Orden Pour le Mérite, Stahlstich von Lazarus Sichling nach dem Ölgemälde von Carl Begas, nach 1853

Erfolg eines vor einigen Jahren durchgeführten Nachdrucks dieses Wörterbuchs im Taschenbuchformat (sowie inzwischen auch auf CD-ROM und im Internet) und auch die Fortführung des Werkes in einer Neubearbeitung dokumentieren dessen anhaltende Bedeutung für die Geschichte der deutschen Sprache.

IV. Erste hessische Bemühungen um das Andenken der Brüder Grimm

Motiviert durch die hundertjährigen Jubiläen der Brüder Grimm (1885/86) regten sich in den beiden letzten Jahrzehnten des 19. Jahrhunderts auch in ihrer hessischen Heimat, wo ihnen zu Lebzeiten durch Kurfürst und Staatsbürokratie die Anerkennung und Würdigung versagt geblieben war, vermehrt bürgerliche Initiativen zur Gründung von Grimm-Vereinen und Grimm-Gedenkstätten. Sowohl in der Geburtsstadt Hanau als auch in der Stadt der fruchtbarsten Schaffenszeit Kassel formierten sich engagierte Bürger zur Errichtung eines Brüder Grimm-Museums und begannen mit der Sammlung von Zeugnissen ihres Lebens und Werkes.

V. Die Gründung der Kasseler Grimm-Gesellschaft

Während es in Hanau am 18. Oktober 1896 zur Aufstellung des großen Nationaldenkmals der Brüder Grimm nach dem Entwurf von Syrius Eberle vor dem dortigen Rathaus kam, beschlossen die auf Einladung von Mitarbeitern der Landesbibliothek versammelten Kasseler Grimm-Freunde am 13. November 1896 die Bildung eines „Ausschuss[es] zur Förderung einer Kasseler Grimm-Sammlung", als deren Vorsitzender der erste Bibliothekar Edward Lohmeyer und als dessen erstes Ehrenmitglied Herman Grimm, der Sohn Wilhelm Grimms, gewählt wurden. Nach weiteren Verhandlungen erging schließlich am 1. Dezember 1896 der öffentliche „Aufruf zur Förderung und zum Ausbau der Kasseler Grimmsammlung", und am 29. Januar 1897 erfolgte schließlich die förmliche Gründung einer „Kasseler Grimm-Gesellschaft“. In der am 16. März 1897 verabschiedeten Satzung werden die Ziele der neuen Gesellschaft folgendermaßen umrissen: „§ 1 Die Kasseler Grimm-Gesellschaft stellt sich die Aufgabe, das Andenken an die Brüder Grimm in einer ihrer hohen Bedeutung entsprechenden Weise zu ehren. § 2 Dies Ziel sucht die Gesellschaft insbesondere zu erreichen 1. durch eine Sammlung, die, im Anschluß an den auf der Landesbibliothek in Kassel befindlichen Grundstock, Erinnerungen aller Art an die Brüder, an ihren Verwandten- und Freundeskreis vereinigt und in das Eigentum der genannten Anstalt übergeht, soweit nicht anderweite Rechte vorbehalten sind, 2. durch Veranstaltung von Vorträgen, 3. durch Unterstützung und Herausgabe von wissenschaftlichen Arbeiten [...], 4. durch Verbreitung von Schriften der Brüder Grimm, 5. durch Ansammlung von Geldmitteln, die dazu dienen sollen, ein Grimmdenkmal in Kassel zu errichten“.

VI. Erste gezielte Kasseler Sammlungen

Schon im Mai 1897 wurde mit den bereits in der Landesbibliothek vorhandenen und inzwischen weiter vermehrten Lebenszeugnissen, Briefen, Werkausgaben und anderen Erinnerungsstücken eine erste kleine Brüder Grimm-Ausstellung veranstaltet. Bis zum Ersten Weltkrieg konnte in der Kasseler Landesbibliothek eine ansehnliche Grimm-Sammlung zusammengetragen werden, die – von schmerzlichen Kriegsverlusten abgesehen – den Grundstock für das heutige Brüder Grimm-Museum Kassel bildete. Zwischen dem Ersten und Zweiten Weltkrieg kamen jedoch diese ersten Kasseler Initiativen offensichtlich zum Erliegen. Die Kasseler Grimm-Gesellschaft beschloß aufgrund der niedrigen Mitgliederzahl im Jahre 1920 ihre Auflösung. Erst durch die maßgebliche Initiative des Verlegers und Buchhändlers Karl Vötterle und mit der fördernden Unterstützung des damaligen Oberpräsidenten Prinz Philipp von Hessen kam es mitten im Zweiten Weltkrieg am 14. April 1942 zur erneuten Gründung der Brüder Grimm-Gesellschaft in Kassel, die sich seither kontinuierlich entwickelt hat. Leider sind am 22./23. Oktober 1943 durch die Bombardierung und fast vollständige Vernichtung der Kasseler Innenstadt auch zahlreiche Stücke der Kasseler Grimm-Sammlung unwiederbringlich verlorengegangen.

VII. Die Gründung des Brüder Grimm-Museums Kassel

Die bedeutendste Leistung der Brüder Grimm-Gesellschaft nach dem Zweiten Weltkrieg besteht in der erfolgreichen Initiative zur Begründung des Brüder Grimm-Museums in Kassel. Mit der Unterstützung zahlreicher Persönlichkeiten aus Politik, Wirtschaft, Wissenschaft und Kunst veröffentlichte die Gesellschaft im Mai 1958 einen Aufruf zur Museumsgründung, der im In- und Ausland auf eine außerordentlich positive Resonanz stieß. In dem Aufruf heißt es: „Die Brüder Grimm haben mit ihren ‚Kinder- und Hausmärchen' einen Schatz an altem, unvergänglichem Erzählgut bewahrt und erschlossen, ohne den in unserem und in manchem anderen Lande kein Kind aufwächst. Sie haben in den ‚Deutschen Sagen' die Erinnerung wachgehalten an Zeiten und Bereiche, in denen die Geschichte der Poesie verschwistert war. Sie haben das Werden unserer Sprache erforscht; sie haben den deutschen Wortschatz als untrügliches Zeugnis unseres Welterlebens zu sammeln begonnen; sie haben die große alte Dichtung in ihrer ursprünglichen Gestalt zugänglich gemacht; sie haben die umfassende Lebensordnung des alten Reiches in ihrem Wesen und Werden aufgezeigt und gedeutet. Sie haben, indem sie auf ihre Weise den Weg unseres Herkommens aus der Frühe der Zeiten erhellten, der äußeren Geschichte der Kriege und der Dynastien eine innere Geschichte, eine Geistes- und Seelengeschichte des deutschen Volkes gegenübergestellt. Dem Umfang, der Tiefe und weiterwirkenden Fruchtbarkeit ihres Lebenswerkes ist nicht vieles aus der deutschen Geistesgeschichte vergleichbar. Ungezählten Späteren sind sie durch die Lauterkeit ihres Strebens, durch ihre Liebe zum Volk, zur Heimat und zur Freiheit des Geistes Vorbild geworden. Unter den ‚guten Geistern' des deutschen Volkes gebührt ihnen ein Ehrenplatz.

Diesem Ehrenplatz der Brüder Grimm im Andenken unseres Volkes durch die Begründung einer Grimm-Gedenkstätte ein lebendiges Sinnbild zu schaffen, ist das Ziel dieses Aufrufes. Irgendwo in Deutschland, wo die Umstände sich als günstig erweisen, soll eine Stätte errichtet werden, die nicht nur Denkmal und Museum ist, sondern die geistigen und seelischen Kräfte, die von dem Werk der Brüder ausgehen, veranschaulicht und lebendig erhält. Dort soll gesammelt werden, was an Erinnerungsstücken aus ihrem Leben noch erhalten ist; dort soll ihr wissenschaftliches Werk nach Umfang, Tiefe und Auswirkung ebenso sichtbar werden wie das Sammelwerk der Märchen, ihre Bedeutung im deutschen Volksleben und ihre Wege durch die Welt; dort müßte eine Sammlung aller Illustrationen entstehen, die in anderthalb Jahrhunderten zu den Märchen von Künstlern geschaffen wurden. Dort müßte eine Stätte sein, mit einem Wort gesagt, wo klein und groß eine Stunde in der Welt der Brüder Grimm leben können."

VIII. Schenkungen und Stiftungen

Schon am 15. Dezember 1959 – am Vorabend des 100. Todestages von Wilhelm Grimm – konnte mit der Stadt Kassel der Vertrag über die Gründung des Brüder Grimm-Museums Kassel geschlossen werden, der seither die Grundlage der Museumsarbeit bildet. Den Grundstock der Sammlungen des Museums bilden die alte sogenannte Kasseler Grimm-Sammlung in der ehemaligen Landesbibliothek (soweit sie den Krieg überstanden hat) sowie die Schenkungen an Hausrat, Gemälden, Zeichnungen, Briefen und anderen Erinnerungsstücken seitens der Urenkelin der Schwester Lotte der Brüder Grimm, Nora Hassenpflug, und ihres Bruders Carl Hassenpflug.

Ein sehr großer Teil des persönlichen und künstlerischen Nachlasses des Malerbruders Ludwig Emil Grimm konnte von dessen Urenkelin Thea von Bose und ihrem Sohn Hans Jürgen von Bose erworben werden. Zahlreiche weitere Schenkungen und Ankäufe haben die Sammlungen des Brüder Grimm-Museums Kassel zu einem bedeutenden Anziehungspunkt für die internationale Grimm-Forschung gemacht. Im Laufe der 1990er Jahre konnten neben kontinuierlichen weiteren Ankäufen verschiedener Grimmiana bedeutende wissenschaftliche Nachlässe mit speziellen kunsthistorisch relevanten Dokumenten sowie teils sehr umfangreichen Buchbeständen (u.a. Nachlaß René van de Zijpe/Schoof, Nachlaß Leo Weisgerber, Bibliothek Hans-Bernd Harder) in das Brüder Grimm-Museum eingegliedert werden. Mit dem Ankauf der etwa 50.000 Bände umfassenden germanistischen Spezialbibliothek von Ulrich Pretzel konnte seit 2004 die Arbeit des Museums und der Gesellschaft auf eine ganz neue Materialbasis gestellt werden. Zuletzt (2006) wurden die Bestände des Brüder Grimm-Museums durch die große Sammlung zur Geschichte der Kinder- und Jugendliteratur bereichert, die das Kasseler Ehepaar Ingrid und Martin Witzel der Brüder Grimm-Gesellschaft stiftete. Bis 2008 sind die Sammlungen von Museum und Gesellschaft auf über 100.000 Dokumente angewachsen.

IX. Ausstellungen

Die erste Ausstellung des neuen Museums konnte zum 175. Geburtstag Jacob Grimms am 4. Januar 1960 in den Räumen der Murhardschen Bibliothek der Stadt Kassel und Landesbibliothek am Brüder Grimm-Platz Nr. 4A eröffnet werden. Später erfolgte ein Umzug des Museums in das von Paul du Ry 1714 erbaute barocke Palais Bellevue an der Schönen Aussicht Nr. 2, wo im Erdgeschoß auf wesentlich erweiterter Fläche und mit erheblich vermehrter Anzahl an Exponaten eine angemessenere Präsentation des Lebens und Werkes der Brüder Grimm erfolgen konnte. Wichtige Meilensteine in der Geschichte der Brüder Grimm-Gesellschaft und des Brüder Grimm-Museums Kassel waren 1985 und 1986 die zweihundertsten Geburtstage der Brüder Grimm, die unter inhaltlicher Anleitung von Gesellschaft und Museum und mit finanzieller und organisatorischer Unterstützung des Landes Hessen sowie der hessischen Grimm-Städte Hanau, Steinau, Marburg und Kassel mit zahlreichen Ausstellungen, Vorträgen und anderen Veranstaltungen feierlich begangen wurden. Die 1985 und 1986 in Kassel, Marburg, Berlin und Hanau (in veränderter Form 1989 auch noch in Bonn und in Brüssel) präsentierte Jubiläumsausstellung konnte erstmals in umfassender Weise das Leben und Werk sowie die internationale Ausstrahlung der Brüder Grimm anhand von originalen Stücken aus der Kasseler Sammlung sowie von weiteren Leihgaben aus den großen Museen und Bibliotheken Europas dokumentieren und so einem größeren Publikum näherbringen; der große vierbändige Ausstellungskatalog („200 Jahre Brüder Grimm") stellt dabei bis heute eines der Grundlagenwerke für die internationale Grimm-Forschung dar.

Das Palais Bellevue an der Schönen Aussicht in Kassel, Photographie von Emil Friedrich Rothe, 1891

X. Das Brüder Grimm-Haus Steinau

Nach dem Vorbild der Museumsgründung in Kassel konnte 1997 ein weiterer Vertrag über die Gründung einer musealen Gedenkstätte für die Brüder Grimm mit der Stadt Steinau an der Straße geschlossen werden. Im Juni 1998 wurde im ehemaligen Amtshaus, dem einzigen noch vollständig erhaltenen Wohnhaus der Familie Grimm, die dort von 1791 bis 1796 lebte, das „Brüder Grimm-Haus Steinau" eröffnet. Die von der Brüder Grimm-Gesellschaft eingerichtete Dauerausstellung konzentriert sich auf die an Main und Kinzig verbrachte Kindheit und Jugend der Brüder Grimm, widmet jedoch spezielle Räume auch ihrem germanistischen Wirken sowie dem Schaffen ihres Malerbruders Ludwig Emil Grimm. Eine ganze Etage mit insgesamt neun Räumen ist der europäischen Überlieferungstradition der „Kinder- und Hausmärchen" gewidmet. Ergänzt wird die Dauerpräsentation durch vierteljährlich wechselnde Sonderausstellungen. Durch die wesentlich von Burkhard Kling bewirkte und gestaltete Gründung des Steinauer Regionalmuseums in der dem Brüder Grimm-Haus benachbarten Amtsscheune hat sich die Brüder Grimm-Stadt Steinau museal hervorragend weiterentwickelt.

XI. Weitere hessische Gedenkstätten

Im Rahmen der Museen der Stadt Hanau wurden nach dem verheerenden Brand 1985 auf Schloß Philippsruhe zwei Räume mit den dort vorhandenen bedeutenden Sammlungsstücken für die in Hanau geborenen Söhne der Stadt eingerichtet. Inzwischen gibt es in der Geburtsstadt der Grimm-Brüder den Plan zur Errichtung eines speziellen Brüder Grimm-Kulturzentrums, das sich an modernen „Edutainment"-Konzepten orientiert. In Zusammenarbeit mit der Brüder Grimm-Gesellschaft werden parallel zu den Hanauer Märchenfestspielen im Sommer Sonderausstellungen zu verschiedenen Themen auf Schloß Philippsruhe präsentiert.

Das Amtshaus in Steinau, getuschte Federzeichnung von Ludwig Emil Grimm (?), 1815

Unter der Federführung der Brüder Grimm-Gesellschaft wurde im Jahre 2000 in Marburg an der Lahn das „Marburger Haus der Romantik" im Haus Am Markt 16 eingerichtet. Auf zwei Etagen werden hier zum einen die Vertreter der Marburger Frühromantik (Savigny, Brentano, Creuzer, Grimm, Bang u. a.) gewürdigt, zum anderen in ebenfalls vierteljährlich wechselnden Ausstellungen Themen der Brüder Grimm sowie der deutschen und europäischen Romantik ausstellerisch dargestellt.

1998 wurde in Breitenbach (Gemeinde Schauenburg) zu Ehren der Märchenbeiträger Friedrich Krause und Marie Hassenpflug unter der Federführung des von dort stammenden Künstlers Albert Schindehütte in der alten Feuerwache die „Schauenburger Märchenwache" eingerichtet, die überregional mit Veranstaltungen und kleinen Ausstellungen auf sich aufmerksam machen konnte. Im Bergwinkelmuseum zu Schlüchtern und im Gerhardt v. Reutern-Haus zu Willingshausen wurden die Ausstellungsflächen für das Thema „Brüder Grimm" in den letzten Jahren erweitert und neue diesbezügliche Präsentationen erstellt.

XII. Wissenschaftliche und andere Aktivitäten

Mit und nach den Jubiläumsjahren erfuhr die Ausstellungs- und Publikationstätigkeit des Brüder Grimm-Museums und der Brüder Grimm-Gesellschaft einen fruchtbaren Aufschwung. So wurden in den letzten zwanzig Jahren über 200 Sonderausstellungen mit wechselnden Themen in Hanau, Steinau, Schlüchtern, Marburg, Willingshausen, Kassel, Göttingen, Berlin und zahlreichen anderen deutschen Städten sowie auch im Ausland (u. a. Armenien, Belgien, Frankreich, Griechenland, Italien, Japan, Kroatien, Litauen, Polen, Schweiz, Spanien, Tschechien, Ungarn, USA) veranstaltet. Zahlreiche Archivalien und Sammlungen wurden neu erschlossen, Briefwechsel und andere Dokumente neu ediert. Mit beträchtlichen finanziellen Mitteln konnte die Gesellschaft zahlreiche Bände des wichtigen Diskussionsforums „Brüder Grimm Gedenken" sowie weitere Forschungen in den „Schriften der Brüder Grimm-Gesellschaft" fördern; dazu wurde mit der Reihe „Ausstellungen im Brüder Grimm-Museum" („Große Reihe" und „Kleine Reihe") den Sonderausstellungen des Museums eine eigene Plattform geschaffen. Schließlich gelang 1991 die Begründung eines eigenen „Jahrbuches der Brüder Grimm-Gesellschaft", in dem die Ergebnisse der internationalen Brüder Grimm-Forschung zusammengefaßt, kritisch besprochen und möglichst auch vollständig bibliographisch erfaßt werden sollen. Seit 1998 erscheint im Rahmen der Brüder Grimm-Gesellschaft die kritisch-kommentierte Ausgabe von „Werken und Briefen der Brüder Grimm in Einzelausgaben". Seit 2006 gibt die Gesellschaft schließlich ein für ein breites Publikum gedachtes durchgehend farbig illustriertes „Brüder Grimm-Journal" heraus.

XIII. Aktuelle Aufgaben

Die Brüder Grimm-Gesellschaft e.V. sieht auch heute ihre zentralen Ziele – wie es in der Satzung heißt – darin, die „vorurteilsfreie, kritische Erforschung von Leben, Werk und Wirkung der Brüder Grimm zu fördern, ihre Stellung in der Geistes-, Wissenschafts- und politischen Geschichte bestimmen zu helfen und ihren Beitrag zur hessischen und deutschen Kultur und zur Weltliteratur darzustellen". „Ihre vordringlichsten Aufgaben sieht die Brüder Grimm-Gesellschaft daher in der Veröffentlichung von Schriften und Briefen Jacob und Wilhelm Grimms, ihrer Geschwister, Freunde und ihnen mitforschend verbundener Gelehrten; in der Unterstützung wissenschaftlicher Forschungsvorhaben im Rahmen ihrer oben genannten Ziele; in der fördernden Erhaltung und im helfenden Ausbau des von ihr und der Stadt Kassel gemeinsam gegründeten Brüder Grimm-Museums in Kassel, der Grimm-Gedenkstätten in Hanau, Marburg, Schlüchtern und Steinau".

XIV. Die Sammlungen

Das Brüder Grimm-Museum Kassel und in Ansätzen auch das Brüder Grimm-Haus Steinau haben sich zu Museums- und Forschungsinstitutionen mit internationalem Charakter entwickelt Den Grundstock der Sammlungen bilden zahlreiche Autographen der Brüder Jacob und Wilhelm Grimm, Handexemplare und Manuskripte ihrer Veröffentlichungen, Erinnerungsstücke aus verschiedenen Nachlässen der Familie Grimm und ihrer Nachfahren. Aus den Haushalten der Grimms, die von 1798 bis 1829 und von 1837/38 bis 1841 in Kassel lebten, stammen Möbel, Glas, Porzellan, Silber und zahlreiche andere Lebenszeugnisse.

Bedeutend ist auch der Bestand an Handzeichnungen, Radierungen und Gemälden des Malerbruders Ludwig Emil Grimm, der das Leben von Jacob und Wilhelm Grimm auf vielfältige Weise zeichnerisch begleitet und damit unmittelbar anschaulich gemacht hat.

Weitere Schwerpunkte der Sammlungen sind die wissenschaftlichen Arbeitsbereiche der Brüder Grimm (Literarische

Volkskunde, Germanische Sprach- und Literaturwissenschaft, Rechts- und Geschichtswissenschaft sowie Mythenkunde, Romanistik, Slawistik, Keltistik) sowie ihr politisches Wirken (u. a. Befreiungskriege und Wiener Kongreß 1814/15, Protest der „Göttinger Sieben" 1837, erste Deutsche Nationalversammlung in der Frankfurter Paulskirche 1848). Sehr umfangreich ist die Sammlung der verschiedenen Ausgaben und Übersetzungen der „Kinder- und Hausmärchen", die in über 160 verschiedenen Sprachen und Mundarten aller Erdteile dokumentiert werden können. Bedeutend ist auch die internationale Sammlung künstlerischer Illustrationen und Interpretationen der Märchen der Brüder Grimm.

Im Brüder Grimm-Museum Kassel verfügbar sind auch zahlreiche Kataloge, Spezialkarteien und Findbücher sowie ein großes Photoarchiv. Über diese Hilfsmittel können zahlreiche weitere Sammlungen mit Grimm-Beständen in Hessen (Hessisches Staatsarchiv Marburg, Universitätsbibliothek Marburg, Verwaltung der Staatlichen Schlösser und Gärten Bad Homburg v.d.H., Historisches Museum der Stadt Hanau, Bergwinkelmuseum Schlüchtern, Staatliche Museen Kassel, viele private Sammlungen u.a.) und außerhalb Hessens sowie darüber hinaus gut erschlossen werden.

XV. Die Dauerausstellung zu Leben und Werk der Brüder Grimm

Die Schauräume des Brüder Grimm-Museums befinden sich auf vier Geschossen des Palais' Bellevue (1714 als Sternwarte für den hessischen Landgrafen Karl erbauter kleinerer Schloßbau) an der Schönen Aussicht Nr. 2. Die ständige Ausstellung über Leben und Werk der Brüder Grimm im zweiten Obergeschoß dokumentiert chronologisch fortlaufend ihre wichtigsten Lebensstationen im Zusammenhang ihres wissenschaftlichen und politischen Wirkens. Im Stil der Zeit sind dabei die

Räume farblich gestaltet und mit Originalmöbeln und anderen Zeugnissen ausgestattet. Bedeutendstes und wertvollstes Exponat des Museums ist das Grimmsche Handexemplar der „Kinder- und Hausmärchen“ (2 Bde. Berlin 1812 –1815) mit zahlreichen handschriftlichen Anmerkungen und Notizen, das hinsichtlich der Entstehungsgeschichte der Märchen eine Quelle ersten Ranges darstellt. Die Kasseler Handexemplare der Märchen wurden am 17. Juni 2005 auf Antrag der Brüder Grimm-Gesellschaft vom 8. April 2004 zum „Weltdokumentenerbe“ der UNESCO erklärt. Das Brüder Grimm-Museum Kassel ist im Besitz weiterer Hand- und Widmungsexemplare der zu Lebzeiten der Brüder Grimm erschienenen Werke.

Für Kinder und Erwachsene gleichermaßen ist dem Thema „Märchen“ die gesamte dritte Etage des Hauses gewidmet, wo in drei von einem runden Zentralraum ausgehenden Schauräumen eine interaktiv gestaltete bunte Erlebniswelt (Märchenwald, Märchenheld, Märchenschloß) präsentiert wird. Die übrigen Räume im Erdgeschoß sowie im ersten Obergeschoß dienen wechselnden Ausstellungen sowie Vorträgen, Tagungen und anderen Veranstaltungen. Internationales Interesse fanden in den letzten Jahren die großen Jahresausstellungen des Museums (u.a. 2004 „Wenn Scheherazade erzählt … Märchen aus 1001 Nacht“, 2005 „Des Märchens neue Kleider - Hans Christian Andersen und die Brüder Grimm“, 2006 „Frau Holle - Märchen, Sage, Mythos“, 2007 „Bücher öffnen Welten – Drei Jahrhunderte Kinder- und Jugendliteratur aus der Sammlung Witzel). Großer Beliebtheit erfreut sich alljährlich das große Märchenfest im und am Palais Bellevue, das am ersten Septemberwochenende immer Tausende von Besuchern anzieht.

XVI. Sammlung, Dokumentation, Präsentation

Die Brüder Grimm-Gesellschaft e.V., das Brüder Grimm-Museum Kassel und das Brüder Grimm-Haus Steinau stellen sich vor allem drei Aufgaben. Erstens wird versucht, mit der Ankaufs- und Sammlungspolitik alle noch erreichbaren Zeugnisse zu Leben, Werk und Wirkung der Brüder Grimm zusammenzutragen und Kassel im Verein mit Steinau und Marburg zu einem Kompetenz- und Servicezentrum für die weltweite Brüder Grimm-Forschung zu machen. Zweitens werden über die international tätige Brüder Grimm-Gesellschaft und ihre Publikationsforen wissenschaftliche Projekte und Aktivitäten unterstützt und gefördert. Drittens schließlich wird versucht, durch zahlreiche Sonderausstellungen das Wirken der Brüder Grimm einem größeren Publikum nahezubringen und dabei vor allem die europäische Bedeutung dieser Märchenforscher und Germanisten, aber auch der politisch handelnden Gelehrten deutlich zu machen. Große Aufmerksamkeit wird dabei insbesondere auch dem weiteren Ausbau der Internetseiten (www.grimms.de) des Museums und der Gesellschaft geschenkt; hier wurde inzwischen u.a. damit begonnen, die Kasseler Handexemplare im Rahmen eines im Aufbau begriffenen digitalisierten „Brüder Grimm-Archivs“ weltweit und rund um die Uhr verfügbar zu machen und für die Diskussion aktueller wissenschaftlicher Projekte in der Form einer virtuellen „Brüder Grimm-Akademie“ ein weiteres Forum anzubieten.

XVII. Kontaktadresse

Brüder Grimm-Gesellschaft Kassel e.V. (Geschäftsstelle)
Brüder Grimm-Museum Kassel (Verwaltung)
Brüder Grimm-Platz 4A, D-34117 Kassel
Tel.: 05 61/10 32 35; Fax: 05 61/7132 99
E-mail: grimm-museum@t-online.de
Internet: www.grimms.de

Ausgewählte Brüder Grimm-Bibliographie

Von Bernhard Lauer

Diese Bibliographie möchte den Zugang zur Grimm-Forschung erleichtern, sie erhebt allerdings keinen Anspruch auf Vollständigkeit und ist in ihrer Auswahl subjektiv. Sie will den interessierten Leser weiterführen und bietet neben Hinweisen auf Nachschlagewerke und Bibliographien vor allem grundlegende Ausgaben der Grimmschen Werke sowie monographische Darstellungen, nicht aber spezielle Aufsätze und Spezialuntersuchungen an; bei der Auswahl wurde insbesondere auf die Zugänglichkeit der Publikationen in öffentlichen Bibliotheken sowie auch im Buchhandel geachtet.

I. Archivalien und Sammlungen

Hans Daffis: Inventar der Grimm-Schränke in der Preuß. Staatsbibliothek. Berlin: Karl W. Hiersemann, 1923 (Mitteilungen aus der Preussischen Staatsbibliothek, 5). 119 S., 2 Bll.

Dieter Hennig: Brüder Grimm-Museum Kassel. Katalog der Ausstellung im Palais' Bellevue. Kassel: Bärenreiter, 1973. 160 S.

Berthold Friemel: Verzeichnis von Jacob und Wilhelm Grimms Briefwechsel (Torso-Fassung). Berlin: Phil. Diss. Ms., 1992. 1202 Bll.

Ralf Breslau: Der Nachlaß der Brüder Grimm. Katalog. 2 Teile. Wiesbaden: Harrassowitz, 1997. 894 S. (Staatsbibliothek zu Berlin – Preußischer Kulturbesitz, Kataloge der Handschriftenabteilung, Zweite Reihe, Nachlässe, 3).

Werner Moritz u.a.: Verzeichnis des Nachlaßbestandes Grimm im Hessischen Staatsarchiv Marburg. Marburg: Hitzeroth, 1988. XXVIII, 528 S., 1 Taf. (Quellen zur Brüder Grimm-Forschung, 1; Repertorien des Hessischen Staatsarchivs, Bestand 340 Grimm).

Ludwig Denecke / Irmgard Teitge: Die Bibliothek der Brüder Grimm. Annotiertes Verzeichnis des festgestellten Bestandes. Weimar: Böhlau, 1989. 652 S.

II. Grundlegende Bibliographien

Ludwig Denecke: Jacob Grimm und sein Bruder Wilhelm. Stuttgart: Metzler, 1971. XI, 228 S.

Ludwig Denecke: Bibliographie der Briefe von und an Jacob und Wilhelm Grimm. In: Aurora. Jahrbuch der Eichendorff-Gesellschaft 43 (1983), S. 169 – 227 [Sonderdruck auch als Schriften der Brüder Grimm-Gesellschaft, 7].

Bernhard Lauer: Chronologisches Werkverzeichnis der Brüder Jacob und Wilhelm Grimm 1806 bis 1863. Marburg: Hitzeroth, 1989 [Separatdruck]. Pag. 45 –117.

Bernhard Lauer: [Laufende] Brüder Grimm-Bibliographie 1986 –1990, 1991, 1992, 1993, 1994, 1995, 1996, 1997, 1998, 1999. In: Jahrbuch der Brüder Grimm-Gesellschaft 1 (1991) bis 10 (2000) [separat erschienen auch als Sonderdrucke des Brüder Grimm-Museums Kassel].

III. Reihen, Ausstellungskataloge

Brüder Grimm Gedenken. Hrsg. von Ludwig Denecke u.a. Marburg 1963 ff. [bisher 16 Bde.; Bde. 3 – 9 als Schriften der Brüder Grimm-Gesellschaft, 5, 8, 11, 13, 15, 19, 20, 24].

Schriften der Brüder Grimm-Gesellschaft. Marburg / Kassel / Göttingen usw.: [wechselnde Verlage], 1979 ff. [bisher 33 Bde.; ab Band 25 (1991) im Verlag der Brüder Grimm-Gesellschaft].

Jahrbuch der Brüder Grimm-Gesellschaft. Hrsg. von Bernhard Lauer u. a. Kassel 1991 ff. [bisher 12 Bde., weitere im Druck].

Die Brüder Grimm. Dokumente ihres Lebens und Wirkens. Ausstellungskatalog. Hrsg. von Dieter Hennig und Bernhard Lauer. Kassel: Weber u. Weidemeyer, 1985. 631 S.

Die Brüder Grimm in ihrer amtlichen und politischen Tätigkeit. Hrsg. von Hans-Bernd Harder u. a. 2 Tle. Kassel: Weber u. Weidemeyer, 1985. 156 S.; Marburg: Hitzeroth, 1989. 220 S. u. Stammtafeln.

Bernhard Lauer: Von Hessen nach Deutschland. Wissenschaft und Politik. Leben und Werk der Brüder Grimm. Ausstellung. Bonn: Hessische Landesvertretung, 1989, 176 S.

Ausstellungen im Brüder Grimm-Museum. Kassel 1990 ff. [bisher 7 Hefte (Kleine Reihe) und 4 Bde. (Große Reihe)].

Die Brüder Grimm in Berlin. Katalog zur Ausstellung anlässlich des hundertfünfzigsten Jahrestages seit der Vollendung von Band 1 des Grimmschen Wörterbuches im Jahr 1854. 5. Juli – 28. August 2004 in der Humboldt-Universität zu Berlin. Redaktion: Klaus B. Kaindl, Berthold Friemel u.a. Stuttgart / Leipzig: Hirzel, 2004. 208 S.

IV. Werkausgaben (in Auswahl)

Jacob Grimm: Kleinere Schriften. 2. Aufl. 8 Bde. Berlin: Dümmler, 1879 – 1885 [mehrfach nachgedruckt].

Wilhelm Grimm: Kleinere Schriften. 4 Bde. Berlin: Dümmler, 1881–1883/ Gütersloh: Bertelsmann, 1887 [mehrfach nachgedruckt].

Die Selbstbiographien von Jacob und Wilhelm Grimm aus dem Juli und September 1830. Hrsg. von Ingeborg Schnack. Kassel: Brüder Grimm-Gesellschaft, 1958. 59 S. [Sonderdruck aus dem Jahrbuch der Deutschen Schillergesellschaft 2 (1958)].

Jacob Grimm: Ausgewählte Schriften, Reden und Abhandlungen. Hrsg. von Ulrich Wyss. München: dtv, 1984. 248 S.

Jacob Grimm: Reden in der Akademie. Hrsg. von Werner Neumann / Hartmut Schmidt. Berlin [Ost]: Akademie-Verlag, 1984. 364 S., 16 Taf.

Jacob und Wilhelm Grimm: Schriften und Reden. Hrsg. von Ludwig Denecke. Stuttgart: Reclam, 1985. 288 S.

Jacob und Wilhelm Grimm: Über das Deutsche. Schriften zur Zeit-, Rechts-, Sprach- und Literaturgeschichte. Hrsg. von Ruth Reiher / Bärbel Göllmer. Leipzig: Reclam, 1986. 443 S.

Jacob und Wilhelm Grimm: Forschungsausgabe. Hrsg. von Ludwig Erich Schmitt. Nachdruck. Hildesheim / Zürich / New York: Olms-Weidmann, 1989ff. [bisher 54 Bde., zum Teil im Internet verfügbar].

Brüder Grimm: Werke und Briefwechsel in kritisch kommentierten Einzelausgaben. Kassel: Brüder Grimm-Gesellschaft, 1998 ff. [bisher 3 Bde., weitere in Vorbereitung].

Jacob und Wilhelm Grimm: Briefwechsel. Kritische Ausgabe. Stuttgart: Hirzel, 2001ff. [bisher 4 Bde.].

Kinder- und Hausmärchen. Ausgabe letzter Hand mit den Originalanmerkungen der Brüder Grimm. Hrsg. von Heinz Rölleke. 3 Bde. Stuttgart: Reclam, 1980. 420, 528, 624 S.

Kinder- und Hausmärchen. Nach der Großen Ausgabe von 1857. Hrsg. von Hans Jörg Uther. 4 Bde. München: Diederichs, 1996. 332, 352, 315, 416 S.

Das Denkmal der Brüder Grimm von Syrius Eberle auf dem Marktplatz in Hanau von 1896, Lithographie, um 1900

Deutsche Sagen. 3 Bde. Hrsg. von Hans Jörg Uther / Barbara Kindermann-Bieri. München: Diederichs, 1993. 316, 188, 652 S.

Deutsche Sagen. Ausgabe auf der Grundlage der ersten Auflage. Hrsg. von Heinz Rölleke. Frankfurt a. M.: Dt. Klassiker Verlag, 1994. 1073 S.

Deutsches Wörterbuch. Leipzig: Weidmann / Hirzel, 1852 –1960, 1971 [Nachdruck in 33 Bden. München: dtv, 1984; zahlreiche Folgeauflagen; auch im Internet verfügbar].

V. Literatur zu Jacob und Wilhelm Grimm (in Auswahl)

Die Brüder Grimm. Beiträge zu ihrem Schaffen. Hrsg. vom Kreismuseum Haldensleben. Magdeburg: Druckhaus Haldensleben, 1988. 76 S.

Elmer H. Antonsen u.a. (Hrsg.): The Grimm Brothers and the Germanic Past. Amsterdam – Philadelphia: John Benjamins Publ. Comp., 1990. 162 S. (Amsterdam Studies in the Theory and History of Linguistic Science, 3, 54).

Edzard Blanke u.a.: Die Göttinger Sieben. Ansprachen und Reden anläßlich der 150. Wiederkehr ihrer Protestation. Göttingen: Vandenhoeck & Ruprecht, 1988. 101 S. (Göttinger Universitätsreden, 85).

Lothar Bluhm: Die Brüder Grimm und der Beginn der Deutschen Philologie. Eine Studie zu Kommunikation und Wissenschaftsbildung im frühen 19. Jahrhundert. Hildesheim / Zürich: Weidmann, 1997. 423 S. (Spolia Berolinesia, 11).

Rolf Wilhelm Brednich (Hrsg.): Die Brüder Grimm in Göttingen 1829 – 1837. Ausstellungskatalog. Göttingen: Schwartz, 1986. 88 S. (Schriftenreihe der volkskundlichen Kommission für Niedersachsen, 1).

Maria Teresa Cortez: Os contos de Grimm em Portugal. A recepçao dos „Kinder- und Hausmärchen" entre 1837 e 1910. Coimbra: Minerva, 2001. 531 S.

Ludwig Denecke / Karl Schulte-Kemminghausen: Die Brüder Grimm in Bildern ihrer Zeit. 2. Aufl. Kassel: Röth, 1980. 132 S. (Kasseler Quellen und Studien, 1).

Joachim Dückert (Hrsg.): Das Grimmsche Wörterbuch. Untersuchungen zur lexikographischen Methodologie. Leipzig / Stuttgart: S. Hirzel, 1987. 200 S. u. 8 Taf.

Roland Feldmann: Jacob Grimm und die Politik. Frankfurt: Phil. Diss., 1969. VIII, 334 S.

Gunhild Ginschel: Der junge Jacob Grimm 1805 –1819. 2. Aufl. Stuttgart: S. Hirzel, 1989. 472 S.

Donald Haase (Hrsg.): The Reception of Grimm's Fairy Tales – Responses, Reactions, Revisions. Detroit, Mich.: Wayne State Univ. Press, 1993. 347 S.

Alfred Höck: Die Brüder Grimm als Studenten in Marburg. Marburg: Elwert, 1978. 32 S. [Nachdruck 1985].

Ulrich Hussong: Jacob Grimm und der Wiener Kongreß. Mit einem Anhang größtenteils unveröffentlichter Dokumente. Kassel: Brüder Grimm-Gesellschaft, 2002. 256 S. u. 16 Taf. (Schriften der Brüder Grimm-Gesellschaft, 33).

Christa Kamenetsky: The Brothers Grimm and their Critics. Folktales and the Quest for Meaning. Chicago: Ohio Univ. Press, 1992. XI, 377 S.

Beate Kellner: Grimms Mythen. Studien zum Mythosbegriff und seiner Anwendung in Jacob Grimms „Deutscher Mythologie". Frankfurt a.M. / Bern usw.: Peter Lang, 1994. 415 S. (Mikrokosmos. Beiträge zur Literaturwissenschaft und Bedeutungsforschung, 41).

Alan Kirkness: Geschichte des Deutschen Wörterbuchs 1838 –1863. Dokumente zu den Lexikographen Grimm. Stuttgart: S. Hirzel, 1980. 293 S.

Alan Kirkness / Peter Kühn / Herbert Ernst Wiegand (Hrsg.): Studien zum Deutschen Wörterbuch von Jacob Grimm und Wilhelm Grimm. 2 Bde. Tübingen: Max Niemeyer, 1991, LXII, 767 S. (Lexicographica, Series Maior, 33 – 34).

Monika Köstlin: Im Frieden für die Wissenschaft. Wilhelm Grimm als Philologe. München: Phil. Diss. Ms., 1991. 263 S.

Veronika Krapf: Sprache als Organismus. Metaphern – Ein Schlüssel zu Jacob Grimms Sprachauffassung. Kassel: Brüder Grimm-Gesellschaft, 1993. X, 137 S. (Schriften der Brüder Grimm-Gesellschaft, 26).

Anneliese Kuchinke (Hrsg.): Die Brüder Grimm. Eine Würzburger Ringvorlesung zum Jubiläum im Rahmen des studium generale. Frankfurt a.M. / Bern / New York: Peter Lang, 1987. 125 S. (Würzburger Hochschulschriften zur neueren deutschen Literaturgeschichte, 10).

Hans Kück: Die „Göttinger Sieben". Ihre Protestation und ihre Entlassung im Jahre 1837. Berlin: Emil Ebering, 1934. 222 S. (Historische Studien, 258).

Wilfried Kürschner / Edgar Papp (Hrsg.): Jacob und Wilhelm Grimm. Fachwissenschaftliche und fachdidaktische Beiträge zur Werk- und Wirkungsgeschichte. Cloppenburg: Günter Runge, 1989, 247 S. (Vechtaer Universitätsschriften, 5).

Bernhard Lauer: Dorothea Viehmann und die Brüder Grimm. Kassel: Brüder Grimm-Museum, 1997. 12 S.

Bernhard Lauer (Hrsg.): Die Brüder Grimm und die Geisteswissenschaften heute. Ein wissenschaftliches Symposion der Brüder Grimm-Gesellschaft e.V. in der Paulinerkirche zu Göttingen am 21. und 22. November 1997. Kassel: Brüder Grimm-Gesellschaft, 1999. 160 S. (Schriften der Brüder Grimm-Gesellschaft, 30).

Bernhard Lauer: Die Brüder Grimm – Leben und Werk; Die Brüder Grimm als hessische Bibliothekare. Schlüchtern: Bergwinkel, 2000. 28 S. (Unsere Heimat, 16) [fremdsprachige Versionen erschienen u. a.: Les Frères Grimm. La Vie et l'Œuvre. Bruxelles: VG 200 Jahre Brüder Grimm, 1989. 64 S.; De Gebroeders Grimm. Leven en Werk. Brussel: VG 200 Jahre Brüder Grimm, 1989. 64 S.; Los Hermanos Grimm. Madrid: Red itinerante, 1997. 24 S.; Broliai Grimmai. Gyvenimas ir kuryba. Kaselis ir Vilnius [Wilna]: Brüder Grimm-Gesellschaft, 1999. 32 S.; I Fratelli Grimm. Vita e opera. Kassel e Belluno: Museo Etnografico di Seravella / Brüder Grimm-Gesellschaft, 2000. 48 S.; Les Frères Grimm. Vie et Œuvre. Kassel et Guillestre: Mont Dauphin / Brüder Grimm-Gesellschaft, 2001. 48 S.].

Bernhard Lauer (Hrsg.): Das Deutsche Wörterbuch von Jacob Grimm und Wilhelm Grimm. Ein wissenschaftliches Symposion der Brüder Grimm-Gesellschaft e.V. aus Anlaß des 150-jährigen Jubiläums des Erscheinens der ersten Lieferung (1852) im Brüder Grimm-Museum Kassel am 25. Oktober 2002. Kassel: Brüder Grimm-Gesellschaft, 2003. 96 S. (Schriften der Brüder Grimm-Gesellschaft, 35).

Bernhard Lauer: Die Brüder Grimm. Leben und Wirken. Kassel: Brüder Grimm-Museum, 2005. 64 S.

Yea-Jen Liang: Kinder- und Hausmärchen der Brüder Grimm in China. Rezeption und Wirkung. Wiesbaden: Harrassowitz, 1986. VII, 179 S.

Angelika Machinek (Hrsg.): Dann wird Gehorsam zum Verbrechen. Die Göttinger Sieben: Ein Konflikt um Obrigkeitswillkür und Zivilcourage. Göttingen: Steidl, 1989, 159 S.

James M. McGlathery u.a. (Hrsg.): The Brothers Grimm and the Folktale. Urbana / Chicago: Univ. of Illinois Press, 1988. XVI, 258 S.

James M. McGlathery: Grimms' Fairy Tales. A History of Criticism on a Popular Classic. Columbia: Camden House, 1993. 135 S. (Studies in German Literature, Linguistics and Culture: Literary Criticism in Perspective).

Volker Mertens (Hrsg.): Die Grimms, die Germanistik und die Gegenwart. Wien: Fassbaender, 1988. 132 S. (Philologica Germanica, 9).

Miljan Mojasevic: Jacob Grimm und die serbische Literatur und Kultur. Marburg: Hitzeroth, 1990. 212 S. (Marburger Studien zur Germanistik, 14; Schriften der Brüder Grimm-Gesellschaft Kassel, 22).

Yoshiko Noguchi: Die Rezeption der „Kinder- und Hausmärchen" der Brüder Grimm in Japan. Marburg: Ph. Diss., 1977. 268 S.

Wilhelm Praesent: Märchenhaus des deutschen Volkes. Aus der Kinderzeit der Brüder Grimm. Kassel: Bärenreiter, 1957. 93 S. u. 17 Abb.

Lutz Röhrich: Märchen und Wirklichkeit. Wiesbaden: Steiner, 1974. 320 S. [Neuausgabe Köln: Böhlau, 2002].

Heinz Rölleke: Die Märchen der Brüder Grimm. Eine Einführung. Zürich: Artemis, 1985. 103 S. (Artmenis-Einführungen, 18) [zahlreiche Folgeauflagen].

Heinz Rölleke (Hrsg.): „Waltende Spur". Festschrift für Ludwig Denecke zum 85. Geburtstag. Kassel: Brüder Grimm-Gesellschaft 1991. VIII, 218 S. (Schriften der Brüder Grimm-Gesellschaft Kassel, 25).

Heinz Rölleke: „Wo das Wünschen noch geholfen hat". Gesammelte Aufsätze zu den „Kinder- und Hausmärchen" der Brüder Grimm. Bonn: Bouvier, 1985. 238 S. (Wuppertaler Schriftenreihe Literatur, 23).

Heinz Rölleke: Alt wie der Wald. Reden und Aufsätze zu den Märchen der Brüder Grimm. Trier: Wiss. Verlag, 2006. 4 Bll. 274 S. (Schriftenreihe Literaturwissenschaft, 70).

Hans-Georg Schede: Die Brüder Grimm. München: dtv, 2004. 191 S. (dtv porträt).

Wilhelm Scherer: Jacob Grimm. Hrsg. von Sigrid v. Schulenburg. Berlin: Dom-Verlag, 1921 [Neudruck der 2. Aufl.]. 354 S. [mehrfach nachgedruckt].

Ruth Schmidt-Wiegand: Der Bruder und der Freund. Zum 200. Geburtstag von Wilhelm Grimm. Marburg: Universitätsbibliothek, 1988. 66 S. (Schriften der Universitätsbibliothek Marburg, 39).

Ruth Schmidt-Wiegand: Was Recht ist, muss Recht bleiben. Ergänzter Wiederabdruck der Einleitung zu Jacob Grimm, Deutsche Rechtsalterthümer. Hildesheim / Zürich / New York: Olms-Weidmann, 2006. 53 S.

Herbert Scurla: Die Brüder Grimm. Ein Lebensbild. Aus dem Nachlaß hrsg. von Joachim Lindner. Berlin [Ost]: Verlag der Nation, 1985. 381 S. [Nachdruck Hanau: Dausien, o. J.].

Wilhelm Schoof: Die Brüder Grimm in Berlin. Berlin: Haude & Spener, 1964. 112 S. u. 4 Taf. (Berlinische Reminiszenzen, 5).

Gabriele Seitz: Die Brüder Grimm. Leben – Werk – Zeit. München: Winkler, 1984. 192 S.

Arwed Spreu / Wilhelm Bondzio (Hrsg.): Humboldt-Grimm-Konferenz Berlin, 22.– 25. Oktober 1985. Internationale sprachwissenschaftliche Konferenz. Sprache, Mensch und Gesellschaft – Werk und Wirkungen von Wilhelm von Humboldt und Jacob und Wilhelm Grimm in Vergangenheit und Gegenwart. 3 Tle. Berlin [Ost]: Humboldt-Universität, 1986. 346, 352, 88 S.

Astrid Stedje (Hrsg.): Die Brüder Grimm. Erbe und Rezeption. Stockholmer Symposion 1984. Stockholm: Almqvist & Wiksell, 1985. 256 S. (Stockholmer Germanistische Forschungen, 32).

Heinz Stiller (Hrsg.): Jacob und Wilhelm Grimm. Vorträge anläßlich der 200. Wiederkehr ihrer Geburtstage. Berlin: Akademie-Verlag, 1986. 107 S. (Sitzungsberichte der Akademie der Wissenschaften der DDR, Gesellschaftswissenschaften, Jg. 1985, 6, G).

Martin Sutton: The Sin-Complex. A Critical Study of English Versions of the Grimms' „Kinder- und Hausmärchen" in the Nineteenth Century. Kassel: Brüder Grimm-Gesellschaft, 1996. VIII, 352 S. (Schriften der Brüder Grimm-Gesellschaft, 28).

Maria M. Tatar: The Hard Facts of the Grimms' Fairy Tales. Princeton: Princeton Univ. Press, 1987. XXIV, 277 S.; dt. u. d. T.: Von Blaubärten und Rotkäppchen. Grimms grimmige Märchen. Salzburg / Wien: Residenz, 1990. 301 S.

Jürgen Weishaupt: Die Märchenbrüder. Kassel: Thiele u. Schwarz, 1985. 246 S.

Hermann Wellenreuther (Hrsg.): Die Göttinger Sieben. Eine Ausstellung der Georg-August-Universität Göttingen. Göttingen: Georg-August-Universität, 1987. 87 S.

Waltraud u. Matthias Woeller: Es war einmal ... Illustrierte Geschichte des Märchens. Leipzig: Edition Leipzig, 1990. 275 S.

Ulrich Wyss: Die wilde Philologie. Jacob Grimm und der Historismus. München: Beck, 1979. XI, 313 S.

Jack Zipes: The Brothers Grimm. From enchanted forests to the modern world. New York / London: Routledge, 1988. X, 205 S.

Carl Zuckmayer: Die Brüder Grimm. Ein deutscher Beitrag zur Humanität. Frankfurt a.M.: Suhrkamp, 1948. 66 S.

VI. Literatur zu Ludwig Emil Grimm (in Auswahl)

Ludwig Emil Grimm: Erinnerungen aus meinem Leben. Hrsg. von Adolf Stoll. 2. Aufl. Leipzig: Hesse & Becker, 1913. 647 S. [Nachdruck Bern 1972].

Ludwig Emil Grimm: Erinnerungen aus meinem Leben. Hrsg. von Wilhelm Praesent. Kassel / Basel: Bärenreiter, 1950. 383 S.

Ludwig Emil Grimm: Briefe. Hrsg. von Egbert Koolman. 2 Bde. Marburg: Elwert, 1985/86. XXII, 907 S. (Schriften der Brüder Grimm-Gesellschaft, 12).

Elisabeth u. Robert Kashey u.a. (Bearb.): Ludwig Emil Grimm 1790 –1863. German romantic prints. New York: Shepherd & Derom Galleries, 2001. 56 S.

Ingrid Koszinowski / Vera Leuschner: Ludwig Emil Grimm. Zeichnungen und Gemälde. Werkverzeichnis. 2 Bde. Marburg: Hitzeroth, 1990. 408, 390 S. (Quellen zur Brüder Grimm-Forschung, 3).

Holger Dell u.a. (Hrsg.): Künstler sehen den Künstler Ludwig Emil Grimm. Zum 200. Geburtstag eine Hommage à Ludwig Emil Grimm von Künstlern der Bundesrepublik und der DDR. Hanau: Galerie '88, 1990. 64 S.

Gerhard Freund: Ludwig Emil Grimm. Maler und Radierer des 19. Jahrhunderts. Druckgrafisches Werk. Zur Erinnerung an seinen 200. Geburtstag am 14. März 1990. Steinau a. d. Straße: Märchenstraßen-Verlag, 1990. 141 S.

Carl Graepler (Bearb.): Louis, der jüngste der Brüder. Graphik von Ludwig Emil Grimm 1790 –1863. Ein Album. Marburg: Universitätsmuseum, 1985. 110 S.

Alfred Höck: Ludwig Emil Grimm. Bilder aus Hessen. Kassel: Lometsch, 1970. 95 S. (Kasseler Quellen und Studien, Kleine Reihe, 2).

Burkhard Kling: Ludwig Emil Grimm und Adriaen Brouwer. In: Jahrbuch der Brüder Grimm-Gesellschaft 8 (1998), S. 101–106.

Ingrid Koszinowski / Vera Leuschner (Hrsg.): Ludwig Emil Grimm. Maler – Zeichner – Radierer. Kassel: Weber u. Weidemeyer, 1985. 343 S.

Vera Leuschner: Ludwig Emil Grimm in Göttingen 1823 und 1824. In: Ursula Schumacher (Hrsg.), Bildende Kunst und Lebenswelten. Festschrift für Hans Wille. Hamm: Pröpperdruck, [1989], S. 141–172.

Hans Vogel: Ludwig Emil Grimm 1790 –1863. Handzeichnungen, Aquarelle, Ölbilder und ausgewählte Radierungen aus dem Historischen Museum Hanau. Hanau: Historisches Museum, 1963. 30 S. u. 32 Taf.

VII. Literatur zu Herman Grimm (in Auswahl)

Herman Grimm: Fünfzehn Essays. Gütersloh: Bertelsmann, 1882. XXIV, 403 S.

Herman Grimm: Das Leben Raphaels. Berlin: Hertz, 1886. XII, 515 S.

Herman Grimm: Beiträge zur deutschen Culturgeschichte. Berlin: Hertz, 1897. 459 S.

Herman Grimm: Fragmente. 2 Bde. Berlin / Stuttgart: W. Spemann, 1900. 624 S.

Herman Grimm: Aufsätze zur Kunst. Hrsg. von Reinhold Steig. Gütersloh: C. Bertelsmann, 1915. 354 S.

Herman Grimm: Aufsätze zur Literatur. Hrsg. von Reinhold Steig. Gütersloh: C. Bertelsmann, 1915. 272 S.

Herman Grimm: Das Leben Goethes. Hrsg. von Reinhard Buchwald. Stuttgart: Kröner, 1939. XL, 512, 47 S. u. 16 Taf.

Herman Grimm: Das Leben Michelangelos. Vollständige Ausgabe. Hrsg. von Karl August Laux. Leipzig: Dieterich, 1940. 960 S. u. 24 Taf.

Holger Ehrhardt (Hrsg.): Das Tagebuch Herman Grimms aus dem Jahre 1847. In: Jahrbuch der Brüder Grimm-Gesellschaft 5 (1995), S. 33 –105 [separat: Kassel: Brüder Grimm-Gesellschaft, 1995].

Holger Ehrhardt (Hrsg.): Brüder Grimm. Briefwechsel mit Herman Grimm (einschl. des Briefwechsels zwischen Herman Grimm und Dorothea Grimm, geb. Wild). Kassel / Berlin: Brüder Grimm-Gesellschaft, 1998. 616 S. (Kasseler Ausgabe, 1).

Hans Joachim Mey (Hrsg.): Im Namen Goethes. Der Briefwechsel Marianne v. Willemer und Herman Grimm. Frankfurt a.M.: Insel, 1988. 291 S.

Werner Moritz (Hrsg.): Herman Grimm 1828 –1901. Marburg: Hessisches Staatsarchiv, 1986. 68 S. (Schriften des Hessischen Staatsarchivs, 4).

Wilhelm Schlink: Herman Grimm (1828 –1901). Epigone und Vorläufer. In: Jutta Osinski / Felix Saure (Hrsg.), Aspekte der Romantik. Kassel: Brüder Grimm-Gesellschaft, 2001 (Schriften der Brüder Grimm-Gesellschaft, 32), S. 73 – 93.

Stammtafel

Friedrich Grimm
*11.03.1707
†20.03.1777
∞06.10.1734
Christiane Heilmann
aus Birstein
*22.10.1715
†17.02.1754

Joh. Hermann Zimmer
*12.02.1709
†22.11.1798
∞10.11.1740
Anna Elisab. Boppo
*22.04.1718
†12.10.1792

Juliane Charlotte
Friederike Grimm
verehel. Schlemmer
1735–1796, verw. 1785

Philipp Wilhelm
Grimm
*19.09.1751
†10.01.1796

23.02.1783

Dorothea Zimmer
aus Kassel
*20.11.1755
†27.05.1808

Henriette Zimmer
*18.03.1748
†15.04.1815

Friedrich Hermann Georg
*12.12.1783
†16.03.1784

Jacob Ludwig Carl
*04.01.1785
†20.09.1863

Wilhelm Carl
*24.02.1786
†16.12.1859
∞ 15.05.1825
Henriette Dorothea Wild
*23.05.1793
†22.08.1867

Carl Friedrich
*24.04.1787
†25.05.1852

Ferdinand Philipp
*18.12.1788
†06.01.1845

Ludwig Emil
*14.03.1790
†04.04.1863
∞20.05.1832
I. Marie Böttner
*09.08.1803
†15.08.1842
∞14.04.1845
II. Friederike Ernst
*24.12.1806
†02.04.1894

Friedrich
*15.07.1791
†20.08.1792

Charlotte Amalie
*10.03.1793
†15.06.1833
∞ 02.07.1822
Ludwig Hassenpflug
*26.02.1794
†10.10.1862

Georg Eduard
*26.07.1794
†13.04.1795

Jacob
*03.04.1826
†15.12.1826

Herman Friedrich
*06.01.1828
†16.06.1901
∞ 24.10.1859
Gisela von Arnim
*30.08.1827
†04.04.1889

Rudolf George Ludwig
*31.03.1830
†13.11.1889

Auguste Luise
Pauline Marie
*21.08.1832
†09.02.1919

Friederike (Ideke)
Lotte Amalia Maria
*23.07.1833
†17.12.1914
∞ 19.08.1855
Rudolf von
Eschwege
*21.01.1821
†24.11.1875

Carl
*05.01.1824
†18.02.1890

Agnes
*11.12.1825
†29.10.1826

Friedrich
*10.09.1827
†23.01.1892

Berta
*27.04.1829
†09.06.1830

Louis
*01.12.1831
†11.10.1878

Dorothea
*23.05.1833
†24.01.1898

Personenregister[1]

[1] Nicht berücksichtigt wurden alle Autorennamen in den Literaturangaben sowie die Namen Jacob, Wilhelm, Ludwig Emil und Herman Grimm.

Autorenverzeichnis

Prof. Dr. Wilhelm Bleek, geb. 1940, em. Professor für Politikwissenschaft an der Ruhr-Universität Bochum, lebt im Ruhestand in Toronto/Kanada

Prof. Dr. Barbara Dölemeyer, geb. 1946, Wissenschaftliche Mitarbeiterin am Max-Planck-Institut für europäische Rechtsgeschichte in Frankfurt a.M., Honorarprofessorin für Rechtsgeschichte an der Justus-Liebig-Universität Gießen

Dr. Holger Ehrhardt, geb. 1964, Germanist in Kaufungen

PD Dr. Ewald Grothe, geb. 1961, Privatdozent für Neuere und Neueste Geschichte an der Bergischen Universität Wuppertal

Dr. Bernd Heidenreich, geb. 1955, Direktor der Hessischen Landeszentrale für politische Bildung in Wiesbaden

Heidrun Helwig, Historikerin und Journalistin in Gießen, Mitarbeiterin an der „Kasseler Ausgabe der Werke und des Briefwechsels der Brüder Grimm"

Dr. Egbert Koolman, geb. 1938, ehem. Direktor der Landesbibliothek in Oldenburg i.O.

Prof. Dr. Hans-Christof Kraus, geb. 1958, Professor für Neuere und Neueste Geschichte an der Universität Passau

Dr. Bernhard Lauer, geb. 1954, Direktor des Brüder Grimm-Museums Kassel, Geschäftsführer der Brüder Grimm-Gesellschaft e.V.

Aloys Lenz, geb. 1943, Mitglied des Hessischen Landtags, Vorsitzender des Kuratoriums der Hessischen Landeszentrale für politische Bildung

Dr. Karin Mayer-Pasinski, geb. 1945, Kunsthistorikerin in Kassel

Dr. Katinka Netzer, geb. 1974, Wissenschaftliche Mitarbeiterin an der Ruhr-Universität Bochum
Prof. Dr. Ruth Schmidt-Wiegand, geb. 1926, em. Professorin für Germanistik an der Westfälischen Wilhelms-Universität Münster
Dr. Peter Staengle, geb. 1953, Wissenschaftlicher Mitarbeiter am Germanistischen Seminar der Ruprecht-Karls-Universität Heidelberg
Prof. Dr. Hans-Jörg Uther, geb. 1944, Professor für Literaturwissenschaft an der Universität Essen, Mitarbeiter der Arbeitsstelle „Enzyklopädie des Märchens" bei der Akademie der Wissenschaften in Göttingen